The Quest for C: Sir Mansfield Cumming and the Founding of the British Secret Service

Original English edition published by Harper Collins Publishers

This Simplified Chinese language edition published by agreement with David Higham Associates Ltd. through Bardon-Chinese Media Agency.

世界情报史丛书
·人物卷·

THE QUEST FOR C

SIR MANSFIELD CUMMING AND THE FOUNDING OF THE BRITISH SECRET SERVICE

英国情报之父

卡明爵士

[英] 艾伦·贾德（Alan Judd）| 著　小毛线 | 译　夏小贵 | 校

金城出版社
GOLD WALL PRESS
北京·2020

图书在版编目（CIP）数据

英国情报之父卡明爵士 /（英）艾伦·贾德（Alan Judd）著；小毛线译 . — 北京：金城出版社有限公司，2020. 7
（世界情报史丛书）
书名原文：The Quest for C: Sir Mansfield Cumming and the Founding of the British Secret Service
ISBN 978-7-5155-1998-2

Ⅰ . ①英… Ⅱ . ①艾… ②小… Ⅲ . ①曼斯菲尔德·卡明（Mansfield Cumming，1859—1923）—传记 Ⅳ . ① K835.617

中国版本图书馆 CIP 数据核字（2020）第 031350 号

英国情报之父卡明爵士

著　　者　[英] 艾伦·贾德
译　　者　小毛线
责任编辑　李　涛
责任校对　李凯丽
责任印制　李仕杰
开　　本　710 毫米 × 1000 毫米　1/16
印　　张　24
字　　数　360 千字
版　　次　2020 年 7 月第 1 版
印　　次　2020 年 7 月第 1 次印刷
印　　刷　天津旭丰源印刷有限公司
书　　号　ISBN 978-7-5155-1998-2
定　　价　69.80 元

出版发行　**金城出版社有限公司**　北京市朝阳区利泽东二路 3 号（100102）
发 行 部　（010）84254364
编 辑 部　（010）84250838
投稿邮箱　balimist0213@163.com
总 编 室　（010）64228516
网　　址　http://www.jccb.com.cn
电子邮箱　jinchengchuban@163.com
法律顾问　北京市安理律师事务所　18911105819

◀
克劳瑟·史密斯保存的曼斯菲尔德·卡明早年肖像。卡明佩戴的奖章与装饰分别是：“最卓越的圣米迦勒及圣乔治勋章（二等勋爵士）”领章；“最尊贵的巴斯勋章（三等勋章，民事）”领章；胸前有“最卓越的圣米迦勒及圣乔治勋章（二等勋爵士）”星形徽章；俄国“圣斯坦尼斯拉斯勋章（二等）”星形徽章；印度“一般服役勋章（1854—1895）”和“霹雳州别针”；“埃及奖章（1882—1889）”；“英国战争奖章（1914—1920）”；“法国荣誉军团军官”徽章；“埃及总督之星（1882—1891）”；俄国“圣斯坦尼斯拉斯勋章（二等）”和“圣弗拉基米尔勋章（二等）”；“比利时圣利奥波德勋章”。

▶
作为英国皇家海军史密斯中尉的卡明

◀
“魅惑魔女”号甲板上的卡明（© 苏珊娜·里奇）

有关卡明申请飞行执照的明信片（© 苏珊娜·里奇）
▼

卡明制作的钟，赠给了苏珊娜·里奇的父亲。
▼

▶
卡明被视为“汽车主义”（motorism）的先驱者之一

◀
卡明的沃尔斯利（Wolseley）赛车（1903 年 4 月 25 日）。这幅照片图注是“曼斯菲尔德·卡明上尉 50 马力的沃尔斯利赛车的正面图。上星期，我们发布了这辆车的侧面图。这两张照片会让那些没有看过这辆车的人意识到，这是有史以来外观最精致的高速汽车之一。发动机的位置使得重心向后并降低。发动机运行时，一个熟练机械工可以轻松从脚踏板处对发动机进行观察”。

▶
握着方向盘的卡明（1903 年 5 月 2 日）。这幅照片图注是“开着沃尔斯利赛车的曼斯菲尔德·卡明上尉，他刚刚抵达克里普斯通。受条件限制，卡明无法在赛道上试车”。

◀
比赛开始之前的卡明（1903 年 5 月 9 日）。曼斯菲尔德·史密斯 - 卡明 50 马力的沃尔斯利赛车，他亲自驾车，旁边坐的是 H. 奥斯汀先生。我们上周发布了这辆车另一侧视角的照片。当时驾车的是沃尔斯利公司技术最好的车手之一的吉尔林先生。这辆车现在正在巴黎，准备参加巴黎—马德里的赛车比赛。

▶
“蓄势待发”（1903 年 5 月 30 日）。“巴黎—马德里赛车比赛，起点，闪光灯拍摄。史密斯 - 卡明上尉 50 马力的沃尔斯利赛车等待发车。西德尼·吉尔林先生坐在方向盘前，车主卡明坐在旁边。”

▲
卡明栅栏防御工事总部及他的家“阿尔戈”号，右侧是“苏丹”号的桅杆。（© 卡明家族）

▲
卡明在伯斯尔登的船屋（© 卡明家族）

▲
据说这是卡明和阿拉斯泰尔车祸之后的车辆残骸（© 卡明家族）

▲
莫城旁军事公墓中阿拉斯泰尔的墓（© 卡明家族）

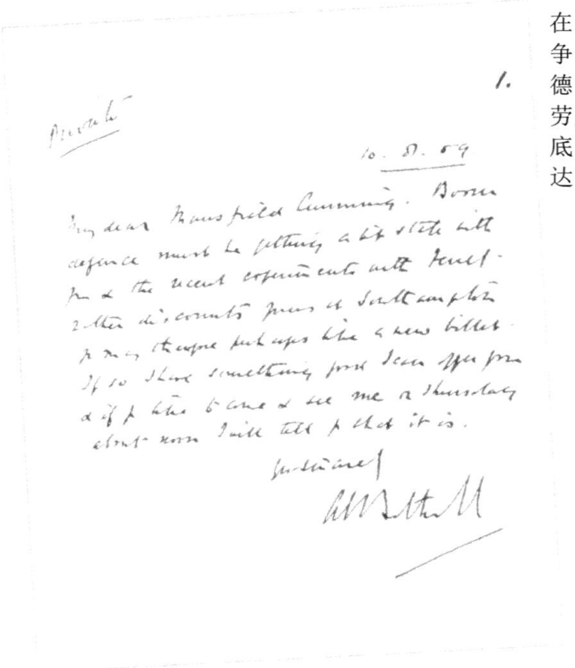

Private

1.

10. 8. 09

My dear Mansfield Cumming. Boom defence must be getting a bit stale with you & the recent experiments with [illegible] & other discomforts [illegible] at Southampton. You may therefore perhaps like a new billet. If so I have something good to offer you & if you like to come & see me on Thursday about noon I will tell you what it is.

Yours sincerely

A E Bethell

▲
海军情报局局长致卡明的信，邀请他建立英国特勤局。

在卡明手下大获成功但却饱受争议的鹿特丹情报站站长理查德·汀斯利（1875—1944）。克劳瑟·史密斯在他的脚底画了个底座，既表现他的矮小，也表达了汀斯利对自己的看法。
▼

▲
罕布什尔郡布恩福特小屋，卡明曾在此租住。

▲
白厅大厦卡明战时办公室的如今景象

▲
白厅大厦卡明办公室一景

▲
德国基尔造船厂（TR/16拍摄，1916年6月）

◀
德国基尔日耳曼尼亚造船厂中一艘正在组装的驱逐舰（TR/16拍摄，1937年6月）

◀
克劳瑟·史密斯的自画像。他是为卡明工作的漫画家，也是一名狂热的槌球爱好者。

被草丛部分掩盖住的卡明坟墓
▼

▲
汉布尔河泥沙中，英国皇家海军“苏丹”号的船桅遗骸。（© 苏珊娜·里奇）

献给那些恪尽职守、保持沉默的人

目　录

第一章 早年

1909年8月，一位50岁、正处于半退休状态的英国海军中校收到了一封亲笔信，用的是海军部的纸张。他住在南安普顿（Southampton）旁的一艘船屋。信件寄出日期是8月10日，被盖上了“私人信件”的印章。

我亲爱的曼斯菲尔德·卡明（Mansfield Cumming）：

栅栏防御工事一定让你有点厌烦，而最近有关肯尼特（Kennet）的试验让你在南安普顿相形见绌。因此，你可能需要一个新去处。我也许能给你提供点好东西。如果你能在星期四中午前来找我，我会告诉你是什么好东西。

你的真诚的

A. W. 比塞尔（A. W. Bethell）

海军少将比塞尔是海军情报局局长（Director of Naval Intelligence，简称DNI）。在英帝国时代，世界的四分之一都是英国的，按照当时英国的政策，海军的实力要达到第二和第三加起来的两倍。而作为白厅[1]机关之一的海军情报局并不神秘，存在感也不低。尽管几年之后，海军部内部才意识到情报和行动之间存在关联，但海军情报局局长的职责范围早已覆盖了全世界，被视为一个具有独立性、可以直接接触帝国权力中枢的职位。信件措辞尽管随意，但它并不是一个随随便便的邀请。

很少有人的事业第二春开在50岁。曼斯菲尔德·卡明最初很是踌躇。

1 Whitehall，英国政府所在地，代指英国政府。——译注（下同）

卡明舒适地——有点离群索居——住在伯斯尔登（Bursledon）汉布尔河（Hamble）畔，享受着他设计与组织的栅栏防御工事。栅栏防御工事由一系列的铁丝、渔网、残骸和船只组成，用来在战时阻挡敌人的船只与潜艇。卡明自 1898 年以来一直在做这件事，它迎合了卡明独特的实用思想，使得他能够摆弄船只，而且绝大多数时间就住在一艘船上。

就算机会来临，他也并不想要在白厅做案牍工作。但比塞尔将军的“好东西”原来是建立并管理一个全新的组织——英国特勤局（Secret Service Bureau，简称 SSB）。它是英国国家安全局［Security Service，简称 SS，即军情五处（MI5）］和英国秘密情报局［Secret Intelligence Service，简称 SIS，即军情六处（MI6）］[1] 的前身。这不是一份案牍工作，更像是一段全新生活。

尽管最初不太愿意扔掉栅栏防御工事，但卡明还是成了秘密情报局首任负责人，代号是用绿色墨水写的“C”［代表的是卡明（Cumming），而不是长官（Chief）］。该传统被他的继任者们一直保持到了今天，以示对他的敬意。自 1909 年起，他与秘密情报局终身厮守。秘密情报局代表着哈姆雷特如今过时的观点：我们知道我们是什么，但是不知道我们可能会是什么。在此之前，这位没什么野心的中年中校对他的人生十分满意。或许他还说过，他的归宿就是一边在这片美丽的河口负责栅栏防御工事，一边陪伴家人和朋友。然而，自应允比塞尔将军的请求之后，他已经超越了自我，建立了一套至今还带着他的印记的传统与组织。

当出生在 1859 年愚人节时，他的名字不是卡明，而是曼斯菲尔德·乔治·史密斯（Mansfield George Smith）。他后来在第二段婚姻时用了卡明这个姓，之后就被称为卡明或者史密斯 - 卡明。他的家族把家谱追溯到了约翰·史密斯（John Smyth）爵士，后者有骑士头衔，在 1540 至 1547 年担任亨利八世 [2] 手下的第二任衡平法大法官（Baron of the Exchequer）。

1　这里解释一下机构相关译名：1909 年，英国建立的机构名为英国特勤局，而卡明负责的国外情报工作部分被叫作 Secret Intelligence Service，本书译为“秘密情报局”。这个机构后来被叫作军情六处（MI6），它是第二次世界大战时期产生的俗名，不是官方正式用名，而且在本书涉及的历史中基本不会出现。卡明的职位为 Chief of SIS，本书译为“秘密情报局负责人”。

2　亨利八世（Henry VIII，1491—1547），英格兰和爱尔兰国王（1509—1547）。

家谱再早可以追溯到约翰·卡林顿（John Carrington），后者任职于理查二世[1]时期，当理查二世被亨利四世[2]推翻之时，约翰出逃国外。他在1404年化名回国，在一位担任修道院院长的表亲庇护下，偷偷改名史密斯，并娶了伦敦市长的孙女。卡林顿家族的先祖是迈克尔·卡林顿（Michael Carrington）爵士，他是理查一世[3]在圣地（Holy Land）的掌旗官。这位先祖数百年来为人所遗忘，直到19、20世纪一些史密斯家族成员发现了家族起源，改回了这个不太常用的姓。这一举措引起家族内部某些人的不满。

约翰·史密斯爵士的后代之多，足以证明这个主要分布在埃塞克斯郡（Essex）、诺丁汉郡（Nottinghamshire）和沃里克郡（Warwickshire）的家族是多么兴旺。家族在当地既没有引起过轰动，也没有什么不同寻常的特征，但它坚实成长、枝繁叶茂。家族中的一支诞生了伊丽莎白王太后[4]的祖母和前外交大臣卡林顿勋爵[5]。后来，还有一位也叫作约翰·史密斯的东印度公司董事在卡迪根郡（Cardiganshire）买了一块叫作福尔·奥特（Foël Allt）的地皮。卡明的父亲就出生在这里。大概福尔·奥特给卡明的父亲约翰·托马斯·史密斯（John Thomas Smith）上校留下了深刻印象，因为1856年他在南伦敦的李镇（Lee）买了一栋大楼，就命名为福尔特（Foëllt）大楼。三年后，卡明出生在这栋房子里。

这栋房子现在叫作彭特兰（Pentland）大楼，是戈德史密斯学院（Goldsmiths）的宿舍。它被认为是该镇现存最古老的民宅，建造于约1685年，当时很有可能是在一栋更老建筑的框架上进行改造。1691年，它被租给了史密斯家族另外一支（不是卡明那一支）。他们一直拥有这栋大楼，直到卖给了卡明的父亲。它在当时就已经是一栋巨型建筑，不包括后来的增修，就比隔壁巴令（Baring）银行家的华美庄园还要大。后者现在是一家公共图书馆。

1 理查二世（Richard II，1367—1400），英格兰国王（1377—1399）。

2 亨利四世（Henry IV，1367—1413），英格兰国王（1399—1413）。

3 理查一世（Richard I，1157—1199），英格兰国王（1189—1199），外号“狮心王”，参加过意图征服巴勒斯坦地区（“圣地”）的十字军圣战。

4 伊丽莎白王太后（Queen Elizabeth The Queen Mother，1900—2002），英国国王乔治六世妻子，现任英国女王伊丽莎白二世的母亲。

5 彼得·卡林顿（Peter Carrington，1919—2018），英国政治家，曾任外交大臣（1979—1982）。

当卡明父母移居于此之时，李镇是一个受人欢迎的体面街区，住着退役陆海军将领。事实上，19 世纪中叶，福尔特大楼的住户中就有一位是海军上将乔治·马丁（George Martin）爵士，他和纳尔逊将军是一代人。这栋大楼如今还抹着当年墙壁的灰泥，门前三棵挺拔的大树很出风头，分别是美国梧桐、悬铃木和很少见的铁线蕨。在 19 世纪重新发现于中国之前，人们一直以为铁线蕨已经灭绝。有可能是史密斯家族种下这三棵树的。门前有一条得到精心装饰的人行道，后面还有一个宽敞的花园。花园背靠现在的“庄园公园”——原来庄园的花园。大楼内部起码有一套亚当式壁炉[1]，楼梯装饰着进口木雕花瓶，也许出自格里林·吉本斯[2]之手。

后来实用性的增修内容让佩斯乌内（Pesvner）误以为这栋大楼和庄园“太近了”。尽管它们都有市政保护的标志、都有普遍的杂乱、被法国制六磅重炮弹掀翻的支架扔在了庄园草地上，但我们依然可以从这两处建筑中看出维多利亚时代绅士们雍容华贵的富裕生活。出于学院的需要，楼梯被搬动、壁炉里放了东西、墙也被敲掉了，但到处存在的镶板、壁炉台、枝形吊灯，还有餐厅某个让人意想不到的角度，都暗示着这里存在过一个曾经忙碌、舒适也许吵闹的家庭，年轻的曼斯菲尔德·乔治·史密斯就出生于此。他在家里十三个小孩中排行第十二。

他的母亲玛利亚·萨拉·泰泽（Maria Sarah Tyser）是一位医生的女儿。她在 1837 年结婚，接下来二十三年中，有超过十年她都有孕在身。而在其他时间里，她基本上都在哺乳，直到请了奶妈。她生了五个男孩和八个女孩，除了一个女孩，其他孩子都被抚养成人。其中十个孩子出生在家庭定居在李镇之前，因为他们父亲工作的缘故，大部分孩子都是在印度出生。

家谱显示约翰·托马斯出生于 1808 年，死于 1884 年。但《英国国家人物传记大辞典》（*Dictionary of National Biography*）记载他生于 1805 年，死于 1882 年。他就读于东印度公司的军事学院，后来成了一位有点地位的工程师，任职于马德拉斯皇家工兵部队。他在马德拉斯为灯塔设计了一种往复式灯光，翻译了一份深奥难解但十分重要的有关砂浆和水泥的文献。

---

1 这里的亚当应指的是罗伯特·亚当（Robert Adam，1728—1792），苏格兰著名建筑师、设计师。

2 格里林·吉本斯（Grinling Gibbons，1648—1721），英国著名雕刻家、木刻家。

1837年他结了婚，被选为英国皇家学会会员，负责马德拉斯和附近地区的公共工程。三年后，作为马德拉斯铸币厂的负责人，他用蒸汽取代了畜力。在访问南非之后，他又设计了一款全新的铸币和称重机器，并在1851年的世界博览会上进行展示。他还为步枪设计了一种折射瞄准具，为破坏喀琅施塔得要塞提供了一些“创新发明”。1865年，他被任命为加尔各答铸币厂负责人，但没过多久就以上校的荣誉军衔返回英格兰并买下福尔特大楼。他余生都致力于货币问题，还担任着众多与印度有关的顾问职位。他写了很多篇富有学识的论文与不少技术型文献。1874年后没多久，他就出售了福尔特大楼。1882年，他在南肯辛顿（South Kensington）格莱德豪（Gledhow）花园10号家中去世。也许是自从19世纪中叶起，如今的彭特兰和庄园周围就建了无数幢房子，使得他们一家不得不搬走。也有可能是因为孩子们都已经出门在外，这栋房子显得太大了。一位叫作阿瑟·科顿（Arthur Cotton）爵士的朋友说，“他是我认识的人中最有天赋、最勤奋、头脑最清醒、判断力最敏锐的了。”这句葬礼上的评价在他十二个孩子的人生中就可见一斑。

在这个具有活力、创造力旺盛和高产的时代，卡明家族似乎是维多利亚时代和帝国时代最为典范的成功家庭了。比如，卡明的大哥也是一位工程兵，自1857至1862年服役于南非，负责防御波特兰（Portland）和韦茅斯（Weymouth），并且作为海军部公共工程主管负责马耳他、直布罗陀、百慕大、哈利法克斯[1]和纽芬兰的海港建设。他发表了一系列文章。他匿名写就的三卷本《建筑笔记》（*Notes on Building Construction*）被认为是该领域最优秀的著作。他比卡明大21岁，去世于1893年，年仅55岁，拥有少将的荣誉军衔。其他兄弟姊妹基本上也都任职或嫁入教会、陆军或专业领域。卡明的名字不太寻常，是曼斯菲尔德。它很有可能取自长兄来自诺丁汉郡伍德伯勒（Woodborough）的岳父曼斯菲尔德·帕金斯（Mansfield Parkyns）。

大概是因为长兄在海军部有关系，所以卡明被家里送到了达特茅斯（Dartmouth），但也许其中有着其他缘故。19世纪末还是一个军校学生的莱昂内尔·道森（Lionel Dawson）在他的自传《小型舰队》（*Flotillas*）

1　加拿大新斯科舍省省会。

中认为，经济是他们家庭为他选择海军的理由："至少就皇家军队而言，海军是——恕我直言，现在也是——安排一个 13 岁男孩最廉价的去处。"不过，其实它并不廉价。在 20 世纪初，达特茅斯四年的课程要花费父母 1000 英镑。

不过，当 12 岁的卡明在 1872 年 1 月来到达特茅斯之时，那里并没有后来修建并流传至今的长池岸上设施。"学院"由两艘停泊在达特河（Dart）的老旧帆船组成。在 1863 年搬到达特茅斯之前，"学院"更是只有一艘船，停在朴次茅斯（Portsmouth）大概很不卫生的哈斯拉尔河（Haslar Creek）之上。卡明入学之时，这两艘船分别是"不列颠尼亚"号（Britannia）［之前叫作"威尔士亲王"号（Prince of Wales）］和柚木制的"印度斯坦"号（Hindostan）。他住在"不列颠尼亚"号上。这艘船最终在 1916 年因铜的缘故而报废。

尽管达特茅斯的课程一直很难，竞争激烈，逼得大多数男生都要为过关而临时抱佛脚，但还算严厉中透着一丝积极。课程通常持续十五到十八个月，每四个月是一个学期。船上的下士维持学院纪律。"不列颠尼亚"号本身 150 人的载客量已经人满为患，但随着时间推移，里面又挤上去了 120 人。学生们交的朋友都是这四个月中按照姓名字母顺序被安排在同一宿舍的舍友。从刷牙到祈祷的一切行动都依据钟声所发出的指令。自然，无条件的付出是这一体系的主要原则，而独立性或创造性至少也要遭遇不满，很多时候还要面临惩罚。殴打——有时候打人者就比受害者大几个月——司空见惯。卡明的同时代人西摩·福蒂斯丘（Seymour Fortescue）爵士在他的著作《回首》（*Looking Back*）中记下了他的印象："回首往事时，在我一生中，没有哪段痛苦回忆比得上'不列颠尼亚'号上的岁月……在十五个月的训练中，我接受了初等数学的蹂躏，我讨厌它胜过拉丁语语法，我都数不清我做了多少道初等数学题了。"道森是在卡明后面入学的，他强调课程具有实践性，还花费了大量时间进行过时的帆船训练。其他主要科目还有航海、数学、绘画、科学、海军史和法语。曾经有个法语老师是个法国人，上课就是给大家讲有关自己的小故事。E. A. 休斯（E. A. Hughes）在他的历史著作《达特茅斯的皇家海军学院》（*The Royal Naval College，Dartmouth*）中引用了一个匿名学生的言论："在一个学期中，有个上尉只跟我们大谈游戏……从来没人教我们如何成为一名军官、如何待人接物、执勤和休假时该怎么行事。”尽管道森说那个时候食物看上去“美味丰富”，但据福蒂斯丘的说法，在卡明那个时候，食物“又烂又少，难以启齿……常规操作是，每当船员经过，学生就丢下一块手绢，边角缝着六便士。数分钟后，手绢就奇迹般地回到学生手里，里面的六便士消失了，取而代之的是船上的压缩饼干”。

学校生活当然是斯巴达式而又严厉的，但与当时的公立学校相比，海军军校还算不错，甚至好得很。而且，海军日志和海军航海规范都证明军校培养的学生能够写出一手清晰、符合语法、标点准确的英语，而且在航海之时能够明白自己的职责。

目前没有卡明那一阶段的学生名册和照片，但学院纪律手册《海军军校学生品行（1869—1872）》（*Conduct of naval cadets，1869-72*）的一页上有他，写的是“66 368 号”，四个学期的相对排名波动于 25 到 31 之间，不过，我们不知道他课程中有多少同学。十年后，未来的海军上将比提[1]得分是 33（排名第 18），而道森的得分是 64。卡明在学业和海员技能上分别得到“良好”和“令人满意”的评价。而法语则两次获得“良好”的评价，另外两次评价则看不清。而他的品行评价从“优秀”掉到“良好”，再掉到“令人不满”，最后的字迹难以辨认。

1872 年 3 月 10 日，在入学两个月后，12 岁的卡明因为“在课上读小说”而受到惩罚。第一年的麻烦还包括在法语课上用吸墨纸塞满墨水瓶、撕毁作业扔进水里、在训练中扔一个玻璃瓶、发笑、聊天、闲逛和捣乱行为。第二年一开始，他就行为不当，在晨间祈祷上谈话，后来又因为“伙同他人欺负格里斯托斯（Gristorth）和汉考克（Hancock）先生”——两个一年级学生——“逼他们在礼拜日唱歌”而受罚。没有记载他的惩罚是什么。扔玻璃瓶和训练上的过失罚了他的钱，让他在驾驶舱餐厅里待了三天。霸凌看上去要受到更为严厉的对待。“评价”一栏下写着他受到了二级和一级惩罚，不过一部分一级惩罚被从轻处理了。二级惩罚也许类似于后来道森所描述的那样：“死硬‘犯罪分子’在学期余下时间都要被隔离，被称

1 戴维 · 比提（David Beatty，1871—1936），英国海军上将，曾在第一次世界大战时任英国皇家海军大舰队总司令。

为二等学生。他们要在手臂上缠一个白色袖章，住在舱底屏风后面——那是‘不列颠尼亚’号最低级的地方……他们去任何地方，去学习或者训练，都要在下士的指挥下正步走。”

道森在“不列颠尼亚”号上从未见过算得上霸凌的行为，也没遭遇过堪比“后来在海上‘炽热’军械库的经历”。他认为这一军校学生的职业生涯表现和毕业排名成反比：“我们后来的生涯恰如其分地实现了《圣经》中让人泄气的承诺：后来居上。”

卡明的其他劣迹就没那么严重了。比如，礼拜中的不当举止；在下午休息时间（他们大概在此之前沿着海岸航行），他在岸上的黑池（Blackpool）洗澡；在毕业之前顶撞哨兵，这在达特茅斯算得上是平淡的履历；比提被惩罚的次数更多：25 次小过和 3 次大过，其中一次大过让他被狠狠地揍了一顿。按道森自己的说法，他被惩罚次数没那么多。等到 1873 年 12 月 19 日卡明离开之时，14 岁的他在学习中位居二等，而品行评价则是“良好”。

难以评判这种训练皇家海军军官的方式在总体上是否有效。安德鲁·戈登[1]（Andrew Gordon）在他有关日德兰海战[2]的卓越著作《游戏规则》（*The Rules of the Game*）中深度挖掘有关 19 世纪海军的历史，以解释在这场令人困惑的战役中海军所呈现的态度，尤其是那些固守规则、方法和程序的军官。许多舰长似乎觉得，之前随意的训练体系就是把孩子们扔到海上听天由命，现在达特茅斯的训练要优越得多。但是，1871 年海军准将詹姆斯·古德伊纳夫（James Goodenough，四年后他在南太平洋死于毒箭）哀叹，“当年轻人在 12 岁的年纪参加同样的课程时，个性不可避免地就会丢掉了。”

纳尔逊的海军在行动上纪律严格，但除此之外就是脏乱、无序和自行其是。维多利亚时代的人们追求解释、管控、标准化和衡量。这一思维习惯——尤其是对度量的狂热，如今已经深深镌刻在我们身上，以至于我们都把它视为理所当然。同一化在我们眼中是如此天经地义，对于戈登提到的这种让人愤愤不平的排名，我们都不会质问，为什么每个人的针线包都得是一样大、一样款式？为什么帽子得按照特别的方式放起来？为什么制

1　安德鲁·戈登（Andrew Gordon，1951— ），英国海军史学家。

2　1916 年 5 月 31 日至 6 月 1 日在丹麦日德兰半岛发生的海战，是一战最大规模的海战。这次海战的结果是德国取得了战术上的胜利，但是英国海军就此成功将德国海军封锁在德国港口。本次海战也标志着以战列舰作为主力舰的历史终结。

服得是整齐划一的？举个例子，就算是打招呼在1889年制定了规范。在此之前，海军军官要么脱帽，要么用手指夹着帽檐，或者仅用手碰碰帽檐。重要的是，它让一个德国人——威廉二世[1]，英国皇家海军荣誉上将——抱怨这种不职业的“多姿多彩”。他的抱怨导致打招呼规范的诞生。

因此，当卡明正在接受训练和塑造的时候，当时还是有不那么循规蹈矩的做事方式的。这可以部分解释为什么后来维多利亚时代和爱德华时代的人们铁一般地坚持逐字逐句地服从。我们需要强调这种服从的信条，是因为它帮助我们理解中年卡明在创建和管理秘密情报局时所表现出来的态度、行动和拘束。他相信，无论他对指令的看法如何，都要服从指令。这一态度让不止一位一战时他手下的人评论道，他是他出生那个时代的产物。理解这一背景也有助于我们真正懂得卡明的成就：建立秘密情报局并将其打造为典范。尽管卡明从未谋求情报机构在政治上的更多控制，但组织还是因创新、独立、精巧——还有和创始人一样的——离经叛道而著称。

海军纪律压制自主性的巅峰——或者说最黑暗的时候——是地中海舰队旗舰“坎普尔顿”号（Camperdown）和“维多利亚”号之间臭名昭著的碰撞。虽然双方军官都能看到会发生什么，但互相机械地解释旗语还是导致两艘舰活活撞在了一起。没有哪位高级军官有勇气违抗命令调整方向，结果就是358名军官和船员——包括海军中将乔治·泰伦（George Tyron）遇难。在“维多利亚”号快要沉没的时候，600名船员还是在上层后甲板以四列纵队的形式安静地立正，等待行动指令。遇救的船员中有一位是未来的第一海务大臣[2]费舍尔勋爵[3]。军校里面可没教过遇到这么大事故该怎么办，也许需要的是海军也未曾有的深深内省。海军在这一方面绝非孤例：维多利亚女王曾在她的日记里写道：“许多人说，倘若一旦执行就会面临危险，下级就该不服从指令。可这话说了也没用。”

在离开“不列颠尼亚”号之后，卡明被派往“威灵顿公爵”号（Duke of Wellington）。这是一艘警备舰，负责引导停泊在朴次茅斯港的船只。

1　威廉二世（Wilhelm II，1859—1941），德意志第二帝国的末代皇帝（1888—1918），英国维多利亚女王外孙。

2　海军最高职位，是英国海军现役军人能够担任的最高职位，

3　约翰·费舍尔（John Fisher，1841—1920），英国海军上将，曾任第一海务大臣（1904—1910），被称为英国近代海军之父。

福蒂斯丘好几年前就在这艘舰上工作了："对于我们这么大的小伙子的士气和纪律而言，难以想象还有什么要比在警备舰上的生活更糟的了。我们几乎有百来号人。"舰上不仅有年轻的军校学生和军官候补生[1]，还有年纪更大的军官。卡明在接下来的岁月中数次领略了这艘舰的力量。

军校学生和军官候补生——被叫作 mids 或者 snotties——既不算军官也不算水兵。上级认为，训练的关键就是让他们的日子过得越惨越好。按照长久以来的传统，他们被视为在海上继续接受教育，而且事实上确是如此。更大的船上往往配备着随军牧师，但是一位高级军官乃至舰长本人也可以兼任这一职务。在出海之前，学生们有时会被派到训练舰上。福蒂斯丘写道，在他所在的"不列颠尼亚"号上，五十个学生都被派到"布里斯托"号（Bristol）上接受训练。这一日程让人厌烦，基本上都是乘帆出海。福蒂斯丘因此一直以来都对教他们的水手深感敬仰。他认为上层调度员

> 是我见过的最完美的一类人……他们像猫一样活跃，像狮子一样勇敢。假若一个在高空的人，不愿意冒风险用双手同时工作，而是宁愿一手保持平衡，另一手用来工作，那他就是个没用的上层调度员，就会被立刻降到一个更安全但也没那么重要的岗位。

不祥的是，考虑到后来所暴露的事实，福蒂斯丘也证明了，数十年不打大仗是如何腐蚀掉一支自诩拥有纳尔逊风骨的海军［海军部在 1847 年的《每季评论》（*Quarterly Review*）中写道："特拉法加[2]的硝烟阻碍了智慧的前行。"］："任何跟科学沾边的东西都让人厌烦……火炮训练就是朝一个漂在海上、插着小旗杆的木桶开火。训练的目的就是尽快结束，因为它显然没什么意思。"直到 20 世纪初，火炮训练还是这样，国内水域上的战舰还是有着红色吃水线和黄色烟囱。吃水线上的船体是白色，而下面则是黑色。

史密斯学员在 1874 年初加入了一艘崭新的、拥有十四门火炮的小型木制护卫舰"莫德斯特"号（Modeste）。舰长叫 H. T. 汤普森（H. T. Tho-

1　和军校学生不同，军官候补生有最低等级的军衔。

2　指的是拿破仑战争中著名的特拉法加海战。

mpson）。这艘船不是训练舰，而是投入实战的。它在 2 月启程前往远东，途中经过直布罗陀、马耳他、苏伊士运河、亚丁（花了两个月才到这里）、孟买、新加坡、马尼拉、香港、台湾海峡、长崎和上海。船员们在上海度过了圣诞节。和很多生于维多利亚时代的人一样，我们得牢记，早期影响卡明的经历来自我们前一个时代。“莫德斯特”号航海日志上记录了对一个船员 E. 米勒（E. Miller）的惩罚，足以提醒我们这一点：“每条罪过鞭打 24 下。”

他们在上海一直待到了 1875 年 5 月。在这年接下来的几个月中，他们一直在中国和马来亚海域巡航。然而，到了年底终于有了任务：马来亚霹雳河流域（Perak River）的英国侨民被土著杀害了，军队打算进行一次报复性远征。“莫德斯特”号封锁了河口，而一道前往的“苍蝇”号（Fly）和“蓟”号（Thistle）上的军官船员驾驶着当地所用小船溯游而上。他们毫发无伤就攻占了当地官邸和围栏，收缴了六把枪支，摧毁了“有罪人士”的房屋和村落。卡明那时候大概也在“莫德斯特”号上。1876 年 1 月，“莫德斯特”号和“斑鸠”号（Ringdove）上的军官和船员组成了一支海军旅，由“莫德斯特”号的布勒（Buller）上校指挥。他们和科尔伯恩（Colborne）准将手下的军队一起行动，附近河流上的友军还有希尔（Hill）中校的部队。有证据显示卡明参与了这一行动。首先，记录显示他在这段时间内担任副官。显然，要么是科尔伯恩准将的副官，要么就是他自己舰长的副官，他也许负责海军和陆军的联络。其次，他在海军的档案（PRO ADM196/20）里含糊地提到了一个旅（日期并不完全能对上号，但是这次行动的部分时间吻合，而且档案出现偏差很正常）。

无论卡明在此之中扮演什么角色，它都不是件好差事。行动持续了一个月，包括向上游大量运送武器军火，然后背负重荷穿过复杂地形。士兵吃的主要是腌肉，偶尔还会补充点野牛肉。他们没有面包和蔬菜。天气一直很潮湿，大部分时间都要行军于齐腰深的泥浆。引人注目的是，没人生病。这是因为每个人都发了一块防水垫。根据海军部一份在 1880 年 2 月 23 日下达的命令，所有在 1875 年 11 月 12 日至 1876 年 3 月 20 日在霹雳河沿岸地区执行任务的士兵，都被授予印度“一般服役勋章”（Indian General Service Medal）和“霹雳州别针”（Parak Clasp），16 岁的军官候补生卡明（执行任务时的卡明是军官候补生）位列其中。

当时的英帝国到处都是这类任务。这些任务本身并不令人瞩目但十分重要。因为倘若没有执行这些任务的意志和能力，没有哪个帝国能够持续下去。绝大多数的行动都是安静、遥远的事务，但既有丰富也有单调，既有乐趣也有艰苦，有时甚至连那些用左手执行任务的参与人员[1]都会面临生命危险。人们认为这些行动有助于培养人格。

在马来亚水域执行几个月任务之后，“莫德斯特”号开往日本，再到香港。船员在1877年5月10日结算了工资。在“威灵顿公爵”号和其他基地工作一段时间后，随着1878年1月来到“柏勒洛丰”号（Bellerophon），卡明开始了又一段重要经历。“柏勒洛丰”号是一艘光鲜、声誉良好、设备完善的现代铁质旗舰，服役于1866年。该舰是当时的北美和西印度舰队总司令、海军中将凯古柏（H. Cooper Key）爵士的旗舰。该舰舰长是未来的第一海务大臣约翰·阿巴斯诺特·费舍尔。对于卡明而言，从“莫德斯特”号来到“柏勒洛丰”号，变化一定很大。这里有46名军官、83名下级军官、294名船员、46名学员和76名海军陆战队士兵。它的主要火力是10门9英寸口径、5门7英寸口径火炮。

卡明加入之时，该舰正在百慕大。接下来的几个月，“柏勒洛丰”号在西印度水域巡航——包括圣基茨（St Kitts）、安提瓜（Antigua）、圣文森特（St Vincent）、巴巴多斯（Barbados）和特立尼达（Trinidad）。虽然“约翰牛”[2]的数量多到令人厌烦，但考虑到海军生活的质量，哪怕是一直吃不饱的军官候补生，日子也还算凑合。航行到哈利法克斯之后，卡明在1878年6月晋升为中尉。他们在8月访问了罗德岛的新港（Newport）、爱德华王子岛的夏洛特城（Charlottetown）和魁北克，随后返回哈利法克斯接受王室路易丝公主[3]和罗恩侯爵（Marquess of Lorne）的视察。根据人的性格和情况不同，这种仪式性的航行和升旗仪式要么是走走样子、要么是乏味无聊。不过，对于卡明而言只是匆匆一段时光，因为到了年底他就被派到“黑太子”号（Black Prince）上“回航英国”。一名低级军官前面

1　此处呼应前面福蒂斯丘对上层调度员的评价，指的是那些胆子没那么大、谨小慎微的人。

2　英国人的绰号。

3　路易丝公主（Princess Louise，1848—1939），维多利亚女王的四女。

总是等着更多的训练。

在“威灵顿公爵”号上逗留一段时间后，卡明被转到“卓越”号（Excellence）。这是一艘停泊在朴次茅斯港的一艘旧舰，一般参与火炮训练。他似乎在这艘舰上待了两个服役周期，第一次是参加并通过了考核，而第二次则是参加火炮课程。他也在戈斯波特（Gosport）的岸基海军医院“哈斯拉尔”号（Haslar）上待了一段时间。他的记录第一次出现了因生病而退出现役。卡明又一次重走了福蒂斯丘曾走过的路。后者记录了一次长达三个月的火炮课程。

> 除了要实地操练所有需要练习的武器，我们还必须学习所谓“行话”——一页页有关火炮和轻武器的训练手册——一个人要能把他学到的广泛知识传授给其他人。

他说，每个人都在“废寝忘食地学习”，除了“晚饭后我们能在老旧的朴次茅斯剧院前排捧捧场”，生活几乎没什么乐子。

卡明通过了课程，并在 1880 年 4 月被派到另一艘现代战舰“赫克拉”号（Hecla）上。它在两年前才下水，钢铁材质，“十分节省蒸汽”，舰长是摩根·辛格尔（Morgan Singer）。它的吨位达 6.4 万吨，人员满编数为 224。卡明加入之时，“赫克拉”号正在朴次茅斯。随后几个月，该船在国内海域进行水雷和潜水艇防御试验并监督反水雷试验。它在 8 月驶往马耳他，并在这一年的接下来时间里，又一次巡游地中海进行更多试验，还访问了科孚岛[1]（Corfu）、凯法利尼亚岛[2]（Cephalonia）、扎金索斯岛[3]（Zahte）、帕特雷港[4]（Patras）和伊萨基岛[5]（Ithaca）。戈登曾贴切地形容，接下来几十年内的地中海舰队都是“世界上最大的巡游舰队”。它的活动中心位于马耳他，那里有着熟悉的英资公司、商店和银行，英镑在那里也能用。无可否认的是，夏天的热气并不让人惬意，而且还有马耳他热

1 希腊西北部的海岛。
2 希腊西部的海岛。
3 Zakynthos，希腊西部的海岛，Zahte 是其别称。
4 希腊一海港。
5 希腊西部的海岛。

的威胁（事实上是布鲁氏菌病，一种通常因受感染牛肉或牛奶而染上的复发性热病）。但岸上和舰上的社交生活总体来说还是令人愉悦的。娱乐和体育活动很多。有抱负的年轻军官有机会在这里积攒人脉。巡航围绕着政治和社会事件。不知不觉，地中海逐渐成为海军的游乐园。

比起备战，这里的人们更注重通过竞争性的训练和对秩序与清洁的广泛热情而展示武力。很多人认为这段岁月堪称太平日子，象征着帝国不受挑战的伟大顶峰，一个得以炫耀并互相仰慕的天然游乐场。没人意识到潜藏在过程中的目的。仅仅过了一代人，日德兰半岛更加灰暗，冰冷的海水就象征了结局。

1881 年 6 月，卡明离开“赫克拉”号并返回英国。他在“赫克拉”号上已经享受了——或者忍受了——一段时间的无所事事，而接下来几个月要更加走形式。他被派往一艘王室游艇“维多利亚和阿尔伯特”号（Victoria and Albert）上，参加夏季巡航。这艘船的基地是在朴次茅斯，它也是在这里被改造成游艇的。“维多利亚和阿尔伯特”号整个夏天都是作为王室往返考斯[1]（Cowes）的渡轮，直到 9 月份载着德国王储及随从返回勒阿弗尔（Le Havre）。这里一直都有社交和体育活动，比如在 8 月 15 日，维多利亚女王亲自观看了“维多利亚和阿尔伯特”号和另一艘王室游艇“奥斯本”号（Osborne）军官之间的赛艇。前者获胜。

9 月，在这段惬意的时光就要结束的一周前，卡明被晋升为上尉，被派去指挥“总统”号（HMS President），一艘停泊在泰晤士河上的老旧护卫舰。他同时前往格林威治的皇家海军学院进修。当然，福蒂斯丘早已开始了长达六个月的、“十分严格的”航海课程。他记得课程结束聚餐之时出现了一次惨烈斗殴，导致所有人在警戒舰上关了一个月禁闭。尽管——或许是“因为”——纪律严格，人们偶尔会出现强烈的意气用事。

随后，卡明又回到地中海，在“达令”号（HMS Daring）和“红宝石”号（HMS Ruby）待了几乎一年。后者执行的任务是为了巩固奥斯曼帝国埃及总督（Khedive）的地位。尽管当时的中东和北非有着重要的陆上行动，但海上却几乎风平浪静。不管怎样，那一地区的陆军或海军士兵都获得了“埃及奖章”和“埃及总督之星”。“红宝石”号虽然没有参加这些行动，

1　位于怀特岛上。

但它的位置所处不远，所以卡明和他的同僚都获得了这些奖章。

卡明服役的下一艘舰是“苏丹”号（Sultan），一年时间都在巡航，随后回到皇家海军学院进修。未来的国王乔治五世（King George V）也在这里学习，他在1916年的日记里提到自己接见卡明时，卡明告诉了他一些“有趣的事情”。这里指的就是他们俩在格林威治当过校友。国王在1884年12月12日的日记里写道：“和史密斯打台球。”（卡明那个时候还叫史密斯。）

卡明海军生涯中最后一段重要经历——也许是最重要的经历——是在“罗利”号（Raleigh）。“苏丹”号的舰长沃尔特·亨特-格拉布（Water Hunter-Grubbe）晋升为海军上将，卡明随他一起来到了“罗利”号，担任他的副官。副官是个有威信而又重要的职位。“罗利”号的舰长是获得维多利亚十字勋章（VC）的阿瑟·威尔逊（Arthur Wilson）。“罗利”号启程前往南非，停泊在西蒙斯敦（Simonstown）。卡明随后突然被调回英国，并在1885年12月21日以半薪待遇——一天六先令——退役。

为什么说卡明在“罗利”号上的经历很关键？这当然是出于推测。但这一推测是基于皇家海军早已形成的恩主或“利益”传统。对于几乎所有取得成功的海军军官而言，其成功或多或少都是因为他们在生涯中遇到了恩主。亨特-格拉布肯定对卡明评价很高，不然也不会让他当副官。但是另一个更有影响力的恩主也许是舰长阿瑟·威尔逊。在前一年，“拖船”威尔逊在地面上苏丹殖民地的艾勒·泰布（El Teb）获得了维多利亚十字勋章。当英军“方形编队”（英军在和土著作战时经常采用的防守阵型）被冲破时，正在阵中“监督战斗”的威尔逊“冷血地刺穿了一个阿拉伯人”，以血肉之躯堵住了缺口。威尔逊是个粗暴遵循纪律的人（以“古板”和“技艺”而著称），他身材矮壮，永不疲倦，胡子覆盖着下巴[1]，毫无娱乐的概念，对于他同僚所关心的事情毫不在意，从不挑剔个人享受。当威尔逊后来执掌海峡舰队[2]之时，莱昂内尔·道森是他手下的军官候补生。道森认为，在他所认识的人当中，无论是身体上还是其他方面，威尔逊都是最强硬的人。刻苦工作的手下绝大多数的履历都比他少二十年。当他们筋疲力尽之时，

1 原文是Spade beard，指的是美国总统亚伯拉罕·林肯那种样式的胡子。

2 皇家海军主要负责英吉利海峡防务的舰队。

威尔逊却不显露出任何疲态，而且似乎对噪音都毫不在意。

> 舰队司令舰桥之上是我们的桅顶楼，就在我们头顶不超过 12 英尺的地方，放置着三门威力无穷的六磅火炮。每当火炮肆意开炮之时，不仅是副官和我，连下面舰桥的信号员都要躲得远远的以避免耳朵震聋。然而，司令自己却在继续下达指令，我们得在完全盖过他声音的炮火喧嚣中想办法搞懂他的意思。

不得不上岸的时候，威尔逊的衣服要多朴素就有多朴素，跟制服没什么区别。他在岸上的唯一消遣就是长途暴走，这让他的副官更加吃不消。而且威尔逊往往提前结束休假。他心理素质过硬，是个很有能力的海军战士，是当时顶级的水雷专家，十分关心水雷技术的早期发展。道森相信，在少有的休闲时光中，威尔逊还是很友好、有人性的。道森还认为威尔逊在本质上是害羞内敛的。在被邀请和维多利亚女王在皇家游艇上用餐之时，威尔逊因为一个事先定好的安排而婉拒了。人们对此评价很高。

据推测，如果说威尔逊对卡明职业生涯起到重要作用，那也是在他们共事之后。现在我们并不清楚为何海军情报局局长、海军少将比塞尔在众多退役军官中选中卡明承担组建英国特勤局的任务。没有证据证明舰队司令威尔逊在此之中发挥作用，但是威尔逊的位置让他可以起到作用。这是众多时间的巧合之一：1898 年，在威尔逊被任命为具有重大影响力的海军审计官[1]（Comptroller of Navy）之后，卡明被派往南安普顿负责栅栏防御工事。当威尔逊先后执掌海峡中队、本土舰队和海峡舰队之时，他把兴趣放在了水雷和小型舰艇之上。卡明也同样被派去组建摩托艇预备队。海军档案显示，卡明被提升为预备队指挥官并被农业部临时调派到苏格兰，以评估将渔船从风力驱动改装为蒸汽机驱动的可行性。1909 年 4 月，威尔逊被提名进入帝国国防委员会[2]，正是这一机构最终决定组建特勤局。同年 8 月，卡明收到了比塞尔的邀请。（不过，我们得记住，这时的第一海务大臣是曾经在“柏勒洛丰”号上担任舰长的约翰·阿巴斯诺特·费舍尔。因此，

1　海军部第三号人物，负责皇家海军采购事宜。

2　英国政府设立的一个临时机构，设立于 1902 年，在二战爆发后解散。

说到恩主，也许还有其他答案。在当时的皇家海军，共济会也是发展恩主的途径，但是没有记录显示卡明是共济会成员。）

卡明的海军档案（PRO ADM 196/20，第123页）提到了他突然在“1885年12月21日”因“（不适宜）而半薪退休”。没有地方解释“不适宜”是什么意思，但是档案提到了家族遗传的、“反复出现的晕船问题”。这有点奇怪，因为卡明在之前十二年的绝大多数时间里都在海上。而自从他在1879年的哈斯拉尔海军医院住了两星期之后，他再也没有出现导致住院的健康问题。考虑到他担任副官，他的职业生涯看上去还不错。如果是因为晕船，也只能是在大船上有，因为他后来拥有并驾驶一大批小型快艇。而且有记录显示，有人和他乘着一艘小船横渡英吉利海峡，但是没有不良反应。

而且卡明的海军档案还说他是个“聪明的军官，喜爱电气……了解摄影……会说法语……绘画很好”。他的工程师父亲和长兄毫无疑问证明了这一点。

第二章 上岸

卡明最后一次航行似乎还给他带来了姻缘。之所以说“似乎”，是因为没有文字明确记载他在何时何地认识了他的未婚妻，但很有可能是在他访问好望角之时。

约翰娜·西奥多拉·克勒特（Johanna Theodora Cloete）被人叫作“多拉”（Dora），出生于1867年1月9日，在韦恩堡[1]（Wynberg）受洗。她是哈德维克·卡勒特（Hardwick Cloete）和玛丽·达吉特（Mary Duckitt）夫妇十个孩子中的老六。卡勒特一直是南非一个受人尊敬的大家族，因律师和红酒而出名。最早可追溯到雅各布·科勒特（Jacob Cloete），他在1652年从科隆（Cologne）迁居好望角。1778年，亨利·克勒特（Henry Cloete）获得了著名的康斯坦夏葡萄酒庄园（Constantia Wine Estate）。该庄园的葡萄酒一直被认为是世界一流，有段时期甚至被视为独一无二。

西蒙斯敦（Simonston）基地是英国皇家海军钟爱的停靠港。这一地区拥有丰富设施，内陆宜居的庄园为军官提供射击和其他娱乐场地。布尔战争[2]并未扰乱人际关系。气候和乡间也很宜人。悬挂着海军上将旗的“罗利”号则成了社交中心，26岁的副官在这里会遇到许多应酬和社交机会。军官热切追逐着富有庄园主家庭的待嫁闺秀——不过也可以说，庄园主家庭在热切推销着自家女儿。

没有有关卡明追求未婚妻的记载。卡明带着鲜活回忆生活着，后来成

1　位于南非。

2　布尔战争，指1899至1902年发生于英国与荷兰人后裔布尔人之间的殖民争夺战争，又称南非战争、第二次英布战争，以与发生于1880至1881年的第一次英布战争相区别。

了一名重要官员——不过，算不上公共人物——饱受尊崇。他儿女众多，十分成功，有些人也活到了当代。但是他人生很大一部分只留下一点轮廓。他的职业生涯记录详尽。在涉及法律要求的官方记录时，他的私人生活记载也很丰富。但是卡明的内在、感情经历、个性的发展与变化乃至互动很大程度上都得依靠推测，而非直接观察。

因此，我们可以想象一下好望角高地和葡萄园地区的求爱是什么样的。在宽敞的白墙房子和凉爽的游廊，年轻的海军副官和18岁的多拉漫步交谈。不管是不是这个场景，总而言之，令人迷醉的初恋火花迅速燃起。没有父母的允许，多拉不太可能嫁出去。副官要是没有舰长的允许，也不可以娶多拉。由于他的父亲曾在南非待过一段时间，他的哥哥五年前也来过这里。很有可能双方家庭之前已经认识。多拉也许去过伦敦，他们俩甚至会在卡明来南非之前就见过。因此，让卡明回英国的病假说不定是卡明一直盼望的好运。

我们不知道婚礼是在哪儿举办的。根据《名人录》和其他文章，我们只知道婚礼举办于1885年。除非他们在卡明来南非之前就互相认识，否则婚礼多半是在年底举办的，要么在英国，要么在南非。

不过，接下来关于多拉的就是她的死亡证明。两年后，1887年11月28日，多拉在卵巢切除后因败血症去世于伦敦贝克街的约克坊（York Place）。毒素在48小时后才见效。没有多拉和卡明住在约克坊的选民记录，但是由于户籍登记制度在不同时期有着不同规定，所以这说明不了什么。多拉有可能死在诊所。照料多拉的医生是卡明的哥哥沃尔特。沃尔特的地址是肯辛顿的荷兰公园别墅。这就是我们有关多拉所知的一切。我们不了解她的婚姻、她的性格、她对伦敦有什么感受、她想不想家、肿瘤的早期症状是不是被误认为期待已久的怀孕。我们也不知道她的丈夫有何反应。她是沐浴在他们的互相闪耀的爱意中去世的吗？卡明惊呆了或者受刺激了吗？卡明是不是尝试忘记，假装一切没有发生，将他的心深埋在彻骨寒冷之中？抑或虽然自己不敢承认，但私下里感到解脱？最有可能的是，卡明坦率而克制地显露感情。我们这代人往往错误地忽视了他们身上的这一点。通常进行的是能够治愈人的哀悼仪式——拉上窗帘、穿上黑衣、叫魂，还有英国国教会的仪式，伴随着《公祷书》（*Book of Common Prayer*）的纯粹和美丽。我们并不清楚卡明是不是基督徒，但他不能脱离他的时代和阶级。他的两个姊妹嫁给了神职人员，他的兄长沃尔特娶了副主教的女儿。甚至有迹象表明他后来在罕布什尔的主日学校教过书。他很有可能信教。

我们所知道的是，十六个月后，1889 年 3 月 13 日，星期三，卡明又结婚了。他的新娘莱斯利·玛丽昂·瓦连特·卡明（Leslie Marion Valiant Cumming）比卡明小一岁。新娘父母是后来的英国海军上校洛克哈特·穆尔·瓦连特（Lockhart Mure Valiant）和艾米丽·弗朗西斯·卡明（Emily Frances Cumming），他们来自莫里郡（Morayshire）福瑞斯市（Forres）的洛基城堡（Logie Castle）。他们的婚礼不是在新娘家举行的，而是在萨默塞特郡（Somerset）的考辛顿（Cossington）。主婚人是卡明的姐夫哈维·布鲁克斯（Harvey Brooks）牧师。在几乎刚好九个月后——12 月 14 日——他们的儿子阿拉斯泰尔·曼斯菲尔德（Alastair Mansfield）出生。

十六个月，人走茶凉。尽管尸骨未寒，但我们不能假定在很快找到下一任后，多拉的记忆在卡明心中已经没那么重要。正如维多利亚时代的人比我们更加公开、稳重地释放悲痛，他们也更能够放下并继续向前，英年早逝很正常，生者没道理假定自己还有几十年好活。

阿拉斯泰尔出生在荷兰公园别墅 9 号，就在卡明医生哥哥的隔壁。选民记录直到 1891 年才显示卡明居住在这里。卡明在那一年因为成了居住者——而不仅仅是土地所有者——而获得了在该地的选举权。他们在这里一直待到了 1894 年。

新娘被人们叫作梅（May）。而正是与梅结婚之后，皇家海军退役上尉曼斯菲尔德·史密斯开始慢慢变成海军上校曼斯菲尔德·卡明爵士。梅的母亲艾米丽·卡明从她父亲那里继承了莫里郡的地产。这一家庭有着强烈的继承欲望，比如艾米丽嫁给鳏夫瓦连特上校，而瓦连特用了妻子的姓氏，改叫瓦连特·卡明。瓦连特在梅 6 岁时去世了，而艾米丽嫁给了另一个鳏夫乔治·巴特（George Battye）。巴特是一个在孟加拉地区工作的法官，和前任妻子生了十一个孩子，其中有十个男孩。十一个孩子都在印度各门各类行业工作，以至于巴特成为南亚次大陆上一个有名的家族姓氏。梅因此收获了十个有名的同母异父兄弟，和一个不知名的同母异父姐妹。她的继父也用了卡明的姓氏，所以梅成长之时的名字叫作梅·巴特·卡明。

梅继承了母亲的财产。当她在 29 岁结婚时——在当时算是晚婚了——她和她丈夫都用了史密斯 - 卡明的名字。卡明余生在官方档案的姓氏就是史密斯 - 卡明。海军是这么用的，梅也把它刻在了卡明墓碑之上。不过，他的姓氏几乎总是被简称为“卡明”。这显然是卡明自己的选择。他似乎逐渐喜欢上了字母“C”，他后来拥有的几艘摩托艇名字都以“C”开头，比如，“指挥官”（Commander）、“通讯员”（Communicator）、“比赛者”（Competitor）和“标致”（Comely）。官方叫他“C”，无疑让他很满意。

巴特家族的一位后人伊芙琳（Evelyn）后来写了一本有关巴特儿子们的书《奋斗十兄弟》（*The Fighting Ten*）。伊芙琳在研究中涉及了梅，她在描写梅的一篇杂志文章中写道：“对于巴特家族的下一代人而言，‘梅阿姨’是一个安静、娇弱的女性（不过，她从来没生过病），身材娇小，脚也不大。梅文雅、冷静，对年轻人很友好、慷慨。不过，年轻人要是越界，他们很快就会领教梅铁一般的道德感和强硬的理念。”

这当然是对一个上了年纪的梅的描绘，而不是嫁给卡明那时候的梅。但是梅的内在也许一贯如此。她终其一生保持着自己轻柔的苏格兰口音。阿拉斯泰尔显然是“母亲的掌上明珠”。

伊芙琳·巴特也提到了卡明。“她的丈夫是个外向、豪爽、有魅力的人，生龙活虎、充满活力、生性开朗，善于和儿童玩耍。”这是少有的对卡明个性的描述，也和他人的说法相一致。伊芙琳随后提到，卡明常常鼓励探访的侄子和侄女用帽针戳他那时已经装上的木腿（可能是软木制的）。

不过，和多拉那时候一样。我们也不知道卡明和梅之间如何互相追求，也不知道他们如何、在何处相遇。我们找不到信件、离婚文件、喜欢八卦的朋友和亲戚记下的日记。唯一能够确定的就是阿拉斯泰尔准时降生了。

卡明自 1885 年离开海军，到 1898 年被派往南安普顿负责栅栏防御工事。卡明在此之间的行踪和日常活动却一直是个谜。人们有着各种猜想，比如他经营着妻子在洛基的地产，或者替海军情报局执行卧底情报工作，但是都没有证据。值得庆幸的是，我们现在可以解释卡明在其中某些年的踪迹。但是正如同卡明一生那样，我们并不清楚卡明何以至此。

我们可以确定的是，卡明在荷兰公园别墅 9 号起码住到了 1894 年，而且应该就是住到那一年。1895 年，没人登记在这个地址。一位叫昂德希尔（Underhill）的先生在 1896 年搬了进来。不过，20 世纪初发表的杂志文章提到了卡明，这篇文章是一系列文章之一，总标题为“汽车主义领袖们的新奇肖像”。他在 1906 年之后被晋升为中校。文章开头称卡明为“快艇俱乐部的左席[1]”（公众心中的卡明，也许是他手下的快艇船主）。文章结尾写道：

> 大家都知道他是南安普顿栅栏防御工事的指挥官。这是海军部的任命，他已经在这一职位上待了很长时间。受过海军训练的卡明曾是米斯伯爵（Earl of Meath）的秘书和经纪人，管理伯爵在爱尔兰的地产。他后来就一直住在南安普顿。他在世界事务上拥有独特地位。

这段开头和结尾含糊其词。文章很有可能写于 1909 年卡明成为第一任“C”之后，而且作者对此心知肚明。文章说，卡明在猎场“重重摔了下来”并摔伤双臂之后，开始转向“汽车主义”。他后来成了一个狂热粉丝。这篇文章其他地方的叙述都得到了证实，所以有可能这个说法也是真的。这件事也许是他在给米斯伯爵工作的时候发生的。

至于那个时候，多亏伯爵记忆深刻，后来出版了长篇备忘录《20 世纪的回忆》（*Memories of the Twentieth Century*）。他是这么评价卡明的：

> 大家都知道后来的曼斯菲尔德·卡明爵士在一战期间为国家做出的卓越贡献。我有幸在数年内从他的惊人才智中有所收获。他那时是我的私人秘书，后来是我在爱尔兰的经纪人。他拥有强大的幽默感，这使得他受到我的佃户的广泛欢迎。就算他为了我的利益不得不采取严厉措施时，他的受欢迎程度也没有下降。
>
> 有一次，他通过私人拜访的方式，成功避免了驱逐佃户的情况发生。被拜访的是一个女子和她两个兄弟，他们看上去都不讲道理，而且对驱逐求之不得。卡明走近佃户家里的时候，他首先遇到的是那名女子。她不认识卡明，但是怀疑对方是经纪人。当她确定对方是经纪

1 Rear commodore，游艇俱乐部仅次于会长的职位，负责水上相关活动。

人的时候，破口大骂。卡明摘下了帽子，去拜访她的兄弟，而那名女子朝反方向走去。在和兄弟俩以友好气氛交谈之后，卡明离开了佃户家，穿过一条深陷泥泞的道路，两边覆盖着厚厚灌木。卡明想起来那名女子的怒骂，所以小心谨慎，最终在路旁顶上瞥见了裙子飘过。那名女子在等着他，她脱掉了长筒袜，往里面装了一块很重的石头。等到卡明经过的时候，她向卡明扔了过去。但是没有砸中卡明，而且她失去平衡，头朝下摔在了路上。灌木丛中恰好有栅栏绊倒了她，她无助地头朝下挂在路边——“裙子掀了起来”。卡明连忙赶过去扶起了她。但是花了好一会才把她的脚拉出来，把裙子——她下身唯一穿的衣服——放了下来。卡明随后发现，她扭伤了脚踝，于是用一块湿手帕绑住了受伤的下肢，把这名女子背回了她家并扶到床上。

过了一段时间，他请求我去探访这些人，看看我个人的影响力能不能让他们学会讲理。我答应了。我本来以为也会遭遇辱骂，我本人和经纪人将会听到最恶毒的斥责。但是，恰恰相反，当我拜访那名仍然卧床的女子之时，她告诉我有个“有爱的经纪人”，不厌其烦地描述卡明为她所做之事。我的回答是，“你必须告诉卡明，我关于他说了什么”——所以我叫卡明进来。当我重复着那名女子的话时，卡明喊道：“噢，拜恩小姐？为什么你不早点说！天哪！我已经结婚！”

曼斯菲尔德·卡明爵士曾经告诉我，他在加拿大曾经遇到过一列火车，里面都是前往马尼托巴省（Manitoba）或萨斯喀彻温省（Saskatchewan）[1] 定居的移民，有老有少、有男有女，还有无数婴儿。一家组织的官方代表亲自带领着他们。这个组织负责将大量人口从西欧某一地区移民到加拿大的广袤谷物平原。负责人看上去对移民的挑选很是满意，向我指出，每个男女的选择都为了在这个重要定居点的经济结构中占据特定的位置。卡明看见一位很年长的老年男性，他几乎被岁月压弯了腰，坐下来的时候，头几乎深埋在两膝之间。卡明问，为什么这位显然不能劳动的老人要跋涉数千英里，穿过陆地和海洋被带到这里。还有，这个社区需要以全部精力面对自然的严酷考验，这位老人又能发挥什么作用呢？“噢，”对方回答，“他面前有个重要

1 两处都是加拿大南部省份。

使命。”“是什么？”卡明问道。“他将要开启公墓的序幕！”

没有其他记载提到卡明在加拿大的旅行，但是也许发生在卡明第二艘船“柏勒洛丰”号访问北美期间。

伯爵早年在外交界工作，后来和妻子［一位来自劳德代尔（Lauderdale）的女继承人］一并投身慈善工作。他们一丝不苟、孜孜不倦，而且相当有实力。伯爵还以上议院议员身份参与政治改良。他们在世界范围内创办医院，为盲人、癫痫患者和其他有需要的人建立学校。

在卡明担任伯爵在伦敦的私人秘书之时，要是卡明在伦敦，卡明家人很有可能在照顾他，而卡明离开的时候，家人也会料理他的事务。他在爱尔兰担任经纪人的时间应该在此之后——也许是在1894年离开荷兰公园别墅之时——随后离开伯爵，去负责栅栏防御工事。

海军档案显示，卡明在1898年4月30日重新出现在海军预备役名单中。他花了一个月参加“弗农”号的训练。随后几年，他又出现以下军舰的名册中：“澳大利亚”号（Australia）、“维纳斯”号（Venus）——不可避免的，还有——“威灵顿公爵”号、纳尔逊的“胜利”号及“胜利”号的补给船“火王后”号（Fire Queen）。这些被海军部派到岸上或母港的船只必须要有人指挥，往往归类于永久停泊船只或岸上设施之间。要是属于岸上设施，它的名字就用船只的名字。比如，“胜利”号是一艘老旧的木制战舰，用来引导、训练其他船只，或作为指挥部。它是朴次茅斯舰队司令迈克尔·考姆-西摩（Michael Culme-Seymour）爵士的旗舰，是海军最早三个“母港”的指挥舰之一。（“胜利”号直到一战之后才结束海军使命，被航海研究学会买下并进行翻修。）卡明在“胜利”号上的时候就得服从朴次茅斯舰队司令的指挥。他被任命“监督南安普顿栅栏防御工事，随时即可赴任”。

重回海军一定让卡明感觉不错。在前一年的1897年，海军没有从海外调回一艘船，就在斯比特海德海峡[1]聚集了165艘战舰，以庆祝维多利亚女王登基60周年。皇家海军的主要战舰达360艘，士兵人数是第二到第五海军人数总和。一切都看上去不错，但是其他海军——尤其是德国——

1 Spithead，位于大不列颠岛和怀特岛东北岸之间。

正在以令人不安的速度发展。有些英国人意识或预见到了经济下滑和战略过度扩张之间存在着危险的关联。约瑟夫·张伯伦[1]形容英国是“一个疲倦的巨人，在命运的完美下蹒跚”。这一观点尽管在布尔战争中出人意料地有所体现，但并不流行。

我们不知道卡明对此是如以往般满意还是不太自在。尽管他是在39岁的年纪重新以当年退役的军衔（上尉）回归海军，但他显然喜欢同时领导许多船。他最初几年都是在南安普顿水域带着船员练习，用栅栏封锁部分港区，然后用驱逐舰测试封锁质量。毫无疑问，这一工作激励了他在业余上对工程的兴趣和实用原创性。往后的岁月多次展现了这一点。这应该是很有趣的。他起码有一段时间主要是在一艘叫作“阿尔戈”号（Argo）的老船上。而卡明一家当时住在布兰肖[2]新森林村（New Forest village of Bramshaw）的伯恩福德屋（Burnford House）。卡明又一次只是租房而非买房或建房，他们至少1897到1902年都住在这里。

尽管一条繁忙的道路纵穿其中，但布兰肖还是一个颇有吸引力的乡间，宜人地分布着高大的山毛榉和森林间的公共牧地。牛、马及令人意想不到的猪随意漫步。伯恩福德屋很宽敞，上面是石板瓦的屋顶，建于1839年前。它既算不上时髦协调，也算不上随性喜人。它的窗户是深棕色的，长长的门廊覆盖着玻璃，一直延伸到大路上，就像卡明出生的那个屋子一样。被拆分成公寓的屋子显然被“重修了”，只保留了门廊和靠路一侧的墙壁。曾有人以它曾在二战期间被军情五处使用、更早时候是卡明总部为由要求保留这栋屋子——它在建筑学上没有任何值得保留的理由。无论它是否被军情五处、军情六处还是特别行动局[3]使用过——这也不是被保留的理由——其他方面都站不住脚。卡明住在这里的时候，他不仅不是“C”，而且也没想过他会成为“C”。据信他这时只在伯恩福德本地教堂的主日学校教过课。

与此同时，塑造他后来人生的大小事件正在暗流涌动。一个在下议院

1 约瑟夫·张伯伦（Joseph Chamberlain，1836—1914），英国政治家，曾任自由党领导人，是内维尔·张伯伦之父。

2 位于罕布什尔郡。

3 Special Operations Executive，简称SOE，是英国在二战期间设立的特殊机构，负责在欧洲沦陷区的间谍、破坏和侦察工作。

工作的小职员厄斯金·柴尔德斯（Erskine Childers）正在装修最近才买的一艘游艇“雌狐”号（Vixen）。1897 年 8 月，柴尔德斯驾驶着“雌狐”号横渡北海，到达荷兰和德国北部的弗里西亚群岛（Frisian Islands）。他前后共在这片安静、狭窄、多雾、充满流沙和泥泞海岸的区域横渡六次。结实的“雌狐”号很狭小，也不好看，但是同时适合浅水和深水航行。柴尔德斯后来又买了一艘更大的游艇——15 吨重的“光束”号（Sunbeam），放在了伯斯尔登，那时卡明就在伯斯尔登。卡明日记和信件中只提到了他两次，每次描写都很简短，但卡明显然认识他。

柴尔德斯在下议院的工作因布尔战争而中断，他作为炮兵司机参加了伦敦城帝国志愿军（City Imperial Volunteers，简称 CIV），后来根据自己的战时日记出版了一本书《在伦敦城帝国志愿军的日子》（*In the Ranks of the CIV*），该书引起了轰动。柴尔德斯随后根据自己在“雌狐”号上的旅行又开始写一本小说。这本书就是《沙岸之谜》（*The Riddle of the Sands*），算是第一本现代间谍小说。小说以外交部的卡鲁特（Carruthers）为叙事者，讲述了他的朋友戴维斯（Davies）说服他一同登上小船“杜尔西贝拉”号（Dulcibella），探访遥远的埃姆斯河（Ems）和威悉河（Weser）河口的溪流与小岛。卡鲁特逐渐意识到，开着小船在暗藏着危险的河水中航行，除了娱乐还有着别的目的。戴维斯认为德国正在准备入侵英国东部，而他们在流沙之中的探险则是为了证实这一推测。

1903 年，这本书的出版获得巨大成功。柴尔德斯为公众的反应而震惊，但不是十分满意。他不希望这本书被宣传为一本小说，因为他觉得这会有碍于他的严肃目的：警告英国政府注意德国的威胁。他给朋友巴兹尔·威廉斯（Basil Williams）写信道：

> 这是一本航行的故事。我曾巡游过德国水域，从而得到了这本书的灵感。我发现德国制定了一个入侵英国的方案。可是在侦探故事框架下，这一点显得格外困难。单单有力的事实并不能引起轰动。我软弱地在书中“塞进去”一个女孩，但她现在却成了个麻烦。

在后面写给威廉斯的信中：

> 虽然我创造了全书的一切、建构了全书，但是它是基于个人在德国岸上的认真观察。我自那之后一直对此深信不疑。机密的来源和细节也是如此——我觉得没理由质疑我描绘的德国人整体侵略手段。

尽管到了 1903 年，德国海军确实存在威胁，但与其说计划真实存在，不如说柴尔德斯深信不疑的只是他的计划具有可行性。1897 年，阿尔弗雷德·冯·铁必制（Alfred von Tirpitz）被任命为德国海军大臣。自此之后，英德的海军竞赛愈发明显，建造更多、更大、更优良的战舰。德皇威廉二世嫉妒英帝国，认为德国也有权利要求“阳光下的地盘”。英国的基本战略假设是：除非皇家海军要比所有敌人海军军力加起来还强大，否则帝国或本土都算不上安全。相反，陆军保持较小兵力，主要用于殖民地行动。尽管布尔战争引发了不小的冲击，带来了很多改变。但英国人直到 1914 年依然认为，陆军永远不会在大陆战事中发挥重大作用。英国的仗是在海上打的，所以海军得保证统治力。“如果德国舰队超过我们，德国陆军就能征服这片土地。”第一海务大臣在 1902 年断言道。

由于这只是一本小说，因此柴尔德斯传递的讯息并没有被严肃对待，但他还是在政府和海军部内收获了一些忠实读者，而且正因为它是虚构，反倒愈发起了点效果。要是柴尔德斯把他的中心思想写成一份战略文件，它毫无疑问会遭遇绝大多数文件——无论好坏——的命运。文学效果让它获得了论据之上的情感和想象力。柴尔德斯在附言中写道，第一版还在印刷的时候，当局就建立了一个国防委员会，好像当局非常乐意展现他们赞同柴尔德斯的想法似的（他应该指的是帝国国防委员会）。

《沙岸之谜》十分清晰地表现了艺术如何影响生活。尽管其他书也影响了政治气候，但如我们后面所见，柴尔德斯特别地影响了某些历史事件。确实，这些影响可能早就开始出现，而且也涉及卡明。他组建的摩托艇预备队很像这本书两位主要人物之一戴维斯所说的：“一定有上百人和我一样……对我们的海岸了如指掌……还有浅滩、溪流、潮汐、岩石……他们应当把我们用作海军预备队。”

作为一个感性而又富有智慧的人，柴尔德斯也许更容易基于激情而非判断去投身一项事业，他会抓住问题的一个方面并把这当成全部。1914年，正当他勤勤恳恳、英勇地担任皇家海军上尉之时，他替爱尔兰共和派[1]走私军火。《沙岸之谜》的主题和场景在他的一生中不断重现。他在航海方面为皇家海军提供了无价支持，参与了突袭库克斯港（Cuxhaven）[2]。后者是世界历史上第一次从海上对陆地目标进行空袭。战争爆发之时，他正在休假（其实是在走私军火）。在丘吉尔的命令下，海军部疯狂地在寻找他，让他就“夺取博尔库姆（Borkhum）和尤伊斯特（Juist）[3]”写一篇报告。这恰恰是近20年前他详细记入“雌狐”号航海日志的地方。这是一份优秀、条理通顺的报告，柴尔德斯是一个忠诚、爱国的海军军官。不过，柴尔德斯认为，在即将到来的大决战中，可以劝说让他走私军火的爱尔兰志愿军为帝国效力。一战之后，新独立的爱尔兰政府因为他服务于爱尔兰共和军（IRA）而处死了他。[4]

不过，他的书既超越了本来的目的，也超越了老旧、离奇的阴谋。“塞进去”一个女孩、大反派的站不住脚以及其他缺陷都无足轻重。这本书的主要魅力在于流沙、浅滩、迷雾和场景的模糊。

> 地面向下倾斜，一条急流闪烁在我们面前。我们沿着河流切线向北行进。蹒跚于泥泞的裂隙，滑倒于海藻之上。细雾开始遮住我们的视线，而海浪的轰鸣震耳欲聋。河流变宽、变清，也变得更急，汇聚着冲击岸边，四散于奶白色的朦胧。我们向右航行，泡沫泼洒到我们身上。我背对风口，挤出眼中的咸水，又转过身去看到一阵浪潮挡住了我们的路。我听见戴维斯的声音，看见他指着大海的方向。

约翰·巴肯[5]是最早受益于这本书的惊险小说作家。他认为这本书是“这世纪最后二十五年最好的冒险故事……如大师般描绘了北方灰色天空和数

1 反对英国，支持爱尔兰从英国独立。

2 位于德国北部。

3 两个都是德国北部沿岸岛屿。

4 1921年，英爱两国达成分割爱尔兰岛的协议，激进的爱尔兰共和军拒不承认此条约，因而在次年遭到爱尔兰自由邦政府镇压。

5 约翰·巴肯（John Buchan，1875—1940），苏格兰作家、历史学家、政治家，曾任加拿大总督（1935—1940），代表作有《三十九级台阶》。

英里波涛汹涌、潮湿沙滩的水域场景，和康拉德（Conrad）的小说一样”。他预示着在现代惊险小说中，技术细节（尤其是航海和铁路时刻表）对故事进展至关重要，还有勒卡雷[1]式利用天气和场景衬托局势的危急与不确定性。为了达到激动人心的效果，你不必非得纠结于航海问题，故事也不需要无懈可击，结局更不一定非得意想不到。

这本书算得上应时之作。我们再怎么强调这本书的意义，也无法完全描绘出它是多么契合英国人越来越明显感知到海洋上的威胁、对情报的需要。卡明又一次与此密切相关。他的栅栏防御工事正是其中一部分，而他后来所投身的事务更是如此。尽管在19世纪末，法国政府还有入侵英国的纸面计划，但更大的危险来源于何方是毫无疑问的。

不过，在这段时间内，卡明与应对入侵威胁的工作毫无关联。如前文所述，早在1905年初，他被苏格兰大臣派往评估将风力驱动的渔船改装为蒸汽机驱动的可行性。他长达20页的报告写于1905年3月2日，摘要发表在4月22日的《渔业贸易公报、家禽比赛、兔类贸易记事报》（*Fish Trades Gazette and Poultry Game and Rabbit Trades Chronicle*）。对于未来情报机构的领导人，这也许是令人不敢相信的公开亮相，但《记事报》算得上严肃刊物。卡明的报告简短有力，言之有物。他在研究时调研了苏格兰八座港口，以及德国、瑞典和丹麦的港口。他也访问了柏林。出国访问是为了考察现有的发动机——绝大多数都是“重油”发动机（即柴油，“重油”是其德国发明者取的名字）——因为卡明认为，出于安全性和成本考虑，“渔船上的情况不允许使用汽油发动机”。由于法律对汽车的限制，英国小型发动机的发展落后于欧洲大陆，因此很多英国船只当时并没有配备发动机。卡明从技术上描述了每种发动机，他最后用通俗的语言评价道：

> 这款发动机便宜、良好、很经济，但它是两冲程的，这是个严重缺陷。我认为，就我们所需要的而言，它比不上四冲程的。它的动力只能承担起较轻的负载。一旦负载上升，它就很快会运行不了，无法执行各种任务。

1 勒卡雷（Le Carré，1931— ），英国著名间谍小说作家，代表作有《柏林谍影》。

他乘坐他所考察的一些船只出海（如果晕船一直是个大问题，就该尽量避免乘船远行），还主动提出负责在苏格兰船只上试验选定的发动机。他建议邀请英国公司制造发动机，其中有些是让人熟悉的名字。

> 我与几家主要公司代表进行了会谈——沃尔斯利公司（Wolsley Co.）［来自威格士、桑斯和马克西姆（Vickers, Sons and Maxim）[1]的先生们］，他们制造海军潜水艇的发动机；来自鱼雷艇和发动机的制造商索尼克罗夫特（Thorneycroft）的先生们；来自内皮尔的先生们，他们制造了最成功的快艇；来自罗尔斯（Rolls）、克罗斯利（Crossley）、莫德斯莱（Maudslay）等愿意参加合作的公司的先生们。

卡明建议由汽车俱乐部［后来的皇家汽车俱乐部（RAC）］的海洋部进行具体测试。

卡明之所以熟悉这些名字是出于个人爱好。虽然人们更多把他和秘密情报机构的神秘联系到一起，而非《记事报》，但这一爱好最早引起了大众对他的些许注意。1898年12月，在一顿由法式清汤、龙虾、鹅肝、牛里脊、鸡肉、野鸡肉、山鹑肉和俄式奶油蛋糕组成的午餐之后，大不列颠及北爱尔兰汽车俱乐部举行了成立大会。这些会议在白厅大厦4号举行——这栋楼后来是卡明在战时的总部。对汽车的热爱让卡明热情参与皇家汽车俱乐部，声名鹊起，最终成为一个具有影响力的成员。

这顿午餐及开始成立大会的方式让我们感受到早期皇家汽车俱乐部是什么样——爱德华七世[2]时代风格：富裕、贵族范、炫目、享乐主义、迅速。今天依然装饰在劳斯莱斯车上的著名飞翔女神[3]的原型是尼莉·索顿（Nelly Thornton），她在俱乐部工作，后来成为蒙太古（Montague）勋爵的秘书和情妇，还给他生下了私生子。（一战期间，当他们乘坐的船被鱼雷击中后，索顿溺水身亡。）这些人身边不仅是富丽堂皇，而且他们对汽车很是认真。皇家汽车俱乐部的早期历史实际上是英国汽车驾驶的早期历史。

1　英国著名发动机联合企业，沃尔斯利是其子公司。

2　爱德华七世（Edward VII，1841—1910），英国国王（1901—1910）。

3　Spirit of Ecstasy，劳斯莱斯车引擎盖上的装饰物。

卡明也是这段历史的一部分。他现在更多被叫作“卡明”而非“史密斯 - 卡明”。1902 年，经 J. 斯科特・蒙太古（J. Scott Montague）阁下提名，卡明被选入皇家汽车俱乐部。这是卡明参加的第四个俱乐部（此前有海军与陆军俱乐部、朴次茅斯海军俱乐部和皇家南方游艇俱乐部）。1903 年 2 月 28 日，《汽车杂志》（*Automotor Journal*）宣布卡明将会在巴黎—马德里拉力赛和随后在法国举办的戈登—本内特拉力赛——如果可以参赛——上驾驶沃尔斯利 50 马力的汽车［小詹姆斯・戈登 - 本内特（James Gordon-Bennet Jnr）是一位富有的美国报纸老板，兴趣广泛，经常进行有利可图的自我推销。正是他派史丹利（Stanley）去找戴维・利文斯通（David Livingstone）[1]，而且不反对史丹利“为了新闻而在非洲挑起小型冲突”］。卡明驾驶的沃尔斯利是他在不久前水晶宫展示时买下的赛车。赛车一直以来就是有钱人的运动。除了买车的开支，车手还要缴纳 500 英镑的定金才能参加戈登—本内特拉力赛。卡明的钱从哪来？卡明的“半薪”待遇是一天 16 先令，尽管这已经是当时陆军士兵薪酬的六倍，但依然不足以支持一个喜爱速度和昂贵新科技的绅士。和当时绝大多数的军官一样，卡明很有可能从家里继承了一点钱，但是没有证据表明经济情况还算不错的史密斯家族出过什么大亨，而且卡明也得跟他十几个兄弟姐妹平摊任何遗产。他和梅的遗嘱都显示，他们之间有一份让卡明收益的夫妻财产协议。而且卡明也有可能从多拉那里继承了一点钱。

早期的赛车不适合胆小鬼参加。巴黎—马德里拉力赛期间共有八名观众和参加者死亡，而卡明的车也出了车祸。来自沃尔斯利的测试车手西德尼・吉尔林（Sidney Girling）开车撞上了墙，卡明当时就坐在他的旁边。1903 年 6 月 6 日，《汽车》（*Autocar*）杂志报道了这次事故。

> 一直到撞上墙之前，卡明上尉的沃尔斯利车在巴黎—马德里拉力赛中表现完美。他告诉我们，他在上午 3 点 56 分离开凡尔赛，并在上午 4 点 57 分到达夏尔特尔（Chartres）。其中 15 分钟要用来操控，

1　利文斯通是苏格兰医生、传教士和探险家，1866 年因探寻尼罗河源头而进入非洲，此后音讯寥寥。而史丹利则在 1869 年率领团队前去寻找利文斯通。1871 年两人汇合并继续探险，史丹利后来将该经历写作成书。

所以74千米的路程花了46分钟。他还由于误会了旗帜信号而停在了阿布利（Ablis）一会，所以平均速度应该在每小时100千米。人们只记录了他在某一个千米内的速度是每小时110.5千米。无论如何，撞墙实在是让人遗憾，因为卡明上尉的车状态良好，也接受过彻底检查。

事实上，卡明就拉力赛为俱乐部杂志写了一份报告，他没有提到墙，而把事故归结为过热的曲轴轴承使得离合器停住。他和当时其他赛车手一样，抱怨出来观看的人群遮住了路口、角落和其他危险："我们开了100英里后，以每小时70英里的速度进入了一堆人群。"他说，他让吉尔林开车是因为"我太想成功了，我知道他会比我发挥得更好"。他接着说，

> 超过其他汽车所扬起的灰尘令人生畏。石子砸在脸上的物理疼痛不可小觑——我的护目镜被我们超过的第一辆车反弹回来的石子砸碎了——除此之外，灰尘如此厚实，以至于根本看不清路面，只能依靠路两旁模糊的人影导航。我们知道前面不远是一条平交道，而且它连续两个直角弯只够一辆车通过，但追赶另一辆车的冲动足以让每个人都忘乎所以。

他觉得，他的车"比起我认识的许多人更像人，除了噼里啪啦地游泳，我想不到还有什么比开车更有意思的事了，尤其是你在超越前面一辆车的时候"！

英国正式的汽车比赛也就是在前一年才开始举办，地点放在了萨塞克斯郡（Sussex）的贝克斯希尔（Bexhill）海边。法律限制和议会对汽车的强烈恐惧严重制约了英国在汽车工业和赛车运动上的发展。公众和媒体到处都有人呼吁热心公益的公民，尽可向烦人的驾车者倾泻子弹。毫无疑问，有些驾车者是很让人不安。"我内心的想法是，我希望开得越快越好，永远不要被人发现我是谁。"后来的蒙太古勋爵坦诚地承认道。卡明可能也会有这种冲动。

事实上，卡明并未参加戈登—本内特拉力赛，因为他被认定未能及时提交申请。不过，这一裁决还是引发汽车杂志的争议，最后卡明在6月6

日的《汽车》杂志上发表了一封信。他宣布不再寻求参赛，但说“唯一不能被打破或者推翻的规定”，似乎正是不允许他参赛的规定。他早年的日记里多次提及此事，往往将此指向英国陆军部的阴谋。

卡明的驾车和航海也出现在了蒙太古·格拉汉姆·怀特（Montague Grahame White）的回忆录《车上、岸上和船上》（*At the wheel, Ashore and Afloat*）中。这个友好而又人脉深远的皇家海军预备役（RNVR）少校似乎将他的人生和内燃机的发展联系到了一起，他几乎是早期每一个有关赛车或者摩托艇协会的创始成员，也设计了罗尔斯公司某些早期产品。他的文章简单直率、自鸣得意，但十分诚恳。他几乎孩子气地相信，其他人至少和他一样对他自己的所作所为感兴趣。在一段时间后，这类回忆录要比那些狡猾、带着虚荣进行回忆的自传更有价值——而且奇怪的是——更动人。比如，作者描述了1900年参加汽车俱乐部的一千英里试验，他文笔的局限性既让它显得可笑，也让它显得更加生动。他叙述了自己英雄般的90英里旅程：驾驶着5.5马力、敞开式、皮带传动的克里奇（Critchley）汽车穿过暴风雪下的沙普菲尔[1]（Shap Fell）——到达山顶的最后10英里花了六个小时再加一刻钟——却丝毫没有提到受冻的手指、脚或者脸，几乎总是在讲他们有多少次不得不下车换上新的引带扣、部件或者重新打火，以及他们如何减少皮带打滑。

格拉汉姆·怀特显然很熟悉卡明，因为书中第一次提到卡明时，他没有进行介绍。他的叙述告诉我们，卡明绑在了一辆从伯明翰开到伦敦的车的后挡板，然后他选择参加沃尔斯利拉力赛。

> 第二天，我和海军上尉曼斯菲尔德·卡明一道前往沃尔斯利厂。在一系列试验之后，我们（从伯明翰）开车回到伦敦，随行的还有奥斯丁先生派来的一个技工，他负责检测路途中发动机能否有效润滑。这辆车只有两个单人座位，卡明同意绑在车的后挡板上。整个航程中，他就待在这个极不舒服的位置上。对速度的热爱，让他从沃尔斯利公司订购了一辆车，参加下一年的戈登—本内特拉力赛，并且让我担任驾驶员。

1　位于英格兰西北部的坎布里亚郡（Cumbria）。

格拉汉姆·怀特前往印度，就汽车生意拜访了科奇比哈尔（Cooch Behar）的土邦主。他对印度地理和文明的叙述自始至终就是："一到孟买，我首先想到的就是安排陆上的雷诺汽车运到德里：汽车被牛车拖到火车站，然后装在敞开卡车上，与加尔各答特快列车相连。"他几乎唯一提到印度人的地方就是他们喝掉汽车所用的汽油。数年后，格拉汉姆·怀特在伦敦稀里糊涂地卷入了葛楚德·阿瑟顿（Gertrude Atherton）的自杀——"那个时代最美丽的女人之一"——但他对此的叙述也主要集中在出租车上。

他们有可能是在南安普顿水域航行中而认识的。格拉汉姆·怀特尽管比卡明小 18 岁，但出生在伯斯尔登塔［现在是乐购公司（Tesco）的一个分店］。怀特成长期间，卡明应该在那里很出名。他们逝世的时间接近。1904 年，格拉汉姆·怀特"前往南安普顿去拜访我的朋友曼斯菲尔德·卡明上尉，他当时在离奈特利（Netley）不远的'阿尔戈'号上"。奈特利离伯斯尔登很近，而"阿尔戈"号则是他的栅栏防御工事中最老旧的一艘船，既是他的总部——有时候——也是他的家。格拉汉姆·怀特当时的计划是将两艘小型蒸汽动力游艇改造为马达动力。这一计划很类似于卡明第二年所接受的有关渔船改造的任命。两者之间恐怕有点联系。格拉汉姆·怀特在他 52 英尺长的游艇"女士"号（Mi-Ladye）上装了一个法国产的船用发动机，随后邀请卡明和他开着它穿过海峡，从而参加即将到来的比赛——沿着塞纳河从巴黎顺流入海。他们很明智地带着一个技工，在稍微有点恶劣的水域检验该船的航海性能：夜行进入索伦特海峡（Solent）[1]。离开戈斯波特（Gosport）旁的蒙克顿堡（Fort Monckton）没多久，他们扭转方向以求在天黑前返程。他们没有导航灯：

> 随着旋转舵炳，发动机突然快速运转起来，我本能地拉起离合器控制杆，但是发动机继续运转，直到我关上了油门杆。船尾轴断了，我们在强劲的东向潮水中孤立无援，而且夜幕已近。在近两个小时内，我们从栏杆翻滚到轨梁，而我们在机舱的技工则躺在一群晕船的人之间。卡明和我紧紧握住甲板上的栏杆，四处寻找救援的信号。

1　分隔大不列颠岛和怀特岛的海峡。

视野里唯一看到的船是一艘遥远的汽船和一艘横帆船，他们都太远了，无法向他们发出信号。锚索太短，但卡明最后还是找到了一根更长的绳子。正当格拉汉姆·怀特尝试固定船锚之时，一根多余的卷轴把他砸下船，绳子缠住了他的靴子。“当我倒栽葱摔到船尾底部的驾驶舱时，卡明迅速抓住了我，费了好大劲才帮助我翻过栏杆。”

无助、使人眩晕的翻滚还在继续，但卡明最后看到汽船的灯光离他们越来越近。他们迅速向机舱的松紧布倒上汽油，卡明则用金属线把它们连到船上的钩子上。他们点燃了松紧布并挥舞起来。汽船把“女士”号拖到了南安普顿。

格拉汉姆·怀特并未放弃。“女士”号换上了新的轴，改变了装饰，还加上了桅杆、应急掌舵装置、长的桨与杖、发动机备件、加长线缆和灭火器。然而，“卡明却心有疑虑。他对单桨摩托艇跨越 100 英里的主意并不热衷。”根据后来的经验，我得出结论，卡明的想法是十分明智的。不过，我还是劝服他陪我与一位工程师和水手一起去勒阿弗尔。

这一次的问题是海峡中的浓雾。在早上没多久，他们差点被南安普顿前往勒阿弗尔的邮轮撞翻。逃脱一劫的他们赶上浓雾散去，格拉汉姆·怀特将发动机的转速提高到十分令人满意的每分钟 750 转，这时发动机停了。“‘出了什么幺蛾子？’卡明问，我去询问下面的技工。‘没柴油了，先生，就是这样。’对方冷静地回答。”

幸运的是，他们的柴油并未用完。问题出在发动机自动从主油箱切换到了副油箱。技工没有发现这一点是因为他当时睡着了。他们后来发现技工已经 36 个小时没合眼，因为前一天通宵在南安普顿码头干活。他们让技工去睡觉，格拉汉姆·怀特接替技工在机舱的位置，而卡明掌舵。后面再没出什么事故，他们一大早就到了勒阿弗尔，次日沿塞纳河前往巴黎。

“女士”号没有参赛——它压根就不是赛艇——但还是出于乐趣，和赛艇、游艇一道沿塞纳河返程：“乘坐‘女士’号的我和朋友证明我们比他们当中任何人都要快得多。”他们最后拖着七艘所谓航海游艇一个接一个返回阿夫勒（Harfleur），它们要么进水了，要么撞坏了。与此同时，卡明“表示很高兴陪我参加这场旅行”。

格拉汉姆·怀特提到卡明跟随外国捕鱼船队出海，并及时赶回南安普顿组织快艇俱乐部——他是左席——的可靠性实验。由于是评委之一，他得拿自己的船“指挥官”号做实验。据格拉汉姆·怀特所言，这艘装备 20 马力沃尔斯利发动机的船是在伯斯尔登一个码头建造的。怀特说，卡明在这艘船上遭遇了当初和他在“女士”号上类似的状况，这一次是因为发动机故障。同一天，在另一艘船上，卡明和一个叫莫兹利·布鲁克（Maudsley Brooke）的人也在索伦特海峡遭遇了同样的命运。他们的船颠簸、翻滚了近两个小时才获救。在这两次事故中，船都被水淹没了一半，所以情况大概相当糟糕。

格拉汉姆·怀特最后一次提到卡明出海是在 1907 至 1908 年。前皇家游艇“魅惑魔女”号（Enchantress）此时成为快艇俱乐部在南安普顿水域的总部。格拉汉姆·怀特与许多访问者一同碰见留在甲板上的卡明和其他人。船上即兴组织了一次音乐会，包括格拉汉姆·怀特的小提琴独奏，以及维拉·史丹利（Vera Stanley）小姐的钢琴表演。“其他人则表演了一些幽默歌曲，还穿插着一些十分精巧的纸牌魔术。”也许这是卡明，因为卡明家族有用变戏法逗小孩的传统。一位叫作贝福德（Bayford）先生及其女儿西贝拉（Sibyl）加入了聚会，“带来了新的节目”。

1908 年 4 月，在严重的暴风雪后，5750 吨的巡洋舰“角斗士”号（HMS Gladiator）在和一艘邮轮碰撞后沉没在索伦特海峡西部。在 36 英尺深的水下，“角斗士”号侧翻在一边，距离岸边约 300 码。上午早些时候，格拉汉姆·怀特、贝福德上尉和卡明坐着一艘大型汽艇前往。时间漫长的救助行动当然激发了兴趣：“这是我见过最有趣、最有教益的一堂课。”

他的侄子莫利纽克斯·史密斯（Molyneux Smith）讲述了这段时间——或者更早之前——的卡明还有一段和航海有关的轶事。莫利纽克斯在电机工程领域工作，与卡明在生活中和职业上都有着密切关系，去世于 1966 年。这个故事说，某年冬天，卡明在一艘航行在索伦特海峡的小汽船上。一根松散的绳子从船上掉了下来，绞入了推进器。卡明迅速脱掉衣服，跳入冰冷的海水中以扯掉绳子。当时，温斯顿·丘吉尔（Winston Churchill）先生就在船上。家里历来传言，卡明后来受到丘吉尔的提拔。可惜的是，莫利纽克斯·史密斯没讲多少有关他叔叔的故事，应该有个人的考量而非纯粹逗乐。但是卡明日记显示——如我们后来所见——他和丘吉尔之前就互相认识，而且没有证据证明存在什么“提拔”。

卡明的热情也不局限在公路和水域上。1906 年，47 岁的卡明成为皇家飞行俱乐部（Royal Aero Club）的创始会员。三年前怀特兄弟在美国首次驾驶比空气还重的飞行器，而三年后的布雷里奥（Bleriot）则完成了首次跨英吉利海峡飞行。这是一个危险的活动。比如，33 名飞行员就在 1910 年死亡，其中包括罗伊斯的合伙人 C. S. 罗尔斯（C. S. Rolls），他刚刚成为第一位不间断飞行往返英吉利海峡（中途未曾降落在法国）的人，就在伯恩茅斯（Bournemouth）降落时身亡。这既没有阻碍卡明，看上去也没能让梅劝住卡明。不过，克莱门汀·丘吉尔[1]就成功劝住了想当飞行员的丈夫。卡明在 1913 年获得飞行员证书，这件事被记录在 11 月 22 日的《飞行》（*Flight*）杂志上。

> 皇家海军的卡明中校是皇家飞行俱乐部的会员，他刚刚从法国埃唐普（Etampes）的法尔曼（Farman）学校归来，并于 11 月 10 日（星期一），在一架莫里斯·法尔曼（Maurice Farman）双翼飞机上获得了飞行员证书。卡明中校算得上飞行员里的老前辈，他已经 54 岁。他并不认为年轻才是成为成功飞行员的必要或关键条件。

卡明和梅自 1906 年起就定居于伯斯尔登。这个村落最初只是撒克逊人在森林遮蔽的汉布尔河旁的一个定居地。汉布尔河是南安普顿水系的一个支流，而这个村落几个世纪以来都在为皇家海军提供船只［包括纳尔逊在哥本哈根战役的旗舰“大象”号（HMS Elephant）］。不过，这里更多还是一个不那么繁华的安静之地，人们在这里经水路去附近的朴次茅斯和南安普顿旅行。19 世纪建了一座收费桥和铁路，而且越来越受到关注，现代的发展让它拥有两座桥和全国最大的游艇停靠区，但这里依然是一个与世隔绝的地方。当地研究伯斯尔登的历史学家、《在汉布尔河和索伦特的日子与路》（*The Hamble River and Solent Days and Ways*）作者苏珊娜·里奇（Susannah Ritchie）还记得，1906 年左右，卡明的“阿尔戈”号，还有其他栅栏防御工事的船只，从南安普顿水域前来。船员登陆靠的

1 克莱门汀·丘吉尔（Clementine Churchill，1885—1977），丘吉尔的妻子。

是一个木制码头，建在“盐场道”（Salterns Lane）下的湿地上。码头靠海一侧的平台围绕着一艘旧战舰“苏丹”号的桅杆。这也许是卡明在 1883 至 1884 年工作过的那艘“苏丹”号，用旧战舰桅杆来加固当然很吸引他。我们还会看到，在接下来的职业生涯中，与造船厂的关系对他很有用。桅杆插到松软的汉布尔河泥之后，一半长度因为自身重量而陷了进去，足以让水进入桅杆里面。桅杆和码头的绝大多数部分在二战期间被拆除，但留下了小部分。泥里露出来的残余部分就像是一个倒插的蘑菇。

1905 年和 1906 年，卡明买了沼泽上靠近水边的一块地，后来在内陆稍高的一块区域造了一栋房子。家里面传言他通过房前草坪上的望远镜，能够看到怀特岛莱德码头（Ryde pier）上的字。据说，他抬来桅顶横杆并插在草地上以证明自己宝刀未老。他后来还以年轻时海军所强调的敏捷速度去爬树，以证明自己手脚利索。尽管屋子建好的时候，他已年过六旬，患有心绞痛，尽管来拜访的人都注意不到草地上的桅顶横杆，但人们发现他还是很喜欢表演杂耍和特技。也许他当初在“苏丹”号上就表演过这些动作——还是年轻海军军官的他大概花了很长时间练习。

人们很容易就发现这地方为何吸引人。尽管这里有两座公路桥和铁路，尽管汉布尔河旁停满了游艇并挤到河湾里，这片沼泽地——海克特的沼泽地（Hackett’s Marsh）——依然神秘莫测。它只有靠河的几百码地，从卡明的家“伯斯尔登小屋”（Bursledon Lodge）很容易就走到。步行这段路要穿过一个小码头、一些船屋和其他船，还会路过牧牛草地、一两个栅栏、年幼的榆木栅栏，直到暗藏危险、密布小溪的沼泽地。沼泽地散布着旧时船只的龙骨、坏掉的舵、废弃的码头、漂浮的木头、泥里偶尔还有盘绕整齐的绳子。尽管公路桥一直喧嚣，这里最明显的声音是金属线敲打汉布尔河外停泊游艇金属桅杆上的叮当声。

走到岸边的桅杆旁并不容易，因为每一块看上去平整的土地都会造成摔倒、跳跃、滑行、蹚水、缠住靴子，所以探索者得尽力寻找自己想要的东西。在岸上的行走要更稳当，但也会有隐藏的河口和沟渠。上潮的时候，汩汩流水就会迅速填满它们。锈迹斑斑的倒插蘑菇看上去并不远，但你永远都没法靠近，触手可及但就是够不到，就像它所象征的过去一样。回去的路充斥着更多能让人滑倒的东西。潮水在你后面低声轻笑，直到突然打到侧岸，无情的水流迅速填满老桅杆和岸上橡木残桩之间的空隙。你抬头可以看到卡明房子的屋顶。死亡会突然降临在毫无防备的人头上，淹没在游艇桅杆的叮当声之间，正值晚间交通高峰期的桥上也不会注意到。

此后余生的绝大多数时间，他和家人所住的船屋实际上是由浮桥改造而来，卡明叫它“桥水屋”。苏珊娜·里奇说，它是由南安普顿的霍奇金蒙（Hodgekimon）所建。它早在1856年就用来将名为“红色流浪者”（Red rover）的布里斯托（Bristol）至布莱顿（Brighton）公共马车运过伊钦河（Itchin）。它一直发挥这个作用，直到1896年被卖出。我们不知道卡明是在这个时候买下的还是在后来。从照片上明显可以看出，它更像是屋子而非船。中心部分之前是用来让公共马车开进来的，它被改造为三间房，中间那一间通过屋顶窗可以从头顶接受阳光。两边的屋子原来用来安置乘客，现在被改造为卧室、浴室等房间。凯瑟琳·穆雷（Kathleen Murray）记得这里“有一个厨师与女仆、一间客厅与餐厅，还有几件客房与卡明的办公室，里面都是精致的书籍”。卡明家最后把房子和附属小轮卖给了新森林（New Forest）的汉布里（Hanbury），后者一直把它完好保存到了二战，然后扔到了沼泽地。房子最后还是在沼泽地里四分五裂了。

据多琳·韦切尔［娘家姓马丁（Martin）］回忆，卡明喜欢吃鲽鱼。韦切尔是当地出生的小孩，过去往往看见卡明从沼泽地上的盐沼收集鲽鱼。另一个记得他的当地小女孩——虽然与多琳·韦切尔和苏珊娜·里奇一样，记忆里的他已经不小了——就是凯瑟琳·穆雷。她出生于1906年，是一位戏院经理的女儿。这个经理在伯斯尔登也有一座船屋“卓越”号（Brilliant）。她记得当地“没多少”船屋，其中有几座显然相当大。“我们的船屋睡16个人绰绰有余，睡32个人就得挤一挤。”她后来定居美国，留给女儿朱迪斯·布福特小姐几页有关卡明的回忆和23封信，我在后面会提到它们。

不过，没有几座船屋能像卡明余生大多数时间内的卡明家船屋那样大。

卡明家大概住得起更舒适、更方便的街区。选择住在这里很有可能是卡明的意见，这体现出他的古怪和对小船的热爱。我们只能猜测梅是愿意这么做呢，还是仅仅默认卡明的决定。苏珊娜·里奇回忆，与此同时，阿拉斯泰尔正在几英里外斯达宾顿（Stubbington）的西菲尔德学院（Seafield College）上学。卡明一定是因为这么住有好处才做出如此决定的，因为他后来又得到了一座浮桥，他把浮桥从巴罗因弗内斯（Barrow-in-Furness）[1]拖来，并命名为“候船室”（Ferry House），安置他的外甥女朱恩·希尔［June Hill，娘家姓拉尔金（Larkin）］。希尔的丈夫在一战期间阵亡了。他有可能在这座船屋住过一段时间，因为凯瑟琳·穆雷还记得他住在一座沿着海岸拖过来的船屋。而且卡明在1920年4月2日写给她的信中，称他的船屋叫作“老候船室”。

至今未曾发现过卡明在来到伯斯尔登之前的个人信件。而在伯斯尔登期间的信件也只有一张明信片，所署日期是1907年11月8日，是梅寄给沃金城詹姆斯敦的V.史密斯（V. Smith）小姐：“我希望下周你能来待几天。来住住看吧。我们都盼望在星期五见到你。我们的车什么时候在S.接你？”最后一句话传神地表现了一个时代和生活方式，也许也表现出一个相当优渥的生活。我们很容易想象出梅所谓的柔和苏格兰口音是什么样。维奥莱特·史密斯（Violet Smith）是阿拉斯泰尔的表妹，两人非正式地订婚了。

尽管我们早已习惯传记主人公的通信所剩无几，但卡明信件的缺乏还是不太寻常，甚至有点可疑。但是时间就像一个无底洞，它不加区别、贪得无厌地吞噬任何人的一切。因此，任何人过了一个世纪还能留在纸上或者被人谈起，甚或被人记得，都是不寻常的。当我们面对那些意识到自身历史或者享有知名度的传主之时，我们总是太轻易地忽视了这一点：遗忘才是常态。如果历史看上去人满为患，前人俯拾皆是，这只是因为我们对未曾提及的大多数一无所知。

无论如何，卡明来自一个大家族。这个家族了解自己的历史，而卡明最后担任了一个广为人知的职务，许多人还对他的个人和生涯抱有兴趣。因此，我们也许期待看到更多的个人记录和收藏，很有可能它们确实存在过，但是被销毁了。我们之前提到他的侄子莫利纽克斯·史密斯［后来改姓卡林顿（Carrington）］，不仅和卡明共事过，还和他有同样的兴趣爱好，尤其是对汽车的热情。1909年，莫利纽克斯·史密斯拥有5300英里的世界纪录。1911年，他赢得了布鲁克兰（Brooklands）让步赛（handicap），单圈速度最快达每小时94.15英里。他是卡明的遗嘱执行人之一，经常出现在卡明日记里。卡明去世后留给他——或者遗赠——许多物品，包括卡

1　位于英格兰西北部。

明的手杖、肖像和银器。有可能还给他留了文档和信件。然而，当莫利纽克斯·史密斯在电机工程干了一辈子，于1966年去世之时，他只留下了两段有关卡明的轶事。第一段是有关丘吉尔的，前面已经讲过；第二段是卡明对付一个在火车脱靴子的人。当卡明叫他穿上靴子的时候，这个人拒绝了。卡明随后说道："留给你的靴子的只有一个地方，打开窗户，把它们扔到火车两旁的踏板上。"我们不知道后续如何。

莫利纽克斯·史密斯的妻子芭拉拉（Barbara）看上去并不喜欢史密斯家族。她也许是推动丈夫改姓卡林顿的原因。她在丈夫死后将文档和书籍付之一炬，其中有些应该是卡明的。她也让人重新熔炼了卡明的银器，包括一个写满他手下签名的退休奖盘。当然，梅·卡明手里肯定也有文档和回忆录。但当她在1938年去世于戈登斯敦学校[1]之时，绝大多数的遗物都被卖掉或散落于世。

除了前面提到的那些女性，两位曾亲眼见证曼斯菲尔德和梅在伯斯尔登后来岁月的人是他们的曾侄孙女艾利森·沃特金斯（Alison Watkins）和帕特·坎贝尔（Pat Campbell）。帕特·坎贝尔记得卡明是一个富有传奇色彩的人物，在桥水屋中举办狂欢派对。而且1919年之后，卡明在伯斯尔登小屋花园不仅拥有一台望远镜，还拥有一辆一战时期的坦克。他常常带孩子们开坦克，但是拒绝把它开到汉布尔河的桥上。他显然受到孩子们的喜爱，在布恩福特小屋为布兰肖（Bramshaw）的居民举办圣诞派对，参加那里的主日学校。卡明家族流传着一个传说，卡明曾用嘴叼着还是婴儿的阿拉斯泰尔经过楼梯间（也许是在布恩福特小屋？）以显示他的力气。另一方面，梅阿姨则在孩子们眼里显得循规蹈矩。只有梅阿姨带她们去看《查理的姑母》[2]（Charlie's Aunt），这一印象才有所减弱。多琳·韦切尔也记得伯斯尔登小屋存水池对面的宽阔草坪上停着一架双翼飞机，而且离坦克不远——不过，现在那块地已经长满荒草。卡明带着当地小孩开车，并且教导他们："女士坐里面，男生睁大眼睛仔细看。"有一天，他正在开车带着一车孩子绕着花园转，梅走出屋子生气地说，"曼斯菲尔德，你

1　Gordonstoun school，英国最负盛名的寄宿学校之一，英国王室成员素来有就读于此的传统。

2　布兰登·托马斯（Brandon Thomas）所写的英国滑稽剧。

在干什么？”“找乐子，亲爱的，找乐子。”这就是他的回答。

苏珊娜·里奇还记得1920年左右，卡明在索伦特海峡旁的利村（Lee-on-Solent）卖水上飞机。卡明显然手上有挺多，用一辆蓝旗亚卡车（Lancia）把它们拖到了伯斯尔登小屋旁的一块地。他以5英镑的价格卖水上飞机，每一架都可以被改造成船。她记得这些水上飞机是颠倒着被拖过来的，扬起了许多灰尘。（事实上，在卡明总是很精确的日记里，详细记录了秘密情报局所拥有的交通工具，其中就包括一辆蓝旗亚卡车。）

在人们的记忆里，卡明一家和伯斯尔登的乡村生活没什么交集。在1909年后十年，他们绝大多数时间都住在伦敦。韦切尔夫人记得卡明卸下假腿去游泳。她有一次掉到水里，还是卡明跳下水把她救了出来。卡明教她狗刨式，还曾试图在沼泽地搞一个天然游泳池，但遭到了猎野禽的人的反对，从而未能如愿。她记得卡明身材粗矮、精神抖擞，有时会来她父母拥挤的屋子里一起读《圣经》。他很有魅力，是个典型的海军军官，愿意尝试一切。

苏珊娜·里奇记得梅要比卡明高，身材修长、一头棕色头发，大概年轻时长得不错，十分支持苏格兰。她给过苏珊娜一本赞美诗，经常在圣诞节给她送书。她的父亲在栅栏防御工事中为卡明工作。在卡明去世后，梅给他寄了一座卡明做的钟。苏珊娜·里奇慷慨地将其捐给了秘密情报局，现在放在负责人办公室里。这座钟很大气，高7.2英尺，全橡木材质。采用20世纪早期的风格，顶部方形，正面是开放式玻璃。由于它并不打鸣，所以严格意义上来说，它只能算表而非钟。不过，机芯（可见）是由磷铜和镀铬钢（也许来自码头？）精美打制，可以说算得上一台“标准钟”。机芯不寻常的“直进式擒纵机构”（deadbeat escapement）是基于格里姆索普勋爵（Lord Grimthorpe）在1840年为威斯敏斯特大钟（Westminster Clock）——更有名的叫法是“大本钟”（Big Ben）——而设计的“重力式擒纵机构”（gravity escapement）。钟面上只有朴素的罗马数字围成的一圈，更加突出这一悦目之作。这是一座典型工程师风格的钟，用现成的一切进行打造，没有虚饰。它出自一双耐心、专注、一丝不苟、简单直接的手。它依然报时精准。卡明还剩下另一件作品流传于世——他的最初生涯“指挥官”号的半船模，现在由苏珊娜·里奇寄存在皇家游艇俱乐部。

卡明大概在桥水屋上或者至少在附近岸上有个小车间。他应该在伯斯尔登小屋里也有一个小车间。家里人传言他有时打制棺材。没人知道他是为谁打制，但是做自己的棺材也许对他很有吸引力。

凯瑟琳·穆雷记得伯斯尔登小屋的小车间很大，占据整个地下室。她记得卡明在里面“试图优化一条假腿，让它变得很轻——当时的假腿很重。他有一条假腿，所以他知道战争老兵喜欢有一条性能更好的假腿”。

卡明寄给凯瑟琳的20封信也证实了卡明合群、喜欢孩子的特点。这些信所处时间主要是战后建造伯斯尔登小屋之中及之后、凯瑟琳远在学校之时。信件有趣、充满感情、慈爱。凯瑟琳显然是卡明带着一起玩的当地小孩之一。卡明给凯瑟琳寄去在学校阅读的书——凯瑟琳坐船经过桥水屋时，两人就如此约定了。凯瑟琳想要男孩子的书，卡明选择的书包括柯南·道尔（Conan Doyle）的《福尔摩斯回忆录》（*The Memoirs of Sherlock Holmes*）、《杰拉尔准将的冒险》（*The Adventures of Brigadier Gerard*），还有奥希兹男爵夫人（Baroness Orczy）的《红花侠》（*The Scarlet Pimpernel*）。他告诉凯瑟琳，“寄书时”，他感到“一种责任感，因为从小女孩（原文如此）时期到现在已经过去很长时间，以至于忘记了这些是什么书。更重要的是，我忘记了哪些书不会错误解读人生……”

后来，凯瑟琳要离开学校了。卡明担心她“长成一个落落大方的年轻女士。我将会非常怕你，因为我不懂社交礼仪，而且不知道如何讨年轻女士喜欢”。他的信和他的感情互相交织着——卡明也送过巧克力——假期期间，凯瑟琳曾跟梅和卡明待过几次。

其中一封信顺带证实了卡明有一辆坦克。“我们得在哪一天把坦克开出来，沿着屋子到河边的‘脏路’（现在叫盐沼路）开。尽管路上布满了黑莓灌木和其他植物。地形坎坷不平，但坦克还是能毫不费劲地翻越障碍。我希望这里迟早有一条能开汽车的路。”

卡明在1919至1921年建造的伯斯尔登小屋傲然挺立在沼泽间。尽管树木已经长高，附近有了其他建筑，但这个小屋现在依然能够俯视整个汉布尔，还能越过索伦特海峡看到怀特岛。这个小屋在1955年被划分成三部分，现在已经成为混住之地，花园和附近土地被卖了出去，另有开发用途。这里也不再有坦克和飞机的装饰，但我们依然能够辨认出爱德华时代一位绅士住处的独特。小屋大部的所有者是斯尼森（Sneezum）夫妇，他们认为厚重的木制屋顶应当来自海军或者码头多出来的材料。卡明去世后，这栋房子在 1924 年被卖出（售价 8500 美元）。它在契约里被描述为“一个被称为伯斯尔登小屋的居住房屋，配有动力室、木工车间、车库和其他建筑。动力室内有发动机、发电机、电池、配电板和其他发电设施”。卡明还拿小屋抵押了一点钱，受押人是克拉伦斯・弗兰克・莱顿（Clarence Frank Leighton）。这位市政府律师是卡明遗嘱执行人之一，为秘密情报局处理私下里的法务事项。5 英亩的土地随着房子一起卖出去了，但是其他土地看上去被梅一直保留到了 1929 年。买家是位很适合的绅士、工程师诺埃尔・范・拉尔特（Noel van Raalte）。1921 年，W. O. 本特利[1]选中拉尔特测试宾利的三升车型。拉尔特后来还驾驶着自己制造的快艇参赛。在拉尔特于 1940 年去世后，伯斯尔登小屋的工程师传统又得到了延续：弗兰飞行器公司（Folland Aircraft Company）在疏散期间为躲避轰炸而买下这栋房子。苏珊娜・里奇记得梅卖房子时候，还卖了一些卡明的遗物，包括小车间上面书房的大部分藏书。她还记得有一本是红色皮革包装的马尔亚特[2]航海小说。因战火而从桥水屋转移后，这本书还被老鼠咬了一块。她自己有一台韦伯（Weber）钢琴，得用起重机才能转移。

伯斯尔登的重要性不仅在于它是卡明和梅选择的住处，而且是因为它展现出两人的愿景、两人的希冀。这里是卡明留下印记的地方。他们正式定居在这里时，卡明 47 岁——虽然卡明日记显示，卡明在 50 岁之后基本上待在伦敦。卡明在去世之前，没什么时间住在这栋造好的房子里，而梅也不是在 16 年守寡生涯中一直住在这里。尽管这栋房子现在已经被划分为不同人所有，但卡明在教堂庭院的坟墓、他的落地摆钟，以及（有可能）“苏丹”号桅杆残骸是唯一显示他曾存在过此的物理证据。除了秘密情报局之外，伯斯尔登也是他的创造之一。我们可以在秘密情报局中感受到他的脚印，体会到他是什么样的人，他有什么样的抱负。伯斯尔登更多带有卡明的印记而非梅的印记。正如我们后面可以看到的那样，梅要活得更长，

1　W. O. 本特利（W. O. Bentley，1888—1971），宾利汽车创始人。

2　弗雷德里克・马尔亚特（Frederick Marryat，1792—1848），英国海军军官，小说家。

以至于可以在其他地方留下印记。

除了前面所引用的明信片。早期的伯斯尔登岁月还留下了一份文字材料。卡明做医生的兄长沃尔特编了一本小册子。这份文字是卡明和梅为小册子而写的，题为“庄重与欢乐的文摘”。 作为被邀请投稿的朋友和亲人们之一，卡明夫妇热情地写道：

曼·卡中校，伯斯尔登：

……出发，去努力吧。
在这个世界里——直到获得最好，
因为上帝给了我们更好的礼物，
比享受恩赐还要好。

E. 巴雷特 – 勃朗宁[1]

曼·卡夫人，伯斯尔登：

上天所赐予的不完美让万事万物显得更优异、更可爱、更深受喜爱。人类生活的法则是努力，而人类判断的法则是仁慈。

拉斯金[2]

夫妻俩都引用了他们年轻时代的著名作家，他们选择的句子也证明他们曾认真阅读过。这也象征着指导他们生活的原则是什么样。正如我们所见，卡明日记充分显示，他认真对待工作和服务的天职。根据梅引用的这段文字，她也是同样的态度。不过，梅引用的文字也不得不让人怀疑她意有所指。她仅仅是赞同这段话的主要感情，还是更加尖锐地代指她的丈夫。丈夫的不完美以至于让妻子呼唤如此坚定、仁慈的道德感？很了解卡明的侄孙女戴安娜·佩尔斯（Diana Pares）证实了卡明家族的一个传言：卡明

---

1 伊丽莎白·巴雷特 - 勃朗宁（Elizabeth Barrett Browning，1806—1861），英国诗人。

2 约翰·拉斯金（John Ruskin，1819—1900），英国著名文艺评论家。

犯过许多小错，而梅只得容忍或者忍受。苏珊娜·里奇也提到了卡明的魅力。正如我们在前面讲到的那位倒栽葱、衣服翻在外面的爱尔兰女士，卡明会恰到好处地向女士献殷勤。

卡明日记也暗示了他对女士献殷勤。但是按照日记里对工作时间的记载，卡明没有时间做别的。卡明日记也没有证实或者反驳理查德·迪肯（Richard Deacon）为卡明第六位继任者莫里斯·欧德菲尔德[1]（Maurice Oldfield）所写传记中的断言："卡明是个臭名昭著的花花公子。"在卡明日记里有关性事的记载或者其他人的相关回忆中，大多数主题都是幽默。在认识他的人当中，不认为他是"浪荡公子"或"房事老手"的不止一位。爱德华·诺布洛克（Edward Knoblock）是一位出生于美国的剧作家，一战期间在卡明手底下工作——康普顿·麦肯齐[2]在一场派对中代表卡明招募了他——他在自传《环绕房间》（*Around the Room*）里对卡明评价不错，他总结道：

> 卡明身上还有着淘气的一面。对于我们这种久居巴黎的人而言，几乎是孩子气的一面。他会特别神秘地邀请一个人来办公室，并且在办公桌的一个秘密抽屉中掏出一份插图版的《客厅里的裸体》（*Le Nu au Salon*）。其中，布格罗（Bouguereau）的"维纳斯的诞生"（Venus Rising from the Sea）对他格外有吸引力。一边看老头（Old Man）展示的这些图片，一边听他详述"女神"的美丽，可算得上很大的荣幸了。但这只是在他空闲的时候。上校的工作比我们都努力。

尽管如此，人们往往认为间谍大师们的工作福利就是有情妇，我们并不知道卡明是个老实的还是个犯错的丈夫，就如同我们也不知道卡明的婚姻是否幸福还是苦乐交织、他在哪一阶段开始戴单片眼镜——如一幅肖像所示——或者他是否抽烟、他最喜欢的酒是哪一款——不过，我们还是假定存在这一款吧。我们也不知道他身上可能有的那块怀表怎么样了，那个

1　莫里斯·欧德菲尔德（Maurice Oldfield，1915—1987），秘密情报局（军情六处）第七任负责人（1973—1978）。

2　康普顿·麦肯齐（Compton Mackenzie，1883—1972），英国小说家。

时代大多数男人都有块怀表。也许怀表也被熔炼了。

而且，尽管比起年轻的史密斯上尉与更年轻的多拉之间的短暂婚姻，我们要更了解中年卡明和他的第二段婚姻。不过，我们依然没有足够多资料，从内部和情感角度清晰追溯史密斯上尉转变为卡明中校的过程。也许自多拉死后，他就变得成熟，或者他的内在心灵就此发生了转折。无论如何，伯斯尔登之外的大海将给卡明、梅和百万人带来了死亡与新的生活。

第三章　为什么是一个秘密情报机构?

间谍活动的目的不在于活动本身，而在活动之外的语境；人们进行间谍活动是因为其他人想知道什么。秘密情报局创建于1909年，是为了应对德国陆海军扩张和德国间谍活动所引发的担忧。秘密情报局的建立所代表的态度和行动，也是促成一战爆发的原因。

哪怕最草率地解释过去都会产生问题，一方面是历史表面的必然性，另一方面是我们意识到历史在任意时刻都本可以是另一面貌。追溯历史——比如德国扩张主义——就会在某些事情上强加一种更有说服力、更连贯的模式，让我们即使不相信，也会感到历史没有其他的选择。与此同时，那些象征着历史其他道路的时刻或趋势，也会同样地让人们相信历史事件的随意性。比如，英德在非洲殖民上的合作；斐迪南大公的车在萨拉热窝并没有出人意料地调头，也没有正好送到加夫里洛·普林西普[1]的枪口下。

和我们一样，卡明与他那个时代的人们都生活在这些事件和趋势中，他们相信这些正在塑造他们的时代。因此，人们行事的方式是为了推动或阻挠他们眼里正在朝向的方向，从而有时让潜在性加速成为现实。尽管如此，总是存在另一种看法。例如，卡明和他所在的圈子都明白在1900年中国义和团起义中，英国、法国、俄国、美国、德国和日本这些强权合作的程度。它们采取联合行动，其中包括一个德国海军军官指挥英军的一次炮击。同年10月，英德签署协定，在远东地区展开合作。两国在此之前已经同意合作建设一条深入德属西南非洲长达400英里的铁路。德皇[2]规定在普鲁士学校，英语取代法语成为必修语言。两年后，两国同意在委内瑞

1　Gavrilo Princip，刺杀斐迪南大公的塞尔维亚人。

2　即威廉二世。

拉协调行动，并采取海军联合行动。1901 年，当维多利亚女王去世之时，她的外孙德皇就在床前，他为此还取消了参加俄罗斯两百周年的活动[1]。在回国之前，威廉二世还提议“两个属于条顿民族的国家”结盟。当两国政府并没有按照他的设想进行接触时，他感到失望和不满。

与此同时，德国对英国人在布尔战争中的行为提出了批评，引发两国尖锐交锋。英国将他们第一艘海军潜水艇布置在了巴罗因弗内斯（Barrow-in-Furness）（英国人在十年内又下水了 55 艘潜水艇）。而德国的一个海军法案规定了 1920 年前海军建设的规模和速度，德皇要求前往中国的部队不要抱有怜悯，不要留战俘，像阿提拉的匈奴人一样。

德国、奥匈帝国和意大利看上去越走越近，而出于对德国的不安，英法也是愈发抱团。1904 年的英法协约最初是有关利益范围的协定，通过海牙的国际仲裁法庭解决争端。最著名的争端包括英国对埃及的控制和法国控制摩洛哥。这从来都不是一个军事同盟。若一方遭到攻击，另一方没有进行援助的义务。而一年后的英日同盟却包含了这一条款。英法协约象征了两国利益愈发接近，算得上是为军事协议做好心理——甚至是合法性——准备。

英法两国都愈发感受到维持帝国成本之高。布尔战争是英国投入成本最高的一场殖民战争，而印度北方的西北边疆地区也出现动荡。而法国为了拯救摩洛哥苏丹，被迫进行大规模军事干预。这时的德国依然在寻求著名的“阳光下的地盘”。截至 1905 年，德国向非洲殖民地投入了资金和军队（1 万人）。尽管德国渴望成为一个帝国，但它还是需要计算成本：1904 年，德国在殖民地的贸易额 231.36 万英镑，而它在此的开支达 635.26 万英镑。1905 年 3 月，德皇访问摩洛哥丹吉尔（Tangier）并批评法国政策，此举激怒了法国人。这不是仅仅局限于两国少数官员的外交争吵了，而受到足够严重的对待。法国总理因其试图不激怒德国的政策而被迫辞职。法国官员心中开始渐渐考虑起对德战争的现实可能性。

1906 年，英国下水了第一艘无畏舰，这是一种新型战舰，代表着战舰设计和威力的一次重大飞跃。就英国而言，军备竞赛主要是在海上进行的。

1 此处存疑，1901 年是普鲁士王国建国 200 周年，可能是作者笔误，将普鲁士（Prussian）写成了俄罗斯（Russian）。

他们在欧洲大陆上没有野心，也不愿意直面投入一场欧洲陆上大战的可能性，但是他们在海上依然具有压倒性优势。然而，无畏舰的出现并不意味着强化压倒性优势——实际上却削弱了优势，因为这种新型战舰让其他战舰都过时了。对手的战舰过时了，而皇家海军在无畏舰之前的战舰也已经过时。因此，从数量上来说，对手追赶的地方变少了，因为他们可以从全新技术基础起步了。

尽管德国议会中有许多人提出反对，但德国在殖民地和军事上的扩张随着民族感情一起增长。1907 年，当法国炮轰并占领卡萨布兰卡之时，全德会议（Pan-German Congress）谴责这一行为以最大程度损害了德国在伊斯兰世界的威望。有人建议，如果法国占领摩洛哥，德国就应该要求获得同样的领土补偿。第二年，当德国尝试救助从法国外籍军团逃离出来的德国人时，又在摩洛哥引发了进一步冲突。两国加上英国都在争取土耳其人。英国政府认为自己让林普斯（Limpus）少将担任土耳其海军司令就做得不错。林普斯还有个特别任务就是加强达达尼尔海峡入口的防御。几年后的事件证明了他这一任务完成得有多么好。[1]

有关波斯、阿富汗与印度势力范围的猜忌和敌意让英俄关系长期恶化。在有关这一地区的争端达成一致后，关系有所回升。“大博弈”[2]——战争、在内亚地区的间谍活动和阴谋——最终结束了。沙皇尼古拉二世和爱德华七世在俄国波罗的海沿岸港口雷瓦尔（Reval）[3] 会面。由于法俄已经结成同盟，三国同盟被德国和奥匈帝国视为一股有可能意在与他们敌对的力量。三国同盟在事实上并非军事协定，但正如英法协约一样，它象征着正在迅速出现的军事协定。1909 年，沙皇决定在英国监督下制造四艘俄国无畏舰。

1908 年，一位退休的德国公务员鲁道夫·马丁（Rudolph Martin）呼吁在入侵英国时采用齐柏林飞艇编队。随后引发的强烈抗议让英国政府更严肃地思考制空权的军事潜力。尽管丘吉尔先知般地做出推动，但制空权并未得到严肃对待：一战爆发之时，英国只有 113 架能够作战的战斗机，法国有 120 架，而德国有 232 架。而到了一战结束之时，英国的空军力量

1　作者在这里应该是讽刺，指的是 1914 年让协约国遭遇重大损失的达达尼尔行动，参见第十一章。

2　大博弈一般指英俄于 19 世纪在中亚地区的互相争夺。

3　即现在的塔林（Tallin），爱沙尼亚首都。

已经是世界第一，拥有 2.2 万架战斗机。

同样是在 1908 年，在布尔战争期间担任英军总司令、受到尊敬的陆军元帅罗伯茨侯爵（Earl Roberts）做了一次广为传播的演讲，其大意是德国有可能成功入侵英国，并呼吁大规模扩军。这不是一份蛊惑人心的演讲，而是一份经过深思熟虑的、官方的、考虑周到的评估。德国没有这类计划，至少部分是因为它害怕英国皇家海军。不过，英国陆军确实比殖民地的当地武装多不到哪里去。他们认真训练、纪律严明，但是兵力太少，以至于无法对抗欧洲大陆的主要敌手，也无法长期抵抗一个意志坚定的侵略者。

1909 年，报纸——尤其是诺斯克利夫[1]旗下的《每日邮报》（*Daily Mail*）——发表了很多间谍故事和入侵警告，比如说，有许多在英国的德国侍者和理发师都是间谍。传言如此强大，以至于政府要被迫向议会否认德国在英格兰秘密驻扎了 6.6 万人的军队，他们躲在离查令十字（Charing Cross）四分之一英里的地方，等待着偷袭兵工厂夺取武器的命令。宣称自己看到入侵者和齐柏林飞艇的报告越来越平常。“英国这些天出现的言论和行为让我们德国人震惊，为闹剧和喜剧提供了大量材料。”一家德国报纸评论道。

在荒唐和夸张之中，往往隐藏着难以理解的细微真相。后来从特勤局分出的军情五处，确实发现了一个重要的德国间谍，他是一个理发师；齐柏林飞艇确实轰炸了伦敦；而且德国确实在 1909 年制造了三艘全新的无畏舰和一艘装甲巡洋舰，无视了英国有关双方限制战舰制造的提议。最后，德国确实有一个入侵的计划，不过不是入侵英国。爱德华时代的和平涟漪隐藏着施里芬计划的血盆大口。

德军总参谋长阿尔弗雷德·冯·施里芬（Alfred von Schlieffen）伯爵在 1905 年制订的计划建议绕开法国在边界的要塞，借道比利时进攻巴黎，从而迅速击败法国。德军随后可以调转枪口向东方的俄国。它的修改版就是德国陆军在 1914 年采用的计划。该计划早就为人所知晓。当英法两国关系变得紧密之时，计划也是双方官员谈话的对象。然而，似乎两国没有采取什么重大举措以应对这一计划。也许两国政府都不愿意设想这么一种

1　诺斯克利夫勋爵（Lord Northcliffe，1865—1922），英国现代报业奠基人，《每日邮报》和《每日镜报》创始人。

令人不快、代价高昂而且还是理论上的后果。英国相信它对未来战争的贡献主要在于海上。不管怎样，英国相信法国陆军可以在少量英国远征军的帮助下承担起陆上重担。

1909年，退休的冯·施里芬发表了一篇文章，预测英法俄意四国联军将会进攻德国和奥匈帝国。德皇将这篇文章大声诵读给高级军官们。正如同英国人对间谍的恐慌基本上——但不完全——是无稽之谈，这四个被点名的国家也没打算入侵德国。不过，英国人还是秘密侦察过德国北海沿岸的登陆地，四个国家后来在它们尽力避免的一场对德战争中联合起来。也许是因为我们部分生活在一个幻想的世界，它反映出我们的欲望和忧虑。对后来事实的夸张也许是对事实进行不切实际的忧虑所付出的代价。

20世纪初的间谍故事是这一忧虑的表现症状。他们在每一个例子里都是荒谬和错误的，但是他们歇斯底里所反对的危险却最终降临了。最为多彩、奇妙、成功以及——这么想让人有点沮丧——最有影响力的作家是威廉·勒鸠（William Le Queux）。他的高产令人畏惧。1909年，他至少写了六部小说，其中最有影响力的是《德皇的间谍》（*Spies of the Kaiser*）。他宣称他的小说都是基于当时政府故意、得过且过般所忽视的隐藏现实。正如他已经说服自己的那样，他的作品试图说服读者，上千名训练有素的德国特工潜伏在英国，等待行动时刻降临。当他在萨里（Surrey）的夜晚搜寻着德国人秘密信号之时，他随身带着一把左轮手枪。就和他笔下的人物一样，未能在此找到他所说的东西并不能让他气馁。找不到信号说明德国人要比我们所想象的更加狡猾。

勒鸠可不是柴尔德斯。他的作品既动人流行，又有着明显严肃的一面。《德皇的间谍》于1996年再版，它到今天还在加印出版。其中，尼古拉斯·希利（Nicholas Hiley）撰写了内容丰富的序言。随便从书中选一个片段就足以让我们一窥全貌：

> "我们有可能在这里发现了有趣的东西。"雷一边把烟草压进烟斗一边说。他的面部刮得干干净净。从他的神情上，我发现他察觉到了间谍存在的气息。
>
> "但愿能找到线索。"我说道，挥舞着我一直随身携带的左轮手枪，

"把它给我。"

"接下来呢?"他带着公然蔑视的神情笑道,"你是谁啊?不就是一个仆人,竟敢支使我?"

"我是英国人!"我回答道,"我不会允许你把秘密带给你在柏林的老板。"

全书的结尾问道:未来会发生什么?德国何时发起进攻?谁会知道?

没人知道,包括德国人自己也不知道。不过,勒鸠不仅让自己和成千上万名读者信了,还让有影响力的官员和政客相信了。和《沙岸之谜》——另一本来源于强烈信念的小说——一样,深深来源于生活的艺术又回到了现实。这里的艺术带着复仇回到了生活,勒鸠在陆军行动局(Directorate of Military Operations)找到了支持者。这个被编号为 MO5 的部门由陆军中校詹姆斯·爱德蒙兹(James Edmonds)负责。爱德蒙兹对德国间谍活动的威胁感到深深担忧。该部门一直在记录可疑活动和目击报告,其中包括目击到带着地图的外国游客——尤其是在最有可能受到入侵的东部地区。希利指出,他所记录的实际上不过是大众紧张情绪的反应。勒鸠和爱德蒙兹进行合作,造成事实和虚构难以区分,从而大大地推动了"间谍热"的流行。报纸推动了这一趋势。《每周新闻》(*The Weekly News*)举行了一次"找间谍"比赛,还任命了一个专门负责间谍新闻的编辑。

勒鸠和爱德蒙兹的观点在议会和部分官僚内得到了更多响应,幸好总有人比起兴奋之情更看重证据。人们正确地意识到德国存在着威胁这一真相,但对这一真相的诠释——主要威胁来自德国发动侵略——就离谱了。德国确实在英国有间谍,但是主要集中在造船厂和战舰,而非侵略计划。

1909 年 3 月,有人说服首相阿斯奎斯[1]——一个不会被惊悚故事吓到的人——让帝国国防委员会一个下属委员会"审查递交给它的证据,有关国内目前外国间谍活动的性质和程度"。许多证据都是爱德蒙兹和勒鸠合作的产物——虽然他们并不承认存在这一合作。尽管这个下属委员会要比勒鸠的大部分读者更有活力,在评价时更加客观,但它还是在 1909 年 4 月做

1 H. H. 阿斯奎斯(H. H. Asquith,1852—1928),英国政治家,曾任英国首相(1908—1916)。

出结论：应当考虑成立一个工作小组，为成立一个秘密组织做准备，从而在国内外应对间谍行动并开展反间谍工作（counter-espionage，当时绝大多数的情报界人士都喜欢用 contre-espionage）。三个月后，工作小组向下属委员会提议，应当成立一个特勤局。下属委员会接受了建议并在 1909 年 8 月 10 日寄信给伯斯尔登的卡明中校。勒鸠后来吹嘘道，“他向爱德蒙兹传递的信息促使设立了一个匿名机构，人们只知道它的代号。”

无论定义多么宽泛，我们也可以愉快地承认，英国情报机构的诞生要归功于文学界，尤其是英国情报机构的历史演变和间谍小说流派的演变交相呼应。但这最多只是部分真相（不过，人们可能会觉得这就够了）。另一部分的真相是，官僚机构越来越意识到战争的可能性以及它在实际上所呈现的方式，而且他们还意识到需要了解更多有关德国军备计划的信息，需要保守自己军备计划的细节。在布尔战争中，英国充分感受到了情报源和情报组织的缺失所产生的影响。自此之后，这一意识就不断增长。罗伯茨勋爵在担任总司令之后抱怨道，他干了本来应该有个情报部门所干的活。

政府成立了一个皇家委员会进行研究，而下议院也展开辩论。随后贝尔福[1]在 1902 年设立了帝国国防委员会。尽管该委员会从来都不具有任何行政权力，而且它在战时的职能也被其他机构所承担，但它在二战爆发之前，还是国内外国防议题的主要咨询机构。它在白厅花园 2 号有个精致的办公场所。该处后来被拆毁，为后来的庞然大物——国防部——的办公场地腾出位置。委员会发表了具有影响力的报告，议题包括重组陆军、向欧洲大陆派出远征军、征兵和印度国防问题。关键在于，它还研究德国入侵的可能性。海军部和陆军部之间对此存在争议。海军部认为，尽管德国人可以发起大规模袭击，但是只要海军控制着海洋，他们就无法成功入侵英国。而后者则认为，保护商船和帝国的需要会把舰队支开，这段时间足以让一支入侵舰队抵达英国海岸。阿斯奎斯在帝国国防委员会所设立的下属委员会很支持海军部的观点。海军部的观点最终占优。

下属委员会建立特勤局的提议，不过是这场辩论的副产物。它反映了陆军部越来越担心缺少有关德国的情报，也担心没有有效手段应对德国在

1 阿瑟·贝尔福（Arthur Balfour，1848—1930），英国政治家，曾任英国首相（1902—1905）。

英国的间谍活动。爱德蒙兹中校并不孤单，而勒鸠作品带来的歇斯底里并不能抹杀这样一个事实：人们确实对此存在着合理、真实的担忧。MO2 的格莱亨（Gleichen）上校在 1907 年写了一份备忘录，包含当时文件中经常出现的特色。

> 尽管政府每年为秘密情报工作拨款 6 万英镑（去年是 6.5 万英镑），但我们目前在欧洲并没有秘密情报特工，这完全是因为我们没钱支付工资。在我们可怜的 2600 英镑之外（只用于欧洲事务），我们只能依靠外交部大发善心……如果对德关系（或者其他国家）变得紧张，我们竟然没有任何有组织的手段去搞清楚他们的准备或者他们的意图……一旦战争爆发，我们在敌国是没有办法搞清楚他们在干什么的……然而，一切指责都会落到了机构头上。

格莱亨接着要求拨款建立一个“负责欧洲的秘密情报机构”，他总结道：“在当前状况中，唯一让人感到安慰的是每个外国政府都默认我们拥有一支组织严密、工作富有效率的欧洲秘密情报机构。”

政府每年拨款 6 万英镑的秘密情报工作指的并不是一个“机构”，而是拨款给外交部，用来支付——通常是临时的——情报来源或者养老金。陆军部内负责应对敌人的人员发现，没人向他提供开展工作所需的手段。

勒鸠也绝非爱德蒙兹上校的唯一信息源。爱德蒙兹在数年来和一位叫达姆（Dame）的少校搭上了线，后者在德国国防部与爱德蒙兹所在部门类似的一个机构内工作。爱德蒙兹从他那里了解到许多有关德国间谍工作的信息，包括德国人确实组建了一个专门负责在英间谍活动的部门。爱德蒙兹写了一份报告，详述了德国和法国的秘密情报机构，并且拿它们和英国的秘密情报工作进行了对比。陆军部和海军部随后都通过帝国国防委员会向内阁请求在英国采取一个更有组织性的反间谍措施，提高刺探德军情报的水平。

因此，阿斯奎斯任命了一个霍尔丹委员会，名字来源于 1909 年 3 月负责这一委员会的陆军大臣。参加委员会的大臣和官员是对于新生的特勤局最重要的三位官员：陆军行动局局长（DMO）、陆军少将尤尔特（J. S.

Ewart）；海军情报局局长、海军少将比塞尔；外交部次长［现在一般被称呼为常务次长（PUS）］查尔斯·哈丁（Charles Hardinge）爵士。在委员会需要汇报的四件事务当中，前三件都集中在委员会的当务之急——反间谍工作——上；第四件事务——“在当前海军部和陆军部获得国外情报的系统中，是否有值得改变的地方”——最终建立起卡明的组织和今天的秘密情报局。委员会在这一点上发觉，当时获得情报——尤其是有关德国的情报——的手段存在缺陷，它指出海军部和陆军部

> 在和出售情报的外国间谍打交道时处境艰难，因为和他们的交易不通过中介，直接进行交易。因而这些间谍小心翼翼，避免政府卷入。如果在和外国人谈判时，中介不是政府官员，那么就没有必要涉及政府了。

这一段显示历任英国政府一直想要在不承认的情况下搞间谍活动，它塑造了数十年来秘密情报机构的角色和行动战略。

霍尔丹委员会的考量促成了组建特勤局的提议，它有三个目标：第一，和内政部一道采取必要的反间谍措施，包括在国内利用特工；第二，在和愿意卖情报的外国人打交道时，掩护背后的陆军部和海军部；第三，代表陆军部和海军部联络海外英国间谍。具体的建议包括特勤局的组成和职能，写在了一份打字稿上，保存在陆军行动局局长那里。委员会决定，组建特勤局的任务交给陆军行动局局长，由他与海军部和警察总监（Commissioner of Police）一道合作完成。

因此，不仅特勤局的主要角色是反间谍，而陆军行动局局长也主要负责它的组建和运行。海军部和警察总监的模糊角色造成了许多种理解——尤其是有关海军部的角色。文件出于有意地忽略，从而明确指出，政治情报依然是外交部的职责，而外交部预算是特勤局资金的最终来源。因此，军方负责秘密行动，海军部扮演某种角色，而外交部付钱。考虑到卡明最终带领全新组织所前往的方向，我们需要记住这些最初的意图，否则就会造成现在的情况——我们注意不到他最重要的成果。

卡明保存了一份打字稿的副本，看上去是下属委员会在 1909 年 8 月

25日又召开了一次会议。文件重复了三大目标，并且进行了补充："通过建立特勤局，我们陆军和海军驻外武官与政府官员再也不用和间谍打交道了，而且没人能够获得我们和间谍之间存在交易的任何直接证据。"邮政部门和海关也被责成提供帮助。

与此同时，官僚机构的其他部门也在类似的方向上行动。1906年，令人畏惧的新任第一海务大臣费舍尔勋爵组建了巴拉德委员会（Ballard Committee）。这个秘密委员会是为了制订对德战争中的海军作战计划。委员会研究确保基地安全的需要、应对封锁的需要、对德实施封锁的需要，还有在海外部署军队行使制海权的需要。委员会秘书长是一位年轻的皇家海军陆战队军官莫里斯·汉基（Maurice Hankey）。汉基在此之前已经证明自己是一位杰出的海军情报官员。他后来成为英国第一任、也是最典型的一任内阁秘书，在两次世界大战后依然接近制定国防政策的中心。1908年，汉基被任命为帝国国防委员会的助理秘书长，其职责和巴拉德委员会接近。尽管外界存在着间谍热和对德国入侵的恐惧，但政府在最内部的圈子里，依然正确评估了威胁的现实性，而没有带有耸人听闻的色彩。我们要看到特勤局是在这一语境下建立起来的。它是一个更大规模的官僚程序中的小部分。

这里也存在着一个历史语境：英国情报组织的历史。我们可以说这一历史的开端要早于15世纪下半叶，但是情报组织的定义在此之后变得更加模糊。亨利七世[1]——都铎王朝第一任国王，遭遇了许多次反对他的密谋——在位时建立了自己的秘密情报组织。这类早期组织的特征是为私人进行调查，以及由私人控制。私人要么指的是君主自己，要么指的是一位受到信任的廷臣，往往带有掌玺大臣或国务大臣的头衔。

然而，直到沃尔西红衣主教[2]在下一个世纪的下一任君主手下倒台，对国王手下秘密情报组织的控制才成为国家官员的正式职责之一。亨利八世任命托马斯·克伦威尔[3]为国务大臣，该职务的职责就包括管理秘密情报组

1　亨利七世（Henry VII，1457—1509），英格兰国王（1485—1509）。

2　托马斯·沃尔西（Thomas Wolsey，1475—1530），英国政治家、红衣主教，亨利八世（后文所说的"下一个世纪的下一任君主"）时期的重臣，后倒台。

3　托马斯·克伦威尔（Thomas Cromwell，1485—1540），英国政治家，亨利八世时期的重臣，后被亨利八世处死。

织。亨利八世还授予了拥有高度灵活性的克伦威尔许多其他职责。在这一阶段，国王的敌人变成了国家的敌人，而克伦威尔在许多欧洲国家派有间谍。他们在国外向国王驻外使节报告，在国内向国务大臣汇报。

比起伊丽莎白一世女王[1]秘书弗朗西斯·沃尔辛厄姆（Francis Walsingham）爵士，托马斯·克伦威尔更算得上现代秘密情报组织创始人。前者被亲切地称为现代秘密情报组织的首位领导人。当然，有关沃尔辛厄姆手下间谍的记载要比克伦威尔手下的多，而且不管怎么样，沃尔辛厄姆所处时代的英格兰遇到了更大的威胁。据说他在国外有大约 50 个间谍，在 13 个法国城市有长期部署，而在德国也有 9 个间谍，在意大利和西班牙有 5 个，3 个在荷兰，3 个在土耳其。沃尔辛厄姆时代也开始出现了定期的邮政系统，而沃尔辛厄姆也迅速地成为截获情报的专家。比他晚一些时候的威廉·卡姆登（William Camden）将沃尔辛厄姆描述为“一个拥有超绝智力和勤勉的人——他挖掘隐藏机密的水平最为高超——在机智和国务方面，他超出了女王的预期”。

他所建立的情报机构被人赞颂，堪称成功之作。但是正如他的继任者所发现的那样，这一点并未给他带来好处。1590 年去世之时，沃尔辛厄姆身无分文，“没有举行任何庄重葬礼就趁着夜色埋在了伦敦保罗教堂”。不过，他不是最后一个自掏腰包赞助间谍行动的秘密情报机构领导人。

下一个现代秘密情报机构领导人中的重要人物是约翰·瑟罗（John Thurloe），奥利弗·克伦威尔的国务大臣。在他接手之时，英国对外间谍工作做得很差，但他迅速重建起来，还在英格兰国内部署了间谍。1655 年，瑟罗掌管信件邮递局（Offices of Post for Letters），它依据投递范围被划分成国外部和本土部。他在个人房间里安置了密码专家艾萨克，专门负责截获情报。在瑟罗时期，国家档案馆第一次在首席国务大臣的薪酬中记上了“情报津贴”。它看上去不是每年都有的津贴，但是后来以多种形式不断出现，金额越来越高。

在 1660 年复辟之时，国务大臣在重要性上堪比大法官和财政大臣，但政府对秘密情报机构的兴趣和开支减少了。在一次军事冲突中，法国舰

1　伊丽莎白一世（Elizabeth I，1533—1603），英格兰与爱尔兰的女王（1558—1603）。

队在地中海的情报帮助了英吉利海峡上的荷兰人。自此之后，“人头税中”再次出现了“有关荷兰战争[1]中情报和其他专门事项”的资金。1689年，政府同意将拨给秘密情报工作的费用在一年内分批付给北方部（负责国内）和南方部（负责国外）的大臣。

在18世纪初，邮政部门成为国家专属部门，不过邮政大臣依然被授权“全权监控所有信件”。幸运的是，时代诞生了一位威廉森（Williamson）大臣，他基本（不过不是彻底地）结束了这一惯例——所有写给他或者他自己的写的信件和备忘录属于大臣私人所有。多亏了威廉森，18世纪有关秘密活动的档案要丰富得多。

1701至1714年，马尔博罗（Marlborough）在欧洲大陆上的战事推动了间谍活动急剧上升。比如，间谍越来越多地采用密码报告敌人的航运和军队行动情况。许多间谍直接听命于伦敦，但马尔博罗拥有一套广泛网络，能够在欧洲的总部获知报告。其中一个间谍是鹿特丹的商人理查德·沃特斯（Richard Wolters），他就反映了当时和后来为英格兰或英国做间谍的人的情况。他拥有自己的间谍网，在巴黎和每个法国海军基地——从奥斯坦德（Ostend）到土伦。在这一期间，英国对内间谍活动也变多了，首要目标就是雅各宾派分子。众所周知，作家丹尼尔·笛福（Daniel Defoe）就是个间谍。

1711年，一项在安妮女王（Queen Anne）任上通过的法令允许，只要任一首席国务大臣书面给予保证，就能一直进行情报截获。尽管国会愈发不安，但没有手段监督秘密情报资金的使用方式，直到1742年才成立了一个秘密委员会以调查情报截获行动和财务状况。委员会惊讶地发现，负责截获的部门自瑟罗时代就一直存在着，它拥有五个职员，每年的运行成本只有2000多英镑，首席解码专家是令人尊敬的林肯牧师——后来的巴斯和威尔斯主教（Bishop of Bath and Wells）——爱德华·威尔斯（Edward Willes）博士。在调查财务情况上，委员会遇到了更大的麻烦。管财务的帕克斯顿（Paxton）先生因为拒绝提供信息而被关进纽盖特监狱（Newgate Gaol）。而秘书斯科洛普（Scrope）先生则强烈地拒绝承担责任，他告诉委员会，“他已经80岁，不在乎是否还在伦敦塔熬过几个月，不过他临

1 Dutch war，指的是法国和荷兰之间的战争（1672—1678）。

死前做的最后一件事就是背叛国王，还有国王旁边的牛津侯爵。”斯科洛普赢了。在上议院的帮助下，斯科洛普“没有受到进一步折磨就被释放了”。

议会有理由担忧秘密资金在18世纪的使用。用于情报或安全的开支当然有正当性，但是草率使用资金就不行了。因为假若某些公共资金被拿来给大臣发工资、还债、慷慨地补贴或者贿赂议员，也许会让政府蒙羞。至于政治上的行贿，布特（Bute）勋爵的秘书声称，“通过1763年和约[1]靠的是钱……在对大臣意义重大的议题投票上，我亲自拿下了120票。为了这一目的花了8万英镑。我给四十位下议院议员每人1000英镑，我给了另外八个人每人500英镑。这笔巨款远大于财政部分别拨给两位国务大臣的3000英镑和2000英镑，也大于情报截获上所花的2000英镑。”

埃德蒙·伯克（Edmund Burke）在1782年提出的《经济改革法案》（Economic Reform Act of 1782）终结了这些臭名昭著的操作。它每年在王室费用中为秘密情报工作划出了2.5万英镑，其用途类似于当代法律中有关情报与安全部门的职责。他的法案也撤销了原有的南方部和北方部，建立了后来的内政部、外交部和殖民部。

至少在1792年之前，每年2.5万英镑的预算包括付给在所有国家所有间谍的费用。比如，其中一个人提供法国宫廷给印度的信件副本、提供有关罗什福尔[2]海运情况的报告。他每个月拿到60几尼[3]，任务结束还有250几尼的奖金。许多秘密情报行动是由英国驻外大使执行的，而海军部和陆军部也分别有自己的间谍网络和财政来源。

法国大革命和后来的拿破仑战争推动间谍活动迅猛增多。例如，到1805年，秘密情报的拨款从每年2.5万英镑增长到17.283万英镑。敌对双方各有得失，一般而言，秘密情报工作让政府得偿所愿：在国内获得安全，从海外获得情报。后者有许多为人所知的例子——但更多的是不为人所知的例子——其中两例格外有名。第一个例子有关《提尔西特条约》[4]（Treaty

1 指的是英国、法国和西班牙在巴黎签署的《巴黎和约》，正式结束了英法七年战争。

2 Rochefort，法国西部的一座港口城市。

3 Guinea，1几尼=21先令，略低于1英镑的价值。

4 在拿破仑打败普鲁士和俄国后，由法国和俄国签署的条约。它标志着俄国加入拿破仑阵营。

of Tilsit），拿破仑和俄国沙皇签署于 1807 年 7 月的第一周。据说出于安全考虑，谈判是在一艘停泊在尼曼河[1]上的筏子上进行的。据某些权威来源的说法，有一个英国间谍藏在桌子下。不管是不是确有其事，条约的秘密条款确实在 7 月 21 日被伦敦获知，导致 9 月 8 日英国夺取哥本哈根的丹麦舰队，从而挫败了拿破仑扩展大陆反英体系的计划。

第二个例子有关詹姆斯·罗伯逊（James Robertson），他是一位苏格兰圣方济各会修士，打扮成雪茄商人游历丹麦。他的行为造成拿破仑手下强大的西班牙军团（9000 人）叛变，他们没有留在丹麦帮助拿破仑，而是被英国皇家海军送回西班牙，从而在半岛战役中帮助威灵顿。威灵顿自己也有一套无所不包的间谍网络。

在印度，间谍行动是支撑英国统治的必要条件。除了印度，19 世纪绝大多数时候都是欧洲间谍活动衰落的时候，预算只花了一部分。国外秘密情报工作的拨款依然由代表国务大臣的外交部次长管理，拨给有必要使用的海外大使们。海军和陆军依然靠自己的财政维持间谍活动。根据参加战役不同，他们的间谍活动规模也相应变化。国外秘密情报工作的拨款越来越被用来给追溯到拿破仑时代的间谍、间谍家庭或子女支付养老金。记载这些账目的账本保存在档案局。令人沮丧的是，账本还略微提到了好几位异域的波斯公主、六个葡萄牙修女、第一本英汉字典的编纂者马礼逊[2]等。然而，我们甚至都不知道我们错过了什么，因为许多文件都毁坏了。行动规模也许比我们所想象的还要大，因为将秘密情报工作文件视为个人用品的习惯根深蒂固。哪怕是在 19 世纪中叶，1854 至 1872 年担任外交部次长的哈蒙德勋爵（Lord Hammond）还认为所有文件都是国务大臣的私人财产，并进行定期销毁。人们也没有像伯克法案所设想的那样，对秘密行动和公开行动进行清晰地区分。

这一点从外交部处置其份额的机制，个人和所有者对秘密情报工作拨款的态度可见一斑。钱存在了国务大臣在德拉蒙德银行（Drummond's Bank）的账户里。钱怎么用由他或者次长决定。当财政大臣宣称有未用完

1 Neman，下游现在是俄罗斯加里宁格勒地区和立陶宛的界河。

2 马礼逊（Robert Marrison，1782—1834），英国传教士，西方第一个派往中国的新教教士，编写了《华英字典》。

的预算时，迪斯累利指出了法律规定。当国务大臣在任上去世时，其遗嘱执行人有权支配该预算［克拉伦登（Clarendon）勋爵确实在 1870 年死在任上，但是秘密行动拨款还是留了下来］。

当时最著名的秘密情报事件就是马志尼事件，大众得知英国截获了意大利一名民族主义流亡者朱塞佩·马志尼（Guiseppe Mazzini）的信件。它引发了议会在 1844 年对情报截获进行质询，随后禁止了这一行为。这件事得到了充分记载和报道，因为和专家建议相悖，情报截获的通常手段在马志尼一事中被禁止了。议会质询带来的一个结果是，随着博德和威尔斯家族成员退休并领取养老金，拨款中养老金份额增加。爱德华·威尔斯自 1716 年起开启了威尔斯家族垄断这一行业的传统。他的后代（也是牧师），在威尔斯退休 120 年后依然在领养老金。博德家族也类似地垄断启封、转录和翻译外国信件的行当。他们开始垄断的时刻，是 1736 年乔治一世[1]从纽伦堡的汉诺威秘密部门（Hanoverian Bureau Noir）带回第一代博德。直到部门在 1844 年解散，博德家族一直忙于这一工作，不仅位列——如一位大臣而言——“强壮的乞丐”之列，从秘密拨款中拿养老金，还能确保他们的孤儿寡母也能同样拿钱。最后一笔付给博德家族的钱是在 1893 年，那已经是第一位博德退休 157 年之后了。秘密情报工作往往是家族事业，但通常不会夸张到这种地步。

当议会质询获得广泛关注时，法国政府否认自己也有一个秘密部门。英国驻巴黎大使威廉·哈维勋爵（Lord William Harvey），对法国人的诚实进行了刻薄评价，因为他定期秘密地购买法国所截获的情报，而这份情报已经在法国政府内传阅过。

无论是和平时期还是在战时，威尔斯和博德家族的成果都配得上他们丰厚的酬劳和无价的判断力。在希腊独立战争期间，他们的工作确保英国政府对包括希腊人在内的各方、对其他政府的情报组织一清二楚。1823 至 1842 年，威廉·博德（William Bode）因为破译巴西、西班牙、萨克森、撒丁（Sardinia）、哥伦比亚和葡萄牙的密码而获得酬劳——一般是每笔 100 英镑。

1　乔治一世（George I，1660—1727），大不列颠及爱尔兰王国国王（1714—1727）。

高尚品格和自负的结合，促成了英国在1844年停止截获情报。此举对英国在国际关系上是有益、没有影响，还是有害？这超出了本书的讨论范围。存在如此多的因素，以至于我们除了为现存的观念辩护，也做不了别的事情。不过，毫无疑问，如果一个国家的外交政策是进取好斗的——或者面临任何威胁——那么知道其他国家不希望你所知道的事情总是有点意思的。直到20世纪，世界上最大的帝国主义[1]才再次发现窥探别人的通信是合适的。即便在那个时候，依然有人认为这么做既不公平也不绅士。不过，一个世纪以前的绅士头脑里是不会有“不绅士”这种想法的。

这一阶段后，唯一的情报活动来源于英俄之间的长期猜忌。吉卜林[2]的小说《基姆》(*Kim*)让这段历史广为人知。而后来的彼得·霍普柯克(Peter Hopkirk)在《大博弈》(*The Great Game*)中也完美呈现了这段历史。尽管英国人相信帝国利益正遭遇广泛挑战，但他们并没有尝试建立一个统一的情报机构，也没有尝试在情报与行动之间、情报与政策之间建立永久关系。而后一点要更为重要。无论是外交部、陆军、伦敦的陆军部，还是印度政府、印度事务部(India Office)以及帝国各种政治机构，都或多或少地在独立行事。尽管必须承认它们伴随着勇气、热情和胜利，但还是会出现小事故。比如，霍普柯克记载的一件事，两个不同部门各自派了一名官员去阿富汗，沿着不同路线去破坏同一座桥。直到第二个官员到达了已经被摧毁的桥，他们才发现了真相。

当时还叫作C. C. 宾汉姆(C. C. Bingham)上校的前默尔西子爵(Viscount Mersey)，在他的回忆录《人生画卷（1872—1940）》(*A Picture of life 1872-1940*)，描述了他在1900年加入陆军部情报部门。部门16名官员在安妮女王之门(Queen Anne's gate)的18号和20号办公。他绝大多数时间都在为E分区的将军和军队编辑军事手册。E分区指的是奥匈帝国、巴尔干地区、奥斯曼帝国和北非部分地区。他在这里的第一项任务就是前往巴黎寻找两家无礼诽谤女王的报纸编辑，贿赂了他们“一些5英镑纸币”。这笔钱当然来自受到严格管制的秘密情报预算，算作“马匹置办费”

1 美国。

2 约瑟夫·吉卜林(Joseph Kipling，1865—1936)，英国作家，因《基姆》而获得1907年诺贝尔文学奖。

（Remounts）。这些年有关皇室的报道，也许意味着这一灵验操作已经不再使用。

布尔战争极大地暴露了情报上的缺陷，但并没有带来永久性的变革。只有德国的威胁才带来了改变。因此，截至 1909 年底，英国是最后一个正式建立起常设情报机构的大国——人们一直以为它早就建立起来了。但是过了好几年，这一机构才真正开始进行间谍活动。

第四章 成型与挫败

卡明日记的开头，是他典型的直白：

> 1909 年 8 月 10 日，我从 AB 那里收到了一封信，要求我去见他，他想提供一个好东西。我在 12 日拜访了他并进行谈话。他告诉我，他提供的任命是海军秘密情报机构负责人一职——这是一个由 IDC 提议而组建的全新部门。

这段日记指的当然就是本书正文的开头部分：AB 是比塞尔，IDC 是帝国国防委员会。从日记开头可以看到，这里的卡明是在回忆。而到了 9 月末，他写下的文字已经是在记录当时内容。1909 年 8 月 17 日到 1914 年 1 月 19 日的日记是合订在一起的打字稿。内部证据显示，打字稿是原有手写稿的修改版，手写稿现已遗失。扉页写的是“第二卷”，但没有提到第一卷，有可能第一卷包括了卡明在日记里提到的信件。1914 年 1 月之后的日记都和它们之前日记的可能格式一样：手写稿，一年的日记装订在一起，收录在沃克的工作日志（Walker’s Desk Diary）中，编号为 9。

在第一次会面中，比塞尔告诉卡明，他“将负责搜集海军部所需要的所有信息，管理他和作战局（War Department）手下的所有特工”。有个年轻一点的同事“将会和我共事”。卡明的薪酬是每年 500 英镑并能足额领取养老金。比塞尔问卡明要不要保留栅栏防御工事指挥官一职。这次谈话对卡明意义重大，从卡明在 8 月 17 日写给比塞尔的信中就可见一斑。

> 我已经在这里待了十年并深深扎下根来。我一直盼望能长期待在

这里，直到完成我想做的全新栅栏防御工事。我相信它将是现在的栅栏防御工事中最有效率的。伴随着心中这个愿景，我在这里已经搭起了最完美的小型模型，就等着有一天推广，并且以其他方式发挥作用。我大概算了一下，在这里跟栅栏防御工事有关的东西——土地（从海军部租的，一年一个先令），我的船屋、码头、摩托艇与其他船只、车间还有厂房，加起来早超过 5000 英镑了。这一切都要被抛弃和卖出——也许损失甚多。我说这些话是为了证明放弃这一切是多么痛苦。你来这里看到这一切才会明白。

不管怎样，虽然意味着彻底放弃栅栏防御工事，但他还是接受了新岗位。这个职位“是一个极佳的机会，能让我在最终靠边站之前，为事业再多做点工作”。不过，卡明说，他可以依然保留对栅栏防御工事的控制，让其他人来负责栅栏防御工事日常运营。这样的安排将会为他的新工作提供有用伪装。他提醒比塞尔，后者之前曾建议卡明应当被提拔到“总体监督栅栏防御工事的职位上，任何认识他的人都不会对这一职位感到疑虑，但会让他有更多的自由做他想做的事情，去他想去的地方”。

至于薪酬问题，他对目前薪酬“十分满意”，愿意无须加薪就能承担现在的工作。他想要一张能够往返伦敦和伯斯尔登的火车通票。他习惯在深夜和凌晨工作，所以最好在伦敦办公室有个随时能够睡觉的房间。他只问了一点，就是退休时候，除了作为中尉（他退出预备役时的军衔）的养老金，他能拿多少养老金。他补充道：

我可以预见到这一职位蕴含着风险。唯一似乎严峻的风险就是由于贪污公款而可能损害名声。我明白有办法能让我免于这些风险。我希望，当有一天摆脱我符合某些人的利益时，这将为我指出一条路。

这段之后的文字有点晦涩，他令人感动地写道，如果这些建议不实际或者不可取，那就不要理会：“这只是保证这块我所爱之地的手段。”

三天后做出回复的比塞尔因回信耽搁而致歉。由于薪酬在之前已经达成一致，所以他不愿意再谈这一话题。因此，卡明得放弃栅栏防御工事中的薪酬。也很难找到卡明所希望的这种办公场所。比塞尔不愿意在谈条件时牵扯海军部其他人。因为只有他、第一海务大臣知道对卡明的全新任命。他总结道："我不知道你在那里花了那么多钱，我也不知道你对它的感情那么深。我更不知道接受这一任命对你是不是值得，但是你必须自己做出决定。"

卡明在两天后做出回复，收回了自己的建议，但是混合着他的上司即将体会到的坦诚、敬意和坚持，他还是问道，他能否"在名义上和栅栏防御工事有着关联，只要能够让他偶尔"去看看，从而知道他的成果并没有被抛弃。他在这一点上无须薪酬，但希望保留他在"阿尔戈"号上的住处。他不再坚持在两处都有任职。如无变动，他提议两人再见一面。他在最后写道："对这份工作，我长时期倾注了所有兴趣，如果我展现出一些不舍，请见谅。"

双方通信一直到了 9 月初。在此期间，比塞尔从告诉卡明不能做什么，变成了比塞尔为卡明的请求而进行争取。比塞尔咨询了海军部秘书格雷厄姆·格林（Graham Greene，海军部高级文员，小说家的叔叔[1]）爵士和费舍尔勋爵，大家同意卡明进入栅栏防御委员会，从而保持监督一职。但是他的新工作薪酬就是每年 500 英镑，不再从栅栏防御工事那里获得其他收入。海军部的档案显示，在 1913 年之前，他依然兼任栅栏防御工事的职务。

卡明拜访了比塞尔的家［位于诺维奇郡，老卡顿的加登胡斯特（Gardenhurst, Old Catton, Norwich）］。双方同意，1909 年 10 月 1 日，特勤局将在以德鲁（Drew）先生［通常被简称为"D"或者斯科奇里（Sketchley）］名义所租的办公室展开工作。德鲁先生是一名私家侦探，他来负责一切费用，而官方为此向他支付 500 英镑。如果德鲁先生也接受任务，他在国内工作的酬劳是一天 1 英镑，在国外的酬劳是 1 英镑 10 先令以及报销其他开支。卡明未能获得"一个能让他惬意工作的住处"，他的继任者在很多年内也没有享受到这一点。

一开始，卡明以为他获得了他所开出的条件，但是在又一次拜访比塞尔之后，他失望地发现"我不是整个特勤局的一把手"，而要和一位陆军部的代表共同领导，他的工作条件是和卡明一样的。来自陆军部的这个人

1 指的是英国著名作家，和他叔叔同名的格雷厄姆·格林（1904—1991）。

为担任这一角色而办了退休手续，并且签了一份两年聘用期合约。除此之外，“由于我们完全和官方划清界限，除了在秘密层面，我们的工作不可能得到承认”。

这两句话中呈现的困惑在卡明职业生涯中阴魂不散。由于误解了特勤局的控制问题，没搞明白卡明是单独领导还是共同领导——很有可能是比塞尔的锅——陆军部、海军部和外交部之间产生摩擦。陆军部认为应该由它来领导特勤局，而海军部认为应该由它指挥卡明，而掏钱的外交部在这一阶段并不想和它有什么关联。女王陛下的政府热切地想要和搞间谍活动的责难划清界限。除此之外，政府希望让不择手段的信息贩子明白，直接和政府打交道不会有好果子吃。

因此，政府和特勤局直接的关系就无处可寻了，虽然在实际上你最多只能进行否认（比如说无法证明双方有关系）。和平年代的政府维持着双方没有关系的幻象，一直到 20 世纪末[1]。但是维持幻象的理由已经发生了改变。人们总是说，由于特勤局属于机密，所以政府在议会无须接受有关质询（这个观点是错误的，因为一个完全承认情报工作存在的政府也可以拒绝就情报议题回答问题）。人们还认为它有力支持了另一个受人追捧的幻象“政治难堪”。数代英国官员都相信，如果他们被发现搞间谍工作，英国政府就会遭遇“政治难堪”。不过却没人问，这事有多严重，谁会觉得难堪；如果政府不觉得难堪会怎么样，以及政治（和官僚相反）脸面有多厚。这也会让人联想到另一个更深刻的点：英国的伪善和英国的权力之间的关系。说一套做一套的能力——比如维多利亚时代的性道德和性实践——在国际关系领域也许会带来力量，实用主义行事并不会带来原则的削弱。至于情报工作，官方强加的虚伪反倒增添了特勤局周围的神秘，成为特勤局的神话和权力的重要组成部分。

9 月 24 日，在特勤局开始办公一周前，卡明拜访了陆军部情报部门的爱德蒙兹上校和麦克唐纳（MacDonogh）上校。我之前已经提到了勒鸠的朋友爱德蒙兹，而乔治 · 麦克唐纳（George MacDonogh，即后来的陆军中将乔治爵士）是一个令人赞叹的人，他富有活力、有条不紊、组织能力强。要是没有他，英国陆军在面对 1914 年的陆上战役时就不会有那么充分的

1　指的是英国政府在 1994 年才公开承认秘密情报机构的存在。

准备了。他是皇家工兵部队军官，之前当过律师。麦克唐纳对年轻的陆军情报部队（Army Intelligence Corps）具有重大影响，并且在卡明未来的职业生涯中扮演重要角色。人们很容易将过去视为伟大英雄和恐怖故事的陈列馆，认为名气不大的人在历史上产生不了什么影响，然而他们对历史进程的影响是持续性的——有时甚至是决定性的。他们不是政治家也不是前线的将军，但是他们有时候有着重大作用。莫里斯·汉基很杰出，海军上将、“眨眼男”霍尔（“Blinker” Hall，我们后面会提到他）则是另一位这样的人，而乔治·麦克唐纳——卡明经常称呼他的绰号“闪电”（Blitz）——有理由算得上是第三位。

贝德福德郡（Bedfordshire）的陆军情报部队博物馆陈列着有关麦克唐纳的回忆录。这是由另一位将军沃尔特·柯尔克（Walter Kirke）爵士所写。柯尔克算得上情报部队创始人，一战之前一直在陆军部情报部门的麦克唐纳手下工作。麦克唐纳是 MO5 的领导人。MO5 建立于 1907 年，负责特殊任务，包括安保、加密和监控信件与电报。不过，麦克唐纳的兴趣和责任范围要比这还广。柯尔克对初创的特勤局的观点是典型的陆军部观点，认为这个机构不过是陆军部的延伸。柯尔克写道，MO5“有个弗农·凯尔（Vernon Kell）上校领导的部门负责反间谍工作，手下只有两三个人。麦克唐纳也负责领导皇家海军曼斯菲尔德·卡明上校的行动。卡明所领导组织的任务就是从任何可能敌人那里获取秘密情报”。

凯尔领导特勤局另一半的工作，因而他是军情五处的创始人。柯尔克的话证明，尽管卡明接受陆军部的领导（没有提到海军部），但是其独立性要比凯尔高。麦克唐纳的手下“不允许了解有关秘密情报工作的任何信息。麦克唐纳完全将此掌握在自己手里。幸好我们和凯尔及其手下还有卡明上校关系不错。在陆军部的陈腐气氛中，卡明可以带来一丝新鲜的海风”。

战争爆发时，麦克唐纳的职责包括监控英国控制的所有海底电缆——柯尔克将其描述为好像在监控全世界——铺设新电缆、切断敌人电缆或更改其路线，麦克唐纳还主持一个跨部门的委员会。委员会有关一项新科技——无线电。柯尔克说，在战争爆发数年间，“军人不该知道的一切似乎都落到了麦克唐纳身上”。

麦克唐纳曾经带柯尔克进行过一次为期两周的实地步行考察。考察的对象是法国和比利时前线被视为易遭受德军攻击的地方。对英国陆军可能部署的地方进行步行勘察，这个潮流是由未来的帝国总参谋长亨利·威尔逊（Henry Wilson）爵士所开创的。麦克唐纳显然觉得每天走 25 英里的路算不了什么。他们试图想装扮成普通的度假者，但并不总是令人信服。麦克唐纳享受着女人们误以为他们是德国间谍的目光。他喜欢跳上电车并随即快速下车，从而让他所假想的监视者留在车上。

他对体育没有兴趣。据说他的唯一爱好就是工作。他在工作上有着强大的记忆力。战争期间，他的脑袋里能记着德军所有的战斗序列（orbat），还能够回忆起几个月之前的德军部署情况。他以不苟言笑、寡言少语、无意交朋友、守口如瓶以及不愿意把事情交给别人来办而著称。但是柯尔克却觉得和他一起步行考察很有意思，他是一个令人温暖甚至可爱的人。柯尔克觉得他的局促其实是一种羞涩。

1908 年，陆军部决定成立一个亟待动员扩展的情报搜集核心，从而与情报机构配合，共同支持即将组建的英国海外派遣军（British Expeditionary Force，简称 BEF）。由于陆军一直以来不愿意在欧洲大陆上投入太多心血，所以除了麦克唐纳之外，没人响应。麦克唐纳心里有一套合适人选。因此，1914 年 8 月，数位学者、记者、作家、艺术家、商人和语言学家惊讶地发现，他们收到了陆军部发来的指令，与一些士兵和警察一起跨越英吉利海峡。8 月 12 日，他们成了情报部队的核心。一旦到达勒阿弗尔旁边雨水肆虐的营地，他们就被发放了步枪和 100 发子弹。卡明之子阿拉斯泰尔也在其中。在这段忙碌的时间里，麦克唐纳和 MO5 的官员们有一个星期夜以继日地待在办公室。

麦克唐纳对紧急情况并不陌生。1911 年的阿加迪尔（Agadir）危机[1]——导火索是一艘德国炮舰象征性地支持摩洛哥人对法国人的不满——打了个陆军部一个措手不及。对英国海外派遣军的目标有着自己看法的海军部也没有防备。在此之后，麦克唐纳和手下“开始一天工作 14 个小时以做好‘那一天’到来的准备，‘那一天’显然就要来了”。在第二年的“爱

1　史称“第二次摩洛哥危机”。法德在摩洛哥出现摩擦，英国在这一事件中支持法国。

尔兰自治”[1]（Irish Home Rule）危机中，时任陆军行动局局长、北爱尔兰清教徒亨利·威尔逊几乎劝服陆军行动局全体发起辞职。只有麦克唐纳没有被说动。他曾从循道宗（methodism）改宗到罗马天主教，并坚持认为，无论多么不舒服，军人就该服从命令。这一危机造成了很大伤亡，包括帝国总参谋长约翰·法朗奇（John French）爵士及其副手。虽然阿斯奎斯首相从来没有原谅过威尔逊，但麦克唐纳的态度赢得了他人的好感。不过，他和威尔逊还是一直在合作。

战争爆发后，麦克唐纳进入英军总司令部[2]（British General Headquarters，简称 GHQ），负责战场上陆军的情报工作。他的主要成果是，他通过少数情报就早早推断出德国人又集合了三个兵团，意图攻击英军左侧。指挥英国海外派遣军的约翰·法朗奇爵士正在谋划向德军右侧发起进攻，将对方打回安特卫普。但是麦克唐纳让他改变了主意，在利斯河（Lys）采取守势，并在伊普尔（Ypres）附近——柯尔克回忆道——给“德军援军以沉重打击，将它们打成筛子”。德国对邻国的入侵被遏制了，战争的结局被写好了。尽管当时很难看出来，但是德国最终失败的种子已经种下。

战争后期，德国人隐藏了他们把军队从西线调到东线的行动，而阿斯奎斯和基奇纳[3]都上当了。他们害怕德国人即将展开进攻。麦克唐纳再次通过对海量证据的分析，看穿了德军的欺骗，成功劝服了阿斯奎斯和基奇纳。然而，当德国人真的在准备进攻——1918 年德军的春季攻势时——麦克唐纳当时回到了伦敦，担任陆军情报局局长（Director of Military Intelligence，简称 DMI）。约翰·查特瑞斯（John Charteris）接替了他在英军总司令部的职位。不幸的是，俄军阵线崩溃之时，正在病中的查特瑞斯并没有意识到这对于西线意味着什么，他还以早日（1917 年）胜利的前景鼓励着黑格[4]。麦克唐纳敏锐意识到查特瑞斯的错误，在不带有任何怨恨、憎

1 爱尔兰当时是英国一部分，主要信仰为天主教，反英情绪浓厚，而北爱尔兰有大量的亲英清教徒，他们反对爱尔兰脱离英国。1912 年，英国议会通过《第三自治法令》（Third Home Rule Bill），引发爱尔兰人民的抗议。

2 位于欧洲大陆上，主要指挥的是英国海外派遣军。

3 赫伯特·基奇纳（Herbert Kitchener，1850—1916），英国陆军元帅，曾任陆军大臣（1914—1916）。

4 道格拉斯·黑格（Douglas Haig，1861—1928），英国陆军元帅，一战期间曾任西线英军最高指挥官（1915—1919）。

恶和恶意的色彩下，设法促成了后者的离职。柯尔克说，“他是最棒的陆军情报局局长”。很多同时代的人都这么认为——包括寇松勋爵[1]。寇松勋爵和麦克唐纳看上去关系不错。事实上，丘吉尔后来也称麦克唐纳是“欧洲最厉害的情报官员”。

1909 年 9 月 24 日，卡明与这位令人畏惧、充满活力的官员讨论他的新岗位。卡明发现——不是最后一次发现——他心中最紧迫的事情在上司那里只是众多事务之一。他回忆，麦克唐纳和爱德蒙兹“正在忙于最近的军队动向报告。他们俩决定 10 月 4 日再碰一次”。

尽管他没有办公室，卡明最初显然还是可以用打字机的。卡明在 10 月 1 日至 3 日期间没有写下日记，但是里面有一封信，标题为“建议”，日期是“10 月 3 日”，而且手稿上写着“未呈交”。他在信中详细勾勒出他的计划。第一段写着：“我希望能够拥有一套公寓，我可以住在里面，成为我的总部。我将会全额支付开支，但我希望大家明白我住在这里，我在这里工作。我将以我真实姓名工作。当我外出之时，我会安排好接电话的人的。”

他将要搬进的是位于维多利亚街的办公室。他不喜欢那里，他提议，等到租期一到，就拨给他津贴去租这么一套公寓。他认为这两处地方的成本是一样的。至于在德国的间谍，他认为应该在威廉港[2]、汉堡和基尔各派一个间谍，再派一个人四处巡游，寻找新的情报来源。当国外有足够多的人可以让他面谈的时候，他就亲自出发。但一开始，这些人得来见他。他还寻求搞些“官方的虚职”——比如“在海军情报局工作，和造船厂有关人员建立联系，从而让他有借口获得外界援助”。他说，目前“我还没有借口或者伪装去接近别人”。他列举了那些可能可以帮助他的人，包括厄斯金·柴尔德斯、阿兰·伯格因（Alan Burgoyne）、罗斯柴尔德（Rothschild）和其他人。他认为，除非对方明白他是在帮助某个人，而非为某一未知实体效力，否则没有办法寻求海外人士自告奋勇地提供帮助。

两天后，比塞尔来到“阿尔戈”号上过夜，和卡明长谈。卡明说比塞

1 乔治·寇松（George Curzon，1859—1925），英国政治家，曾任外交大臣（1919—1924）。

2 Wilhelmshaven，德国北部港口。

尔讲了个“故事”：“他告诉我过去的很多成功案例，向我解释，一直是E[1]在做所有事情，但是现在已经转交给了MD[2]。”

10月4日的会议包括麦克唐纳、爱德蒙兹、卡明和弗农·凯尔上校——卡明要在特勤局和他一同主持工作，后者将会成为军情五处的创始人。陆军行动局局长——大家都叫他老头子（Grand Old Man，简称GOM）——尤尔特将军中途进来，而卡明向他介绍了自己。凯尔作为帝国国防委员会助理秘书和爱德蒙兹前副手，早就认识卡明了。这是卡明和凯尔在书面记录中的第一次会面。在后来岁月中，他们当然又见了很多次。36岁的凯尔要比卡明年轻得多，而且他的背景在绝大多数人眼里更适合领导国外间谍行动。要是按照履历选人，凯尔绝对会是军情六处首任领导人，而50岁、已退休的海军中校则会被认为更适合担任军情五处防御性的角色。

凯尔的父亲是陆军军官，而他的母亲是一位波兰伯爵的女儿。他接受的是家庭教育，在世界性的、流动的气氛中长大，他学会了一口流利的德语和法语。在桑赫斯特[3]之后，他加入了他父亲在南斯塔福德的团。1898年，他前往俄罗斯学习俄语。两年后，他来到上海学习汉语。1902年，他回到陆军部分析德国情报。他在帝国国防委员会的职责包括编辑日俄战争史。

这两个人在个性上也很不相同。柯尔克认为卡明是“我所认识的人中最欢乐的，装满了最有趣的段子”；而凯尔更安静、深思熟虑、圆滑，在官僚系统中也许更老练（不过，最终在官场上也不是更成功的那个）。按一个后来同事的话来说，他会“安静地筹划，然后利用绝佳的魅力得偿所愿”。

凯尔在级别上从来都不比卡明高。但毫无疑问的是，在陆军部眼里，凯尔那一半的特勤局要更重要。这一点也反映在卡明日记里。在某种程度上，这是很自然的——最终，防御的能力要优先于进攻的能力（尽管进攻也是一种防守）——自从人们觉得，德国间谍活动的威胁要比缺乏对德情报更紧迫，这种优先级也成了现实。凯尔已经位处陆军部情报机器之中，这一点显然会带来不同。尽管卡明属于陆军部领导，但卡明还是被老对手

1 指的是爱德蒙兹，为方便阅读，以下原文的E直接翻译为“爱德蒙兹”。
2 指的是麦克唐纳，为方便阅读，以下原文的MD直接翻译为“麦克唐纳”。
3 Sandhurst，英国陆军军官学校。

（甚至算是敌人）视为来自海军的门外汉。

年轻的贸易大臣坚定地支持特勤局，他也同意间谍活动的威胁迫在眉睫。不久成为内政大臣的他，正是温斯顿·丘吉尔。他和凯尔大概在桑赫斯特就互相认识了。丘吉尔在特勤局建立数周后听了有关该机构的简报，他随即允许特勤局任意支配贸易部的资源。后来作为内政大臣的他，尽其所能推动了严厉的《1911年官方机密法》（1911 Official Secrets Act）、外国人登记立法获得通过。它生动地反映了政治的吊诡——在30年后的1940年，轮到丘吉尔解除军情五处负责人——依然是弗农·凯尔——的职务，因为该部门在追踪外国人时，既没有能力，也没有判断力。

10月4日的会议首先是爱德蒙兹简要汇报了过去情况，然后介绍间谍及其能力。这一介绍应该用时不长，因为没多少间谍。我们也不清楚有多少人算得上间谍。在情报界后来的话语里，“间谍”一词可以指在一段时间里有意和秘密帮助特勤局的任何人——无论拿不拿钱，无论是提供情报还是提供其他服务。间谍拥有一份编号档案，但是并不算特勤局工作人员。负责联系间谍的人通常被叫作承办人。因此，间谍就是拿钱或者义务帮助特勤局的人，而承办人、情报官员和其他官员则是特勤局里拿薪酬的工作人员。然而，在早些时候，他们之间的区别并不明显，有很多人在不同时候分属不同类型，有时候甚至同时身兼这两重身份。

其中一个是最早提到的“间谍”，爱德蒙兹和麦克唐纳叫他M：“他和麦克唐纳都说，要让M（我们现在手头最棒的人）有一间自己的办公室，从而能给他寄信。”事实上，M叫梅尔维尔（Melville），过去是一个警探，职责包括监视、调查和与更传统的部门建立联系。他的办公室在坦普大道（Temple Avenue），为凯尔提供了最多的帮助，不过卡明一开始和他有很多联系。另一个更像间谍的叫L，他的真名是戴尔·龙格（Dale Long），会说德语和法语。他主要为凯尔效力，作为首席间谍被派往布鲁塞尔。（布鲁塞尔像是一个情报市场，而二战后的维也纳也享有同样的名声。布鲁塞尔的优势是，间谍活动在比利时并不违法。）首席间谍或者头号间谍，指的是在不同地方工作过许多年的间谍。承办人招募一个头号间谍，然后头号间谍再招好些个下线间谍。下线间谍之间互不知晓情况，理论上只向头号间谍汇报，而且也不知道头号间谍的承办人是谁，甚至都不知道头号间谍上面还有人。从而情报从间谍传递到头号间谍，再传递到（往往是当面）承办人。而资金和指令则以反过来的顺序流动。理论上，如果一个间谍被捕或者叛变了（从而成为双面间谍），他是不知道间谍网其他人或者承办人身份的。因此，损失可以得到遏制。实际上，头号间谍既很关键又很脆弱，他对间谍的控制并不多，这就意味着信息可能是夸大或者是伪造的。人们甚至不知道，间谍本身是不是都是头号间谍的虚构，就好比格雷厄姆·格林在《哈瓦那特派员》（*Our Man in Havana*）里所讽刺的那样。（据说格林的灵感来自二战时期德国在葡萄牙的一个间谍网，头号间谍骗了德国上司很长时间。）不管怎样，这一网络还是有很多成功的案例。在卡明的时代，没人认真质疑过这一网络。也许在有些情况下，不可能存在其他的组织形式。

会议中还提到另外两个间谍——B："靠谱，在R（俄罗斯）做得不错。"还有K："他们并不是特别了解。"卡明和凯尔共同拥有一个办事员，其薪酬是每年150英镑。但是卡明说他不需要，而凯尔则要求让他认识的人来做。

会议随后介绍了我们后来所说的"谍报技术"（tradecraft）：

> E告诉我们，永远不要在一张纸上同时写上姓名和地址。永远不要使用有水印的纸。第一次见任何一个无赖汉 [scallywags，原文如此][1] 时，必须得有M或其他人在场。永远不要在办公室见人，会面地用×××地址，每次要花2先令6便士。他告诉我们，他曾机智地在奥尔登堡[2]确认该地没有英国人：他拿着一份转让权证去找当地的一名律师，告诉对方必须得有个英国人做见证人！我们不允许记笔记。

要注意两点：第一，任何能被透露出来的谍报技术都很难让人重视。现实往往事与愿违，阻碍了谍报技术的使用。因此，即使生命和自由都依赖于此，荒谬和奇特都齐头并进，密不可分。有点荒谬感在所有领域都是有用的矫正角度，不仅仅是谍报技术，而且如果让我们变得草率，不相信

1 带有方括号"[ ]"的内容是作者直接加在书中的注释，后同。

2 Oldenburg，德国西北部城市。

童子军式的墙上粉笔印、窗缝间的香烟盒、伪装等，也会造成致命后果。间谍活动一直以来的魅力就是和生活紧密相连的部分，但是我们往往没有明确意识到它和生活有多么近。严肃和幽默不过毫厘之间，很多时候两者兼而有之。

第二，卡明将间谍称为“无赖汉”。这毫无疑问反映出人们是怎么向他描述间谍的，它也是时代的反映。两次世界大战和半个世纪的冷战让间谍的神话——尤其是小说和电影中的——突出了意识形态、爱国和复杂动机，还将间谍也视为受害者。如我们后面所见，这些元素在卡明的时代也存在着。但是在一战前，欧洲的间谍活动与其说有关事业，不如说有关金钱。许多人除了为自己，找不出为什么替这个国家效力的其他理由，而且没什么就业和社会保障。存在一个自由交易的情报市场，有可售信息的人以这种方式为自己赚钱。正如莎士比亚笔下的理查三世[1]派出去一对能工作的恶棍，1909 年的情报组织也许会派某人去布鲁塞尔搜寻贩卖情报的无赖汉。买家的风险在于，无赖汉会出售任何他们觉得能卖出的东西。

后来，当人们广泛了解许多间谍在政治上的重要性和可怜潜力之后，无赖汉就没法总是能卖出垃圾了。比如，二战中的“西塞罗”（Cicero）一案涉及了一个叫作埃里沙·巴兹那（Elyesa Bazna）的人。卡明也许会把这种人称为讨厌的无赖汉。埃里沙是英国驻土耳其大使许阁森[2]爵士的男仆。许阁森爵士一直以来以不遵守有关秘密文件安全性的指令而著称；而巴兹那拍下了许多秘密文件的照片，其中有些是关于莫斯科和卡萨布兰卡会议、登陆欧洲的。他将情报和英国外交电报密码卖给了德国人。德国人给他的代号是“西塞罗”。不同寻常的是，西塞罗出版了他的经历［《我是西塞罗》（*I was Cicero*, 1962）］，他的德国承办人 L. C. 莫伊奇施（L. C. Moyzisch）也出版了他的经历［《西塞罗行动》（*Operation Cicero*, 1950）］。巴兹那看上去是一个骨子里贪婪、虚荣、好色、背叛和恶毒的人，一个莎士比亚笔下的恶棍，骄傲而又令人信服地公开宣扬自己的罪行。两本书构成了一个对情报活动的经典研究，也证明了间谍活动如何升华了人

1　理查三世（Richard III，1452—1485），英格兰国王（1483—1485）。

2　许阁森（Hughe Knatchbull-Hugessen，1886—1971），英国外交官，曾任驻华大使。

生。书中呈现了一切——莫伊奇施的作品要更可信一些——但许阁森爵士的高位让他免受他应得的耻辱。此案和莫伊奇施最后的结局都算得上峰回路转。[1]

在介绍完谍报技术后，卡明和凯尔被要求在维多利亚街陆军和海军商店对面的新办公室办公。他们在那里不得与任何人见面。如果他们想见一个陌生人，就得去租一个房间。他们也不能收寄信件，而且要换个名字。凯尔仅仅在他的名字后面加个“y”变成“凯利”，而卡明则叫“康宁汉姆”（Cunningham）。（不过，卡明日记里没有出现这个假名，在相应位置都写上了一串星号。）我们不明白，在这些条件下他们该怎么办公，而卡明也悲哀地写道，他从比塞尔那里获悉，他们给私人侦探、房子的名义租客德鲁付钱，仅仅是因为要用他的房间和他的名字抬头的公文纸。由于凯尔在两个星期内还无法开展工作，他们同意让卡明“一旦获得保险箱，就可以复制麦克唐纳办公室的所有档案，从而开始工作”。

会后，卡明和凯尔开启了两大机构[2]后来的一个优秀传统。中午，他们出去吃了一顿大餐，“畅谈未来，我们同意为事业成功而并肩工作”。

两天后，卡明买了两个二手保险箱并换了锁。当晚，他本来该在爱德蒙兹的家中和梅尔维尔见面——在公共场合见被视为太危险了——“但是到的时候，我失望地发现，只留给我一个便签，说上级决定推迟会面”。

理论上，特勤局应当在 1909 年 10 月 10 日开始办公。自那天起，两个官员、办公室、偶尔使用德鲁先生的名字，还有电话都要开始算钱了。外交部秘密工作拨款给了陆军部每年 6200 英镑。事实上，卡明早在三天前的 10 月 7 日就开始办公了。他“去办公室待了一整天，一个人都没看到，也没什么事可以做”。考虑到提供的条件，确实没什么可做，然而，更糟的还在后头。次日，他前往麦克唐纳的办公室，去拿他需要复制的档案。他“失望地发现麦克唐纳不允许把档案带出办公室。他说他得考虑一下，后面再写封信给我”。

假若卡明回到了阴森森的新办公室并且开始草拟辞职信，确实情有可原。但是卡明对此很热衷，尽管他一定感觉到一丝丝羞辱，但他坚忍不拔。

1　此案最终无疾而终，莫伊奇施从未因战争罪行而得到起诉。

2　即后来的秘密情报局（军情六处）和国家安全局（军情五处）。

他写信给麦克唐纳，要求得到那些文件。尽管当凯尔不在的时候，卡明应当代理凯尔的工作，但麦克唐纳回复说，他打算将陆军部的所有文件都交给凯尔，并和凯尔单独沟通此事。麦克唐纳没有提到档案。卡明的回复有点布特的风格[1]——“这封信让我感到十分不适，我情不自禁地觉得，在这种情况下，这封信就是旗帜鲜明的回绝”——但是他还是坚持要求。10月13日，双方达成一致，尽管文件还是不能带离麦克唐纳的办公室（事实上，在这种情况下，这是一个很有道理的预防措施），但是卡明可以随时查看这些文件。

然而，他在这一天之前已经写了一封信给比塞尔。他的打字信落款是皇家汽车俱乐部所在的皮卡迪利西119号。卡明有可能当时就住在那里。他在信中所表达的感情要比日记里、比他展露给麦克唐纳的更加强烈。他抗议荒唐的安排，而且补充道：

> K[2]告诉我，麦克唐纳上校希望在他打电话过来的时候，我们两个人总要有人在办公室。另一方面，爱德蒙兹上校告诉我，他已经通知上级，两三年内不要有出成果的预期。我们当然不是要一天天待在办公室无所事事。我希望我能有机会在一两年内组建一个体系，在任何重要的地点都拥有间谍和分支。但是我坐在这个办公室，要是谁也见不到，我是不可能组织起这么一个体系的。

卡明告诉比塞尔他接触档案的困难程度，并补充道：

> 对于他（麦克唐纳）更愿意和凯尔打交道，我并不感到惊奇。两人共事有段时间了，麦克唐纳当然不了解我……不过，我认为，任何为了凯尔而排除我的行动都不利于我的成功。而且，凯尔要年轻得多，我们之间会产生嫉妒，从而影响工作。

1　指的是英国19世纪末小说《小人物日记》（*The Diary of a Nobody*）的主人公查尔斯·布特（Charles Pooter），代指一种假正经、文绉绉的绅士风格。

2　指的是凯尔，为方便阅读，以下原文的K直接翻译为“凯尔”。

他要求分开海军部和陆军部的工作，他不喜欢共同使用一个办事员，他抱怨“我们所保有的一半机密都是没用的”。他总结道：“我十分愿意按照上级规定的路线工作，我写信不是为了小题大做。但我不得不感到局促不安，我会担忧凯尔将会控制整个特勤局，而我最终一无所用。”

对于一家秘密情报机构而言，这可不是一个好的开场。从卡明的抱怨中，我们也许可以看出接下来十年乃至余生中一直纠缠着他的压力与重负。我们也可以看出他内在有一股强大的驱动力：渴望发挥点作用。他想要接触陆军部档案的行为，不仅仅是小题大做或者吹毛求疵，而是有着合理原因。情报机构实际上和它的档案是一回事。如果没有档案，情报机构就不知道它是如何获得情报、谁提供了情报乃至谁能接触到情报。这当然需要正确使用档案。曾有过情报部门去搜集那些自己已经有的情报。更戏剧性但幸好不常见的是，还有情报部门试图去招募那些他们已经招募进来的人。卡明需要陆军部档案从而搞清楚，机构已经知道了什么，他该从何处入手。否则，他只会尴尬地重复过去的故事。不让他接触档案就是不让他获得工作所需材料。不过，卡明在日记里并没有写，麦克唐纳很不情愿让他接触的档案是否有用。他也没说，由于随后的任务发生了改变，档案还有没有价值。无论如何，他后来再也没有提到过这个问题。

不过，卡明越来越提到在办公室的无所事事。卡明在 10 月 14 日、15 日的日记里写着：“整天都在办公室，一个人都没有。”由于理论上没人知道他在那里，所以毫不令人感到奇怪。除了 10 月 21 日陆军部会议和 28 日外交部会议——要求“推掉”该时段一切其他安排——他没有别的事情可做。他这段时间都在阅读（档案？）和学德语。

他也写信给了比塞尔，抱怨他和凯尔不应该使用同一房间，要求拥有一个个人房间，在其他地方的出租房间会见间谍。他不喜欢维多利亚街办公室的一个理由就是它正对着陆军和海军商店，所以他经常会撞见认识的人，而后者则会问他在这里干什么。

无论从卡明的视角来看这是多么挫败和令人不满，但我们不该忘记这一切在麦克唐纳眼里是什么样。麦克唐纳显然早已不堪重负。霍尔丹委员会在很短的时间里就把组建和运行特勤局的担子压在了他身上。他需要特别关注这一核心议题。他需要决定特勤局如何运行，谁该做什么，还得不断倾听局里一个不耐烦的下级的抱怨和诉求。不过，他还是在 10 月 21 日做出了一份临时指令，合理、清晰地划分了职责。

卡明在日记里进行了总结。凯尔应当承担起所有有关国内的工作，既包括海军，也包括陆军，“情报工作和反间谍”，而卡明需要承担陆军和海军的所有国外任务。凯尔将要负责梅尔维尔和德鲁及其下属，而卡明和这些人没有关系。而卡明所说的“国外任务”将要等到后面外交部的会议上进行确定，预算是 2700 英镑。卡明总结道，麦克唐纳“答应了我有关办公室的要求，我们不会像‘看门的’一样留在那里”。

卡明把他所记的详细笔记都抄在了日记里，题为“特勤局的职责”，他还记录了他和凯尔后来提出的问题与对方的回答。由于人们只是泛泛理解新生的军情五处、军情六处的初始目标，所以我们有必要全文引用卡明的记录。

> 特勤局的职责：
>
> 1. 海军部和陆军部的掩护物。
> 2. 进行调查。
> 3. 与所有我们雇用的特工和想要出卖秘密的人保持联系。
> 4. 海军部和陆军部的代理。
>
> 情报工作——（C）建立一个有效系统，以细致监视德国的军备进展和海军建设情况，从而不放过任何一个表明军队集结的迹象。
>
> 两个人都要让陆军部完全了解我们的进展，如果凯尔离开，麦克唐纳将会代理他的工作。
>
> 反间谍工作——（⋆）对抗一切外国政府对英国不利的措施。
>
> 特勤局的目标：
>
> 1. 获得任何预示英国即将遭到攻击的信息。
> 2. 获得任何对英国敌对行动或准备敌对行动的有用信息。

3. 监视所有可疑分子，包括居住在英国领土的外国人，采取现在法律所允许的一切手段阻止他们与他们的政府通信。

4. 对抗外国政府对英国政府采取的一切敌对行为——贮藏武器、为敌对行为而组织英国公民、组建煽动中心。

5. 在英国国内外组织一系列常驻通信者，他们在战时可以从敌人内部提供信息。

获得信息的方式：

1. 退休官员，比如舒尔茨（Schultz）。

2. 不满的人——比如波兰人。

3. 有关技术的信息。

4. 有关指令的方案。

5. 只可阅览。

6. 同第三点。

7. 必须在东欧和南欧国家开展秘密情报工作。

对凯尔问题的回答——

1. 所有文件都要保存在办公室吗?

回答：不用。

2. 没有薪酬的间谍及以真名介绍给我们的间谍依然受陆军部领导。

回答：不是的。

3. 所需（或者所收到的？）情报要先交给陆军部，然后再给我们?

回答：是的。

4. 除了麦克唐纳、比塞尔、M 和 L，我们的身份（假名）不能让人知晓?

回答：麦克唐纳和比塞尔是的，但是 M 和 L 也不能知道。

5. 我们和麦克唐纳保持联系，而我们在和流氓（rascals）会面时，麦克唐纳也要在场?

回答：不用。

6. 再雇一个办事员。

回答：现在不用。

7. 要写工作日志。

回答：是的。

8. 所有要交给陆军部的情报都要直接先交给我们。

回答：反过来。

9. 凯尔、麦克唐纳和M之间要有一套密码。

回答：是的。

10. 不要见一个人就说我们需要获得情报，也不要——我的建议——和我们认为可以帮得上忙的朋友们说（比如J、Q和C）。

回答：是的，不要这样。

11. 每个人负责自己的部门，但是要知晓另一个人的信息。

回答：没有硬性规定，你们自己商量。

12. 卡明和凯尔总要请示这些特别受雇的间谍该做什么工作。

回答：（无）

13. 两个人之间只用一个办事员。

回答：先不讨论这件事。

14. 直接和郡警察局长打交道？

回答：没有给，但我认为答案是“是”。

15. 没有必要像看门人那样留在办公室。

回答：没有必要。

16. 不要雇德鲁干活？

回答：是的。

17. 国外的安排维持不变。

回答：涉及陆军的维持不变。

18. 与陆军部联络的带薪与无薪人士维持原样。

回答：是的。

19. 所有在办公室的翻译工作都由凯尔来做。

回答：是的。

20. 每年写一份系统的报告。

回答：是的。

21. 所有开支都需要书面批准。

回答：凯尔和卡明可以先拿10英镑预付款。

对我建议的回答——

1. 应该把我介绍给EH。

回答：不用。

2. 应该允许我接近像J、Q和C这样的朋友。

回答：现在不行。

3. 应该向我们俩提供可疑人员名单及其他帮助我们工作的文件。

回答：可以。

4. 在布鲁塞尔寻找一个退休军官当间谍。

回答：可以。

5. 我们应该可以雇用M和L。

回答：他们未来是凯尔的人。

6. 我想与我在瑞典和丹麦的某些朋友联络。

回答：现在不行。

7. 我也许可以去上德语课，早上10点到11点。

回答：可以。

8. 搞个复制照片的车间有用吗？

回答：有用。

大部分内容一目了然，但是有几点需要进行说明：第一，在“特勤局的职责”中，第1条和第4条存在矛盾——特勤局实际上不能既是海军部和陆军部的掩护物，又是它们的代表。在任何重大行动和谈判期间，海军部和陆军部都必须要参与。第二，在卡明有关“情报活动”（C）的简要记录里，他只特别提到了德国和德国的军备进展与海军建设情况，而无须获取有关德国意图的政治情报。不过有趣的是，这里很早就提到了军队集结，也就是说，那时候英国人已经在担忧突然袭击。在“目标”的第5点——战时敌人后方的通讯——是一个苛刻而又困难的目标。随着战争迫近，它会让卡明遭遇越来越高昂的代价和困难。问题是，尽管和平时期与间谍联系要相对容易一些，但获得重要秘密情报是很困难的，因为本来就没多少。而在战时，重要秘密情报的定义域则大得多，但与间谍的联系要变得极其困难，有时甚至是不可能的。以冷战为例，如果军情六处想要在苏联一个机动导弹团安插间谍，一方面将会遭遇困难和危险，另一方面毕竟是可能的，而且会提供有关武器、指挥和控制系统、部署、人事和战术等的大量情报。尽管这一任务重要而又受到欢迎，但是除非这个团收到了特别编码的信号进行部署、装备上真正的导弹头而非演习导弹头、获得现实目标的数据，不然这个间谍和他的情报算不上至关重要。但是可能有一天，这个间谍难以——甚至不可能——取得联络。

在卡明所记下的问题和答案中，我们看到“无赖汉”已经堕落成“流氓”（第 5 点）；凯尔有权和警察局长联系（第 14 点）；不幸的德鲁已经与此事无关（第 16 点）；卡明禁止招募他的朋友（第 2 点和第 6 点），但可以在布鲁塞尔招募一个间谍（第 4 点）。最后，第 4 点“目标”——发现位处英国的秘密兵工厂和“煽动中心”——说明在会面中，勒鸠又刷了一波存在感。

10 月 20 日，卡明再次从皇家汽车俱乐部向比塞尔写了一封信，他抱怨陆军部“不愿意信任我，也不愿意像驱使我的同事——他们的代表——那样驱使我”。卡明再次重复了他想在工作中取得成功的愿望、拒绝接触档案的故事，以及不把他介绍给梅尔维尔一事。卡明接着说，自从和凯尔会面后，

> 截至当前，我都被扔在一边不当回事，这一事实仍未得到改变。如果依然是这样的态度，那么我在部门里就只能当老二了，在我的上级看来，我在一切实际层面上都是他的副手。这和任命时我的理解截然相反，我不认为这是个好主意，也不会促成工作顺利。凯尔才能出众，会许多语言，但是他比我年轻得多，在资历上也比我小，所以我不觉得我在名义上或实际上都得当他的下属。

他又一次问道，他是否允许只为海军部工作，或者——尽管他已经准

备等等看了——“在还能维持脸面的时候退休”。他有可能只是写下了这封信但没寄出去。无论如何，这封信表现了卡明的感情多么强烈。

在接下来写给比塞尔的信中，卡明感谢他批示了朴次茅斯指挥官令人满意的年报（大概有关栅栏防御工事），并且以更加愉快的语调描述了他和麦克唐纳之间的讨论。这里表现出他大肆张扬的名声越来越大。而白厅基本上总是不喜欢这样的人。

> 我听说我的上司对我的精力充沛感到震惊，可在我对他们说的话之中，我挑不出什么毛病。一切都停了下来，要等到凯尔准备接手之时才会继续进行——不过，我并不知道这一点。在此之后，他们都和凯尔打交道，根本不理我。当凯尔不在的时候，他们甚至都不让我接手他的工作。麦克唐纳上校说他自己来做。在这些困难当中，我明确地看出，我需要奋力赢得他的信任，不然我的工作注定失败。

他提到他只想为海军部工作——通过T上校布置任务。这个大概指的是坦普尔上校，一位皇家海军陆战队军官。坦普尔是比塞尔在海军情报局的手下，经常在卡明日记里以“Tab”之名出现。他和卡明似乎迅速就建立了舒适而又互相同情的关系。在写给比塞尔的那一天，卡明也写了一封便条给坦普尔：“我希望你会尽力让海军情报局局长意识到，拥有一个直接听令于他而非MO5（代指麦克唐纳）的代表是多么好。”他接着写道：

> 我可以明确看出——再明确不过了——麦克唐纳上校信任凯尔，一点都不想要我。凯尔是他的老朋友，为他工作很多年了。“不必多说”（“A nod is as good as a wink to a blind horse”），我要是看不出来麦克唐纳上校的规划里压根没有我，那我也太傻了；如果有改变的可能，而我还在这种障碍下开始工作，那也太不明智了。

他强调了他对维多利亚街办公室的不满，希望有一间自己的办公室。他说他能保证“随叫随到，就算我不在，我的仆人也能够随时接电话并回答我什么时候回来”。它及时提醒了我们一点，在卡明及他身后那个时代，很多人都拥有仆人。一般没人提，因为这在当时是人们司空见惯的。卡明想在自己的办公室搞一个影印室，用来复制计划或文档，而这在维多利亚街办公室是做不到的。他再一次指出，“我们保存机密的一半手段”都是没用甚至适得其反的。他还说他应当接近他认识和信赖的人。他也如实承认，比起国内的凯尔，他在国外找可靠的间谍要难得多。因为在国内，“你在这里见到的每个人都愿意替祖国分忧”，而且还有很多有用的组织可以提供信息：“陆军、警察、退休官员、童子军、行商，等等。”

至于他在国外的任务，他被明确禁止接近那些可能会提供重大帮助的机构——外交部的使领馆。这在行动中是个很大的阻碍，并且在偶有例外的情况下持续了很多年。由于历史学家们并不知道早期的特勤局事实上是否真的不能联系使领馆，所以有些人就会批评特勤局在尝试获得那些使领馆已经知道的情报。同样，这时的卡明也不被允许搜集政治情报，所以有人批评他竟然没有在一战爆发之前搜集政治情报。政治情报依然主要是外交部的职能，并不欢迎他人插手。

卡明依旧每天应卯，学习德语，阅读他能允许接触的一切文件。10 月 28 日，就在外交部会议的那一天，他收到了第一个月的薪酬——41 英镑 13 先令 8 便士——他是从凯尔手里拿到的，同时还有一个来自麦克唐纳的便签，让他接下来每个月 25 日都来领工资。

我们很容易得到这种印象：卡明和麦克唐纳之间的关系是僵硬的上下级关系、格格不入。但是我们知道的是那么少，如果这么想，也许会低估军队里的同袍情谊：无论公务上有怎样的分歧，但还是要坚持兄弟情。这份坚持经常受到嘲弄，但更多时候弥足珍贵。因此，许多陆军食堂不允许谈“业务”（就是工作），而会谈其他有趣但可能会引发纷争的议题，比如女人、宗教和政治。尽管打破这一规矩更能得到尊重，但是对于那些得在很长一段时间里一起生活、工作和战斗的人而言，这一规矩还是有用的。

福特・马克多斯・福特生动地表现了这一点，他作为一个中年小说家在一战时参加陆军。他一开始在索姆河，然后去雷德卡（Redcar）做行政。他在那里给情妇写信：

> 我白天和军需官大吵一架……吵的是“空投物资”会在哪里落

下——总部没人知道，但是我们俩各自冒称拥有“陆军委员会指令”（Army Council Instructions，简称 ACIs）及命令，互相吼叫，脸上因愤怒而发紫——然后就手挽手和大家一起喝酒去了。有趣的是，你会因为工作而发最大的火，然后在两秒钟之后，你们还是人群中最好的朋友，再也不提刚才的事一句。我在想，要是婚姻能像这样就好了：这会是很棒的解决方法。

因此，丝毫不令人吃惊的是，卡明和麦克唐纳在外交部会议的前一天（10 月 27 日），一起吃了顿友好的午餐。不过，由于外人离得很近，他们没有谈多少“业务”，他们也许是在一家俱乐部里谈的。

和白厅司空见惯的做法一样，外交部的会议并没有包含负责履行决议的人——卡明和凯尔。由于信没有寄给比塞尔，所以卡明也没办法提前上交自己的想法。比塞尔随后不久就向卡明传达了基本结论，并在下一周晚饭时进行详细说明。简短的结论是卡明负责“国外工作”、凯尔负责“国内工作”，而“外交部的间谍保持现状”。这似乎意味着外交部的间谍依然受陆军部领导，并不转交给卡明。没有多余的拨款，而且卡明“还得看看自己能无偿做些什么”。“除特殊情况外”，卡明不允许联系海军部。他从爱德蒙兹或麦克唐纳手里得到了一份间谍名单（这说明，卡明在此之前都没有名单）。

对联系海军部的限制也许反映出上级喜欢特勤局扮演掩护物的角色。在接下来几年里，这一限制又得到了好几次重申。这说明卡明日常无视这一限制。比塞尔在晚饭时已经擅自推翻这一限制，他说卡明可以说自己受雇于海军情报局。对于卡明而言，从一开始，海军情报局就是人们后来所说的“掩护部门”。几乎所有情报机构都采用这一做法，对他们的海外行动至关重要。

卡明当然对会议的结论失望。他写信给麦克唐纳索要间谍名单。麦克唐纳在当天回复，没有附上名单，而是提到还有一次会议，卡明和凯尔将要参加。11 月 1 日哀叹道：“在办公室一整天，什么也没做。”

不过，卡明在次日晚上有事做了。他“去了某处会见 C. J. 和 T”，但是这个神秘的 C. J. 一直在说德语，卡明只能听懂几个词。他安排自己第二天在贝立兹学校[1]上课。

卡明在与比塞尔共进晚餐的“漫长聊天”中发起了牢骚：

> 我跟AB说，我感到任何事我都无能为力——尤其是在办公室——我没有机会也没有能力为我自己工作。除了坐在办公室，我真的什么都没做。我只收到了一封信（里面有我的薪酬）。会议得出的安排似乎是只让我收取现在间谍的（来自陆军部）报告，其他什么都不要做。

［比塞尔为了安抚他说了一些话。］

> 我不需要做什么来证明任命我是对的。我必须耐心等待任务降临。我不需要闲坐在办公室，而应该四处走动了解情况。我不应该被盯着。他应当相信我，我在栅栏防御工事的工作并不是“无所事事”。在这个职位，有任务出现就该派给我。

这顿饭取得了效果。卡明被“允许租一间公寓办公（‘自费’），但是档案得留在原办公室，所以凯尔和我能够互相接触对方的文件。当初设这个办公室主要就是因为这个目的”。这是迈向独立性的重要第一步。比塞尔告诉他，如果在自己住处工作表现得还可以，外交部“毫无疑问是会同意的，但他也不敢打包票”。比塞尔最后抚慰卡明，陆军部不会“对他的工作指手画脚，这个工作完全由我负责，接受他（海军情报局局长）的领导”。比塞尔一如既往地更多只是出于善意。

毫无疑问，卡明需要激励。他在一起吃晚饭那天就手打了一份似乎只给自己看的便签。它反映了卡明内心状态，这里值得引用：

> 办公室里什么都做不了。已经五个星期了，我都没有签过自己的名字。完全与任何人切断联系，在这里都没办法以自己的名义给出地址和电话号。自从开始工作时，我就一直被晾在一边。凯尔一天做的

1　Berlitz School，一个全球化语言培训机构，由马克西米安·贝立兹（Maximilian Berlitz）在 1878 年创办于罗得岛州。

事比我所有做的还要多。

介绍给“M”——推迟。
复印文件——推迟。
介绍给 EH——无限期推迟。
间谍名单——推迟。

军方组织了这一体系，它那么长时间支配我的命运以至于夺走了我能做的所有工作，迄今为止交给我的都是工作最困难的部分（他们自己的人显然更适合），还拿走了一切能帮助我工作的工具。

我确信，没过多久凯尔就要彻底赶走我。他拥有足以炫耀的工作量，而我什么都没做。人们很快都会知道，我不懂几门外语，而他将会承担起所有任务，并且拥有下属，而我则会或多或少带着羞耻退休。

这也许写在与比塞尔的晚餐之前，那时他的情绪低落到极点。与比塞尔的晚餐毫无疑问发挥了作用。

等到陆军部在 11 月 9 日的下一次会议之时，卡明已经有所进展，他收到了之前向他承诺过的德国造船厂名单。这一次，他和凯尔都参会了。会议决定允许他见一个叫“B”的人，但他还是不能见“Q”，因为卡明没有公职。卡明“恳求像凯尔那样拥有一个头衔——或者类似于头衔的东西——但是，尽管麦克唐纳和爱德蒙兹提出了动议，但被比塞尔否决了”。

比塞尔似乎收回了此前让卡明在海军情报局挂职的提议，就此改变了历史。军情五处自一开始就受到某种形式的官方承认，并且局长还有公职。这使得军情五处更容易和英国其他部门进行合作。官员们喜欢和那些能解释得清出身的官员合作。军情六处要是一开始得到公开，就不会造成这些困扰。它也可以在行动中发挥更大作用，更能承受批评——尤其是在 20 世纪 50、60 年代的间谍丑闻中，军情六处过度依赖校友网络获取情报。由于它在理论上不该存在，所以军情六处不受公开的地位让它不得不成为如今这样。

无论如何，早点公开也许会丢掉一些优势。事实上，校友网络在大多数时候运转良好。特勤局获得了政府所需的情报，而且在数十年内基本上未引人注意。因为由于其脆弱地位，一份内阁办公厅备忘录就足以让它解散。与其他部门之间关系的维护以及它存在的天然必要性提供了便利。而军情六处发展出来的神秘、不可言说的气质促成了自身的神话。它发展出一种不拘程式的风格。由于不允许打开天窗说亮话，一切都在暗中安排好，这样的军情六处在英国法律下合乎情理，而且是政府所需要的。

外交部会议的另一个结果就是让卡明和爱德蒙兹合作，因为爱德蒙兹"在与国外间谍打交道时，可以提供有用建议"。卡明宽慰地发现爱德蒙兹"显然同意我的想法，认为我的首要任务就是在行动时避免我手下的间谍遭受任何怀疑"。

对于任何情报机构而言，保护间谍当然是首要原则，卡明所建立的机构概莫能外。要是间谍都不相信他们自己和工作处于保密状态，恐怕没有什么机构能够长时间运行下去。因疏忽——或更糟的原因——而损失间谍在情报界就是犯罪。没有什么机构能够原谅这一错误。不过，正如卡明所指出的那样，他当时没办法对任何间谍的安全产生威胁——"我真的什么都没做，也没跟任何人讲过话"。

爱德蒙兹建议永远不要在本国支付给线人报酬，否则线人随后就会进行敲诈。他建议带线人穿过边界，最初也不要付太多钱，承诺未来根据结果再付款。同一张纸上不要同时写姓名与地址，而且不能用带水印的纸。不能对间谍直呼其名——后来的秘密情报局继续沿袭这项传统——同一个地址也不能使用过于频繁，而且最多只能让一个间谍使用。

他们也讨论了一系列只列出姓名首字母的人。爱德蒙兹同意卡明"让K-L-ch-Y潜伏"的主意，但是不太关心"基尔赛船会的R或者乔根森计划、伯格因、柴尔德斯等"。早年的日记都是这种让人读不懂的内容，但是我们可以从中得知，卡明依然在寻求上级批准他向柴尔德斯这样的人求助。卡明了解这些人。讨论随后进入了《沙岸之谜》的领域："辛西娅（Cynthia）是一艘从代尔夫宰尔[1]（埃姆登对面）驶出的便捷小汽船，你站在它甲板上能看到很多风景。他建议我扮成美国人去一趟。"

最后一句第一次显示出，卡明可能自己也要承担去国外侦察的任务。

---

1 Delfzij，荷兰东北部城市，埃姆斯河对面的埃姆登（Emden）则属于德国。

海军部和陆军部许多间谍使命都是这样的，现役官员被派去进行实地侦察，而不是仅仅交给间谍去做。当时的照相机并不那么常见，也不是很便携，当时也没有空中侦察，更没有什么卫星拍照。在战争期间，搜寻敌人行踪是重大难题之一。而在和平时期，重要问题则变成了对方正在建造多少战舰、在哪里建造、是什么类型。这种情报有时候是很难获得的。

几天后，卡明再一次来到海军部，去找他曾经碰到的一幅全球海图。他也恰好遇见了一场有关“SRT1425 的讨论，一个外国线人有关福斯特（Forst）等人的事情”。当他发现这件事属于凯尔管理范围后，他告诉相关人员“由于这是我们部门的范围，所以我不由自主记下了”。这一话语又带了点布特风格。不过，文字是记不下语调的，所以有时候我们难以分析。卡明的话听上去更像是表达了一种信念，一种“到此为止”的警告——虽然他没有公职、没有层级、角色很模糊。他接下来两天都在办公室里无所事事。

第二天（11 月 17 日），他精明地带比塞尔去车展。在这次惬意的消遣之后，比塞尔说卡明随时都可以来海军部找他，“要是他没事，我可以直接进办公室找他”。比塞尔开始“考虑一些计划，如果可行，让我随后在海军部有个立足之地”。立足之地——公职——的好处，不仅有利于掩护，更有利于让官僚系统为卡明提供帮助。由于没有公职，卡明依然得向他人借一些最基本的东西，比如地图。卡明随后在周末带坦普尔回到伯斯尔登。可以料想，他们在漫长的聊天中达成一致——应当让头号间谍 B 在德国拥有两个间谍，然后还有第三个间谍能够每三个月在德国巡游一次，考察大型造船厂并提交报告。

三天后，卡明去皇家地理学会寻找更多的地图。他和一位叫理查德森（Richardson）的上校一起吃午饭。卡明想搞清楚布鲁塞尔是否有他可以招募的英国退休官员。可行人选倒是有一些，但如果他给不出合适理由，他是不允许打听更多细节的。不过，11 月 26 日，卡明还是第一次与间谍会面了。这一天标志着他的事业和士气发生了改变。这是他在特勤局的第一丝曙光，但差点被夺走了。

按照之前达成的约定，坦普尔应该在当晚将卡明介绍给 B。但凯尔在中午出现了。他告诉卡明，上级决定坦普尔不得参加会见。凯尔向卡明展示了一封手写指令，它与卡明和比塞尔所达成的协议相差甚远。凯尔说他口袋里就装着给B的报酬，“要亲自交给他”。卡明被要求用他们对应的“秘密句子”写下加密信息。卡明详细记下了随后的扯皮。他和海军部了解到，B是一个住在外国的间谍，并提供有关德国造船的情报，完全属于卡明管理范围。然而，B之前接受代表陆军部的爱德蒙兹“运行”（也就是受到他监管和布置任务）。而陆军部慢慢反应过来：它要失去这个间谍了。奇怪而又说不通的是，陆军部不应当事先还来争论一番再抢人。

卡明将其视为决断时刻：特勤局他所负责的部分是一个平等和独立的分支，还是完全接受陆军部领导、被陆军部视为下属？他告诉凯尔，没有比塞尔批准，他是不同意这一做法的。他提议他们现在就去见比塞尔。凯尔坚持认为他们也要去见麦克唐纳，但这是不可能的，因为麦克唐纳整个下午都很忙。他们最终坐车去找比塞尔。车上发生了什么我们不知道，但是当车子抵达白厅之时，凯尔从另一侧下车直接去了陆军部，而吃了一惊的卡明则独自前往海军部。他得到了比塞尔的有力支持。比塞尔让坦普尔带着一封信去找陆军行动局局长尤尔特将军。比塞尔在信中说，他考虑让卡明单独负责一切国外工作和安排，维持陆军部和外交部会议上有关特勤局工作分工的决定。如果像凯尔所言，陆军部不同意超过两个人去见B，那么凯尔也不能去见。

当麦克唐纳听说此事时，他前去拜见尤尔特，但是尤尔特同意海军部的意见。麦克唐纳“请求”不让卡明改变情报传输的目的地。这一传统由来已久，而且现在也不是改变的好时候。他建议让爱德蒙兹而非凯尔（他不允许参加会见）支付B的薪酬，因为上级就该是付钱的人。这说明陆军部并不完全接受卡明有关独立的说法——尽管它确实应该独立。卡明坚持自己的说法：“我说这就是为什么我想自己负责发钱，最终酬劳也交到我手里，由我交给B。”

不难想象这一切引起了官僚怎样的愤怒，过了好一段时间才平息下来。在与间谍举行重要会面之前，出现这些烦人的事情并不让人满意。卡明在办公时间里写加密信息。他认为他写出来的算不上能够长期使用的良好密码，但他还是及时完成，前去会见坦普尔，一起去“JS这个地方”和爱德蒙兹碰头。当B到达之时，爱德蒙兹向他介绍了他的新任承办人，随后离开了。他们之间的对话是用德语进行的，卡明只能勉强跟上，“没法理解他的想法和观点”。坦普尔进行了翻译，B“看上去觉得他不费什么困难就能够获得我们所需的信息，他说一切TR都愿意收贿赂，难以抵抗看见金币的诱惑”。

TR指的是德国人，这是卡明在日记里第一次使用这种简称。它是“Tiaria”的缩写。卡明第一次使用这个代指德国的词是在一周后。不知道它起源于何处，但是尼古拉斯·希利（Nicolas Hilley）博士最近的研究给出了一个惊人但可信的解释。简而言之，1906年以来，有关关税改革的争论是一个重要的政治议题。自由党政府支持自由贸易，而保守党支持设置关税壁垒以将德国商品排除在外、采取措施针对德国的海军扩张。陆军部内有关特勤局的官员主要是保守党。如前所述，他们尤其担忧德国情报活动的威胁。1909年1月，爱德蒙兹安排“L”（亨利·戴尔·龙格）前往东英格利亚[1]（East Anglia）——人们认为它是最有可能遭到入侵的地方——待三个月，“检查沃什（Wash）到洛斯托夫特（Lowestoft）之间离海岸10英里距离内的区域，看看这里是否有德国人在农场、旅馆、商店等地方工作”。在乡下工作的三个月中，龙格假装（大概是由于当时的政治正确）自己是向保守党关税改革者（Conservative tariff reformers）提供报告的人，而不是调查德国间谍的人。他把关税改革者叫作TR。虽然他把真正的德国人叫作G，但是希利说，TR这个梗成了陆军部秘密情报工作的段子之一。卡明迅速在日记里采用了这个梗，并补充道，他用TR指的是真正的德国人——不仅仅是德国间谍——而Tiaria指的是德国。（希利的参考文献收录在国家档案馆TNA、KV 1/2和KV 6/47。）

他们安排B在威廉港招募一名下级间谍，再招募一名可以每三个月环游各大造船厂的间谍。卡明问B，当他的人探访城里之时，能否获得该城英国人的名单。B“十分不赞成，显然并不想这么做”。卡明随后建议他获得波拉（Pola）和奥匈帝国其他地方应该正在建造的四艘无畏舰细节，但是B马上就表示反对，说他是一个奥地利人，他不会做任何伤害他的祖国的事情。卡明认为，这显示出“要是奥地利加入德国一方反对我们，他帮不上什么忙”。B主动告诉了卡明他的名字，还写了下来，因为难以正

1 指的是英格兰东南部，主要是农业区。

确拼写。他还给了卡明他在柏林的电报地址，但是卡明并没有问他的家庭地址，“因为我觉得，他可能会疑惑为什么我不知道”。最后，卡明问B会不会讲法语。卡明惊讶而又满意地发现，B讲法语的水平不弱于他的德语。由于建立了联系，他们约定第二天碰头。卡明对B的评价是：“他绝对是个聪明和勇敢的人，我认为他会是我最得力的助手，但是需要注意他对奥地利的爱国情感。”

第一次会面显得很顺利。在通信——任何秘密关系的生命线——和任务上达成一致十分重要，而卡明尽力让B明白对方的需求，而且能说出他做不到的事情。这当然鼓舞了卡明，他也许会心想自己终究还是开始工作了。几天后，当他在日记里记下拜访比塞尔和麦克唐纳之时，他第一次用了他们的假名——“鲁兹”（Luz）和“闪电”，这也许表现出卡明变得更加放松与自信。

次日，在和麦克唐纳讨论通信安排时，卡明发现，在下班后到晚上11点的时间段内，陆军部值班职员都可以收到信息，但是直到次日，这些信息都会留在收发室。卡明评论道，“这当然要做出调整。”卡明写道，他得等到被介绍给邮政总局（General Post Office，简称GPO）负责机密事务的高级官员［德·沃德（De Wardt）先生］之后。他也提醒麦克唐纳，他现在已经有了一间自己的公寓，正在架设一条私人电话线。公寓位处沃克斯豪桥路（Vauxhall bridge Road）的阿什利大厦（Ashley Mansions），算得上军情六处事实上的第一个总部，因为维多利亚街的那个办公场所从未发挥过作用。

卡明在接下来几天继续安排通信、换外汇——由于财政控制收紧，每张换汇的收据都要交给坦普尔——有机会就去海军部和陆军部。他从麦克唐纳那里收到了一份可以卷起来的德国地图、一封信件的副本。后者的作者可以提供有关德国的信息。他和凯尔讲了这件事，因为“和我们两人都有关系：和凯尔有关系，是因为作者提到了两个和凯尔业务有关的人；和我有关系，是因为作者提供情报”。这是两家机构第一次在同一个案子中合作。

次日，他和麦克唐纳共进午餐，聊了聊海军与陆军俱乐部，然后又聊了一系列行政事务，双方愉快地达成一致，包括卡明有权获得一台“打字机”

以取代办事员。他们也试图优化与间谍之间的电报联系，不过没有成功。卡明总结道，“现在的电报联系什么都做不到，我必须尽快拿出一套更好的方案。”从一开始，间谍小说和电影所钟爱的军情六处形象，就是在伦敦俱乐部闪闪发光的大门之后安排好一切事情。这一形象至少部分正确。

官场争斗仍在继续，麦克唐纳亲笔起草了一份指示，要求卡明签字确认。这份指示也许是答复卡明在 10 月 29 日的信。至少在卡明看来，麦克唐纳重新提及了那些他认为已经解决的问题。卡明指出，其中一条“显然将我的活动范围限制在了一个国家，不符合我们在会议上所制定的安排”。但是在其他方面，至少麦克唐纳答应了卡明某些要求。指示开头写道，“我现在提议，在遵循以下限制条件的情况下，将整个德国情报系统交给您。”其中包括应当向 B 支付薪酬；无论有用没用，都要留下 B，“因为他在俄国能发挥作用，也许可以在那里继续工作。外交部已经批准了这一点”。卡明不允许在任何账目上超出预算，任何开支都要有收据。卡明要在每月 20 日提交资金需求，钱会在当月 25 日付给他。陆军目标在他的职责范围内，他需要尽可能搜集军事情报。这暗示了陆军部担心卡明会把海军部的要求放在第一位。麦克唐纳最后向他提供了五个间谍的姓名和住址，要求卡明征募任何间谍都要向他报告，他要充分了解卡明的行动进展。除此之外，卡明可以自由地招募与解雇间谍、自由地与间谍联络并进行指示，但必须在“和平时期与战时组织起一套情报传递体系，能够以最小的延误将情报传递到上级”。

会后，卡明前往海军与陆军俱乐部，希望碰到比塞尔。比塞尔认为这份指示象征了控制权分离，以及陆军部不妥协、不满和怨恨的态度。他是对的。到了这些事情早就过去很长一段时间的 20 世纪 50 年代，陆军部又力不从心地试图夺回控制权。卡明后来沮丧地评论道：“我搞不明白该向谁负责，向谁寻求指令、命令和帮助。”

接下来几天又是和间谍会面，其中一次是在一个海军情报局职员的住处。他是皇家海军陆战队的罗伊·雷格尔纳特（Roy Regnart），接下来几年内还要在卡明的生活中发挥重大作用——不过并不总是带来好运。他在雷格尔纳特住处会见的间谍叫 WK，卡明的评价是：“看上去聪明直率，不过，我不确定他是不是摸过枪！”

12 月 13 日，卡明要去见一个人，后者涉及他和凯尔共同处理的一则事务。这个人被叫作“范・德・T”或者“ST 635”。他和凯尔的配合显然并不默契，因为凯尔当时正在别的地方见其他人。凯尔之前已经“打扮成慈善家去 ST 住的地方，但什么也没问出来”。（那个地方被叫作“TR Lab 居所”，也许指一个住有德国工人或劳动者的招待所。）凯尔生气的是卡明要去见这个人，而卡明生气的是凯尔在他不知道的情况下就见过了这个人。卡明辩解道，他“不该接受任何指责，因为我按照信件的指示行事，如果我误会了凯尔的行为，那也不是我的错”。凯尔连忙去找麦克唐纳——凯尔似乎在出现争议时很喜欢去告状——而卡明“去了约定地点，但 ST 从未出现，也许有什么把他吓走了。不可能是我的信，很有可能是因为‘慈善家’那及时的拜访”。

次日，卡明和凯尔在 10 点再次会面，“聊了一会。我们决定由我主导 ST（我希望我们未来能够更好地进行合作）”。然而，凯尔又说，麦克唐纳希望他和卡明的交流由凯尔传达。我们不知道这是因为麦克唐纳被卡明缠够了，还是因为麦克唐纳试图夺回陆军部的优势地位，抑或麦克唐纳仅仅认为这样更有效率。卡明谨慎地表示反对：“凯尔承诺在书面上报告此事。”

尽管麦克唐纳已经做出规定，但卡明还是在两天后来到他的办公室，要求获得打字机和一套剪报。尽管这一要求很低声下气，但还是太多了。剪报“是不行的——事实上也没有——因为报纸都是完整地寄给他，他可以自己剪下感兴趣的报道”。9 月 20 日，他又拜访了麦克唐纳，提交了他给 B 的薪酬报告。他发现有关 B 的控制问题最后还是没有得到解决。麦克唐纳说，如果卡明“不反对，他现在希望让凯尔来支付 B 的薪酬，他会把钱给我，然后再交给凯尔，收据要给‘闪电’……简直是闹剧”。卡明没有给 B 写信，但是“我想问他什么时候去克拉科夫（Krakow），他在那里的地址是多少”。

没有哪个承办人会接受这样的条件。而卡明没有进行抗议，这说明他已经不再把自己看成承办人——至少不是 B 的承办人。他的唯一评论是，寄给 B 的例行公事信件（大概有关薪酬或会面安排）“有失体面”，没他的好。

另一方面，麦克唐纳做出妥协，同意间谍不需要让两个人都见一次，卡明可以自己去见。卡明请求让一位德语教师给他上德语私教课——“我的侄女一起上，而且不在办公室上”——麦克唐纳也没有反对。他们也讨论了“Essman”［也许指的是埃森（Essen）？］。麦克唐纳“无权批准对他支付任何报酬，如果我付了钱（最多 20 英镑），我就得后面向他提出申请，而且要是被拒绝，我也不能抱怨。另一方面，如果我付钱，他也不该觉得我这是先斩后奏”。

卡明日记没怎么提间谍和他们提供的情报，而只是写了卡明与上级之间谈话的大意，以及财政控制程度之深。麦克唐纳批准买“一台便宜点的打字机”。

圣诞之前的日记，还包括有关坦普尔的事情、安排和推迟会面、有关通信的安排、卡明日常检查邮箱以及告诉间谍的其他地址。在特勤局早期岁月，卡明亲力亲为。而这些几乎以任何形式存在的秘密联系，都是耗时耗力的。

12 月 22 日，比塞尔告诉卡明“让 FRS 去 F（阜姆[1]）和 Arctic P 一趟，搞清楚 Ds［应该指的是驱逐舰（Destroyers）？］建造进度如何”。FRS 大概指的是一个海军或陆军军官，或者是官方熟悉的一个人，而不是通常意义上的特工。他要尽快启程并且报销路费——一等座。比塞尔不想见他，而卡明“自行决定”怎么跟麦克唐纳说。他们后来又讨论了 B 手下间谍的报酬，这说明卡明还在负责 B 的事务。最有可能的是，B 算是陆军部的间谍，但是卡明可以按照海军部的要求向他布置任务并听取汇报。

次日，坦普尔“来这儿吃午饭”——不太清楚“这儿”指的是哪儿，但有可能是他在沃克斯豪桥路的公寓。坦普尔给了卡明“一本有关海上强国造船和实力的蓝皮书”。 对任何情报机构而言，这种看上去单调的事情很重要，因为政府想要知道的某些情报其实已经摆在他们面前。有时候，情报机构冒着风险秘密积聚力量所搜集的情报，是本来通过公开渠道就可以获得的。

在从麦克唐纳那里拿到工资后，卡明被安排于 12 月 21 日在皇家汽车俱乐部会见“D”。他在那里撞见了凯尔，同意推荐他进入朴次茅斯俱乐部。

1　Fiume，里耶卡（Rijeka）旧称，奥匈帝国的主要海港，位于现在的克罗地亚。

几天后，卡明写信给皇家海军俱乐部，为凯尔申请荣誉成员资格。与此同时，麦克唐纳说陆军行动局局长让他给“DR 安排一份工作，看看他的能力如何”。这些日常安排值得我们注意，因为他们是更大官僚议题所发生的语境。无论分歧有多么巨大，工作的其他方面都得进行。由于官僚们天生都“两面三刀”，一个领域的不和并不意味着友尽，至少在其他方面还要客客气气。

平安夜，卡明拜访 FRS，对方同意比塞尔的要求。“我们讨论了计划和安排，我发现我就是一个中间人，和这件事没关系，我只是为我的上司联系合适人选。”这生动表现了为什么人们常常疑惑间谍行动究竟背后由谁负责。许多承办人——更不用说间谍——往往不明白他们是替卡明工作、替海军情报局工作，还是替陆军部工作——或者三者都是。比如，FRS 认为他替谁工作？无论卡明怎么声称指令和他没有关系，但毕竟是他向间谍提问并布置任务，而且 FRS 向他汇报。这些其实是海军情报局的任务。

卡明日记里没提圣诞节和节礼日[1]。卡明似乎在圣诞节和元旦之间没有休息。比如，除了别的事宜，他在 12 月 28 日写道，“整天都在办公室工作”。他并不是唯一。麦克唐纳也在工作，并安排卡明和另一个叫作“U”的陆军部间谍会面。他说卡明应当在 1 月 10 日之前提交下一年的工作建议，并且劝他不要急，因为“出纳员（Paymaster）（海军部秘书格雷厄姆·格林，日记也用他的昵称‘罐头’）认为，我们没有充分证明自己的建议必须得到采纳”。卡明礼貌地回答他的经验不足以提供建议。

12 月 30 日，他带“DP”（应该就是 FRS）去朴次茅斯造船厂，告诉他在外国造船厂应该搜寻哪些信息。元旦夜，他在皇家汽车俱乐部向“D”做了汇报。他在日记里记下了谈话要点。D 的主要任务是提供战争预警——“我承诺，如果他能在其他间谍之前——至少在宣战 24 小时前——向我精确传达战争即将来临的信息，那么就给他 500 英镑。”不过，卡明明显对他没什么信心——卡明发现他胆怯。卡明做出结论：战争爆发之时，他就会带着情报逃跑，D 显然是那种“被动的”间谍——共有三人——唯一任务就是对德国突然袭击进行预警。不仅仅只有英国有此担忧。就算实际上没有开战、对方没有意图，担忧也并不是无用的。军事部门的职责之一就

1 Boxing Day，圣诞节后第一个工作日，在英国也是假日，人们在这一天打开圣诞礼物。

是提防会发生的事情——不过大概不会发生——因为除非预先防备，否则他们很难预料到会发生什么。

卡明对“D”的悲观评价反倒令人安心。一个热衷于结果的承办人也许会让间谍、自己和同事高估自我。这反而会将不完备的情报当成确凿情报，最坏的是把部分真理当成完全事实，弄假成真。卡明似乎目前没有这一弱点。我们后面将会看到，在一战的行动中，他采取了情报机构能采取的最明智措施避免这一缺陷：将情报分析与情报搜集相分离，所以情报分析人员没有兴趣跟进情报搜集。

和圣诞节一样，1909 年卡明日记最后没有提到元旦。就卡明而言，特勤局建立四个月以来，没有取得什么进展。毫不令人意外的是，凯尔那边有点成绩。但是特勤局已经很有成效，而且进一步正式划分成了两个分支，这是重要一步。尽管指挥和控制问题悬而未决，卡明的位置在很多人眼里也是难以忍受的。他所承接的间谍和任务很少，而且是初步性、不那么专业的，很大程度是因为执行者很业余，人数少又不确定，而情报机器既不配合默契，也没有明确目的。当卡明提议建立自己的行动网络时，他遭遇了猜疑和限制。他坚持这份工作大概是因为服从和忠诚的传统，他在这份传统下形成了自己的爱国主义、对服务国家的强烈愿望。而且在 50 岁的年纪能够再得到一份工作，他感到愉快和惊讶。尽管一开始的现实是多么令人不满意，但创建英国秘密情报机构的挑战是不能随便放弃的。

第五章　头一整年

1910年是更加充实、成果更多、麻烦也更多的一年。外边是大事迭起，而卡明则日常和海军部的坦普尔打着交道。邮政总局的德·沃德则在间谍通信和邮箱方面提供了很多帮助。

然而，这一年的开始却很平静，卡明翻译《小时光》（*Le Petit Temps*）有关兰斯（Rheims）审判一名在法国被捕的德国间谍的报道。正如麦克唐纳得自己来做剪报，政府部门当时并不提供后来很常见的信息服务。凯尔忘记了他们安排在海军与陆军俱乐部的午餐，而U生病了，不能参会。

卡明随后把注意力放在了一份报告的撰写上：麦克唐纳让他就他所认为的特勤局当前处境，为下一年和未来的工作提供建议。他一直写到了凌晨，并经比塞尔批准，于1月10日左右上交。报告题为“有关秘密情报总体工作的建议”。这是人们见到的文件中，著名的“C”签名第一次出现，不过用的不是绿色墨水。他说有四点需要重视，其中前三点是有关和平时期、接近战争期间和战时的间谍通信。从文中可以得知，他手里接过了五个头号间谍，其中三人的唯一任务就是在战争接近之时预警，而且都没有执行过。不过，他们要是成功，那可比任何时刻的任何情报都要有价值。他认为应当提供一个固定数额的巨款，以奖励第一个准确传递战争即将爆发消息的人。他随后分析了战时通信问题，尤其是如何激励一个遥远的间谍传递消息——他的暴露就意味着死亡。卡明为此寻求大家的建议。

卡明的第四点——呼吁“当时机需要之时，能够在国外（德国之外）建立起一套体系”——他后来将其称为第三国行动：“我们有可能通过另一个国家获取有关德国的信息。对我国严防死守的秘密也许在其他地方更容易获得。”他提到了法国、意大利、奥地利、比利时、荷兰、瑞典和丹麦，希望在这些国家派遣间谍或能够获取德国情报的“通信者”。

这份报告的有意思之处不仅因为它展现了卡明在早年是如何思考的，而且还在于他基本准确地分析了问题、优先级以及——当时——全新的第三国提议。这一提议后来被证明可以有效应对困难目标。而它在1910年显得很创新，恰恰说明英国至少在此之前未能严肃思考如何获得一个可能敌人的秘密意图。我们也许对此不该感到吃惊。能够对英国产生威胁的国家只可能在欧洲——俄国在19世纪对英国的威胁主要在印度——自拿破仑之后再也没有大的威胁。因此，人们认为没有必要严密监控其他欧洲国家，尽管后者——尤其是法国、俄国和德国——认为有必要互相监控，而且它们的情报机构要先进得多。

卡明随后收到了比塞尔一篇题为“总体指示”的文件。它强硬坚持卡明应当首先对海军情报局局长负责，很难不让人怀疑海军部和陆军部在卡明问题上还存在着分歧，比如“在有关职责的事务上，你直接对我负责”。让人惊讶的是，它还一直坚持假装政府与此无关，认为卡明能够获得所有海外间谍的报告、在处理海外间谍时拥有完全的自主权。文件还说，不希望卡明留有任何行动和安排的文字记录，但是他也必须保留充足的记录从而能够进行汇报。他的首要职责就是

> 提早并准确获取敌人海陆力量重大调动的情报，以及暗示着海陆力量任何不正常行动的官方消息。做好安排，在你的信息范围内及时就敌人即将到来的敌对行为做出预警。你必须采取一切预防措施避免失败，你必须把一切注意力放在这一体系的组织和提高上，将风险降至最低。

换言之，卡明将要扮演报警器的角色。

有趣的是，他也“不能忽视其他国家（德国之外）的类似举动。你必须认真考虑，要是情报来自他处，你应当采取什么安排”。然而，他不能“浪费金钱，在目前状况下，你必须将注意力放在你的间谍所在的国家”。

面对海军部试图控制的举动，麦克唐纳令人吃惊地没有反对。但是情况并没有马上得到改变。卡明大部分时间还是在费心费力地和现在的间谍

通信，在酒店旁闲逛，等待与潜在间谍见面。尽管其中有不少半职业间谍，他们愿意将情报卖给开价最高的人。但更好的一类间谍是英国商人，他们出现的频率开始增加。卡明将会利用许多英国商人作为间谍，而他们基本上干得不错。

卡明也得按时上德语课，因为在上半年绝大多数晚上——有时甚至是深夜——他都在翻译德语报告。然而，他最大的忧虑依然是建立一个靠谱的提前预警系统。为了这一目的，他一直考虑在布鲁塞尔有一个能够旅行的代表或者是头号间谍，他有平民身份的伪装，能够建立起一个渗透进德国的间谍网络。

1910 年 1 月 10 日，他和邮政总局的德・沃德就伪装和电报地址达成一致，包括建立一个听上去很有吸引力的雷森・法尔肯（Rasen Falcon）货运及出口公司，一个拥有信箱地址的伪装公司。这是特勤局第一次公开伪装，还在门上印了个名牌，收录于邮政总局的伦敦黄页。他还安排了两个没有收录在黄页的电报地址。其中一个是“太阳帽下的伦敦”，用于基本通信，电报是由通常的邮递服务所投送；而另一个是“秋日伦敦”，用于经济联络，它的电报是由特别信使所投送，而由另外一个特别信使将电报副本送到海军部。两个系统他都测试过了。

1 月 13 日，他和爱德蒙兹进行了一次长谈，有关派人在德国北部港口进行侦察一事。鉴于下半年所发生的事件，这也许是具有历史重要性的一次谈话。

> 他建议——“出纳员”也由衷同意——派几名官员时不时环游德国海岸一圈，从丹麦上岸，然后参观科塞（Korsor）、基尔、布恩沙特（Burnshuttel）、桑德堡（Sønderborg）、库克斯港（Cuxhaven）、不莱梅港（Bremerhaven）和埃姆登。他自己上一次的行程——超过两个星期——就花了约 28 英镑。他说他相信“闪电”今年为这一计划拨了款。他还要求未来为这一计划进行更多拨款。

这些侦测考察要么是陆军部派的，要么是海军部搞的，但我们不知道它的频率，也不知道两个部门如何协调。看上去这都是很常见的操作，后来卡明自己也组织过。

他们也讨论了爱德蒙兹与日本使馆武官的对话。后者说，在最近一次访问德国克虏伯工厂期间，他的行动第一次受到限制。卡明写道，不仅如此，“当一位日本亲王最近访问工厂时，不经德国海军部许可，他什么都看不了。他还发现那一天有很多莫名其妙废弃的船台”。克虏伯是德国主要的军火制造商，它当然是首要的情报目标。

同一天，卡明在旅馆见了“怪人”（Queer）。怪人是个神秘的商人，对卡明帮助不少。他自己没去过克虏伯，但是他从谢菲尔德郡戴维兄弟里一位叫卡普隆的先生（Mr Capron）那里有所了解。卡普隆手下的人只有在工作时才允许待在船台，而且船台外还被帆布挡得严严实实，所以他们什么都看不到。“怪人”提供了新型炮弹和枪支的细节，后来还向他引荐了一位共事者费尔霍姆（Fairholme）先生，后者有一半巴伐利亚血统，德语说得很流利，很了解法规细节。卡明认为他也许有巨大作用，给两人分别布置了任务。

这件事不仅表现出商业上的联络可以发挥作用、一个人引荐另一个人是多么自然且容易，而且还反映出工业家在他们领域获得国外信息的程度。它的直接产物就是特勤局已知第一份情报报告，由卡明写于 1 月 18 日，编号为 77。编号也许代表的是报告在他的信件和备忘录中的摆放位置，其中大多数都已经遗失。

> 接下来的情报来自一个可靠情报源。据称，克虏伯正在制造一个特别大的榴弹炮，口径 29.3 厘米。炮弹重 300 千克，初速达每秒 450 米，能够以 55 度角穿透 10 厘米的钢铁“甲板装甲”。炮弹以每秒 253 米的速度穿透该装甲，炮弹完好无损。炮弹装满了三硝基甲苯[1]。据称，还有一种口径为 30.5 厘米的新型榴弹炮，炮弹质量超过 500 千克，初速达每秒 2800 英尺[2]，它能够以每秒 1600 英尺[3]的速度穿透克虏伯钢板达 12 厘米。

1 即 TNT。

2 853 米 / 秒。

3 488 米 / 秒。

［回答某些问题］克虏伯的枪支是用什么钢材、镍或镍铬合金所制？据称，克虏伯在制造所有小型枪械时，采用的是镍钨合金的钢材。采用这种材料会解决许多偏析的问题，而且枪支会因为腐蚀更少而拥有更长的使用寿命。

他们是推孔还是钻孔？在粗切削时，他们在两端用的是推孔，而精切削时用的是钻孔。

他们用了钢索结构了吗？我们不认为克虏伯在制造带有钢索的枪支。据称，在阿森纳兵工厂[1]职员裁撤之时，有不少技工离开伍尔维奇（Woolwich）前往德国。据信有些人没有回国，如果需要的话，我们可以再获得相关信息。这一情报源随后还可以提供更多信息。

卡明日记随后收录了一份间谍报告。这份报告不是卡明写的，作者被叫作 WK。WK 显然能接触到德国海军事务，他详细描述了港口建设、船舶性能——尤其是潜水艇建造计划。为了把这份报告交给他在白厅的上司，卡明进行了编辑并进行了部分重写。但是这份报告代表了当时原始情报的风貌，值得我们全文引用。

WK 在 1909 年 12 月的报告（副本）

赫里戈兰岛

一个容纳小型巡洋舰和鱼雷艇的新港口于上一年开始建造，今年进一步得到了发展。不过，完成这一耗资数百万马克的浩大工程依然还需要几年的时间。它坐落在赫里戈兰岛（Heligoland）南端。这里还建了一个用来抵御风暴的石质防波堤，它深入海中数百米远。这一工程进展缓慢，因为必需材料——例如水泥、石头和木材——都得通过船只运到赫里戈兰岛。该岛未来将会在战略上有着更大的重要性。岛上要塞现在有 150 人，一旦所需的军营建立起来，要塞的力量就会加强。

1　“皇家阿森纳”是伦敦伍尔维奇地区的一个兵工厂，该厂工人于 1886 年成立的足球队就是如今英超著名前四球队阿森纳。

威廉港帝国造船厂

已经有数百人因缺乏工作而被解雇，在接下来的夏天，很有可能会有进一步的裁员，因为新的制造项目现在只在造船厂建了一个小型巡洋舰。未来，探照灯和闪光信号服务将会由专人负责，而且不像之前那样有工程部的人兼任。基尔港将会耗资 200 万马克建立一个全新的船舶驾驶员和工程师训练学校，已经在维克（Wik）划出一块 1.8 万平方米的土地。战列舰“西里西亚”号（Schlesien）和“扎林根”号（Zahringen）正在威廉港维修。

最新补充船只的速度

新建的 1.8 万吨战列舰“拿骚”号（Nassau）满舵速度达 20 节[1]。之前的记录是“石勒苏益格—荷尔斯泰因”号（Schleswig-Holstein）的 19.26 节。同样令人满意的还有装甲巡洋舰“布吕歇尔”号（Blucher），设计速度 24 节，实际速度可达 25.3 节。装甲巡洋舰“格奈森瑙”号（Gneisenau）与“沙恩霍斯特”号（Scharnhorst）的速度分别达到 23.6 节和 23.7 节，但它们的试航没有结束，因此速度有可能还有提升。“齐藤”号（Ziethen）于 11 日抵达威廉港、“斯图加特”号（Stuttgart）和“海”号（Hay）在 10 日离开赫里戈兰岛前往桑德堡。它们在完成远洋射击训练后，于 11 日抵达桑德堡。

布雷舰“贝里根”号（Pelican）于 8 日离开库克斯港前往基尔方向，船上有寻雷委员会的成员。

全新的鱼雷艇 V.164 于 14 日从波罗的海抵达库克斯港，它的速度达到 34.46 节。它将会继续在库克斯港和赫里戈兰岛之间操练，并且在库克斯港停留一段时间。G.171 速度可达 34.62 节。这一惊人速度只有利用涡轮机才能达到。军方将会试验四台涡轮机。

1　1 节 =1 海里 / 小时 =1.852 千米 / 小时。

潜水艇

德国第一艘潜水艇“U.1”号在1908年建造于日耳曼尼亚造船厂。“U.2”号建造于但泽(Danzig)的帝国造船厂。今年但泽又建造了“U.3”号和“U.4”号。1910年，随着“U.5”号到“U.8”号在日耳曼尼亚造船厂的建造，德国潜水艇的实力将会翻倍。德军发现有必要任命一个特别委员会负责训练海军这一分支，从而达到完美标准，在战时发挥作用。我们从可靠方面获悉，10月1日已经任命了一个正式委员会。“U.3”号和“U.4”号最近完成了从库克斯港到斯卡恩（Skagen）再到基尔港、共540海里的行程。

训练舰“符腾堡”号（Wurttemburg）从训练返航途中，因浓雾于9日下午搁浅在霍尼茨和格鲁克斯堡之间的海滩上。

有报告称，战舰“符腾堡”号（Wurttemburg）也类似地在同一个海滩搁浅了。在尝试离开的过程中，它弄坏了两个“螺旋翼”。不过，幸好船底下是细沙，没有造成重大损失。她在不久之前也经历过岌岌可危的类似状况。

北海舰队用作训练的鱼雷艇在今年冬天刚刚完成了首次练习和试航，除一艘船外，其他船都在9日返航威廉港。没回来的那艘船是“G.89”，3日晚上因严重的风暴，和其他三艘鱼雷艇在胡苏姆(Husum)避难，但它搁浅在涨潮的最高点。虽然可以自由前进和后退，但螺旋桨嵌进了沙中。北方救助协会（Northern Salvage Association）曾经为海军成功执行过许多次困难的救援任务。它派出了拖船“莱尔”号（Reiher）进行救助。这艘鱼雷艇最终在20日抵达威廉港。整修之后将会返回舰队。

11日，该编队开始了第二阶段的训练，将会持续到1月8日。与此同时，我之前承诺过将会进一步汇报的那艘受损的鱼雷（艇）被一艘更老型号的鱼雷艇所取代。而我之前也承诺过汇报一种新型鱼雷的试验。有100名假人被排成两排，两排间隔4米，而一发鱼雷就把它们全击倒了。

1910年1月12日

一份好的报告应该这么写，具体而充满细节，还蕴含了许多后续问题。

4 月 19 日，比塞尔视察卡明在沃克斯豪桥路的办公室。卡明似乎觉得，就算自己不是永远在岗，也不能离开寸步。他总是在这里，人们总是能找到他，就好像他总是在船上："我请求他允许我去希尔尼斯（Sheerness）一趟，陪陪内维尔一家。他说他不希望我为这种事提出请求。我应当自行决定。"

几天后，卡明获悉陆军行动局局长同意了他对工作方向的看法，但是局长强调他"不希望现在在法国搞任何情报工作，因为也许会影响两国现在的友好关系"。不过，这是出于误解，卡明只是希望有个在法国的人搜集有关德国的情报——而不是法国的情报。而局长的说法和间谍活动一样古老。这个说法看上去有道理，但是和人们所想的恰恰相反，两国之间的友好关系很少会因为间谍活动而受到严重损害。政治家照例是见利忘义的。而两国间的关系更多涉及利益而非感情，它是那么复杂以至于不可能受到一桩间谍案的影响。

1 月 23 日，代表卡明进行考察的官员 FRS 回来了。他之前从一列被洪水掀翻的火车里活了下来，还在夜里从一艘船上逃生。他带回来一份有关造船及其高昂成本的"有趣"报告。他坚持认为，高成本是无法避免的。他说，奥地利人尽管对英国人很友好，"但还是坦率地讨论他们加入德国对抗我们的可能性"。看来，不仅仅是英国，其他地方也有人提前四年就预想到战争。

卡明日常工作的另一个特点就是他经常拜访比塞尔和麦克唐纳。后者的频率更高。为了展示卡明早年日记的主要内容，我们摘录了一些片段。它们倒不是有着什么特别，而是因为很典型。

> 按照约定拜访了"闪电"。他让我去问问"B"，为什么赖卡特（Reichart）需要那么多钱，因为他不用买什么东西，只需要四处游历，仔细观察即可。我也许要安排用里贝斯密码（Liebers Code）和他联络。
>
> 他允许我未来和"B"直接联系，使用我所安排的地址。而"闪电"会在 21 日左右回到这里。在此之后，我可以和"B"在这里见面。我得把沃克斯豪桥路办公室的大保险箱换成小的，把大保险箱放到这边。

至于这一年 FRS 有关“K”的费用，他允许我不超过 40 英镑。他告诉我有两个可以提供帮忙的人。他把四年前写好的“图纸”借给了我，并暗示信息在第十页。

他向我展示了今天《晨报》（*Morning Post*）的一小段。而我给他看“怪人”的一份报告（77 号）。他允许我以 2.2 英镑的价格购买里贝斯密码。

我交给了“K”一份《答案报》（*Answers*）的剪报，它是有关一个叫里布瑞堂（Libury Hall）的组织（一个位于哈福德郡的农场，和德国有关系）。我还告诉了他一个修道院的故事，它位于奥尔德肖特（Aldershot）与朴次茅斯之间。

我拜访了坦普尔，他说一个来自 DNO 的人询问 30.5 厘米口径火炮炮弹的质量，因为炮弹飞得是如此之高。他感觉他们是拿不到初速数据的。

拜访鲁兹，但是他当时正在委员会。

坐 4 点 20 的火车抵达希尔尼斯，来到海军部。“闪电”说老头子希望在 FJLd 有人，但是一切依赖于找到合适的人。我认为我可以先找找看，如果有合适的就告诉他。

卡明来希尔尼斯是为了拜访海军上将内维尔，并在伊斯特彻奇飞行场（Eastchurch Flying Ground）与罗伊斯的合作者 C. S. 罗尔斯进行交谈。齐柏林是情报优先关注的对象，罗尔斯向卡明介绍了来自范堡罗（Farnborough）巴鲁恩工厂（Balloon Factory）的卡普尔（Cupper）上校。麦克唐纳随后介绍了有关齐柏林的一些情报源，卡明一直到凌晨 3 点都在写他的报告。

FRS 有关造船的报告同时吸引了高层的注意。比塞尔“告诉我，他希望把我介绍给‘管事的’（第一海务大臣费舍尔）。而我必须得全天待命，因为一般在晚上 7 点才能见到他。他说‘管事的’已经去找过某某某、某某某和某某某了，因为他觉得这个消息是如此重要”。且不说卡明喜欢夸张地隐藏姓名或职位——肯定是重要官员，他们的职责涉及此事——的习惯，这对于卡明而言肯定是令人满意的承认：他的努力至少开始带来人们所需的情报。尽管他们此前互相认识，但在卡明心里，第一海务大臣还是像上帝一样。报告那么快就到了第一海务大臣那里，对方还立刻做出了反应，这不仅说明材料很重要，还意味着指挥链内部存在一个传递情报的系统，卡明也参与了其中。

汇合后，卡明

> 过去了，在“管事的”房间里也碰到了鲁兹。两人手上都有FJL（即FRS）的报告。第一海务大臣显然通读了全文，而且完全掌握了内容。他说这份报告很有意思。它的重要性和严重性不仅仅是里面正在建造的船只，而且是因为它们在秘密建造。而某某不久前还告诉他们绝无此事。他询问了有关报告者的情况，我告诉他，他的话应该比较可信，但是他也许会弄错船台上船只的尺寸。“管事的”指出很有可能——正如S. T.造船厂那样——他们正在最大的船台建造船只，而旁边的其他船台却空置着。他们从来不会在船台上建造比战舰小的船只。在指令下达之后，建造船只只不过是时间问题。鲁兹说，有谣言称，在解决塞尔维亚事件之后，奥地利将会留出400万英镑用于船只上。这也许就是原因。
>
> “管事的”跟我谈论克虏伯工厂和工厂里的工人人数。我说有6.5万人。而他纠正我说是6.8万人。他说他们已经想到在穿过路面时统计火炮的数量。如果安排得当，这是个好主意。鲁兹告诉我，有人告诉他，克虏伯已经生产了30门12英寸口径火炮，随时准备组装（告诉他的人称之为“海军火炮”）。

这份报告取得了成功。而接受报告的速度和层级也证明，事实上存在着一个理想的报告体系。

一个在1910年招募的间谍也提供了这类情报。他叫赫克特·拜沃特（Hector Bywater），一位住在德国的英国记者和海军专家。在他鲜为人知的著作《奇怪的情报》（*Strange Intelligence*, 1931）中，他翔实地描述了他在42个月的间谍生涯中是如何渗透进入德国造船厂的［尽管他在书中并没有直说是他自己，但是有明确证据证明就是他自己——参见W. H.霍南（W. H. Honan）传记《拜沃特》（*Bywater*, 1990）]。他描述卡明的话语让人一眼就能看出是他本人。1910 年 3 月 2 日、6 月 28 日的卡明日记提到了招募和询问 HC（赫克特的前两个字母），1913 年的日记则提到了一个代号为 H_2O 的间谍，他们很有可能是同一个人（卡明和后世的克格勃一样，喜欢用与这人有关的特征来起代号，参见附录中拜沃特、“HC”和“H_2O”之间的具体关系）。在书中，拜沃特提到了一小群像他这样的专业海军间谍，没有人被抓到。他把他们和出差的陆军官员这样的“业余间谍”相对比。他也描述在 1914 年对德国海军实现了情报全覆盖。每一艘海上的德国战舰都有详细的照片和素描，往往还有设计细节、装甲和军火的详细参数。他批评海军部更愿意仅仅记录下信息，而不是就信息采取行动。

与此同时，他们还谈到了一次“赛艇远行”，很有可能指的是基尔港赛艇会。还有提议通过选定的参与者或观众获取德国海军的情报。下面段落中简单提到了这类远行：

> 我后面拜访了麦克约翰（McJohn），告诉他我在等待室遇见了一位年轻官员。我问他在这种情况下他一般会怎么做。他说他总是叫来这些年轻人，嘱咐他们管好自己，因为他们在调查时总是受到别人的密切关注，做事情往往没那么机智或者有外交手腕。如果他们确实发现了有趣的事情，他们就亲自去联系 NA（海军驻外武官），后者会采取恰当的行动跟进此事。

这段刻画了为什么有时候在职官员搜集情报的使命无法获得令人满意的结论。因为无论他们是被派出的，还是仅仅在假期志愿搜集情报的，他们选择目标和汇报的范围，往往都是不明晰的。这一情况在 1910 年下半年又发生了。

到了 1 月底，与间谍的一连串会面都不让人满意。这是卡明那时候的常态。他们带来的更多是观点而非情报干货：德国人打算进攻英国，但是至少得等到三年后才能准备就绪；他们会利用潜水艇对海港的英国船只采取突袭；他们将会夺取荷兰——也许还有丹麦；三皇同盟摇摇欲坠、没怎么样就会解体；等等。许多间谍认为对方需要的是有情报根据的预言、充满洞见的预测，还有总体分析。但如果情报想要构成行动的基础，它所需要的就是信息而非意见。比如，德国人打算建造多少艘U型潜水艇；他们部署的战术原则；有关奥地利的政策决定；德国是否真的制定了入侵荷兰和丹麦的方案。如果信息源格外灵通和专业——比如一国首脑、副手或秘书对本国如何应对国际磋商的观点——意见可以是行动的基础，但在大多数情况下不是这样。在评论其中一个案例时，卡明似乎意识到缺乏准确的要求："他很愿意帮助我们，要是我能让他准确明白我们想要什么，他将提供他能获得的任何信息。"

被叫作"U"的间谍是其中另一例。他也许是一个英国商人，经外交部次长查尔斯·哈丁爵士介绍给卡明。卡明失望地发现，他并不是定居在基尔，就算给他提示，他也说不出任何一艘刚刚下水的船只名字，而且由于害怕引起怀疑，他也不敢向任何他所谓愿意提供消息的德国军官朋友打听消息。然而，一旦他"在空气中嗅到了硝烟味"，他愿意穿过荷兰边境并发出电报。他认为德国人对之前的重炮战法并不满意，而且他们拥有的鱼雷艇和潜水艇数量比我们所知的还要多。他也忘记了卡明给他的维多利亚街地址。"靠他做事让我觉得很可悲。"卡明写道，但他那时别无选择。

又一桩证明情报界缺乏协调的事例：卡明在2月会见了一个候选的游历者，并告诉对方有关齐柏林的情报要求。当他们正要离开的时候，卡明发现对方要和一个叫"Sue"的人一起去旅行！"Sue"是海军情报局的苏特（Sueter）。

2月8日，卡明与凯尔和卡普尔上校一起吃了午饭。卡普尔是之前C. F. 罗尔斯所推荐的人，来自巴鲁恩工厂。他们讨论了齐柏林，卡明写了一份相当基础性的报告。报告得到了欣然接受，这说明英国政府在获得并分析情报——公开或秘密——时缺乏协调机制。卡明报告中的内容并不是秘密的，但由于信息只有他知道（虽然情报来源是公开的），这份报告被视为秘密。

更多的信件和报告——有些需要翻译——开始涌入。与此同时，卡明拜访了南安普顿的港务局局长，讨论与船只驾驶员面谈的问题，从他们口中获得有关德国船只和造船厂的报告。凯尔承认，他现在也想离开维多利亚街的办公室，他还真的尝试在卡明现在的那栋大楼里租个公寓，但是"上级”拒绝了，让他先待在维多利亚街。他在这里聘了一个办事员。卡明并不满意：“我觉得他在做事情之前应该咨询我一下。我不觉得和他在同一幢大楼是个好点子。”此外，凯尔还补充道，他不确定陆军部是否对他和卡明之间就国内与国外的工作分工感到满意。他还改口称他也对此感到迷茫。最后，凯尔说他正在将某人介绍给“Q”，这让卡明开始思考：“这个人的名字我之前提出过，说他可能有用，但是我不被允许和他见面。”

四天后，他从海军情报局的罗伊·雷格尔纳特获悉，海军部有两个部门算是他情报的“顾客”，但他们“往往并不重视我们的情报，经常说我们给的情报是他们早知道的，可是他们很少把知道的情报告诉我们，也不愿意告诉我们，他们的情报源是什么”。这进一步展现了需求和评估机制之间缺乏协调。威格士（Vickers）这样的大企业有能力获得相关领域的情报，而且“很乐意将情报告诉那些能给他们下百万英镑订单的人……他们的代表因贡献而获得巨额褒奖”。

在为凯尔写了一份有关里布瑞堂的报告后，卡明动身参加特勤局有记录以来的第一次海外出差。要是他提前能知道，这次旅行的挫败将会为接下来的许多次旅行提供教训。他打算和罗伊·雷格尔纳特在南安普顿汇合，然后半夜乘坐前往勒阿弗尔的船只，然后坐火车到巴黎，再换乘到安特卫普。然而，“下午的风是那么大，我改变了方案，打算回伦敦再从多佛过海峡”。他给罗伊的两个电报地址打了电报，但是都没找到他。因此，当罗伊乘坐从伦敦到南安普顿的列车上时，卡明正在反方向的列车上。他们最终及时地在伦敦汇合了，并赶上了半夜从多佛出发的船只，“在2月20日（星期日）早上穿过海峡”，抵达巴黎。

他们前往安特卫普，并住在“女王酒店”（Queens Hotel），他们要在这里见“我们的人”（被叫作KK）。但KK并未出现。他们最后写信给他并继续等待。两天后，在周二早上，他们收到了一封信，信上要求在星期四早上8点碰面。卡明星期三要在伦敦会见“B”，所以他在周二晚上穿过了海峡，在星期三早上5点抵达伦敦。在洗了个澡、吃完早餐后，卡明从他各处的邮箱收取信件。早上10点，卡明在一名翻译的陪同下，在酒店房间和“B”会面。会面持续了两个半小时，但是除了有关一类新型战舰的基本情报，其他没有什么。“B”希望给他手下的一个间谍更多薪酬，因为后者据称能够进入很多造船厂，认识在里面工作的许多人。

再和比塞尔会面后，卡明再次穿过海峡，于次日早晨 7 点抵达安特卫普。早饭吃得很仓促，他随后和雷格尔纳特回到火车站，观察着 8 点到 11 点的列车。他们垂头丧气地回到酒店。他们打电话给 KK 的一位朋友，问 KK 是不是已经离开了，但是没听懂对方的回答。在这一天接下来的时候，他们一直在闲逛，直到第二天早上返回伦敦。在他们回来的第二天——星期六——“罗伊和我来到船上（应该是‘阿尔戈’号），我们认真研究我们一般使用的密码”。

卡明这些年其中一个主要工作就是不断——但是往往不能如愿——让现在手下的间谍把他介绍给一个靠谱、有价值的消息源，还有不断遇见提供情报的人们。尽管后者有在旅途中获得情报的商人，但大多数情报源要么是好心但没什么情报的人，要么是吹牛的骗子。考虑到卡明工作的限制和来源，尽管一开始的尝试很好笑——卡明自己很受挫——但很难想到他还能做什么。即便在更有利的条件和多年的经验后，他和其他间谍部门领导者一样，依然发现很难招募到良好的间谍，能够应对严肃、警觉的目标。最理想的间谍通常是那些私下里感到不满的人，但两边总是难以发现他们的不满。1910 年在意识形态上的不满也没有那么清晰的界定。不像后面资本主义民主派和左右派极权主义者的斗争那么显著。

比如，卡明在 2 月 12 日拜访朴次茅斯造船厂的布拉斯（Brass）先生。后者最近访问了波拉，展示一个能够通过电气手段探测石油和其他气体的发明。布拉斯先生允许在被限制的造船厂四处参观，但是“觉得自己有义务不向我们海军当局泄露任何信息”。许多人不把间谍活动视为国家间或意识形态间冲突的延伸，而把它视为恶棍、骗子——用卡明的话来说——无赖的事情。卡明并没有和布拉斯先生接着纠缠，而是约好“在城里吃顿午饭”。卡明决心“瞧瞧后面我们该怎么做”。

穷人和见利忘义的人往往把情报机构视为潜在的金钱来源。不过，他们提供的往往不是直接的情报。比如，3 月 1 日，凯尔告诉卡明一个“与德·伦内（de Roenne）男爵有关的计划，后者试图组建一个‘空中防御联盟’，在大城市间提供客运服务，政府也会提供补贴！他已经为他的飞艇的金属外壳申请了专利，让它们达到 90% 的隐身效果。他希望能给每艘飞艇拨款

1 万英镑”。我们并不清楚凯尔的角色是什么，但是卡明认为“这和我之前听过其他计划太像了”。然而，几天后他却得代替凯尔去见基本不会说英语的男爵。在“和诺克斯（Knox）和其他人（我们不清楚诺克斯是谁，但是在接下来的情报活动中，有天赋的诺克斯四兄弟中会有一位或两位要出场）”喝下午茶时，男爵描述了他的计划，提供大量技术细节，有关材料和一种据称“在日光下——尤其是制成波形后——几乎隐性”的金属。他们谈论着升空的驱动力和气体，还有“能精确发射炮弹的气动喷射器”。

更俗气的是，卡明还从皇家工兵部队那里招募了一位迪克逊（Dixon）上校去搜集即将到来的基尔赛艇会的情报。一位来自皇家地理学会的先生也效劳了（最初是给凯尔干活，但是凯尔把他转给了卡明）。而《摩托艇》（*Motor Boat*）杂志的编辑帮助卡明和一位匿名投稿者保持联络。3 月 8 日，他得代替爱德蒙兹去和一个女间谍“A”会面，这个间谍由麦克唐纳负责。卡明失望地发现，她“基本不懂我们需要什么，也没有多少获得重要信息的能力”。比起陆军部的某些同僚，他更在乎结果。那些同僚之所以会跟进一个间谍是因为这是一个间谍，而非这些间谍可以发挥作用。

比塞尔找到卡明，警告他“最好不要”在海军部“鲁兹办公室大门外的过道闲逛”，随后让他去拜访一个叫 L. 洛克（L. Lock）的先生。他是英国驻德国的一位领事，现在正在伦敦的家中。洛克十分有用地提出了建议，包括间谍可以派到什么地方以监控船只和列车的运行状况。他还提供了一些可能的情报源。他告诉了卡明一个敲诈故事，与一个叫罗伯逊的人有关。卡明之前已经听过这个故事。他评论道：“这个人写信问我们要了 100 英镑，然后跑路了（菜园和其他东西都带走了）。”洛克认为德国人根本不会理睬丘吉尔一直提出限制军备扩充的建议。因为“在这个民族渴望得利的内心中有着深深的嫉妒。我们最终不应当纠缠于什么贸易问题”。

这进一步证明有多少人相信对德必有一战。他们所想象的环境和理由五花八门、都不准确，但是令人惊讶的是却是大众的感情。他们并不理会无须战争的合理思考，但却成功预言了未来大事。卡明很少被允许和领事官员接触。他和洛克打算保持联系。但是随后有人警告他远离，所以他再次去见洛克，告诉他应当继续联络海军情报局局长。不过，洛克还是记下了卡明的地址，因为“也许有些没办法写在官方文件里面的信息可以告诉他”。

B 手下的间谍威廉在薪酬上出了问题。尽管 B 和他的团队看上去并不是很有效率，而且薪酬也太慷慨了点，但是问题出在系统本身。把给手下间谍的钱一块先给了头号间谍，然后让对方决定给自己剩多少。而且无论是否产出情报都给一样的钱。这样很难鼓励对方勤奋工作或者忠实做事。抱怨开销和间谍缺乏产出的不只是卡明一个人。但是这个体系已经根深蒂固，卡明得过一段时候才能拿它开刀。卡明给B起草了一封毫不让步的答复，而麦克唐纳劝他言语柔和。在解释为什么需要言语柔和时，麦克唐纳又提到了另一桩持续困扰卡明的问题。他的两位上司有着不同的要求，其中一位主要需要有关造船和军备的情报，而另一位则需要提早获得战争预警。兼职间谍——例如商人——可以有效满足前者的需求，但是只有专职间谍才能满足后者的要求。而且必须接受这么一个事实：专职间谍在大多数时间是没有产出的。

3 月底，卡明终于摆脱了他不喜欢的维多利亚街办公室。他将这里的一个大保险箱搬到了阿什利大厦，把一个小保险箱和办公桌钥匙给了凯尔，后者而在寻找第二处办公地，依然对阿什利大厦念兹在兹。“他问我是否介意搬到他隔壁，我告诉他这会干扰我的隐私，我求他不要再这么打算了。我一点也不希望他在我的旁边办公。”

凯尔想在卡明旁边办公，这不是唯一让卡明不满的点。凯尔还说，帝国国防委员会打算任命某人拜访海外领事，并向他们布置任务，从而与商船保持联络。这可是卡明的活。“我告诉他，我已经着手在做，他的回答酸溜溜的。我觉得凯尔认为自己就挺合适。”几天后，凯尔说他最近见了一位杨格尔（Yonger）小姐。这位小姐之前写信要求提供情报。卡明听说过这件事。最初，上级允许卡明跟进此事，但是后来卡明就接触不到她的细节，甚至连名字都不知道。甚至在卡明发现并指出这位小姐给媒体写过信后，依然如此。卡明评论道：

> 现在的情况是，他们不让我知道这位小姐的名字，但把名字给了凯尔。尽管她的情报完全属于我的工作范围，但凯尔去见了她。凯尔随后告诉我，他认识了《旗帜报》（*Standard*）的编辑，通过他知道了

> 一个叫“期中假”（Half Term）的人，后者能够提供一些情报。他为“期中假”预付了每年 50 英镑的薪酬。可是我被明确禁止接触任何报纸的编辑。

凯尔接着说，他保证 L 能够提供长期服务［工程师亨利·戴尔·龙格（Henry Dale Long）］，卡明评论道：

> 凯尔手下的人一定是我的四倍多，而且支出要多得多。他现在不允许使用坦普尔那里的房间，但是第二年就会有了。他说他执行任务时，出租车费总是能报销。要是他开自己的车，每英里能补贴 6 便士。如果他不坐出租车或火车，他也依然能获得等值的补贴。

这段话听上去很扎心，从一个要为自己办公室付房租的人嘴里说出来并不让人意外。但卡明的不利地位更多是因为他人忽视而不是有意为之，反映了凯尔与陆军部情报界的长期关系。很难判断这件事在卡明心里造成了多大影响；选择在日记里吐露这些——写下他们——会让卡明心中的不满积聚到日常生活微小变化所难以达到的程度。在日记里表达不满并不是因为无法承受，而是因为没有别的倾诉途径。语境也很重要，而日记里往往表现不出来。

尽管有着这些不满，但卡明和凯尔还是同意给间谍的钱最好视成果而定，而非固定薪酬。次日，凯尔告诉他，会有两个对他有用的人来拜访他。其中一个是克虏伯前雇员，他曾和公司发生争吵；而另一个，“一个瑞典上校，可能取代舒尔茨上校的地位”。卡明不由自主地意识到，这两个人从一开始就应该交给他。但是他也注意到，在他和凯尔又一次碰面的时候，凯尔“坦言，他想让我们两个部门保持距离，而且他的态度看上去很诚恳”。随着卡明搬出他们共同的办公室，这进一步标志了两个部门最终分道扬镳。双方都这么希望。

卡明写了一份包含德国码头里船只照片和素描的报告。一个叫达纳韦（Darnaway）的官员评论道，这份报告“对他很有价值，因为我们自己的船只建造工作因主梁试验不佳而中断了。他建议把素描立刻发给巴罗港

（Barrow），建一个测试用的主梁。他说这一计划很值得”。鉴于这份报告引起了耗资不菲的行动，这也算得上是另一件鼓舞人心的事情。与此同时，凯尔手下那个在克虏伯工作过的人宣称自己发明了一套滚动式来复枪筒系统，而瑞典上校看上去在德国陆军里待过并研究过德军的动员情况，他希望报告此事。这应该是很重要的事情。因为临近1914年，德军的动员计划就是卡明最迫切的三大需求之一（其他两个应该是海军建造和施里芬计划的执行程度）。还有其他情报源，但是没有什么进展。

与此同时，卡明也着手写特勤局前半年的工作报告了。凯尔也在写他那一部分的报告。凯尔的报告现在收藏在档案局，但没有卡明4月10日的报告。尽管相关文件早已被销毁，但我们还是很幸运地在他日记里找到了一份报告副本，一份清楚、详细的简要说明，从而我们得以一窥当时特勤局里卡明负责的那一部分。和他写作的其他公文一样，尽管格式正规，其坦诚和直率让这份官方文件和个人陈述差不了多少。它应该被交给了比塞尔，我们全文抄录如下。

有关特勤局的报告

1910年4月

我很荣幸就特勤局在前六个月的工作进行汇报。

去年11月9日举行的一次会议决定特勤局的职责应当被划分为两部分：

1. 联合王国内部的一切情报工作和反间谍工作。

2. 联合王国以外国家的一切情报工作和反间谍工作。

我被指派负责后者的工作，在支出等方面有一定限制。

在头两个月，我没有任何工作，工作安排不允许我采取任何主动。而工作性质也不允许我在不泄露身份的情况下寻找或制订工作计划。因此，我被迫等待工作降临到我头上。

不过，自12月1日起，我身上的工作迅速增多。直到今天，我手头的工作已经足以让我应付。随着我的通信圈继续增长，各方面工作也将继续增加。我发现为特勤局提供的办公场所存在许多不足，最重要的就是难以保密，很难不让我的朋友——尤其是和我在国防事务上共事的军官同僚——起疑，因为我无法把我的办公地址给他们，也不能让他们写信或来拜访我。此外，一直没有收到信件迟早也会引起怀疑。我在这种情况下感到极度不适。在您的允许下，我在居住区租了一间房当作办公室。直到今日，这个工作安排令我十分满意。我在房间里装了一个私人电话线，我可以在房间里和任何人面谈，而无须担心被人听见。我还和邮政总局达成一致，它们将会确保最重要的信息在一天里的任何时候都会送达给我。而一般的通信将会在不泄露收信地址的情况下交给我。

我从国外仔细地测试了这些安排的可行性。至于我手下的间谍，他们分为两类。

那些不需要搜集特定情报或定期递交报告的间谍，我们希望他们能够仔细发现德国海军或陆军任何不寻常或重大动作并向我们报告。从这些间谍那里，“没有消息才是好消息”。要是没有其他情报，我们相信这些间谍正在履行职责，并获得应得的报酬。这种负面情报具有重大价值。尽管我们可能要等好几年才能等到，但一旦来临，它就是无价之宝。另一方面，我们应当仔细挑选这类间谍，并证明他们可堪大用。因为我们很依赖他们。当危急时刻降临，他们应当有足够的动机不去选择无所事事以避免危险。

另一种间谍——除了报告不寻常活动的人——负责观察、搜集各类情报，并定期提交给我。我不敢对他们下断言，因为他们工作的时间长度还不足以让我形成意见。

头号间谍——我叫他“B”——被用于特别任务。他手下有三个人，我们分别支付 360、500 和 642 英镑。他自己不拿钱，但是可以留存本来给他手下的钱。我们没确认过他留存的比例是多少。我觉得我们犯了个错，因为这会让他招募成本最低的人。我指挥不了他手下的人。我从未见过他们，也没有听过他们的名字。我甚至都不确定他们确实存在。他给我的报告简短又没有干活，迄今为止配不上给他的钱——比付给其他间谍的钱加起来还要多。

“B”很聪明。我认为他在过去做得不错。我相信他有能力把活干好，但我不认为现在付给他薪酬的方式能让他拿出最佳表现。他没有动力去交上一份优秀的报告，因为无论报告好坏，他拿的钱都是一样多。而没有艰苦劳动和一些风险，我们就无法获得有价值的情报。要是没有动力，他能不投入就不投入，能不承担风险就不承担风险。我想给他更多的留存费用，而他所提供一切信息的报酬则采取浮动制。至于有关即将爆发的敌对行动的情报，我会给一个固定的大额报酬。我想让他有更大的自由度。往多点说，要是我能够一年拿 1500 英镑而且不用为之负责，我相信我自己也会做许多事。但我们不应该认为这是理所当然的。然而，“B”，这个外国人、潜在的敌国人（奥地利人）、职业间谍，他就是这种待遇。我不想解雇他，但我就给当前体系一年的试验时间。一年后，我会评估他的工作，和其他人做比较。如果有必要，我会变更他的雇用期限和报酬，从而让他做更多事情。

接下来的重点——就从薪酬开始说——是三个“K”。其中只有一个在积极干活，而另外两个人是在国外一边做生意一边搜集情报。他们的报告几乎都是从报纸上搜集而来，没有什么价值。我提议，他们的试用期已经结束，不再给共计 600 英镑的薪酬。其中最年轻的“2K”，如果他的表现令人满意，那么他 200 英镑的薪酬可以涨到 240 英镑。我觉得，虽然没有目标他会变懒，但他在获得一些经验后将会十分有用。

至于三个潜伏间谍“A”、“B”和“U”，我难以评估他们的价值，因为他们不用提交报告，他们的全部价值在于，在战争到来之时，我们究竟能多信任他们会进行预警。后面两个是如此胆怯，以至于我怀疑当那一天真正到来的时候，他们能否有足够的勇气。“U”最近因可疑举动而被解雇了，也许他可以升格为主动干活的间谍。目前他的状况还是很不错的。

我目前能提供最有价值的信息是一个被派到国外的人所提供的。他是为了确认某些事实（大概是 FRS 提供的）。尽管他的任务艰巨，包含一些风险，而且需要资源和勇气。但他还是成功完成了。虽然他提供的某些情报存疑，但我相信他的报告是基本正确的。

不少人写信给当局以提供情报，我们从中搜集很多信息。我们必须要谨慎对待，而且恐怕绝大多数信息在交给专家调查后，都没有什么价值。但是随着经验增长，希望特勤局官员能够做到沙里淘金。

因生意或职业而有特殊机会接触国外情况的人，当他们志愿提供情报时，是一个有价值并有望极大扩展的情报源。按照这种方式，我已经从好几个人——没有必要指出名字——那里获得了情报，并且时不时地向上提交报告。我担心，很难让生活在国外的人——甚至是英裔人士——提供志愿服务。他们面临的风险巨大，一旦被发现，他们的结局很危险。而且他们在很少情况下才会发挥作用。尽管如此，我还是发现了一个人——一个苏格兰人，他的职位让他有绝佳的机会了解到战争是否即将爆发。他答应，一旦相关情况出现，就会亲自报信。如果自己来不了，就让一个绝对信任的人传话。不得不说，在承担这一重大职责上，我最信任他，他坚定而又有主见。[卡明在本段空白处，用绿色墨水——这是卡明第一次这么做——写上"罗洛"（Rollo）]。

但是与海军相关情报相比，我并没有获得太多陆军相关情报。我认为原因在于陆军当局需要的情报要比海军要求的更难以获得。我被要求答复的问题都是难以回答的，超出了任何普通间谍的能力范围。

我想知道，我自己、间谍和提供信息的人，我们的出差费用能有多少。

我想知道，我在国内能不能有权直接支付10英镑——国外是40英镑——充当出差开支、情报和地图费用等。我们之所以失去了"CJ"——"拿骚"上准尉的朋友——就是因为我们在给他6英镑时，还要花两天请求批准。

我希望，只有我一个人知道我的计划、助理、手段和会面，因为你把秘密和别人分享，它就不是秘密了。[如果我们要问什么代表着卡明对秘密情报工作的态度，那么也许就是这句话了。]

就我到现在的经验而言，这两个部门——国内部门和国外部门——基本没有什么共同点，只存在理论上的关联。我实际上根本不知道我的同事在做什么，我们看上去在完全不同的领域工作。如果我们想要联系得更紧密，很有可能削弱其中一位的地位，损害我们发挥作用。我觉得很可惜的是，特勤局特工[他指的是他自己]竟然需要告诉他

> 的上级他在做什么——他本应当一个人[1]都不告诉——要是只有他自己知道他的工作、手段和助理就更好了。
>
> 这当然意味着要十分信任这个人。但如果不能相信他会认真工作，那就该让他走人，任命另一个值得信任的人。

紧跟着这份报告之后的是两页有关间谍薪酬的内容。让人沮丧的是，其中核算方式十分隐晦——包括卡明自己的行动开支。“B”手下所谓的三个间谍都用名字代称。后面还有一页没有标记日期的纸，题为“我现在办公室的优点”，随后他列举了为什么应当在沃克斯豪桥路办公室办公的六点理由。

卡明当然变得更忙了。4 月份的日记更加确证了这一点，他熬夜、出差的次数变多，还错过了好多次会面。在后一方面，秘密会面和军队的秘密调动差不多。两者在总体上都天然内在蕴含着矛盾。我们不难看出为什么军队的秘密调动很困难，因为在现实中，调动军队和装备当然要比纸上谈兵更困难，会受到天气、故障和误解的影响——更不用说还有敌人的行动。乍一看，秘密会面跟生活中其他事情没什么区别。在日常生活中，如果在一个酒吧约好和一个红头发、拿着一本吉本（Gibbon）《罗马帝国衰亡史》（*The Decline and Fall of the Roman Empire*）的人会面，这一奇怪的相遇通常不会受到什么阻碍。但是，如果一个情报官员要会见一个如是打扮的间谍，那么当晚这个酒馆被大火夷为平地、遭遇警察突袭、间谍前妻与岳母突然露面、恰巧也有一群红发吉本迷在此集会的可能性就惊人地高了。

因此，卡明在愚人节（卡明的生日，不过他从不提这一点）被叫去见“一位瑞典先生”。他在酒店大堂徒劳地等了一个小时，随后又在家里等了一个半小时，最后发现这个人一直都在酒店里：“我觉得他太紧张，把自己藏起来了。”卡明把他叫作“TG”，而且有可能他就是我们前面提到的那个瑞典上校。在皇家汽车俱乐部更为放松的环境中，瑞典人同意卡明和雷格尔纳特的要求，“加入基尔的一个团，定期向我们提交报告，报酬是 50 英镑”。晚饭后，他们回到了卡明的房间——“我们谨慎地让他无法确定自己在何处”——瑞典人聊得更加随意，一直说德语。卡明不认为他是卧底，

1 原文为斜体，这里改为加着重号，以示强调。

但是很怀疑他“成为一流间谍的能力……他没有驱使他的动力……我搞不明白为什么他愿意做这个，因为报酬不高，风险巨大。他并没有保护自己的观念，偶尔还会让我们用他的本名写信给他”。

他感到不安是正确的，因为持续的间谍活动需要坚定的动力。如果TG想要渗透进入德国陆军，并获得有风险但很有价值的身份——在职间谍——那么他也好、其他人也罢，最好搞清楚为什么要这么做。

管理并支付报酬给TG，需要获得麦克唐纳、比塞尔、陆军行动局局长——麦克唐纳说，它们“对特勤局这类工作都很担忧”——和格雷厄姆·格林的批准。卡明在第二天就获得了所有人的批准，而TG则带着钱和通信手段出发了，包括作为会面信号的明信片。卡明后面的日记里还会经常提到他。

在其他错过的、毫无成效的会面中，和“U”的会面令人欢欣鼓舞。他比之前要更加主动。他报告称，他和德国海军军官一起到基尔旁边的某处高地远足。他在那里看到

> “一艘旧船停泊在海岸外，而德军正在从岸上要塞上炮击旧船。每次炮击后，炮弹都在甲板上裂开，然后船左舷等处就会释放出大量略带绿色的黄色烟雾。甲板上还绑着不少狗和羊。一群军官在每次炮击间隔登船检查，其中包括几名医生，他们在船上继续待了20分钟。”他告诉我们，德军正在试验某种会散发出窒息烟雾的炮弹。

德国这么早就在准备化学战，历史上没有记载英国有何反应。但是它显示出“U”偶尔还是能够接触到一些机密的。“U”提供了两个潜在被招募者的细节。

卡明请求比塞尔允许他“将拓荒军团（Legion of Front）的事务转交给罗伊，因为拓荒军团知道我，我很难隐藏身份。此外，他们总是渴望得到各种形式的承认。因此，他们肯定会在自家杂志上泄露消息的”。卡明确实应该和拓荒军团划清界限。这个组织按照罗杰·波考克（Roger Pocock）的理念成立于1904年，他古怪地信奉勒鸠的理念，想要一个建立“进行观察的部队，一个在和平时期和战时搜集实地情报的组织……应对英国

和平遭遇的任何威胁”。该组织获得了一两个头面人物的承认，例如，罗伯茨勋爵（Lord Roberts）、贝登 - 鲍威尔[1]、巴腾堡的路易斯亲王（Prince Louis of Battenburg，时任海军情报局局长）。不过，到了 1909 年，波考克的行为是如此古怪，以至于成了自己所创造的狂热的受害者——因德国间谍嫌疑而被逐出拓荒军团。我们不知道卡明多了解这些人，也不知道比塞尔让他做什么，但是卡明很明确地想要保持距离。

至于其他，卡明和比塞尔的进一步谈话，还让比塞尔承认“当局过分强调保护特勤局两位负责人的秘密了。负责人并没有成为雇主和雇员之间的缓冲物，相反，雇主自己成了他们的缓冲物”。他也获得麦克唐纳的允许，能够以每台 5 先令的价格买几台布朗尼（Brownie）照相机并借给间谍们。（任何开销都要获得事先批准。那时候的卡明经常抱怨他和凯尔都不能自行决定花哪怕一分钱。）他引用了一位陆军部官员的话，后者说“我们总是想要聪明和帅气的年轻军官去接近女性，获得她们的帮助”。这个吸引人的主意——间谍活动的神话总是觉得这才是间谍整天做的事情——当时并没有得到陆军部的采纳，因为“我们没人能够领导这个部门”。不过，他还是从凯尔手里成功获得了一个间谍，得到了“梦寐以求的”通行证——大概是去陆军部的通行证。

卡明和雷格尔纳特现在又开始了一段紧张工作。在这段时间内，卡明往往要工作（写材料和翻译）到凌晨两三点，至少又一次还把雷格尔纳特从俱乐部里叫出来帮忙工作。正如我们在下文将看到的，雷格尔纳特（当时依然算是比塞尔的人，而非卡明的人）在情报界并不受欢迎，而卡明也有证据证明他的固执、傲慢和愤恨，但是卡明依然忠实地给予支持——虽然有时会跑偏。我们很少提到雷格尔纳特的优点——大概是认真、坦率和奉献。因此，我们得引用卡明在 4 月一个深夜和雷格尔纳特的谈话，聊的是他们手下在欧洲搜集情报的间谍：“他说——正如我所预料的那样——这些人很奇怪，他们的动机令人生疑，他们渴望得到承认，我们必须小心应对。”

在雷格尔纳特眼里，确实如此。渴望获得承认的确是有些间谍活动中

1 罗伯特·贝登 - 鲍威尔（Robert Baden-Powell，1857—1941），英国将军，童子军运动发起人。

的重要因素。有些人觉得他们在职业生活中缺乏承认或褒奖。而从国外情报机构一位具有同情心又能赏识人的承办人那里赢得赞赏，则会让他获得补偿。尤其是他们的情报工作和政治信仰恰巧——或者强行恰巧——一致时，他们可以为自己的行为而辩护。与其说他们是正常人中更需要承认的人，不如说他们是以不正常方式获得承认的“正常人”。

卡明和雷格尔纳特又准备出国，这次是和一个间谍“JR”考察德国一种新型枪支。“JR”设法偷偷地从一个制造商那里把枪借出来了几天。这种枪看上去是可以藏在行李中的便携枪支，它是现有型号的新版本，由毛瑟（Mauser）制造。卡明自掏腰包给了“JR”一点报酬，并记录道，陆军行动局局长禁止他们把枪带回英国。局长还说，毛瑟马上就要访问英国了，他可以从毛瑟本人身上获得有关这种枪的一切情报。得到麦克唐纳支持的卡明反对局长这一说法，他说“未经他本国政府采纳之前，毛瑟一句话都不会吐露。他可能有两种型号，并且愿意把德国政府不愿意要的那种卖给我们”。卡明赢得了这一争论，还获得许可，在阿姆斯特丹——因为便宜——或者巴黎——“因为人人都去巴黎，不需要理由”——会见“JR”。

卡明不得不同意一个技术专家和他们一起去巴黎以检查枪支。卡明坚持要求事先见个面，在去外国之前就能互相认识。因此，卡明被“介绍给了一位雷维尔（Reavell）先生，没什么学识，在我眼里不像是合适人选。不过，我还是安排了一切”。

到头来，在巴黎和“B”会面后，当卡明在比利时会见“JR”时，一位叫奥吉（Orgie）的先生替掉了雷维尔。卡明和雷格尔纳特连夜坐车，在 4 月 19 日抵达。他们一宿没睡。当“B”在晚些时候去他们酒店房间的时候，“他显得漫不经心、不情不愿……十分不满”。他要求再招三个人，被拒绝了。他又要更多的钱。他还提议搞一套之前早就让他设计的战时通信系统，而卡明则说他的设计存在不足。会面之后，卡明评论道：“我完全不敢确定他手下到底有没有三个人。不过，在最初几个月工作之后，这是我唯一生出的疑虑。”

他们于次日前往布鲁塞尔，住进一家经常有出差商人光顾的安静酒店。这是个错误：“这不是一个好决定，我后来发现这些商人十分抱团，他们对任何陌生人都侧目而视，还从酒店服务员那里打听陌生人的消息。”现代、保密性强、规模大——因而很昂贵——的酒店要更好些。

4 月 21 日凌晨 5 点，他们在车站和替补技术专家奥吉先生汇合，并且让他在附近的“宫殿酒店”（Place Hotel）休息。卡明说，他不能让奥吉去他们的酒店，因为他在酒店登记是和“JR”会面时用的假名。而他和奥吉在麦克唐纳办公室见过，不应该住他用假名登记的房间。他们后面要在“Li”［里尔（Lille）或列日（Liege）？］的一家咖啡馆见“JR”。他们打算先在火车启程 15 分钟前在奥吉所在酒店门口去找奥吉。卡明并不想在外闲逛太久，因为“布鲁塞尔到处是间谍，而火车站更是有许多可疑人士”。然而，奥吉在约定时间却不见踪影，卡明被迫自己先过去了，留下雷格尔纳特继续去找奥吉。

卡明在咖啡馆碰到了“JR”，后者是从柏林来的。他们一起等其他人。卡明在此时了解到，“东西”不在“JR”身上，而在一个叫廷德尔（Tindal）的郊区。他们在咖啡馆的收银台给雷格尔纳特留了张字条，收银台承诺他们会交给后来露面找“JR”的两位先生。去廷德尔要坐一个小时的马车。当他们赶到“JR”住处之时，天色不早了。“东西”就在这里，而且“JR”还提前安排了一个照相师。卡明自己也带了照相机。但是当他能看“东西”之前，“JR”说，“彼得”（两个人都知道指的是谁，看上去是在柏林的行动负责人）警告他，不先付钱是不给看的。JR 清楚，“如果检查过后对方不感兴趣，对方一分钱都不会给的”。卡明“被迫同意，付了约定好的 25 英镑。此外，为了回答飞艇男的问题，又花了 10 英镑”。

他和照相师随后在昏暗的灯光中开始工作。“JR”不允许拉下蕾丝窗帘，这让灯光变得更差了。照相师曝光了三块板，而卡明曝光了两块。他给咖啡馆打了两次电话但是没有雷格尔纳特和奥吉的消息。他们没有能够拆解“东西”的工具，“JR”因害怕损坏而不愿意帮忙。照相师一冲洗完照片，“JR”就说他得走了，因为他在第二天早上就要把“东西”还回柏林，而且“还要走好长的路才能穿过边境”。他还提到有报道称，一个名字以“雷”（R）开头的英国人今晨在布鲁塞尔火车站被杀害了。“陡然惊醒！”卡明写道。他担心也许是雷格尔纳特。不管怎样，卡明还是在剩下的时间里成功操作、测量并画出武器的简图——“但是后来惊讶地发现，我竟然忽略了那么多”。他不懂怎么进行详细检查，那本来是奥吉应当做的事情。他“从这件‘东西’

里面发现不出任何证据证明它是 a.f.。它看上去和普通陆军武器没什么区别，除了枪管前端显然是双层套管”。

急躁不安的“JR”对窗户、门和时间感到很紧张。他不让卡明借个秤以称量武器质量，但是他答应随后把质量参数转告给卡明。这把枪的机理“显然很简单，但是完全封闭。瞄准具从 100 米标到 700 米，而凸起部分从 800 米标到 1900 米。但是‘JR’说，有人告诉他瞄准具最多到 1500 米有用。它一次能打五枪”。

卡明急匆匆赶上火车。在此之前遇上了——在秘密行动中令人讨厌的巧合——博尔特莱（Pourtrait），后者是一个因其他事情要去柏林的间谍。“JR”建议把奥吉送到柏林，在彼得的房子里检查武器。奥吉能在那里藏几天再回来。但是卡明觉得“让奥吉这种人冒这种风险”是不妥的。

显然，这时的“JR”也和法国秘密情报机构有联系。“JR”毫无戒备地说法国秘密情报机构靠谱、精准又合理。事实上，卡明早期许多间谍都同时为英法两国工作——不过，不都是像“JR”那么坦诚——这也是卡明随后与法国情报机构切断联系的理由之一。他们总是在同一片池塘钓鱼。

在凌晨 4 点回到布鲁塞尔酒店后，卡明才见到雷格尔纳特。他们在天亮之前都在谈话。雷格尔纳特与奥吉在卡明和“JR”离开不久之后就去了咖啡馆，整个下午都在咖啡馆里等，因为收银台一开始忘记那张字条了。当他们终于拿到字条后，他们立刻动身前往廷德尔。同样，卡明和“JR”前脚走，他们后脚就到了。他们回到咖啡馆，一直等到雷格尔纳特能够在晚上晚些时候打通卡明的电话并被叫回布鲁塞尔。

次日，在把奥吉送上回伦敦的班车之后，他们乘坐较晚的一班火车。卡明承认，这是个错误。奥吉直到第二天晚上才回到伦敦。他错过了无数班火车和船次。在这趟旅途中，“他在酒店电梯里原本要上楼，结果下楼了，他一句法语都不懂，只能以各种窘迫的声调讲‘火车站’却毫无结果……尽管他毫无疑问地擅长他的专业领域，但他不适合一个人旅行”。和当时大多数英国人一样，他有可能从未出过国，也没见过外国人。

在返程途中，卡明冲洗了照片：“一张过度曝光了，一张的光栅出问题了（毫不意外，因为我有十年没用过这台照相机了），不过第三张还行——是三张照片中最好的。”

“东西”并不是他们所设想的那种武器。卡明感到失望，想要拿回他为了看一眼“东西”而付出的25英镑。麦克唐纳同意了，但是希望先听取卡明的想法：

> 他说让我为这次失败负全责并不公平——其中一部分是不可避免的——而且没有多少官员能够弥补损失。我告诉他，到目前为止（包括办公室等），没有点个人手段的人是承担不了我的工作的。我觉得我全部薪酬都花在这份工作上了。

这算得上卡明典型的一次出差了。

在另一次对话中——也许双方脑子里都在想着钱——麦克唐纳给了他一封来自亚历山大（Alexander）的信。麦克唐纳说，“政府给亚历山大2000英镑，让他在战争［布尔战争？］期间在法国建立一个情报机构，但是政府从他那里什么情报都没获得。”

卡明的公寓依然是个有争议的议题，因为他充满感激地记录道，凯尔承诺在下一次会议中支持他，还“希望能给他搞一个跟我类似的东西——也就是一套私人房间，他可以在里面休息、接待宾客和收发信件。他承认我们俩的工作完全不同。我们之间的联系仅仅是名义上的，我们要是能够独立工作，对我们俩都更好”。

尽管将特勤局划分为今天的军情五处和军情六处似乎是毫无争议的，但1910年4月28日的谈话可以说是决定性的。在此之后，划分就是时间问题了。和大多数间谍小说一样，谈话发生在两人从卡明公寓走到凯尔办公室的路上。两人当时正在谈论卡明该如何处理一个人，而凯尔对这个人印象不佳。在重拾谈话之后，两人达成了一致。凯尔说，“暴露的Tros［不知道什么意思，但应该指的是德国间谍］将会被判处终身监禁，因为他们协助和教唆人们犯下重罪。”

4月底，是对卡明有关船只的报告（FRS和WK的报告互相冲突）进行询问和再评估。但第一海务大臣的总体评价还算满意，这是一个相当大的荣誉了。比塞尔让他想办法搞到两台加强版“美因茨”级巡洋舰平面图。比塞尔还告诉他，最近窃取了“不挠”号（Indomitable）和另一艘船只的平面图。卡明之前还就此让比塞尔和凯尔保持联络。卡明随后大概是前往伯斯尔登，因为他 4 月最后一则日记是记录他又一次拜访南安普顿港务局局长：“有关驾驶员的事情没有得到满意的结果。”

第六章 得与失

1910年5月很重要，理由有二。首先是在9日和11日，人们尝试解决卡明在前半年报告中提出的有关特勤局的问题，这一报告遭到官僚系统的许多抨击。

凯尔的前半年报告完全是另外一种内容和形式。部分原因是他的工作岗位让他能够利用官方组织——例如警察和海关——工作，而卡明得在假装自己不存在的同时寻求非正式的帮助。因此，凯尔和卡明不同，他在报告中显得很有信心："从我多年的工作经验来看，我可以毫不犹豫地说，特勤局这一部门的工作证明了特勤局存在的意义。"他呼吁官方在涉及秘密方面有更好的立法（第二年通过了），希望拨更多的款以雇用更多的人。

然而，资金紧缺让卡明寸步难行，因为没有官方机构能帮他跑腿。他要想方设法地付钱给得到的任何情报。5月2日，麦克唐纳禁止他在下次开会前再花一分钱，而且此后所有"授权"都要得到麦克唐纳的书面批准，因为就像卡明坦诚地承认那样，"当他烦恼其他事情之时，我跟他说的话总是左耳进右耳出，他过会就全忘了"。麦克唐纳忘记的事情包括承诺要付450英镑给FRS的船只报告。卡明说："我跟他［'闪电'］说，我们承诺的钱加起来都能造艘船了。"

麦克唐纳自身处境尴尬。给两部门拨款的6200英镑相当不够，而面对特勤局在这一财政年接下来的所有出差和行动费用，他手里只有830英镑——4月就花了230英镑。他接下来得应付而且砍不掉的开支（尽管他很想甩掉那些昂贵的全职间谍）有：凯尔和卡明的工资，1000英镑；办公室租金，500英镑；M和L的工资，980英镑；凯尔的办事员，150英镑；B和他手下三个间谍，1485英镑；K那一系间谍，600英镑，A、D、U，

525 英镑；TG，50 英镑；M 的办公室，80 英镑，共计 5310 英镑[1]。麦克唐纳并不想看到特勤局扩展疆土；他手里的事情已经够多了，每多一件就会多一分头疼：要是可以，他很愿意和比塞尔共同承担财政责任和头痛。卡明在那一晚记道："罗伊当晚找我，又跟我讲了一个新的'情报源'。我担心我们恐怕得放弃它，因为我没钱支付这个人的出差费用了。"

第二天，麦克唐纳写信给卡明，他建立了一个新的财务制度，其中有很不实际的指示，包括"我只接受书面向我申请的拨款，而且必须至少提前四天"；还有很不明智的指示，包括"为了降低旅行开支，最好尽可能降低与间谍会面的次数，主要通过邮件"。这封信的语调和内容让卡明又一次感到恐惧，他担心陆军部正在试图甩掉他。而雷格尔纳特"认为这封信的目的是指责，想让我辞职"。"只要我还对我真正的上司——鲁兹——有信心"，他就根本不打算辞职。"鲁兹说我太敏感了，我竟然以为 Arkis[代指陆军部或者陆军，正如同海军部或海军有时会被叫作'Sipahi'，这是一个印地语单词，意思是'士兵'。] 想让我无立锥之地。"有个他称之为 ×× 的人也给予了安慰，×× 说"向我付钱的那个人是一个谨小慎微的人，有着法学家的思维，他不会真的那么做。我必须夸大我的需求，自行决定资金的使用"。

面对他眼里陆军部试图压制他的举动，卡明起草了回复。但他最后寄出去的却是比塞尔起草的回复。比塞尔提醒陆军部，卡明活动的权威来自海军部，而不是陆军部。在开支问题上，卡明必须拥有合理的自由。比塞尔也起草了另一封更为尖锐的信件——但也许没有寄出去："没钱什么都做不了。要是在获得资金方面作梗，那不如把整个机构都关了。"5 月 6 日，卡明写了一份报告，叙述了全新的财务制度是如何让他推迟——甚至有永远丢掉的风险——和一个具有最高价值的间谍备选人的会面。卡明花了好大劲才劝说 TG 把这个人介绍给他。

麦克唐纳试图安抚两人，他说他并不打算用开支远大于收入、费时费力又不灵活的财政控制体系来让卡明进退两难。卡明则写道："我认为，不应当告诉一个公务人员，他的开支有可能被驳回。但是麦克唐纳说他也是这样，他批准我的开支也有可能被更上级驳回。"

1　以上共计为 5370 英镑，原文有误。

5月9日的会议在比塞尔的办公室举行。按卡明的话来说，这次会议是为了“修订特勤局的方法和流程”。麦克唐纳详细而又恰当地总结了当前的安排。他说许多工作其实在1月1日才开始。而凯尔的工作包括和警察局长对话（许多都是退休的陆军军官，卡明和其他人会把他们叫作“Hear Hears”）。麦克唐纳说卡明的工作要更困难一些。大家同意，全职间谍——比塞尔说他都想把有些人“兴高采烈地扔掉”——太昂贵了。麦克唐纳替B说话，他说当英俄关系紧张之时，B做了有价值的工作，“向我们提供了火车的运货单，证明俄国正在调兵，他让我们知道俄国正向阿富汗边境调动军队”。卡明也替他说话，但建议更多按照成果来决定他的报酬。大家最终决定让麦克唐纳和卡明拿出一份哪些间谍应该保留、薪酬多少的建议名单。卡明要求为战争警报支付大额报酬，没有得到批准。但是会议同意向上级申请将特勤局的预算划为两部分，两部门负责人获得合理的开支和付款而不必参考之前的情况。会议快结束的时候，麦克唐纳又一次提到了布尔战争，这一次他说的是给某个人2.8万英镑而一无所获。

几天后，在外交部的一次由外交部次长查尔斯·哈丁（卡明经常把他叫作“出纳员”[1]）主持的会议上，特勤局预算分割的请求被驳回了（因为哈丁并不希望要走两个不同的账户），但是允许比塞尔让卡明在无须向外交部或格雷厄姆·格林汇报的情况下自行行动、出差和支出。麦克唐纳在会议上解释了他所面临的困难，其中最主要的是，行动和出差预算是每月70英镑，但现在一个月的实际开支是它的三倍。哈丁的回答坦率而又令人振奋：“出纳员说，如果工作需要，那就必须要增加费用。他们不打算以任何方式吝惜钱财或者阻挠工作。任何时候向他申请预算都没有问题。”

两人随后逐个、详细地考察了全职间谍。陆军行动局局长支持B手下的一个间谍汉斯（Hans），“汉斯只负责报告一切无事，这从陆军行动局角度来说很有价值”。外交部次长还要花时间审核卡明的间谍名单，讨论每个间谍的优点、价值和成本。这是一件非同寻常的事情。此外——也许没有官僚部门之外的人所认为的那么不同寻常——上级迅速裁定，M和L是不可或缺的。开除B手下的间谍，而且B还要做更多的事情证明他配得上他的薪酬。A的报酬被降到了100英镑，D被开除，U观察三个月直到

1 在本书之前的文字中，“出纳员”是用来称呼海军部秘书格雷厄姆·格林的。

表现转好。K 中年长的两位被开除，而年轻一点的 WK 则获得一年的试用期。预付 JR50 英镑，TG 的薪酬涨到 100 英镑。既然卡明和凯尔分别有了自己的办公室（官方拨款的），那就需要在 12 月通知私家侦探斯科奇里，不再使用维多利亚街的办公室。上级“允许卡明的必要开支，［卡明在此用大写字母写道］‘不再限制有用的工作’。上级也不打算以任何方式对工作进行限制。如果已经承诺的预算依然不足，那就需要从其他地方搞钱了。他［哈丁］想要的就是我们能够以明智的方式花钱”。

这是对特勤局的强烈认可，卡明接着写道——也许有点过于欢欣鼓舞了——他请求为战争预警而提供 1000 英镑的建议得到了“热诚支持”。不过，除了开除间谍剩下来的钱，特勤局并没有增加预算的迹象。直到一年后，新任外交部次长阿瑟・尼科尔森（Arthur Nicholson）在召集的会议上决定将预算从 6200 英镑增加到 8050 英镑。比起战争的高昂成本，这个用来帮助预测战争的费用算不上什么。不过，这么小的额外拨款也需要外交大臣爱德华・格雷[1]爵士的批准。

有关间谍和间谍通信上的问题已经成为卡明的常态。秘密通信难以维持秘密，公开通信更是不可能。幸运的是，官僚生活的喜剧性和多样性依然在继续。比塞尔找来卡明，告诉他，一个叫雨果・托马斯（Hugo Thomas）的人，“写了一封信给德国海军驻外武官，骗他说，有两个女士捡到了一个著名海军元帅的记事本，上面包含了德国海军事务的情报、威廉港和矿田的平面图，等等”。驻外武官感到不安，德国大使馆用 40 英镑价值的黄金[2]和 60 英镑纸币交换托马斯先生从女性朋友那里要来的记事本。托马斯甩掉了对方派来跟踪他的人，再次写信威胁道，要是不加钱，他就揭发这个武官。这时，德国大使馆向英国外交部求助，外交部建议对方诉诸法律。比塞尔连忙叫来卡明就是因为“他应该跟这件事有点关系”。

在举行爱德华七世葬礼的 5 月 17 日，没有什么公务——除了卡明、比塞尔和雷格尔纳特。5 月 23 日，卡明最终放弃了有关栅栏防御工事的职责：“前往朴次茅斯，拜访栅栏防御工事的总指挥。将事务移交给他和他的秘

1　爱德华・格雷（Edward Grey，1862—1933），英国政治家，曾任外交大臣（1905—1916）。

2　此时英国实行金本位制。

书。”不过，他并没有失去他的兴趣，因为他在5月30日回到伯斯尔登，观看了一个新型栅栏防御系统的试验。他又一次没有在南安普顿找到合适的驾驶员，但是和商人们聊了聊，内容很有用，有关德国军火、水雷和装甲。次日，他“和莱昂纳尔·罗斯柴尔德（Lionel Rothschild）在下午谈话，他告诉我，他们公司一旦收到国外线人的消息，他们就会直接交给首相或者外交部”。卡明也和一个人谈了话，他是“后来柏林梅赛德斯公司的经理，他告诉我他经常会接触到情报……”

与此同时，雷格尔纳特正在询问他在皇家海军陆战队的同僚伯纳德·川奇（Bernard Trench）上校，是否能够小心谨慎地考察一圈德国北海海岸防御情况——尤其是弗里西亚群岛的北部和东部（《沙岸之谜》涉及的地方）。这种非法调查在海军情报局局长那里——和陆军部一样——正是他们的主要活动之一。皇家海军陆战队军官经常参与这种活动，或者扮演其他情报角色，主要是因为军队生涯军衔晋升空间有限。海军陆战队被算作在海上服役，需要的军官数量有限。而海军陆战队没有专门执行岸上行动的陆上力量。因此，许多军官选择在英国殖民地或国内的专业领域搞副业，例如军械、信号、情报，还有后来的飞行行业。

川奇上尉接受了。他会说德语和法语，当时还正在学习丹麦语。这不是他第一次执行间谍任务了。1908年，他和一位朋友、来自皇家海军的维维恩·布兰登（Vivien Brandon）进行了类似的一次远行，观察德国在基尔的海军设施，从而在服役记录里得到了官方的肯定（指的是他“有关基尔海岸防御的有用报告”）。川奇问他的朋友布兰登这次能不能还跟他一起，对方同意了。

毫无疑问，川奇和布兰登知道他们属于一个更大的计划之中，一个远远早于并高于他们个人参与的计划。在一本秘密出版、有关1910年行动的有趣记录中［《一战时期的皇家海军陆战队间谍》（*Royal Marines Spies of the World War One Era*，皇家海军陆战队历史学会，1993年）］，唐纳德·比特纳（Donald Bittner）依据档案局没有公布但是在美国可以找到的文件证明，至少自1901年起，英国就对埃姆登离北海30英里的小渔村和博尔库姆岛兴趣浓厚。这两处在战术上都对德国增援北海舰队有着重要意义，也在登陆德国上有着关键战术价值。美国国家档案馆内有一系列英国海军部的报告和评估（由英国人交给美国人的）涉及一个叫“Z”的间谍，他详细报告了这一地方在德国人那里的潜在用途。报告涉及的观点和战术假设与柴尔德斯在两年后发表的《沙岸之谜》中所写的十分相似。我们不禁猜想，柴尔德斯就是“Z”，或者两人一起行动过。虽然这一猜想很诱人，但依然是假设。

1906年，海军情报局写了一份有关这一地区的总体报告，列举了还需要获得的情报。海军情报局总结道，在此登陆至多几个小时后就会遭遇守军。1910年，海军情报局依然在监控德国海军最近增强防御、栅栏、要塞、运河和道路的动向，因为夺取博尔库姆依然是费舍尔战争计划的一部分。在川奇和布兰登三周的徒步旅行中，博尔库姆是他们的首要目标。事实上，他们待的时间要比计划长得多。

卡明在日记里并没有直接提到这一行动的决策过程。从他后来的日记内容和川奇的叙述来看，不太可能是卡明先想出这个行动的。不管怎样，卡明还是参与了这一行动——尽管并不总是如他所愿。这个行动准确表现了什么叫“出人意料”：海军部和陆军部利用卡明服务于他们自己的行动，而卡明利用他们服务于自己的行动。因此，我们往往很难说得清哪个行动是属于谁的，依据清晰证据的猜想也是错的，因为证据虽然清晰，但是不完整的。

当川奇和布兰登在8月6日——军官都在度假——动身时，他们本来打算先去荷兰，把不利于行动的文件先放在那里。然而，当他们听到博尔库姆即将要进行军事演习时，他们直接去了博尔库姆，停留在新要塞周围的禁区旁。一天晚上，川奇穿过禁区周围的铁丝网进行侦察。第二天晚上，布兰登也如法炮制。不幸的是，布兰登随身带了——也许是他自己要带的——一个照相机和闪光装置，他很愚蠢地用了照相机。闪光被一位德国哨兵发现了。随后，布兰登被探照灯发现并被捕。

布兰登被押上火车带离埃姆登，那时他还不被视为一个间谍，而是一个走丢的旅客或者是违反规则的军迷。川奇也上了那辆火车，被允许和布兰登谈话。两人之前已经尽可能地进行拍照、素描、确认火炮和探照灯的位置并搜集战术情报。川奇明白，对方进一步审问布兰登，就会找到他们搜集的资料。因此，他回到了埃姆登的酒店，可是很不幸的是，他把有关文件都藏在了易被发现的地方。他随后尝试逃亡到荷兰，但是在成功之前就被逮捕了。

布兰登在法国接受一个叫作卢卡姆（Luckamm）上尉的审问。上尉一看见布兰登手里的照片，就发现其中一个是“汪格岛”（Wangerooge）上的防御工事之一。布兰登说他把其中两个岛搞错了，都是因为他为之写稿的报纸对这些感兴趣。他有一份关于赫里戈兰岛的图示指南，布兰登在试图辩解时说道，图上“的距离都是我用肉眼估计的，因为在我眼里，许多报纸有关题材的文章都会对赫里戈兰岛这类防御据点感兴趣”。至于海港工程的素描和距离的标记，他说“肉眼可见的东西，我想做什么都行”。毫无疑问，他的辩解毫无成效。

有关逮捕的报道刊登在德国媒体上，随后在 8 月 22 日至 24 日也出现在英国媒体上。9 月 5 日，英国外交部向德国政府声明，英国政府与被逮捕的人毫无关联：“国王陛下的政府对涉及官员一无所知，也不知道他们的行踪，他们的行为没有得到任何授权。”官方还是尽力支持了布兰登的托词，他们提供了布兰登为报道港口和要塞杂志的《球》（*The Sphere*）工作的证据。但是布兰登却允许地方预审法官检查他在荷兰德弗兹（Defzl）收到的信件，从而让官方的证据发挥不了作用。至少有一封信件明确证明了布兰登与间谍活动有关。

与此同时，伦敦也考虑过用一群德国间谍嫌疑人进行交换。但是官方最终什么也没做。然而，巧合的是——凯尔日记明确表示，确实是巧合——一个德国军官齐格弗里德·赫尔姆（Siegfried Helm）在 9 月 7 日因发现给朴次茅斯王尔德要塞（Fort Wilde）做素描而被捕。他做的事和川奇与布兰登的事一模一样，而且还对其他要塞描绘素描和进行测量。但是陆军部认为他的材料“并没有什么军事价值”。按照现行的秘密法，他被进行了宽大处理，处以罚款后被允许回到德国。

赫尔姆案对川奇和布兰登没什么影响，或许是因为后者做的事情更加敏感、证据也更多。川奇在 8 月被捕后，他藏在酒店的文件最初没有被发现。但是 12 月 23 日，酒店老板在川奇床板下找到了笔记和素描。在警察随后的搜查中，他们又在床垫中和他房间的其他地方发现了其他文件。德国人现在手里是大量与间谍活动有关的罪证：有关基尔、威廉港、博尔库姆和威廉二世运河的笔记，包括水深、火炮位置、火力地段和范围以及可能登陆地点的细节，此外还有更多没有冲洗出来的照片。川奇后来说，他之所以在回酒店时没有全部处理掉这些，是因为他以为“危险已经过去了”。

审判在圣诞节前举行于莱比锡。英国官员和媒体都认为它公正、不偏不倚。它也进行了轻判。控方承认，川奇和布兰登实际上没有把任何信息传回海军部；他们为本国政府服务，并不是背叛祖国的叛徒；他们并没有贿赂德国人背叛祖国；他们的行为——除去在博尔库姆的行为——都是局限在公路和公共场所；而且他们与调查方很配合。两人也承认他们和情报活动有关，称他们“和海军情报局”的“雷吉（Reggie，即雷格尔纳特）有联络”，但是不愿意透露更多细节。两人都被问到他们是否读过《沙岸之谜》。当布兰登承认他读过三遍时，法庭上出现了笑声。他们被判处在要塞中关押四年，川奇是西里西亚的格拉茨要塞（Glatz），而布兰登关在萨克森州的柯尼希施泰因要塞（Konigstein）。《泰晤士报》描述了审判的友好气氛，被告人随后“和律师与其他人聊了几分钟，和熟人握手，包括之前进行预审的法官……他们十分高兴，对审判结果感到极其满意”。

尽管他们不像赫尔姆上尉那样逃脱制裁，但他们俩的指控和审判本可以更严重。不仅仅是因为那些减罪情况，而且是因为德国人不认为他们的行为是不绅士和不职业的。恰恰相反，爱国军官的职责就应该是搜集潜在敌人部署的情报。控方想要的不是大众的指责而是更多的宣传，从而让被英国媒体带进间谍热的英国公众意识到，本国人也在做他们指责德国人所做的事情。两位军官无视或者违背了一切合理的安全防范，但是这一点似乎没人注意。

卡明有关此事的内容在他的日记里得到了最好呈现。他不仅解释了实际上发生了什么，而且还描绘了当时海军情报局的心理。事情与卡明和罗伊·雷格尔纳特的关系有关，最好从他们一起去布鲁塞尔见 TG 说起。

他们连夜经过奥斯坦德，在 6 月 4 日早上 6 点抵达酒店。他们在休息几个小时后会见 TG。如果和间谍的会面都像卡明在这一阶段所需要忍受的大多数会面一样，那么卡明的忍耐和坚持可真让人印象深刻。

TG 当时正以自己的名字登记在另一家酒店。但是他在这儿收信的假名是格鲁克（Gluck）。然而，他却没有提到一封写给他假名的信件，直到卡明和雷格尔纳特发现这一点：这封信来自他的朋友奈特（Knight）。TG 曾把奈特介绍给他们。他们打算在一家咖啡馆吃午饭。

中午，他们在大街上撞见 TG。他最初没看见——或者说无视了——他们俩。然而，当他们和 TG 谈话的时候，TG 的说法和奈特的信件相悖。他说奈特在巴黎，现在来不了。他们一起去咖啡馆待了两个半小时。TG 十分狡猾，宣称奈特太紧张了，不能见他们两个，只能见卡明一个人。（卡明认为，这是因为雷格尔纳特的德语太好了，会让奈特和 TG 在一旁无法窃窃私语，也无法欺骗他。）TG 抱怨道，他没法保证他们俩不是德国间谍，而且不能保证"我们坐在这儿的时候，没有人会给我们拍照"。他们"太老练了，看上去不像是普通军官"。在他冒险将自己的朋友暴露之前，必须有恰当的安排——例如先付 100 英镑。在漫长的扯皮之后，双方同意在会面之后付给奈特 10 英镑。要是奈特的情报有价值，那就再付 10 英镑作为酬劳，情报越多付的就越多。当他们正要离开的时候，TG 又徒劳地再要 10 英镑，以帮助他劝服他的朋友——那个很早以前就能出现的朋友。

然而，当他们在卡明住的酒店外面碰头的时候，TG 依然是孤身一人，说奈特现在没回来，但马上就来。谁知 TG 正在说这话的时候，奈特看上去很轻松、愉悦地现身了。TG 迅速把他拉到一旁，过了一会，他回来跟两人说，奈特只同意在见面时坐在角落，面朝墙壁。只要对方没什么意见，TG 就准备选房间。

随后四个人再次碰头，前往 TG 所说的那个房间。这次的奈特显得很紧张，还被街角遇见的警察吓到了。然而，TG 并没有订房间，所以他们不得不另找一家，不情愿地登记姓名和地址。当他们终于进房间的时候，奈特开始直白坦率地说话了（卡明没提奈特的脸对着哪里）。他提供了威廉港周围要塞的有关信息，还提到他可以介绍一个工程师，而且——对于任何间谍而言最宝贵的品质——"遇到他不理解或不知道的事情，他直言承认"。谈话进行了几个小时，直到房主把他们赶出去。那时已经过了午夜，卡明和雷格尔纳特已经有 48 小时没有睡觉了，他们打算在次日午饭时再次会面。卡明总结道："用外语和这些人交谈是个困难事，必须思考他们和你说的每个词。"卡明大概也没想到，在 50 多岁的年纪学一门新语言也算得上一个了不起的成就了。

次日是星期日，他们发现 TG 在约定时间一个小时前就在“闲逛”了。为了补救，他们改成了另一家咖啡馆。“他极其嫉妒奈特，警告我们，他有可能‘逐渐消失’。”他此前一直试图隐瞒奈特的真名，但他现在反悔了，声称奈特说的一切都是假的，他坚持要求让他自己当头号间谍。他认为他的优点在于极度谨慎、不可能犯错。他觉得奈特的出现很不公平地摧毁了他自己的地位——确实如此。这也显示出 TG 此前一直在隐瞒情报。

卡明的回答很直率：他对 TG 的工作完全不满意，他要么做得好一点，拿双倍报酬；要么像现在这样什么都不做，一无所获。这取决于 TG 自己。

雷格尔纳特随后带 TG 去了另一家咖啡馆，而卡明在外面等奈特。当奈特到达之时，卡明告诉他，他对 TG 和 TG 的大意感到不安，“如果后面他想直接跟我联系，他也许就会向我给他的地址写信”。把 TG 踢出去显然挺好，奈特似乎立刻接受了这一想法。因为卡明日记里经常提到他和他的情报，但令人遗憾的是，奈特从来都没有职位。

然后他们四个在布鲁塞尔碰面吃午饭，从下午 1 点一直待到 5 点 15 分。卡明安排奈特在下一周周初的时候将工程师朋友介绍给他。但是午饭主要是在和 TG 扯皮。TG“对我们和奈特用英语对话感到十分不耐烦，不住地进行打断，我不得不数次转过身让他安静。他最后喝得相当醉了，对侍者显得很粗鲁，在我们面前展现出他最好隐藏起来的新一面”。他也向其他人展示他穿着各种制服的照片。卡明评论道：“毫无疑问，他就是他嘴里所说的那种人。”TG 随后称自己是“在全欧洲，除了他在开罗当驻外武官的兄弟，他是最机智的人”。他要求各种不可能的许诺、奖章，还又一次地要求酬劳。卡明稍微在钱的方面松了点口。最后，出于过度虚荣，TG“告诉我们，曼科维奇子爵（Count Mankovitch）多次邀请他加入。但是他拒绝了，因为他恨俄国人——俄国人是他们国家天生的敌人……自他还是军校生起，他就把这一事业［间谍］当作他未来的目标”。

和间谍会面当然是间谍活动的一部分，但是他们在间谍小说里很少出现——尤其是这样的会面。毫无疑问，卡明认为这正是间谍活动吸引人的一部分。一个像 TG 这样浮夸、贪婪、让人没有安全感的不诚实无赖，偶尔还是会做出有价值的事情，比如介绍一个更好的间谍或者带来有价值的真正情报。卡明当然也发现了，技巧在于何时相信、何时说不、何时鼓励、何时抽身。

除了让我们一瞥1910年尝试进行间谍活动是什么样之外，这件事也表现了卡明和雷格尔纳特之间的关系。在这个相当忙碌、有时令人焦虑的环境中，他们很多时间都在一起（旅途中还要住一间房）。虽然雷格尔纳特的幽默感尚未被人发现，但我们可以预料到，他们并不是完全意识不到他们行动当中蕴含的喜剧感。不过，雷格尔纳特早已因工作勤奋、尽心尽责而闻名，和卡明一样，他似乎从来不认为自己下班了。在孤独的国外旅程中，虽然他的判断值得商榷，他的亲和力与他的幽默感一样缥缈，但身边能有这么一个经验丰富、富有勇气的同伴，还是很让人宽心。不管后面日记记录了什么，但他们大部分时间都相处得不错。

他们在这种旅行中是没时间培养关系的；作为情报官员，他们会将关系视为次要之事。除了旅行、抓紧睡觉，以及和TG会面，他们这次也去见了JR。他们是在五个小时午餐的那天早上9点在他们的房间见他的。JR依然对那“东西”的事情感到不快，但他手里有一份关于飞艇的调查问卷，他希望一个答案值1英镑。JR给了他们一份法国人的调查问卷，这是法国的情报承办人给他的。

卡明和雷格尔纳特在当天晚上乘火车离开，卡明日记里记下了他们在火车上的谈话。

本页是私人事务

> 火车上的谈话给我留下了奇特的印象。我首先跟同伴讲述了和斯威德（Swede，一个在伦敦的军官）有关的一件小事。有个任务按理应当属于我，但是斯威德却不愿意给我。我的朋友说，他一点也不赞同我在这一问题上的态度。他说，斯威德“作为有公职的”军官，有权决定是否将任务给我。我必须记住（正如××所指出的那样），既然我不在在职名单上，也没有公职（那么我的头衔是什么？），那么对面的人［陆军部］的行为就很正常。是否分配给我任何工作就完全由他们决定。如果我向“老头子”抱怨，他会支持他的代表(“闪电”)，而我就该站一边去。我不应该自认为是一个局的局长，而应该像个下

属一样寻求工作。我告诉他我不同意这一观点。我和别人一样都有公职。任命我的是合法机构。尽管我不在在职人员名单上，但我显然是个官员。工作划分是由对面的人决定的——不是出于我的建议或要求。而且显然，所有与我相关的工作都是分配给我的。我不同意我应当乞求本已分配给我的工作。我提醒他，这一任命可不是我乞求得来的，而是从一个重要的指挥官那里接受这个特殊任务的。他说这并没有改变问题的实质。他最后说，只要鲁兹还是负责人那就没问题，但在鲁兹之后，我就得小心了。尴尬的是，他明确暗示了他自己有权扣下任何分配给他的任务，按他自己的想法，要么把任务分给我，要么自己来。他提议当他服役结束就来当我的助理，到时候承担另一个人的活。这很重要，但是他在这些场合里太大意了，实在很危险。

这段话听着好像雷格尔纳特充满了愤怒和憎恨。这段对话是如此不寻常，以至于卡明详细地记了下来，不过他并没有表示惊讶。他说雷格尔纳特“在这些场合里太大意了，实在很危险”，说明过去有先例。这段话也显示，卡明在惯常的直截了当之下潜藏着精明的算计和分析。这也是卡明日记里第一次提到雷格尔纳特可能会离开海军陆战队和海军情报局，转而替卡明工作。而它与川奇、布兰登一案——以及其他任务——的相关性出现在“他明确暗示了他自己有权扣下任何分配给他的任务，按他自己的想法，要么把任务分给我，要么自己来”。似乎在川奇与布兰登的任务中，雷格尔纳特让卡明和自己都参与了，这并不妥当。

卡明日记的下一页显然来自如今已经不见踪影的卡明书信集。从中我们了解到，川奇与布兰登本来要和库克（Cook）在汉堡的组织接头，然后考察德国北部 14 个城镇、港口和岛屿。两个人都有代号——布兰登是“篝火”（Bonfire），而川奇是“外崖”（Counterscarp）。

6 月 7 日，比塞尔同意卡明付 30 英镑给川奇［还有 10 英镑给某个叫奥朗吉（Orange）的人］，他也批准了川奇的海外任务。次日，卡明“来到罗伊的办公室，看见‘外崖’正在那儿。我和‘外崖’商量出行的事情，还给了各式各样的忠告。罗伊正在列举这次任务所需要的东西”。卡明日记随后没有提到川奇和布兰登，一直到 6 月 27 日，卡明收到了川奇从哥本哈根发来的一封信和电报。川奇当时正在哥本哈根学丹麦语，很有可能那时正在帮间谍们收信，并通过陆军或海军武官将信带回英国。7 月 19 日，卡明写道，他同意下个月 6 日再支出“10 英镑以帮助‘外崖’招一名同伴。我们有权支出 30 英镑。他们觉得 40 英镑就能招两个”。

8 月 4 日，在行动发起两天前，卡明前往雷格尔纳特的办公室“与‘篝火’进行了简短谈话。他即将在柏克屯（Porktown）［原文如此，可能指的是汉堡］与‘外崖’碰头。他给我简单画了下他计划的路线”。次日，麻烦的第一丝征兆显现。卡明和雷格尔纳特正在忙于准备另一个间谍的出行，正在此时

> 正当我才开始，“篝火”出现在罗伊的办公室里。他一直在等我，所以我和他聊了几分钟。原来他正要向罗伊给他的某个私人地址写信。这和我的想法完全相反，所以我觉得这是一个完全错误的做法，一点好处都没有。但当我跟罗伊说起这件事的时候，罗伊却说“篝火”给他写信只涉及一件特别的事情——一艘船的船长给他推荐的一个人。我不知道为什么这件事那么特殊，但是没接着管。

因此，尽管这次行动的资金和通信由卡明安排，但他并不是策划这次行动的人，而且其他人也参与了进来。他显然无法单独控制这次行动。他与雷格尔纳特的关系、存在争议的控制问题都影响着这件事的走向，它清晰地反映在 8 月 13 日的日记里，当时逮捕的消息还没有传到英格兰。

> 我与罗伊又进行了一次尴尬的讨论。我感到不快是因为他在背后耍花招。首先，他告诉我，他希望把他的报告私下里交给鲁兹［雷格尔纳特之前按照卡明的安排，刚刚完成对的里雅斯特[1]造船厂的侦察，以核实间谍的情报］。他没有得逞，因为我没有理睬，他的理由不足以让我继续谈论下去。接下来，他问是否已经把他的行踪向“闪电”报告。他对此表示强烈反对，但是我告诉他，我书面告知了“闪电”我们的进展。我不会为了任何人而违背我的规矩。我们随后提到了已

1　Trieste，意大利东北部港口城市。

> 经出国的那两人（“外崖”和“篝火”）。我问他，是否把他们视为我的人。他说，当然不是。我问，是谁把他们派出去的。他回答：“海军情报局局长的代表。”——就是他自己。这当然是荒谬的，因为他们的报酬都是我负责的。他说，他们和特勤局一点关系都没有。事实上，要是出了任何成果，他都打算抢功劳。而我的特勤局只要有可怜的无赖汉就够了（他一个都没交给我）。

雷格尔纳特随后说，他希望延长某个叫雷恩（Wren）的人给波拉造船厂拍照的任务时间，因为后者有着严密的看守。卡明觉得这太危险了，几乎就是把雷恩往监狱里送。雷格尔纳特的回答——雷恩被抓也无所谓，因为他没什么用，而且也无人知晓——让卡明震惊：“我完全不同意这个做法，在知道他持这样的看法之后，我觉得我没法和罗伊一起工作。这给 CJ 的被捕染上了一层丑陋的阴影。”卡明“严正要求”雷恩回国。

我们不知道这个不幸的 CJ 究竟是谁，但是丑陋的阴影也同样笼罩在接下来发生的逮捕中。这种冷漠的、自暴自弃的无情是雷格尔纳特的真正想法吗？还是仅仅在口角中一时嘴快？卡明的回应和秘密情报局后来的气质很像，一名间谍的被捕是最让人震动的灾难。

8 月 16 日，雷格尔纳特寻求麦克唐纳批准派遣川奇和布兰登刺探但泽演习。麦克唐纳在和卡明讨论后，又拨了 30 英镑的经费。随后，他谈论了雷格尔纳特的位置，

> （麦克唐纳）说他对此感到十分不舒服。我说我也是，但是原因不同。他让我就此事写一份报告，但是我恳求他不要这样，因为太尴尬了，而且也许会让我们损失一个值得信任的人。他同意了，但是说我必须保证不让罗伊继续参加我的计划，而且不要使用私人地址。

这是卡明第一次在承认雷格尔纳特的缺陷时为他辩护，后面还出现过很多次。无论“值得信任的人”包含着多少优点，卡明似乎对此心知肚明，至少觉得他的优点足以盖过他的缺点。直到后来，当特勤局的规模大大扩展之后，卡明总是缺乏可以依赖的人，因为不能指望海军部和陆军部——

总能向他提供人手，有段时间甚至是唯一能向他提供人手的机构——立刻提供能够帮忙的军官。雷格尔纳特看上去也不想做别的，也不指望在正常的职业中取得成绩。在卡明眼里，雷格尔纳特能够提供经验、奉献和可靠。不管怎样，在接下来的岁月中，卡明对他的看法依然是：同情但不理解。

8 月 27 日，卡明记录了雷恩的平安归来——“尽管工作本来可能很有价值，但是我们不能允许我们的工作人员冒风险”。他给雷格尔纳特写了一封信。但是在寄出之前，他在晚报里看到一个英国人在博尔库姆被捕的报道。他犹豫了一下，但还是寄出去了：“不管怎样——就算出了点小事情，现在也不是强调这件事的时候。”

在卡明对特勤局的控制方面，这封信显示了两人分别的立场，因为雷格尔纳特在回信中进行了反击：卡明希望负责包括雷格尔纳特在内的整个部门，给自己揽了太多责任；雷格尔纳特一直在没有人可以咨询的情况下默默工作；比塞尔不在的情况下，他应该被视为海军情报局局长的代表；卡明信件的口吻令人不快，他可不会给别人写这么一封信；特勤局的经费不是任由卡明处置的，而属于海军情报局；等等。卡明逐条进行了反驳，宣称自己既独立于海军情报局，也独立于陆军部（像往常一样叫作“另一边”，这偶尔是用来形容德国敌人的）。他提醒雷格尔纳特，“他比我小得多”。雷格尔纳特的笔下又一次清楚地反映出他对自身地位的关心和这次行动——造成川奇和布兰登被关押在要塞——之间存在着密切关系：“他说，要是他不能完全控制他送出去的人，那么我就再也得不到新的间谍，因为这些人都是他的朋友，他再也不会把他们介绍给我。”

尽管两边都放了狠话，但他们还是把争吵先放在了一边，以便讨论早上的新闻。雷格尔纳特相当确定被捕的就是布兰登。他们打算派人去荷兰搜集那些信件，但是卡明提出，德国人肯定已经发现了地址并拿到了信（事实上，正如前文所述，直到布兰登主动将信息透露给预审法官，德国人在此之前对此一无所知）。雷格尔纳特决定发电报告诉川奇，“推迟赛艇会，等候指示”。

卡明发现陆军部的人“相当恐慌”。他说：“要是确定是我们的人，我当然愿意承担责任，但是我们没法相信报纸。我告诉他们，我们‘从官方层面’对此一无所知。”卡明下午都在栅栏防御委员会工作。到了晚上，雷格尔纳特告诉他“刚刚在报纸上看到了非常严重的消息”。比塞尔当时正在考斯（Cowes），但他们觉得有必要向他汇报。他们赶上最后一班列车，在凌晨 2 点到达皇家酒店。在第二天早餐听取汇报之后，比塞尔决定通知第一海务大臣费舍尔，并和他们俩一道回伦敦，“讨论各种方案以帮助我们鲁莽的朋友们”。

比塞尔决定，陆军部的官方说法（大概是对那些不知道这件事的部门）应当是，“我们确定这两个不幸人士并非军人，也和任何秘密情报工作无关。我们对他们一无所知。”官方否认也许有充足的理由——例如，如果承认，就无法阻止审判、定罪或者更长的刑期——但是尝试愚弄本国官员肯定不是好办法。现在大家都这么认为。不过，它也有可能是用来告诉大众的非官方说法。比塞尔去见了费舍尔。费舍尔决定“现在什么都不要做，我们对他们一无所知”。雷格尔纳特提议他来拜访两人的朋友。但也许幸运的是，没有记录显示他真的这么做了。雷格尔纳特随后宣称，他们不知道川奇和布兰登带了照相机，他确定他们随身没有携带调查问卷。与此同时，他和卡明的关系也因为大事发生而平息了下来。卡明“按照昨天的安排，将写给我的信原封不动退给了他”。

8 月 30 日，海军部就此召开会议。凯尔日记里记录道：“我被问及我能否做点什么‘压一压’博尔库姆一事的‘风头’。我说恐怕不能。”和往常一样，卡明进行深入探讨。不过，他的第一句话——“不太确定”——是个很好的总结。英国媒体对这一事件的兴趣依然不高，这部分归功于川奇和布兰登的律师威廉·布尔（William Bull）爵士。他是来自哈默史密斯（Hammersmith）的保守党国会议员，同样参与了外交部的讨论。布尔在讨论中提到了逮捕德国在英间谍，卡明在会上也提出了类似的想法。但是这一想法被拒绝了，因为“就算假定我们确凿无疑掌握一例，我们也不应说出来他们是谁”。

第二天，当卡明和麦克唐纳又一次讨论此事的时候，他发现麦克唐纳

> 尽管显然对此事感到困扰，很懊恼我们的工作竟然出现了这种阻碍，但他还是和蔼友善……我告诉“闪电”，我从一开始就知道“外崖”要去 ×× 建议的城镇之一，我曾经特地咨询过 ××。当时是 7 月末。

而另一个人则是匆忙加进来的，我还得批准10英镑作为他的额外开支。我在他们动身之前见过他们俩，但是我的主要目的是再认认脸，以防我们万一在国外遇见。

卡明日记在8月31日至11月22日之间是空缺的。他后来的日记也没有解释这一空缺。凯尔在这段时间的日记里有九次提到了卡明或与卡明有关的事情，我们可以从中一窥卡明和川奇与布兰登一案的进展。但是程度有限，因为这件事本来就和凯尔关系更密切——主要就是赫尔姆上尉在朴次茅斯被捕——描写也不够详细。

9月5日，凯尔回忆："我去见了'C'几分钟。他正发着高烧，卧病在床，几天内是不能起来了……所以我得把我去英格兰西南部的出差推迟到下周。"（这说明他们当时依然在遵循两人不能同时不在办公的规则。）同日，凯尔被叫去见比塞尔，他得知威廉·布尔爵士声称自己已经知悉两个在英的德国间谍（大概还说要逮捕他们）。凯尔随后和"麦克唐纳上校"（他从未像卡明日记那样使用增添色彩和神秘的昵称）一起去外交部讨论赫尔姆一案。他们发现弗朗西斯·坎贝尔（Francis Campbell）爵士"对此事完全无动于衷，也不会给予我们指导"。

9月12日，凯尔在斯通3号建筑物会见了威廉·布尔爵士。他发现德国间谍的数量已经从两位变成三位，但威廉依然不愿意和凯尔充分交流信息——"他希望在博尔库姆一案结束之前都不泄露心中的锦囊妙计"。最后，布尔同意将自己所有掌握信息告诉凯尔，但前提是凯尔在行动前必须向他通报。

凯尔经常收到有关可疑德国间谍的情报，他往往对此精力充沛甚至会轻信。比如，"M告诉我，他在伊尔弗勒科姆（Ilfracombe）遇见了一个名字叫列昂先生的德国人，很有可能是间谍"，或者是"他警告我们要防备马耳他最主要酒店里的领班。他确定这个领班是个间谍"。威廉爵士的说法和这些一样，显然没有在间谍史上留下印记。不过，在这个月晚些时候，凯尔和威尔特郡（Wiltshire）警察局长讨论一位叫冯·古恩特赫（von Grundherr）的先生。警察局长"早就在怀疑他了。他已经离开英国……他还在邻居那里欠了钱"。

卡明的病持续了比预想还要长的时间。9 月 26 日，凯尔写道："见了'C'。他好多了。我提议，在他病好之前，我可以把'L'借给他帮他回信。'C'很愿意让'L'过去。"（这看上去不是那个间谍"L"。）10 月 11 日，凯尔与海军上将林普斯共进晚餐，后者怀疑"朴次茅斯哈德（Hard）的德国理发师施耐德（Schneider）是个间谍。施耐德看上去很熟悉'博尔库姆间谍'的细节，他还说川奇在离开之前跟他说，他要去博尔库姆和其他岛屿看看是否有所发现——或者类似的话"。

凯尔下一次拜访卡明是在 10 月 24 日，发现他已经好转，在"L"的帮助下可以再次回信了。七周后，病情才能"大大好转"，说明这不仅仅是一场重感冒或者流感，有可能是某种热病，是卡明早期海军生涯在热带染上的某种顽疾。不过，卡明在 10 月 27 日已经回到工作岗位。他把凯尔介绍给雷德伍德（Redwood）夫妇，凯尔想利用他们调查肯特小查特（Little Chart）的一位弗莱明（Fleming）夫人。次日，凯尔"在卡明办公室会见了十分机智的雷德伍德夫人"。

到了 11 月中旬，如前所述，特勤局的预算已经提高到 8050 英镑，从而给卡明和凯尔各增加一名助理，给凯尔在东海岸增加一名海军陆战队助理，给卡明在哥本哈根增加一名间谍。这需要外交大臣的批准。在哥本哈根有间谍的好处是因为"从这个城市可以轻松进入德国造船厂"。不过，陆军部更喜欢布鲁塞尔，因为它希望在比利时和德国边界有个后方机构。两处的安排都尚需时日。

1910 年 12 月 23 日，在川奇和布兰登审判的第二天，卡明总结了这件事，再一次强调分割领导和情报界内部的控制问题。

> 似乎审判结果让我无须对此事负责。然而，这不过是碰巧。尽管事实证明，我无法控制这一案件中的任意一方，但我一直以来心里对此都有一定的责任感。我想要定位好位置，避免类似事件再次发生。我们可以明显看到的是——
>
> 1. 他们走的不是我以为的那条路线。
>
> 2. 尽管我希望他们写信给我，还因此把地址给了他们。但他们从罗伊那里得到了其他指示，事实上在和罗伊通信。

3. 我对他们寄回国给罗伊的情报一无所知，我的部门也没有因此得到褒奖。

4. 罗伊的安排显然是去德弗兹见他们。这一计划要是交给上级，肯定不会被批准。

这一任务在任何条件下都是极其困难的。在上述情况下更是不可能的。我不能为与我指令相悖的工作而承担责任，也不会批准一个直接触犯我自己指示的计划。罗伊提议拿走我本月经费的70%，还在独立于我部门的情况下使用它们。要是这种事情再次发生，我的部门就什么都不算了。

对于特勤局里卡明负责的这一部分的头一年而言，这算得上一次令人气馁的收场。他们获得了一些情报，但是基本的官僚和操作问题依然悬而未决。不过，川奇与布兰登事件不能完全遮蔽下半年的工作。在此之中还发生了其他事情，包括其他计划和有趣的会面。

比如，蕾切尔（Rachell）夫人一事。卡明最早在7月初听到她。麦克唐纳在从这个月的徒步侦察回来后，告诉他蕾切尔夫人和另一个女性之前曾是怎么替陆军部当间谍的，但是“气呼呼地走了”，因为陆军部给某条情报只付了8英镑。比塞尔当时正给卡明施压，要求他获得德国商船上可能运载的军火细节。卡明不禁想到，蕾切尔夫人也许有用。他获得了麦克唐纳的许可，重新和蕾切尔夫人商讨。

卡明在7月16日早上5点抵达巴黎，听取了一个叫霍姆斯（Holmes）的人的汇报，后者大概是英国大使馆陆军武官下属职员。不过，在会见蕾切尔夫人之前，他得去见另一个可能的间谍玛格丽特·德比斯（Marguerite Depiesse）小姐。她应该去他以假名登记入住的酒店找他。为了防止这是一个陷阱，他小心地不让自己被记住。他在一个小客厅里坐了下来，“我可以看见每一个走进大客厅的人”。他以令人失望的精练补充道，还“略微伪装了一下（假发和胡子），穿的衣服比较奇特”。自然，他在采取了这些小心谨慎的措施之后，等了六个小时——毫无疑问，他看上去就像是个待业的人——没人出现。

卡明随后前往蕾切尔夫人所在的昂吉恩（Enghien）。

> 到了这栋相当得体的房屋，我询问这位女士是否在家——她显然在家，仆人把我的名字转告给主人。他随后传话称，她很抱歉不能接待我。我回复说，恳请她能见我一面，毕竟我大老远从巴黎过来见她。但仆人的回复是，她很抱歉不能见我。我恳求这一次就给我五分钟并且提高了音量［大概是用法语］，所以在里面房间的女士能够听到我。我对仆人说："告诉她，我是从伦敦来见她的。要是那都说服不了她的话，就说我是从中国来见她的。除非见我，不然我就不走了。"女士终于出来了。

他们进行了谈话。卡明描述她，"中等身高，体格挺结实，有点年纪，气色不错，蓝眼睛，棕色头发，带着现代风格的头巾但是并不出格，穿着平实但是算不上廉价，说话和气质很安静"。对于他嘴中的"女士们"，毫无疑问从中可以看出他的态度是正式而有礼貌的，不过潜在的还有一丝打趣的殷勤。卡明承认，在见蕾切尔夫人之前，他以为蕾切尔夫人"是妓女"，但是一见面就知道自己错了，蕾切尔夫人是"令人尊敬的法国中产阶级已婚女士"。

蕾切尔夫人的情报原来来自她的嫂子——"霍姆斯告诉我，她的嫂子是来自下层阶级的犹太人"——后者被丈夫抛弃了，靠卖情报养活自己和孩子。而她的情报源是德国陆军一位负责热气球部门的工程师，工程师出于"爱意"而向她提供情报。两位女士都对英国人上次付钱如此之少而充满愤怒，她们那时候快没钱了。她的嫂子"严厉要求她不要和我们之中任何人联系"。卡明很同情："我也采取谴责他们［女士在陆军部的联络人］的态度，跟她说，这些人都是陆军，而海军陆战队这边就完全不同了，能够充分赏识有价值的服务。"

卡明给她 20 英镑以重新建立联络，他们确定了通信方式，还预先就情报价格而达成一致。卡明随后测试了她几个问题。他认为她"应该是诚实的……而且很聪明，尽管对文件有点不够谨慎。不过，考虑到她住在自己的房子里，所以算不上事"。尽管卡明自己感受到魅力——他对魅力很敏感——但他依然头脑清晰："我感觉这两位女士在和法国政府打交道，而且不亏……他们之所以同意和我们打交道，是因为她们卖给我们的情报就是提供给法国政府的情报……法国人给的钱更多，不过我相信，对于真正有价值的内容，我们还是付得起钱的。”

当卡明回到酒店时，他发现德比斯小姐给他寄了一封信。她说她不想来巴黎，因为她担心“出行花钱”，她一反常态建议在伦敦见面。两天后，卡明从伦敦通过一个信使向蕾切尔夫人寄了一封信。信使在一大早就到了，蕾切尔夫人“穿着晨衣”就来见他，把他带到一个“相当不整洁、散布着行李的小客厅。她正准备启程（去伦敦）”。因为高度近视，她读信的速度很慢。他们在此期间被仆人打断了一次——“打断的借口很差劲”——被“先生”打断了两次。信使认为先生 50 岁了，而夫人也就 30 岁左右。夫人同意下周二在伦敦和卡明见面。信使认为她很坦率、诚实、十分聪明，而且他确信先生“心知肚明”。

在约定时间，他们一起在特罗卡迪罗（Trocadero）喝了下午茶。夫人告诉卡明，她嫂子的情人需要 100 英镑作为开支，“报告”还需要 100 英镑（虽然情人做的一切都是为了爱），他可以回答任何提出的问题。夫人已经把她的兄弟派往柏林以刺探梅斯（Metz）演习的情报，这是卡明之前提到的一个要求。（蕾切尔夫人把她的情报工作搞成了家庭产业，这也许并不像我们所设想的那样不寻常。）

卡明获得了支出这些款项的批准。由于在别处找不到房间，卡明随后在皮卡迪利酒店（Piccadilly Hotel）向她介绍了情况。他们决定在一个月内再次会面。次日，在送她上港口联运列车之后，他开始寻找能够见间谍的私人房间，并且“在圣詹姆斯区的乐宫（Park Place）12 号找到了一处，对方答应，要是有空房间，每次收费 6 先令”。

与蕾切尔夫人的联系又持续了好几年。不幸的是，她所带来的情报和特勤局绝大多数情报一样都被销毁了，所以我们并不知道蕾切尔夫人发挥了什么作用。与她的联系最多不超过 1913 年底，因为在那一年 12 月 13 日，当卡明再次来到巴黎时，他前去拜访蕾切尔夫人、她的姐姐和嫂子。“我对后者说，要是她不能提供更好的情报，那么我们就没办法继续进行合作。她问我们需不需要德国最新榴弹炮的细节。我说，要是情报是真的，我就要。”在此之后，卡明再也没有提过蕾切尔夫人。

不过，还有关于德比斯小姐的其他消息。他们约定于1910年7月21日在伦敦见面。卡明和雷格尔纳特在约定时间前往火车站，看到两列班次进站，在约定的酒店留下字条，回到火车站，回家收到了一封电报，再次回到火车站，又等了四个小时，终于等到了这个间谍候选人。卡明原本以为会见到一个苗条的女性，谁知是个膀大腰圆、高得离奇的男性。

他是个比利时人，自称在美国当侦探。雷格尔纳特说他是“一个身材健壮的男性，很像个农夫”。这人记得1907年比利时媒体讲述的一则故事。有一个人看到一则招聘退休士兵的广告，当他前去咨询之时才发现这是德国在招间谍。他拒绝了，由于警察对此事不感兴趣（间谍活动在比利时并不非法），他就向媒体曝光了。后来，德比斯大叔看到了类似的一则广告，他因此和德国人建立了联系。1910年春天，他直接向德国人写信提供有关法国的情报。对方的回应却很漫不经心。他随后假装德比斯小姐，向对方提供“有关英国的情报”，对方却迅速回复了。他得到结论，德国人在法国第二局[1]内已有情报源。他自告奋勇担任双面间谍，从而获得更多情报。他出示了多封信件作为证据。

他们给他取了个“德拉贾迪埃”（Delagardiere）的外号。雷格尔纳特很想雇用他，但是卡明、比塞尔和麦克唐纳表示反对。看上去不是因为他们不信任他，而是因为他们认为，从其他间谍那里窃取情报，只会偏离他们的主要任务：获得有关德国海军和陆军的秘密情报。卡明对敌方的情报机构很感兴趣，但是只对所谓的潜在目标感兴趣。情报源需要省着用，留给主要任务。他们似乎没想过要把类似事情转交给凯尔，除非此事与英国特别相关。而且他们也没考虑用情报源来反间谍。虽然后来的实际操作正是这么做的（尤其是和克格勃相关）。

尽管许多间谍小说和媒体报道都认为，间谍绝大多数时间都在窃取其他间谍的情报，但卡明、麦克唐纳和比塞尔却坚持把重点放在对其他情报的获得上，他们对大多数间谍实际做的事情要更为了解。比起在敌方情报机构工作的间谍，在敌方财政部、国防部或部长办公室工作的间谍也许能够了解敌方更多的政治和军事意图——除非和共产主义国家那样，情报机构要更接近于权力中心。

1 Deuxième Bureau，存在于1871至1940年，是法国陆军情报机构。

与雷格尔纳特的分歧依然发生着。他曾经是海军情报局与秘密情报界的交汇点，负责和陆军部——该部在这一领域做得更多——的联络。他也许会很怨恨，一个年老又没经验的闯入者自行其是，染指他的自留地。而且还和他没有上下级关系。更糟糕的是，这个闯入者还拥有一把尚方宝剑，能够抢走他的活。作为两人上级的比塞尔似乎并没有在卡明行动许可方面给过雷格尔纳特明确的指示。这不能说都是比塞尔的错，因为卡明在一定程度上还保护了雷格尔纳特，强调后者的有用性和经验。另一方面，要是雷格尔纳特是他的属下，麦克唐纳毫不掩饰自己的想法——甩掉他。当麦克唐纳抱怨雷格尔纳特与秘密间谍的关系有悖于外交部的愿景之时，卡明依然在维护他，“我让他不要在官方层面上插手此事……否则，会大大削弱我，因为罗伊提供了很多帮助……如果有可能，我保证会让他逐渐远离工作”。

不过，卡明并不想任命雷格尔纳特担任他的助理：“我告诉他［麦克唐纳］，我有点害怕罗伊，他性格强势，总是对我的方法指手画脚。”卡明毫无保留地承认让我们更加疑惑为什么卡明后来还是替雷格尔纳特辩解，接着用他。尽管“有点害怕”更像是体现人格强大的象征，而且卡明后来毫不畏惧地责罚雷格尔纳特，但是这也许体现了卡明的软弱。但我们不难意识到，长期忍受雷格尔纳特是不对的。

1910 年的一件小事可以表现雷格尔纳特带给他的不满。他和“M”——退休警察（梅尔维尔）——前往布鲁塞尔，他又一次发现雷格尔纳特给了间谍自己的地址用来通信，而那些信件本应该寄给卡明。而且，这次旅行虽然令人失望地没有成效，但是在某一方面又是出人意料：雷格尔纳特高度评价梅尔维尔、他的方法、策略上的敏锐和洞察力：“他［雷格尔纳特］说，M 比他在和陌生人打交道方面要大胆得多。M 直接走向陌生人，直视他们的脸庞。”

这年年中，在旷日持久地讨论卡明是否应当在欧洲一个国家首都拥有一个“分支中心”时，雷格尔纳特积极参与。比起哥本哈根，卡明现在更支持布鲁塞尔，因为一旦战争爆发，布鲁塞尔要处于更中心的位置，而且它易于进入，还有“它的俱乐部、它的英国人社区以及它现代低廉的生活方式”。然而，麦克唐纳却更支持哥本哈根或阿姆斯特丹，因为这两处间谍更少。他们也争论派往那里的应该是在职人员名单上的承办人，还是一个在名义上或者实际上已经退休的人；这个人应当直接向麦克唐纳负责，还是向卡明负责。出于安全和指挥上的理由，卡明不同意派在职官员，他也反对同时在好几个城市设立。他更支持布鲁塞尔，但也愿意做出妥协，同意哥本哈根或阿姆斯特丹。“与此同时，我们要一直等到发现理想的人选才行。他能够在一处或几处地方安顿下来，有着实际的、确定的目标和职业，在外人打消顾虑之前，能够并且愿意住在那里几个月无所事事。”

在英国陆军情报工作的思考和实践中，我们难以评价这具有多大意义。对于军方而言，情报活动一般是由运用智慧避免被抓的军官进行；长期深度潜伏的行动——执行者需要改变身份和职业，当多年的店主——更像是专门的情报机构所为。

雷格尔纳特是卡明提议的候选人，不过，这对他的论点并没有什么帮助。他提出了一些有说服力的论据。1910 年 11 月，外交部批准卡明可以在哥本哈根开个分站，但是想获得有关人选的更多信息。卡明告诉阿瑟·尼科尔森的私人秘书艾灵顿勋爵（Lord Errington）：

> 罗伊拥有特别的资格……他能说好几种语言，拥有丰富的部门工作经验，这对于一个成功的特工而言十分重要，他得告诉他手下的人要寻找什么情报……他在金钱面前能保持自己，并不在乎社会评价，愿意彻底地隐藏自己的身份……他可以开一家商店，把它当作货真价实的生意来做。

卡明在后一点上强调了雷格尔纳特“杰出的优势”，有一技傍身。这可能指的是他的父亲是一家家具店希尔斯（Heals）的老板。雷格尔纳特不重视金钱也没有结婚，除了在秘密、爱国的工作中获得满足，他没有其他乐趣或目的。如果是这样，就可以解释当任命某人威胁他的地位之时，他在感情上的反应。这可能是卡明的推测，他不希望剥夺雷格尔纳特的人生目标，也不希望丧失雷格尔纳特的帮助。他将海外情报站视为一个完美解决方案，既能让他不在身边，又能让他继续提供服务。

卡明也和艾灵顿勋爵讨论了找到一个合适的办公助理是多么困难。他的要求——就外交部意识到的而言——让情况更加复杂，这个助理不能在陆军部或海军部露过太多面，从而引起他人的注意。卡明的回答说明，他正在学习官僚的话语："我回答道，我去两个部门更加容易了，但我会尽力减少私人访问次数。"

不过到了年底，还是未能确定人选，卡明在好几页日记里论证，从他个人利益出发，为什么他希望是雷格尔纳特，而且最近川奇与布兰登的审判提到，"雷吉"并不会影响他的观点。他得出结论：

> 我认为罗伊是一个难以与之工作的人，他总是自行其是，不愿意接受管理——我觉得他一直是我这边的刺头。与此同时，我相信他是这一职位的最佳人选……作为我的分支中心首席特工，我宁愿忍受一点个人的不适和担忧，也不愿意找一个二流角色。[川奇和布兰登]经历已经给了我们很多教训。

尽管 1910 年 11 月就已经达成一致，但秘密情报机构海外情报站直到 1913 年夏才真正建立起来。他当时要是知道这一点，估计不会开心。

伦敦的助理也不是一件小事。上级似乎普遍同意他需要帮助。麦克唐纳在 8 月的谈话中说，他会离开一两周，而卡明悲哀地写道："我说，我一点都看不到有什么摆脱的办法，他说工作就像个束缚。我怀疑是不是有人不知道我一天工作的时长？我认为是早上 9 点 30 到晚上 11 点 30，扣掉 2 小时休息，那就算 12 小时，而且我只有周六下午可以休息一下，没有星期日。"至于什么家庭生活，那就更不用提。但是卡明尝试自我安慰："未来一两年就得这样，但是后面就能安稳下来了。"

卡明工作时间那么长的理由是，什么都得他来做：与现在的间谍通信（通常用外语），他还要编辑并传阅有成果的间谍报告，每天还要和上级协商，出差见间谍，接见前来的间谍，设计并执行新的行动，还要面谈他和其他人听到的每一个无赖、江湖骗子、真诚的情报源和志愿者。

而不期而至的事情则会占据他一天很大一部分时间，典型的一件事发生在 1910 年 12 月 21 日。麦克唐纳让卡明在办公室外见面，麦克唐纳告诉他，有位提供情报的女士正在办公室内接受他一个手下的询问。白厅古老的传统在这一天占了上风：政府部门和间谍们划清界限。卡明说，“他希望我见见这位女士，和她搞好关系，但是希望我在办公室外面见她。”

卡明理所当然地认为，在接受敏感询问后，任何人走上大街，“要是有人贸然上去搭讪，自然会感到不悦和戒备”。但他还是叫了一辆出租车，让司机在外面等着。

女士出来后，她直奔等候的出租车。就在这一刻，卡明走上前，鞠躬询问能否聊一聊。女士脸色变白并说道：“我认识你，你是‘警察’[1]。”他向她保证自己不是警察，而是“公司”（早期不正式的术语，代称秘密情报局，老成员一直在用）的成员，还向她展示了她刚才使用过的通行证。

这还不够。刚刚跟她谈话的人向她保证没人会打扰她，所以她让卡明和她一起回去找那个谈话的人。卡明不得不回绝了，他们随后相互告别。女士回去找和她谈话的人，而卡明去找麦克唐纳。他让麦克唐纳赶快告诉谈话人，告诉那位女士，卡明“是一位适合的联络人，不过出于某种误会，这并不是那位女士后来所听到的内容”。

他们俩同时来到了大街。那位女士坚决声明，她再也不想和任何人打交道了。而卡明坚持不懈，“和她一起走了好一段路，终于说服她和我一起去一家好餐馆一起吃午饭”。他们找了个包厢并在接下来的两个小时里一起吃了午饭。

这一事件的喜剧性也许抹掉了卡明的成果。我们所知道的是，公共场合的“搭讪”自然是有风险的，需要坚强的神经，以及迅速获得信任的能力。卡明一定能说会道、很有魅力。这件事也完美地呈现了他和特勤局的模糊定位。这位女士是在对方代表官方的前提下才愿意提供情报，而卡明的职责就是在避免任何官方联系的情况下去分析和利用她的情报。可是卡明同时又不得不通过自己与官方的联系来获得和她谈话的机会。这在逻辑上是讲不通的。

然而，这顿午饭吃得很有意思。这位不知名女士是俄国、荷兰和英国混血，之前与她的德国军官丈夫离婚了。有位王室亲王尝试把她的两个孩子送进德国军队的孤儿院，她感到了极大的侮辱。她说，这让她心里燃起

1　原文是 Polish，应该是警察（“Police”）的近似发音或代称，故翻译为“警察”的谐音。

了复仇的欲望。她提出，自己可以传递德国海军仰慕者所提供的信息。为了孩子的缘故而保证这位女士的名誉完好无损，这位仰慕者愿意提供一切。她把她的仰慕者迷住了。“她在发牢骚时，”卡明写道，“她哭了很多，我得求她给我一点回味的空间（并没有多少）。”

卡明发现对方很难说到点子上，部分是因为她老是在说，虽然自己不是为了钱而工作，但她必须要有开销的钱。当卡明提及船只的平面图、密码本这些事情时，对方却在说心中符合她新身份的几种奢侈品。女士自称熟悉克虏伯老板和德皇，还有她能够轻易获得有关德军“35.5 厘米口径火炮”的情报。她希望被邀请到英国驻柏林使馆，但是卡明告诉她，“一个像她这么有价值的人不能和一个国外大使显得亲密而招致怀疑”。他承诺，当这位女士“完成对德国的复仇”，最终定居英国之后，会把她介绍进入上流社会。卡明重新询问了她已经提供给麦克唐纳手下的情报，双方确定了报酬和通信方式。

与往常一样，卡明的总结不带感情：“我不认为她能够获得重要情报，因为她完全依赖自己的魅力，而她的魅力正在渐渐消失。”卡明十分小心，觉得对方可能在欺骗他，而且不相信对方说自己曾看到过两个侦探，其中一个之前跟踪过她：“她说不出这件事是在什么时候、什么地方发生的，而且她突然听不懂我的法语了，自己也不会讲英语了。”对方还声称，“由于川奇上尉即将服刑”，她可以带个口信！卡明表示十分怀疑。另一方面，卡明引诱对方邀请他在德国见面，但是这位女士并没有上钩。而且在卡明出去的时候，对方也没有碰他的皮夹。“如果她是个圈套，”他总结道，“那她演得也太好了。”她用古北欧语（Old Norse）记下了他的需求。

“我很遗憾地说，”卡明最后写道，“她相当看重所有间谍都要求的‘保证’。对于他们而言，坚定信念保证了他们提供自己不宜泄露的姓名和地址，但是我的经验告诉我，这就意味着预付一笔钱，然后杳无音信。”卡明后来再也没提到这位女士。

会见已经招募进来的间谍，尽管能有更多收获，但也很费时费力，问题多多。卡明在伦敦曾度过了几天手忙脚乱的日子，要和充满怨恨、苛刻的 TG 打交道。TG 除了要更多的钱就是在徒劳地搜寻卡明的真名。一个女间谍“A”不小心暴露了她与情报机构有关，需要受到责罚。而 FRS、“U”、弗雷德·奈特和德军手册的一个情报源——在巴黎的约瑟夫（Josef）——则纷纷走到台前。7月1日，卡明收到了一封来自一个叫奥托（Otto）的人寄来的信，安排“斯科奇里手下一个人去取奥托的材料，但是那个人在听完介绍后改变了主意，自以为有理地拒绝了”。他们是在一家饭店进行谈话的。卡明选了这家，“所以他不知道我是谁”。从卡明晦涩的叙述中，我们可以一窥他是多么明快果断：“他对我长篇大论，最后开始骂人，我不得不把他赶出去。”

7月5日，他了解有关那个奥地利老牌间谍“B”的一些底细。这是一个叫福耐斯特（Foulnest）的官员告诉他的（我们不知道这个人的身份），福耐斯特在“奥地利陆军情报局局长赫多兹奇（Hordoiczke）”的推荐下第一个发现了“B”。赫多兹奇说“B”也为他们干活。福耐斯特说，“‘B’有本事随意进出要塞，然后画出它的素描，所有细节都极其精准。”不过，双方都承认，这个间谍很懒惰，必须时刻催促。

比起凯尔，卡明更多记录了他们俩之间的联系。看上去他们的合作关系更加顺畅了。但是卡明还是有一次沮丧地记录道，凯尔让他询问“A”有关她之前推荐的一个人：“我感到很好奇，他竟然读过我的间谍写的回信，尤其是我从来不允许别人读。”8月初，正当川奇和布兰登出发之时，凯尔把卡明介绍给蔡恩·冯·罗讷（Tsarn von Ronne）男爵。凯尔说他是“一流工程师、制图师和德国学者，很愿意为我们提供服务”。男爵之前曾为“齐柏林、帕斯瓦尔（Parseval）、克虏伯和其他飞机制造商”工作过。在皇家汽车俱乐部的午餐中，男爵同意提供帮助，代表卡明前往德国。那时候，比起飞机的情报，机构更需要飞艇的情报。在后来几年，卡明在飞艇的情报方面收获颇多。（大概这是卡明重新被介绍给他在3月已经见过的那个间谍，但第二次会面更有用。）

8月15日，凯尔又给他介绍了另一位工程师亨利·戴尔·龙格，被叫作“L”。据说“L”是卡明手下的间谍。因此，龙格有可能同时替两人工作，但他肯定最初是凯尔的人，而且或许主要都是给凯尔工作。卡明告诉他，他即将要去汉堡、基尔、不莱梅和但泽出差。卡明挺喜欢他：“我觉得他长得挺帅，很有可能很机警、仔细。”卡明跟他聊了几乎两个小时。卡明虽然惋惜对方对船只和海军事务一无所知，但觉得这并不构成什么阻碍。“他的职责是招募他人，而不是获得事实。”每离开一个地方，“L”就要给卡明寄一封明信片，而卡明则会给他在布鲁塞尔的一个地址写信。如果“L”发现了一个值得卡明见一面的潜在招募对象，他就会带那人穿越边界并发送电报。卡明认为“L”会做得很好，部分是因为“L”会说法语和德语，部分是出于一个让人有点意想不到的理由——“他和我是同一种材质和类型”。

这对于卡明算得上一个重大进展。虽然上级的压力是让他获得有关德国造船和军备的情报——通常是由川奇和布兰登这样的出差军官提供——但他最需要的是优质间谍。海军部和陆军部之所以想要这些情报是因为德国媒体和安全限制要比英国更加严格。在英国，战舰建造的许多细节经常被报道出来。要是允许卡明在前几年着眼于建立一个间谍网络而不是提供其他人也在提供的情报，那么对于卡明和特勤局也许要更好。

陆军行动局局长换人了，从尤尔特少将变成了威尔逊少将［Wilson，带着伦敦东区[1]口音，未来的帝国陆军总参谋长（CIGS）］。卡明对他的印象——“一个聪明的军官，毫无疑问会带来巨变”。日记显示他后来基本没和“老头子”（陆军行动局局长）说过话，“除了我们在委员会里见到三次”。他希望新上司能够“允许我偶尔接近他”，“耐心地听我有关工作的长篇大论”。缺乏官僚的自高自大，卡明总结道，“只要普遍、准确地汇报事情，那么一切并没有什么不同。而且直接处理事情总是更简单。”

与此同时，在忙碌的8月，卡明于17日“回家，向南前往BD［栅栏防御工事］”。我们并不知道他见了梅和阿拉斯泰尔几次。他们一直待在伯斯尔登、和他住在伦敦，还是两头跑？毫无疑问，无论他们住在哪里，秘密工作和情报机构在卡明心里地位更高。

1 伦敦东区是伦敦主要工业区，有大量贫民窟。

第七章 吸取教训

1911 年要比 1910 年更忙——尤其是因为爆发了阿加迪尔危机。这是特勤局建立以来最重要的国际事件。但是我们对此知之甚少，因为卡明日记在 1911 年，除了记了 1 月 6 日至 19 日的部分，其他时间是空白的。凯尔日记和其他证据显示，卡明继续在工作。而当卡明日记在 1912 年 1 月恢复时，他也没有进行解释。我们没有理由怀疑这段日记被故意隐瞒了，因为 1909 至 1914 年的日记打字稿没有丢失任何一页。而且，如果卡明觉得有内容对于日记太敏感，他更倾向于一开始就不放进去而不是后来再取出来。一个可能的解释是，负责依照手写稿打字的人，从 1911 年 1 月开始打，不小心把剩下的弄丢了，然后接着打 1912 年 1 月的日记。要么就是卡明太忙了，没法写日记，他在第二年接着写日记时感到没有必要向自己解释。

不过，1911 年 1 月 6 日至 19 日的日记还是包括了一两次有意思的会面、一次重要的会面。这是一位叫卡内利（Canelly）的先生，他也自称乔伊（Joye），曾是皇家骑乘炮兵（Royal Horse Artillery）的一名炮手，在布尔战争中负伤退役。他是个“27 岁、个头矮小的男子，头发梳得整齐干净，略微发胖，长得不错，但是眉眼之间有点躲躲闪闪”。他带着让人解除防备的坦白向卡明建议，不要让他重拾之前军队的老关系，“因为他之前的记录经不起细看……他没有做什么耻辱的事情，但他的性格不是很好”。

在这之后没多久，卡明又迅速赶往下一个会面，在一家酒店见一个叫 H. L. B 的上校。上校有一双棕色的眼睛和头发，鼻子很大，贼眉鼠眼，“穿着华丽，还带着一个很大的珍珠饰针”。他后来承认他有一个针孔照相机，在最近的一次会面中，拿它拍下了比塞尔的照片。尽管他在肯特郡伊利斯（Erith）的威格士工厂长大，但难以确定他的国籍。他自称会说多种语言，总是以西班牙人的身份游历于欧洲大陆。他还说自己曾在尼日利亚组织殖民军团，在玻利维亚当警察局长和炮兵指挥官，获得过多枚教皇奖章和意大利战争奖章，敲诈过一位德国军官，让后者带他去看厄哈兹（Erhardts，卡明的主要目标），拥有一个秘鲁印第安人的戒指——内含一种毒物，能够在三秒钟内置人于死地——他也提到了好些人的名字，说这是“德国秘密情报机构在英国最聪明的间谍们”——其中一个很容易被认出，因为他有四排牙。他还说之前三年都在给法国情报机构工作，直到对方让他“做对英国不利的工作，这破坏了他们之间的协定”。

卡明总结道：“他被法国情报机构踢出去应该有些时候了，现在希望得到另一份工作。他毫无疑问是个恶棍，但是个聪明的恶棍，我想从他身上得到点什么。我的手下都是恶棍——但是他们没有能力。哪怕他并不讨人喜欢，但一点点才智和头脑就足以带来改变。”卡明提出作为考核，让他去埃森获取 14 英寸火炮的细节，开销预先支付，而报酬依结果来定。卡明向他提议，“我们可以共享好处”。

这并不是非法的个人行为。由于行动上的限制，卡明得把自己打扮成一个有“雄心”、为海军情报局工作的上校，“得获得有价值情报才能证明自己”。卡明得向他保证，“我们政府和秘密情报工作一点关系都没有。上面有严格的指令，不得接受任何情报提供”。然而，底层官员必须要获得情报，因此要违抗指令。由于这个年轻人家境优渥（卡明大概把自己打扮得年轻一些，这是通常的职业习惯），他愿意慷慨掏钱。

因此，双方都在说些难以置信的话。其中一方自称有东西要出售，但其实并没有；另一方自称无权购买，但其实他有。毫无疑问，这种会面会助长对情报活动进行浪漫但误导人的描写：一个充满镜像、不确定、流沙的世界，象征着人类的境况。问题一方面在于，特勤局必须假装自己和创建它的英国政府毫无关系，而没人相信这一诡计；问题的另一方面在于，卡明必须要去见——有时还得利用他们——提供情报的江湖骗子，因为上级不允许他采取更直接的行动，尤其是禁止他接触一个能够更容易把他引向间谍候选人——拥有真正的渠道和真正的动力——的群体——外交部的海外领事。

1 月 12 日，卡明又打扮了自己。这次，他是去克拉克森斯（Clarksons）

那里打扮，效果“更令人满意——装束完美，在强灯光下都不会被人发觉”。他给自己拍了一张照，从而后面也能进行重复。他去见的第一个人叫“锈迹”（Ironmould）。这个人曾经徒劳地试图认出卡明，他之前已经知道科里（Currey）上校这个人了（卡明的假名往往和他名字的首字母一样，而且在用假名时，他会克制不住吹嘘自己的诱惑）。“锈迹”自称认出了一些奥地利和俄国秘密情报人员，还有一系列与情报活动有关的英国罪犯，包括布雷维奇·鲍威尔［Braywich Power，有时被称作温德姆（Wyndham）］和威廉·盖·德拉福斯（William Guy Delaforce）——前者是一个犹太放贷商人，而后者曾经是苏格兰场警探，他因为敲诈女性而被开除公职。“锈迹”自告奋勇获取港口和要塞的平面图，而卡明说，他得自掏腰包预付款项，所以也要共享报酬。卡明在日记里记道：“我觉得，他瞧不起没有诈骗嫌疑的安排。”

卡明随后卸下伪装，连忙赶去他在圣詹姆斯区租的一个房间见一个叫热罗特沃尔（Gerothwohl）的教授。和对大多数人的描述一样，卡明对教授的描述直截了当地描绘了对方的外貌。而卡明对对方气质的观察也足以显示某些性格：“他是个身材厚实、30岁左右的男子（不过，看上去更老），身高5英尺9英寸[1]，棕褐色眼睛，深色头发，面色健康，脸颊蓬松，态度焦躁，有点过于自信了。他的手臂布满汗毛，看上去很有肌肉——他自称是一名优秀的摔跤手。”他可以流利地说法语和德语。他在布鲁塞尔有朋友，可以把他介绍给有影响力的人物。他不喜欢当前的工作，愿意放弃100英镑年薪的薪酬来替卡明工作并获得500英镑的薪酬。问题在于，他没有什么可以提供。卡明认为他的“教养和绅士本能”会让他比大多数间谍更有用，而“有点名气的作家”的身份会给他提供有利的伪装。可伪装是为了什么呢？“当我们设计好新计划时，也许能给他找到位子。”

凯尔第二天在日记里写道：“‘C’给了我特勤局五个所谓间谍的名字，这是一个叫伯恩施坦（Burnstein）的‘上校’提供的。‘C’只能告诉我其中一个人的地址。我让‘M’去调查一下。”

与此同时，卡明还进行了另外一次会面。他这一次自称莫里斯·卡特（Morris Carter）先生，而对方被称为“打嗝”（Hiccough）先生。比起

1　约为1.75米。

其他会面，这次会面有着更大意义。

1911年12月14日，《泰晤士报》第八版第四栏刊登了两则报道。短的那篇题为“一个主教被他的狗咬了”，而长的那篇则题为“莱比锡的间谍案审判”。长的那篇记录了五个为英国间谍局（English Espionage Bureau）或英国情报机构（English Intelligence Service）——机构名字很多样——工作的人被判处监禁。第一个被逮捕的人是一个叫作马克斯·舒尔茨（Max Schultz）的海上交易商，他于3月在汉堡被捕。《泰晤士报》报道称，其他人的犯罪证据主要是来自舒尔茨的口供。在被捕时，有人说舒尔茨是很不幸的。而据称舒尔茨回答，“不，我很幸运，因为假如我没有被捕，那么我会做更多的事情，这样没有二十年是离开不了德国的。”他被判处七年有期徒刑。

其他被逮捕的人还包括冯·马克（von Maack，三年有期徒刑）、伍尔夫（Wulff，两年有期徒刑）、艾克曼夫人（Frau Eckermann，三年有期徒刑）和工程师黑普希奇（Hipsich，十二年有期徒刑）。冯·马克和伍尔夫都是在1910年被舒尔茨招募的，他邀请伍尔夫和对海军事务感兴趣的英国朋友通信。伍尔夫曾在不莱梅造船厂工作过六年，安装和测试潜水艇与战舰所用的潜水钟。在1910年12月前往英格兰时，伍尔夫提供了有关战舰发动机的情报。他和冯·马克都推荐招募工程师黑普希奇。1911年3月，舒尔茨让伍尔夫报告战舰“恩斯特·奥丁”号（Ernst Odin）的情况，这艘战舰正在基尔建造。艾克曼夫人是伍尔夫和黑普希奇的女房东，对舒尔茨做的事情心知肚明。她事实上在帮舒尔茨获取情报。

黑普希奇受到的刑罚最严重，因为他被认定纯粹出于利益才出卖情报。出生在奥地利的他，在威悉河造船厂工作了十二年。在德国海军部禁止雇用外国人后，他在1909年获得德国国籍。他提供的战舰平面图和其他材料“让英国人惊讶，后者隐藏不住自己的喜悦”。英国人预付了20英镑以及每周2英镑酬劳（他的主要薪酬应该还是依结果而定）。

《泰晤士报》的报道没有引起轰动，而记者的评论——“被告和英国任何官方机构的关系似乎是间接的”——反映出一定程度的官方意志。然而，比起审判报道中的内容，舒尔茨涉及情报活动的历史更为久远。事实上，由于这件事没有产生多久影响，它看上去取得了成功。

舒尔茨是一个在南安普顿负责游艇事务的船舶经纪人，他与德国私人造船厂有着广泛联系。他在1909年向海军部提供了情报。到了1910年，他已经被雇用为全职间谍了。和往常一样，我们并不完全清楚是谁雇用了他。他也许同时向海军情报局和卡明报告，或者先向海军情报局汇报，再向卡明汇报。1911年1月，尽管他和卡明互相认识，但他并不属于卡明手下日常领薪的间谍。1月12日，卡明在提到他时显得很随意。“科里上校”和“铁锈”会面，而后者说他从“马克斯·S（Max S，舒尔茨）”那里获悉有关卡明的一切。这显然并不包括科里上校的真名，但其中肯定包括一条愚蠢的虚构：“S疯得可以，他竟然告诉‘铁锈’，C上校随身携带着逮捕令。”

舒尔茨在第二天（1月13日）又出现了，他安排卡明和神秘的“打嗝”先生会面。“打嗝”先生原来是工程师黑普希奇。卡明在日记开头写道：“我们精心准备了一个方案以吸引‘打嗝’先生。他和马克斯·S是在国外认识的。”黑普希奇看上去对飞机“极其感兴趣”，他设计了一款自认为革命性的飞机。舒尔茨告诉他，有一位GW先生也许对开发这个设计感兴趣。他的朋友莫里斯·卡特可以引荐，而黑普希奇将会得到一大笔报酬。然而，当GW先生得知此事后，他认为这个设计过于不现实；黑普希奇感到失望。为了安慰他，黑普希奇被带到了飞行俱乐部，“克劳德的经理”特地为了他在亨顿[1]试飞了一些型号。他对此十分高兴——按卡明在日记里用第三人称的叙述——“他抱住了马克斯的脖子，在双颊上狠狠亲了两下——他也打算对莫里斯先生做同样的事情，但是后者逃开了。”在回家的出租车上，黑普希奇问马克斯，他做什么才能报答好意。对方告诉他，他要是能向莫里斯先生提供一些情报，就会得到不菲的报酬。在当晚他和莫里斯先生离别之前，他们同意每周2英镑的薪酬，而且对于独家平面图或文件，“还会有多得多的报酬”。

第二天早上，黑普希奇在圣詹姆斯区花园宫12号回答问题。卡明迅速意识到，“他的知识量要比我们所设想的大得多”。雷格尔纳特被派去带回来平面图和数据，从而让他们能够询问更多细节。谈话持续了四个小时，黑普希奇提供了“大量情报，我认为极有价值……比去年我们其他所

1　Hendon，伦敦西北部的郊区。

有间谍一起搜集的情报还要多……我们第一次……物超所值”。卡明建议预付他三个月的工资，并且替马克斯申请一份正式薪酬，因为马克斯“理所应得”。

黑普希奇的职位很好，待遇不错。卡明认为他之所以愿意当间谍，是因为“落入了某位不择手段的女人手里，而她毫无疑问正在向他要钱”。让大家吃惊的是，这个女人就是他随行带来的艾克曼夫人。这就意味着，和舒尔茨一样，机构需要负责并迎合这两位的要求。卡明在这天的最后发现，他没有时间处理信件，“明天也去不了我的船了”。

次日，卡明带着黑普希奇——应该也有艾克曼夫人——再次前往亨顿的飞行场。卡明是开着 GW 先生的车来这里的。他们参观了伦敦往返曼彻斯特的法尔曼式双翼飞机和戈登 - 本内特 100 马力的布雷里奥（Bleriot）飞机。黑普希奇拒绝了飞行员邀请他们在双翼飞机上坐一段，而卡明则“接受了这一邀请”。由于黑普希奇花了太多时间热心检查机器，以至于他们的承办人 GW 在开车回家前已经错过了好几场约会。

在接下来数十年中，情报机构的独特成果算得上招募间谍的类型之多。舒尔茨是那种会被叫作“代理间谍”的人，他们的主要作用不是取决于他们知道什么，而是在于他们认识谁。代理间谍“物色”拥有相应情报、存在做间谍动机的人。他们会组织貌似清白的会面、介绍朋友的朋友。潜在间谍初步了解到情报机构需要什么并且感受到一丝义务。如果一切顺利，就不需要招募的“话术”了。就好比在这个例子，黑普希奇实际上是自己招募了自己。

卡明最后对此事的总结既敏锐又充满强烈预感，他一度感觉自己不再是和流氓与浪费时间的人打交道，他对这个间谍没什么怀疑。虽然他在别的方面有所质疑，但他与针孔照相机商人和摔跤教授浪费的许多时间显然不算徒劳。

> 与 H[1] 先生之间存在的困难主要是传递他手中的文件，并且让他的工作保持秘密。我得在国外有个间谍并安排他去取材料，或者寄到比利时或荷兰的某个城镇。至于让他与那个女人、他的朋友伍尔夫和马

1 指的是黑普希奇，为方便阅读，以下原文的 H 直接翻译为“黑普希奇”。

> 克及马克斯·S保持距离，这是不可能的，而且他们的知情必将毁掉整个计划。我能在一定程度上控制马克斯·S，但是没人能够控制那个女人或她的同伴伍尔夫。那个女人的需求一开始会激励黑普希奇工作，但随着她变得愈发贪婪，他会跟不上那个女人的贪欲的，最后要么和她吵架，要么因为做得太多而落网。

在艾克曼夫人的屋檐下，一定发生过比审判报告的描述更多的事情。

卡明日记有关1911年的最后内容是“终结”TG（指的是结束关系，而非杀死）。终结间谍和发现间谍一样困难。1月17日至19日发生了一系列争论、误会和错过的会面，卡明恼火地把TG叫作“这货”（this man）。TG宣称他的生活被“掠夺”了，继续尝试发现卡明的真实身份，索要2500英镑。卡明为TG的信开出了15镑报酬、为旅行开支开出5镑，还有5镑是TG的“东西”。奇异的是，TG威胁向大使馆申诉，还有起诉索赔，但是卡明毫不让步。

第二天，TG向“卡明的雇主”投诉，而他曾经许诺自己不会这么做。在进一步协商和错过的会面后，他们同意为“文件”支付30英镑——应该是来自卡明、陆军部或海军情报局的信件——后来发现，TG把这些信存在了他们国家的领事馆。大多数间谍在考虑存放可能会招致罪名的文件时，领事馆是最不应该想到的地方，那么也是最安全的地方。他和卡明约好一起去取，但是当卡明抵达的时候，TG已经走了。因此，卡明

> 尴尬地待了一刻钟，总领事让我留步解释一下我来干什么……我不得不脱下帽子表示敬意，但是他的态度并不是特别高兴。随着他的职员关上了门，我戴上帽子，假装要出去。他们显然不打算让我出去，我留下来接着和他们进行讨论，而且假装不知道我已经被扣住了。

这当然让人感到极度尴尬。领事馆在理论上是外国领土，卡明作为一个英国军官，用一个虚假的借口进入这里，还和该国一个国民有着情报关系。不过，卡明还是靠着一张嘴，毫发无损地走了出去。在和TG进行了一场“荡气回肠的最后斗争”之后，卡明以22英镑的价格拿回了可能会

招致罪名的信件，而把TG自己的信件还给了他。他把拿回的信件交给了麦克唐纳，这意味着TG最早是陆军部的情报源。而TG就此离开了我们的故事，他还发出威胁，称自己拥有每个人的照片。“我认为，”卡明评论道，“这是他一贯的吹嘘。”

尽管1911年卡明日记到此为止。但不幸的是，这并不是一连串逮捕的终结。伯特兰·斯图尔特（Bertrand Stewart）是英国西肯特郡本土防卫义勇军（Territorial Army's West Kent Yeomanry）的军官，他于8月2日在不莱梅以间谍罪名被捕。和其他案件一样，我们并不清楚，斯图尔特这个富裕的伊顿公学毕业律师、七家俱乐部会员是怎么卷入到间谍案里的，我们也不明白卡明在此当中的具体角色是什么。但是克里斯托弗·安德鲁和尼古拉斯·希利这样的作家都认为，卡明的介入始于1911年7月的阿加迪尔危机。时隔多年，我们很难完全描绘这场外交骚动，以及这场危机对双方不断强硬的态度有着什么影响。在危机最高潮之时，《泰晤士报》在7月21日报道称，德国公海舰队[1]离开了港口，正在北海某处航行。没人知道这支舰队的具体位置。希利称，外交部收到警报称，英国舰队可能会在任何时刻遭到攻击。7月26日，上级要求麦克唐纳协助寻找这支舰队的方位。麦克唐纳去见了陆军行动局局长威尔逊少将。后者在日记里写道：“麦克唐纳今晚来找我。他告诉我，海军部跟丢了德国舰队的踪迹，让我们帮忙找到它们。麦克唐纳派斯图尔特前往布鲁塞尔会见L。然后让L去德国港口四处转转。整件事就像一场滑稽默剧（Pantomime）。”

这样看来，派斯图尔特更像是常规工作，而非一次特别任务。但是凯尔的助理德雷克（Drake）上校在1947年出版的回忆录［收藏在帝国战争博物馆的西格门·派恩·拜斯特（Sigismund Payne Best）文档中］提供了另外一个版本。德雷克说，斯图尔特是一个热衷于间谍工作的人，他自愿向陆军部提供服务。斯图尔特认为，他可以作为双面间谍去刺探德国目标。德雷克回忆：“可怜的C发现，斯图尔特带着‘让他试一试’的指令而把一切搞得乱糟糟……C的反对没有任何效果。C警告称，斯图尔特正在自投罗网。但是斯图尔特还是愉快地前往荷兰。”德雷克说，这是卡明亲自告诉他的，还描绘了斯图尔特被捕的细节。斯图尔特在公共厕所中被

1 High Seas Fleet，当时德国主力海军舰队。

捕，随身还装着一本密码本，而这是一个真正的双面间谍栽赃给他的。这个双面间谍叫作鲁（Rué），爱德蒙兹于 1907 年招募了他。据说，由于薪酬不够高，这个人同时也替德国人工作。［赫克特·拜沃特说，弗雷德里克·鲁（Frederick Rué）是一位比利时人，出生于 1861 年，他有诈骗、破产和暴力的记录，极其符合卡明嘴中的“无赖汉”形象。］与此同时，7 月 23 日，德国舰队的位置被发现了。

克尔斯汀·泰特（Kirsteen Tait）是斯图尔特的后代，她正在写一本有关这段时期间谍活动的著作。她说斯图尔特认识勒鸠（他们俩的想法太像了）。她认为，如果威尔逊的叙述可信，那么在找到德国舰队后，斯图尔特一定还待在德国。她指出，奇怪的是，斯图尔特只是被指控罪名较轻的探听信息，而没有被指控更为严重的拥有密码本（虽然是被人陷害）。

比塞尔在 1911 年 8 月 21 日写给卡明的信件打字稿，也为此事提供了另外一点证据。“S”指的是斯图尔特，“K”指的是凯尔，“U”似乎指的是鲁。“U”是卡明在 1909 年继承下来的那批让人不满的间谍之一。“U”此时已经不干了。据称，他丢了工作是因为“秘密交易”。人们本希望这会让他有着更好的情报工作表现——确实更好了，只不过是替德国人干活。

科特西大楼（Costessey House）
北诺维奇
1911 年 8 月 21 日

我亲爱的卡明：

感谢你的来信。恐怕 S 让自己大出洋相了。U 是不是一直都是个圈套？我表示怀疑。不管怎样，到现在为止，你还有我们机构都干得不错。不过，我觉得他们在布兰登和川奇那里得不到什么东西，因为你和他们从来没有打过交道。这很让人恼火，但我们必须事先想到这种事情里会出现的漏洞。有关逮捕 S 的报道和泰瑞尔告诉我的并不完全吻合——泰瑞尔说，外交部从领事那里听说，S 是在凌晨一点的睡梦中被逮捕的。我希望他能够逃过一劫。但我个人并不认为他们会轻松放过他——搜出证据一点都不难！用假名、又和 U 有关系的 S，需要解释好多事情。

马克斯祈祷也来不及了。我认为他让自己获得了更长的刑期——他绝对是疯了。

我发现K在普利茅斯最后还是采取行动了。我相信这次情况会更好，希望不要像上次那样因为情感或错误动机而落空。K提供了很好的帮助，我希望那个人会被定罪。

你想什么时候来就来吧。我可以留你过夜，我们可以在晚饭后聊聊，效果要比赶火车好得多。周三，我会进城参加帝国国防委员会的一个会议，不过我应该没时间见你。不过，你可以在下午两点来海军部一趟，要是我有时间，我们可以一起吃顿午饭。

你的真诚的

比塞尔

《泰晤士报》在1912年2月1日、2日、5日、7日连续报道了斯图尔特的审判。他和川奇同在要塞服刑。

阿加迪尔危机敲响的警钟一直回荡在1911年秋天。德军演习、其他措施及各种巧合都加剧了人们对入侵一触即发的怀疑。9月，麦克唐纳告诉外交部，德军所有度假水兵都被召回军队，而凯尔则报告称，德国人正在尽可能地购买和储存小麦。英国驻德国领事报告德军召集海军预备役，并将汽船改装成运输船。而德国沿比利时和法国边界的演习又进一步加剧了紧张。到了9月底，德军突袭比利时边界的可能性越来越高。

突袭没有发生。这并不意味着各种公开或秘密报告是错误的。尼古拉斯·希利令人信服地论证道，情报网络本来是为了预警攻击的，而间谍们又有天生的恐德症，这两个加在一起就营造了一种山雨欲来风满楼的错误印象。因此，特勤局虽然没有报告精确的情报，但也没有强化大家的偏见。但是这只说对了一半。我们确实不知道海军部、陆军部和特勤局大多数报告说的是什么，因为我们手上没有。就算它们真的强化了大家的偏见，但这种偏见在本质上是准确的——德国人确实居心不良，后来确实入侵了比利时。特勤局未能获得英国政府最需要的情报——德国领导人的意图——

是因为政治报告依然是外交部的保留地。所有间谍和公开观察者所能做的就是报告德国人实际上做的事情——召集预备役、调兵等——而德国人的意图只能通过推理获得了。毫无疑问，情报界许多人士误以为战争蓄势待发。不过，战争没有爆发并不意味着他们的报告是错误的，出错的其实是他们的分析。而且，英法政府都没有对德国秋天的军事演习做出过度反应，这就意味着在某种层次上还是有准确评估的。

1911 年卡明日记的空缺导致我们对卡明参与的程度知之甚少。而凯尔日记里涉及卡明的内容又和往常一样。这年前几个月，凯尔都在忙于安排 L 在布鲁塞尔的未来工作（这意味着 L 之前并没有常驻布鲁塞尔，而且 L 是凯尔的人，不是卡明的人）。2 月 24 日，他把范·伦内男爵报告的有关战舰和鱼雷的情报转发给卡明。在春天的晚些时候，凯尔开始定期收到他的新任办公助理奥尔森（Ohlson）发来的报告。奥尔森自此开始系统地询问往返于英国和欧洲大陆之间商船的船长，并把相关信息汇总给卡明。5 月，凯尔询问卡明有关德国雇用外国人和入籍国民的规定。6 月底，奥尔森向凯尔汇报，卡明抱怨他（奥尔森）的活动已经侵犯了卡明的地盘了。麦克唐纳友好地解决了这件事，他同意“奥尔森应当通过卡明向海军部进行汇报”。在本年的年度汇报中，凯尔记录了海因里希·格罗瑟（Heinrich Grosse）的被捕和审判。格罗瑟是一个在朴次茅斯的德国间谍。这对于丧失最好情报源的卡明而言算不上什么安慰，但它肯定让他的上司很满意，也让进行海外行动的政治气氛变得更加合适。

第八章　与法国的联系

1912年卡明日记几乎和1911年的一样短，不过内容要丰富一些。

1月份的日记一开始是一个人的冗长废话，卡明说有意获取英国情报的德国人试图接近他。他的故事听上去不可思议，卡明也感到怀疑，但他还是带着一丝谨慎的轻信继续打交道。不幸的是，第一海务大臣无意间知道了这件事，批示要跟进下去。也许还算幸运，这件事没有了下文。

情报机构所相信的夸张故事——往往还是那些最持怀疑态度的人表示相信——可以写满好几本书。当情报骗子偶尔得逞之时，通常是因为情报机构受到上级压力，必须要在它知之甚少的领域获得什么情报，而对新情报源进行评估的人并非相应领域的专家。骗子的说法越大越模糊就越难以得到证实，但大多数骗子都倒在了具体细节上。因此，“一个俄国潜艇水兵在明斯克的咖啡馆告诉我，基于成本考虑，最高统帅部打算让我们带着假冒的核弹头出海”，这种说法基本上难以证实，但是谈话的细节——日期和时间、桌子的颜色、喝了什么、花了多少钱、服务员是什么人、在场还有谁、车站有多少人、潜艇水兵的外貌和生平——最有可能暴露出矛盾、模糊之处和可以核实的事实。确实有老练的骗子自称掌握核弹技术，他们把物理原理都说对了，但是他们却搞错了核基地巴士的颜色。

情报机构轻信的另一个理由，也许在于职业——情报人员或记者这种以提供信息为生的职业——本身的心理。这两种职业有时会承受不了诱惑，相信他们一直期待成真的故事。有些人的心理也让他们愿意花大量时间和精力参与情报工作，就好像他们的生活借此就会获得更多、更鲜活的生命力似的。并不总是钱的缘故。

卡明日记下一条是1912年3月8日。卡明前往巴黎开启一段重要的新关系：与法国情报机构的联系。卡明日记表明这是他长期以来钟爱的想法。和官僚内部大多数游离于“通常渠道”的联系一样，这要经历过很多游说才能够实现。卡明在巴黎见了利纳尔（Linard）上尉和左普夫（Zopff）上尉。他们传达了主管杜邦（Dupont）上校的歉意，后者说第二天见他。利纳尔的职责局限于和平时期获得的情报，而左普夫的任务就是“在战时和‘政治紧张’的初期阶段组织秘密情报工作”。

利纳尔问卡明及伙伴——被叫作“F”——有没有证明自己身份的信件。他们当然没有。他们甚至都不被视为存在。在白厅尊重法律的视角里，一封信要比卡明的现实存在更能决定性地让它难以否认卡明的存在。卡明解释道，这次访问是通过法国陆军驻外武官安排的。他以为利纳尔之前已经知道他们要过来的消息了。他也许想补充道——不过，并没有说出口——利纳尔的出现本身就说明，他早已得知了。卡明“告诉了他我们的情况，足以证明我们就是他该见的人”。随后，卡明发现，左普夫显然认为利纳尔有点过度谨慎了。左普夫得体地“支持了他［利纳尔］的观点，称赞了他的态度，然后承诺在明天我去见他们长官之前，尝试拿到某种证明身份的介绍”。

因此，特勤局以这种相当滑稽和不确定的方式，开始了第一段也是最持久的国外联系。这段联系是一段密切、互惠共利、互相理解的关系。对卡明而言，这是向前的重要一步。

他们讨论了法国情报机构的结构和组织，让第一次会面的讨论“集中在不那么重要和机密的事情上”。不过，他们还是坦诚地讨论了“同时服务于我们双方的一些间谍”。法国人详述了他们和骗子们打交道的痛苦经历，因为他们的规矩是不见到货绝不掏钱。至于“政治紧张”阶段的通信手段，卡明认为他们“对我们可移动无线电台的想法印象深刻，但是他们怀疑比利时人是否允许这种东西出现在他们国家，这很符合党派之争的议题”。

他们承认自己没有让侦察员穿过敌人前线，向后方传递报告的计划。不过，卡明知道他们是有的。他们说自己最喜欢的通信手段就是信鸽，他们“广泛利用”这一手段。卡明觉得英国人无法仿效，因为英国的“养鸽行家”（fanciers）要么得住在国外，那样他们就会被敌人发现；要么鸽子得跨越海峡飞回家，而这是不现实的（事实上，卡明错了。在战争期间，英国人广泛地成功利用了鸽子）。

卡明告诉他们，他“不能在德国境内安插间谍，也没法信任德国人”。法国人建议他仿照他们，利用第三方国家的人——挪威人、瑞士人等。“虽然他们显然手上有一大批这样的人，但他们并不想帮我们找一些。”卡明总结道，这次会面最后达成的一致是：“（1）我们在官方层面必须互相知道英国军队的下一步打算——将在哪里登陆，将会在哪一地区行动；（2）他们希望双方主管互相会面，当所有人都在的时候，告诉我们可以以何种方式，在什么地区‘一起’工作，双方互相之间可以有多少信任。”

有趣的是，没人确定英国海外派遣军的战时部署。他们可以“一起”工作的想法并没有那么大的可能性。尽管两国在战时的情报合作更多的是分工而非分享（虽然他们分享成果），但这次会面还是为信任和合作的习惯奠定了必要的基础。

至于同时替它们效力的间谍，对方向卡明展示了“HCJ、伯恩施坦和鲁的卷宗”。第一个人向法国人报告了他和卡明的会面，“显然告诉了他们一切，并说我允许他将给我的报告转给他们。这些话显然效果不错。”不过，卡明有些担心的是，法国人接受了 HCJ 有关德国武装商船的说法，主要是因为“他说我已经着手这么做了，而我则指出这有点太简单了”。

很有可能和德国人有联系的伯恩施坦对法国人和对卡明而言都是一个谜。但是法国人对鲁——出卖伯特兰·斯图尔特的人——知道的要更多了。法国人也雇用了他很长时间，他们认为鲁最好的一份报告（其他情报源证实了这份报告）是有关博尔库姆的报告，这份报告最初是给卡明的。他们手里还有另一份有关德国帆船“海伦娜”号（Helena）的报告（按凯尔日记里的说法，1911 年夏天，英国人在寻找这艘船的行踪）。“当这艘船在法国海岸进行间谍工作时”，他们“几乎当场抓住了这艘船，但法国反间谍部门的笨拙断送了机会（他跟我说这个部门效率很低下）”。直到卡明告诉他们，他们才知道鲁原来是德国间谍。

对话看上去一直是用法语进行交谈的。卡明提到的唯一问题在于，当大家同时都在说话时，如何让谈话保持重点。不过，大家一直没有偏离的主题就是证明他身份的证据。

> 在离开之前，我向两位上尉承诺，我会带来一些证明我身份的证据，他们建议我应当去大使馆（那当然不可能）。他们根本没办法理解我们的秘密程度。所有同行都熟悉他们，他们也得到官方承认。要是我告诉他们，我们的大使馆不承认我，只会加剧他们的怀疑。

法国的困惑是可以理解的。卡明最终打电话给伦敦，要求寄来一封信。

第二天又有两次会面。第一次是他们和杜邦上校与一位无线电专家。上校热情地接待了他们，说他已经从法国陆军驻外武官那里听说了卡明和“F”的身份［F应该是陆军驻外武官手下的一位官员，叫作费里（Fairy）］。尽管气氛依然热烈，但明显能够看出，越接近合作实际性的问题，他们就会遭遇越多困难。

> 我们掌握的知识不足以和他就建设性目的进行商讨。我不能承认我对我们的计划一无所知，所以我告诉他，我没有被授权，从而不能谈论此事……他认为如果双方将军能够见面，告诉我们互相之间可以信任到什么程度——尤其是我们应当将什么区域视为双方互相合作的地方——那么对双方都更好。

法国人坦白而又友善，但是“对于向另一国的陌生人讲述他们保密那么长时间的事情，还是有点紧张。他［杜邦上校］在我们互相会面的必要性上显得十分强势，他当场决定，危机到来之际，我们应当有个共同行动计划”。和卡明所预料的相反，法国人愿意接受若干时间内的“互相和解”。

双方后来都需要了解的原则既是必要、令人赞赏的实践，也是一个问题。确实要让了解英国海外派遣军部署计划的人越少越好，而且还不包括卡明。但是，如果卡明与此同时还要受命准备和法国情报机构的战时合作，那么他也有必要得知英国政府的想法，正如同英国人知道法国人的想法。卡明在英国官僚机构内部的不正常地位导致了他无法得知政府的想法。

尽管如此，卡明还是尽职完成工作，至少在双方交换对德国入侵的看法时是这样：

> 他们同意我们的观点，德国人将会在穿过比利时边界时坚守默兹河[1]南岸。不过，他们并不完全确定。他们希望我们将我们的（假定存在的）组织进一步向北扩展。他提出的地方包括列日（Liège）、亚琛、科隆一直到格拉德巴赫（Gladbach）。他希望我们在不减少比利时边界上的间谍同时，还能扩展我们的系统。

当然，1914 年的事件血腥地证实了法国的准备很充分。

当卡明再次惋惜他无法“在德国安插间谍”时，他补充道，困难在于找不到能够以德国人身份通行或者在不招致怀疑的情况下定居德国的人。杜邦上校友善地“理解了这一点，说他也有同样的困难，但是四十年的经验还是帮助了他们”。当然，自普法战争之后，法国人一直在急切地获取德国人的情报。

卡明正在开发一种带有无线电装置的汽车，他又一次谈起了这件事。当法国专家询问这辆车能否真的行驶 250 英里时，卡明“向他保证，我们已经试过并大获成功。我向他承诺，我会向他提供功率、天线高度等数据”。杜邦怀疑比利时政府是否会允许部署这种汽车，但是一位上尉认为，如果通过一位比利时政府官员——是他们的间谍——购买车和设备，也许就能搞定。卡明对这个想法的“可行性”表示怀疑，但是没说什么。杜邦建议梅济耶尔（Mézières）可以作为“情报中心”，他认为它比卡明所建议的吉维特（Givet）要更好。他提议卡明应当任命一个联络官和他联系，再在布鲁塞尔任命另一个联络官（不是陆军驻外武官），后者能够“接收和转发侦察者获得的所有信息”，并与法国代表保持紧密联系。

当他们在下午再次见面之时，杜邦从制服换成了便衣，他们随行的还有一位负责海军事务的德·弗雷埃特·索邦（de Fregete Somborn）上尉。他和利纳尔能说一点英语，杜邦和左普夫则一句都不会说。索邦认为，“在我们坦诚地交换意见前，我们双方的主管应当互相介绍和引荐一下对方”。他称赞卡明的组织能够获得那么精准的海军情报，“在过去两年来给德国人造成了数不胜数的麻烦”。（毫无疑问，这是一个让卡明很受用的恭维，

1 Meuse，发源于法国，途径比利时和荷兰注入北海，其中穿过阿登高地。

还来自一个卡明有充分理由尊重的部门。而这也说明双方实际上已经有情报交流了。）与此同时，德国人抓到“不少法国人，但并不是重要人物”。其中有一个是从克虏伯——法国对这一公司基本一无所知——带出情报时被抓的。他们讨论了法国海军的需求，法国人承认他们和三个人——格劳斯（Glauss）、雅各布（Jakob）和赖希（Reich）——有过“初步且不重要的”接触。而卡明也和他们有过交集。他们向卡明询问一个叫贝克特（Beckett）的人，他曾提供一个叫“沙夫茨伯里大街 54 号”的地址［后来发现这个地址是一家凯利图书馆（Kelly’s Library）］，还向他们提供所谓不莱梅港的平面图。

看起来，法国人遭遇了和卡明一样的问题：不靠谱的间谍和德国人在安全上的限制。区别就在于他们行动的规模和持续时间不同，而且法国情报机构在官僚系统中有着更稳固、更合理的位置。自这段关系开始起，它的特点可以称之为“成熟的善意”，从而让这段关系历经改变和沧桑，而不会削弱双方承认的利益一致性。双方都有背信的行为，两边都不会感到意外，但是保持平等的重要性总是凌驾一切的。

自巴黎会面后，卡明日记出现了空白，一直到 1912 年 12 月 9 日，他记录与凯尔、雷格尔纳特和奥尔森的会面，大家一起讨论凯尔为奥尔森提出的一个侵入方案。如前所述，这一计划就是让商船船长从国外港口搜集情报并交给奥尔森，后者再转交给卡明，卡明在进行下一步提交时会说这些情报来自奥尔森。凯尔希望有一套密码，从而能够用无线电传输紧急情报。卡明答应“在明年 4 月前搞出一套密码”。尽管他没有给出细节，但是他显然对密码很用心（设计密码大概让他觉得很有趣），他经常提到自己在搞密码。他认为，这里用的密码应当“与我自己的密码风格类似，但是数字要更改，所以就算有个间谍泄露了它，也不会泄露全部密码”。不过，他没有留下密码的样例。

不过，卡明的主要关注点从一开始就是：这个方案侵犯了他的领地。凯尔没有否认，但是“向我保证，他现在和未来都无意尝试篡夺我的职权”。卡明同意自己的组织帮助奥尔森，他认为奥尔森的活动可以补充“我自己有关授权军官出差的计划”。卡明承认，除非他在所有相关港口有自己的常设间谍，否则奥尔森的人比起他收到的偶尔和随意的报告更有价值。不管怎样，他还是觉得“有点不安，凯尔竟然在我的地盘安插了一个小小的楔子。他的人更多，他从我们各自上司那里获得了更多帮助，他会是个可怕的对手”。卡明对被吞并的担忧算不上偏执：最初是凯尔，然后有段时间是海军部，后来最严重的是陆军部。这一担忧一直笼罩他的整个职业生涯，在他的思考和官场动作中发挥的作用也许要比我们想象的还要大。

第二天（12 月 10 日），卡明会见了 O. 拉夫（O. Ruff）先生，一个“身材矮小、样子平平无奇的人，出生在德国”。卡明对他没有什么指望，但还是同意给他一次试用的机会——派他去德国执行一个相当基础的任务。卡明也提到了一个他曾在外交部领事中组织的报告计划，显然是非官方的。其中一个叫厄斯金的领事不小心泄露了这一计划。上级命令卡明终止。卡明确实终止了，但还是继续和厄斯金会面，获得口头情报——包括波罗的海无线电站的位置。虽然卡明尊重上司、服从命令，但他在坚持做事时，是个不到黄河心不死的人。

第九章 备战

1913 年，有关三位正在服刑的军官——川奇、布兰登和斯图尔特——案件有了进展。5 月，德皇威廉二世的女儿维多利亚·露易丝（Victoria Louise）下嫁坎伯兰（Cumberland）公爵恩斯特·奥古斯都（Ernest Augustus）亲王。英国国王乔治五世和王后玛丽都参加了柏林的婚礼。据王室档案记载，这次访问不是国事访问，仅仅是“私人家庭事务”，国王随行并没有政府大臣陪同。因此，当德皇突然释放三位官员时，英国政府——也许还有德国人——感到震惊。

川奇和斯图尔特被从格拉茨释放。格拉茨是一座要塞监狱，关押着犯有决斗罪名的德国人[1]。而布兰登是从柯尼希施泰因释放的。川奇和斯图尔特坐火车回到了伦敦。斯图尔特的家人和他来自西肯特郡本土防卫义勇军的战友在车站热烈迎接，用一辆轿车接走了他，而川奇是悄悄离开的。布兰登转道巴黎，更加悠闲地回到了英国。

按照川奇的叙述，他就此和海军部开始了艰难的协商，有关谁该为他们的出差、被逮捕和每个人所付出的代价承担责任。而取代比塞尔担任海军情报局局长的杰克逊上校表现不佳。卡明没有出现在川奇的叙述中。而卡明日记在此阶段也只提到了一次这件事。6 月 27 日，卡明被叫去在格雷厄姆·格林爵士的房间与杰克逊、比塞尔和雷格尔纳特开会。

> GG[2] 只向我提了几个问题，而且是那种我可以脱口说出答案的问题。这说明我和此事没什么关系。格林问我，我曾告诉他，Col. E［应

1　虽然决斗是欧洲长期以来的习俗，但当时德国法律禁止决斗。

2　指的是格雷厄姆·格林，为方便阅读，以下原文的 GG 直接翻译为“格林”。

该是爱德蒙兹］说过有条好路线，每个出差者要开销 28 英镑。“我可以认为这就是为什么你向罗伊提议派这两个人吗？”我看穿了这个小陷阱（这个陷阱很笨拙，我回答道，我没有向罗伊或其他人提出这种建议）。谈话没有进行多久，我也没听到什么实质性内容。

争论结束后，两个人各自重新回到海军陆战队和海军的职位，此后仕途不错。一战期间，川奇有一半时间在海上，另外一半时间是担任审讯人员，而布兰登指挥三艘船。战争结束之时，布兰登已经是海军情报部主任助理。他在 1927 年以上校军衔退役，最后的职务是海军海道局助理，去世于 1944 年。川奇则在一战后执行了一系列情报任务，在 1927 年以中校军衔退役。然而，他在二战期间被重新征召回军队。他显然是最有能力的审讯人员，去世于 1967 年。他们余生一直是朋友，在 1915 年布兰登的婚礼上，川奇是伴郎。

斯图尔特的结局就没那么美好了。他似乎坚信他不用为自己被捕负责，而且需要得到补偿。在释放之前的 4 月 1 日，卡明告诉杰克逊，斯图尔特偷运信件，“不过，其中没有任何有价值的情报。他为我们什么也没做，也不值得我们任何感谢”。在被释放后，5 月 23 日，卡明防御心理愈发明显（“闪电”当然指的是麦克唐纳，而 BS[1] 指的是斯图尔特）。

今天下午，“闪电”打电话给我，告诉我斯图尔特在陆军部，和他们的上级在房间里谈话。我问他，我可否过来。我一直在“闪电”的办公室等候，直到斯图尔特探头进来。他似乎对看到我感到诧异，但是等其他人都走了，他就开始坦率地讲述他的经历和审判。他用最严厉的话语痛骂，说他没有获得一场公正的听证会，而他的证据被故意搞乱了。出于政治目的，德国当局希望办成铁案，推动他们的海军法案。当“闪电”回来的时候，斯图尔特转向我说道：“你犯的错误之一就是没有在监狱里给我寄隐形墨水，否则我就能给你传递不少情报。”我告诉他，他的朋友曾经说过，我们不能尝试和他通信，否则会影响他获得减罪的机会。我说，“你强调‘你犯的错误之一’——

1　指的是伯特兰·斯图尔特，为方便阅读，以下原文的 BS 直接翻译为“斯图尔特”。

其他错误是什么？”他回答道，他现在不想谈这个，但是下周可以再和我见面。在他离开之后，我向“闪电”重复了我的愿望，我希望不再允许斯图尔特接近我的手下，跟他们讲述这些一面之词，他会试图将他自己的疏忽反咬到我头上的。“闪电”请求我不要以斯图尔特为代价而为自己辩解，也不要“反复强调”有利于我的地方。

三天后，斯图尔特拜访杰克逊，但被拒绝了。他随后尝试拜访第一海务大臣。杰克逊向卡明保证，他不会理睬斯图尔特的任何抱怨。但卡明并不满意：“我徒劳地强调，要是这个人在我上级那里晃悠并讲述一面之词，也许会给我造成很多不利。应该允许我和他见面，回应他提出的任何指责。”

当斯图尔特试图把麦克唐纳拉进来时，卡明

指出，对我很不公平的是，这个人既能去陆军部，又能去海军部，他可以对我提出指责，而我却不允许听到内容也不能回答。可是他［麦克唐纳］只会反复说，他不希望卷入此事。我问他，是不是他觉得斯图尔特的指控是正当的。他说，绝对不是。我提到了鲁［出卖了斯图尔特的间谍］，说斯图尔特接受的任命是会让他和几十个这种人打交道的。“闪电”说，这就足以回应斯图尔特的指责。我不明白，一件和我有直接关联的事情，为什么要有如此多的秘密。不过，我已经做好准备，愿意应对斯图尔特提出的任何指控。我只希望能够和他当场对质。

这一愿望似乎从来没有得到实现。但是这件事在白厅和律师事务所之间来回踢了好几次皮球。比如，1913 年 12 月 16 日，麦克唐纳向卡明出示了斯图尔特的律师威廉·布尔写来的信。

布尔在信中代表伯特兰宣称：（1）与他的意愿相悖，他被派往德国，暴露在危险中。（2）我们应当知道费许（Verrue）［鲁］是一个无赖。（3）在他被捕之后，我们向费许写信，加重了他的罪行。他要求 10000 英镑的赔偿，拒绝了我们 1200 英镑的赔偿建议［在文中被打成了 12.00

> 英镑]。他还说，他想让上级给国王、陆军大臣和海军大臣写一封信，在信中说伯特兰做得不错。我整个下午都在麦克唐纳的办公室，他正在就此事起草一份交给陆军大臣的报告。他在信中反复把我叫作首席间谍——这是伯特兰用的词。我温和地表示抗议，但他说这不代表什么，只是让大臣更容易理解。

因此，卡明得以就此事陈述观点——虽然不是直接陈述。但这并不是结局。按照前文德雷克上校的说法，据说斯图尔特重新加入本土防卫义勇军，“前往法国并牺牲了。与卡明的建议和愿景相悖的是，他的遗孀获得了 10000 英镑。我可以确定，卡明是从他自己秘密情报机构经费里掏的”。斯图尔特在官僚系统搅起的涟漪比他自己的寿命还要持久。

因此，斯图尔特也走下了历史舞台，消逝在吞噬无数性命的战火之中。无论实际上的责任应当归罪于何人，他的简短经历包含着一切滑稽怪诞的元素。入狱的严重后果也没有削弱这一特征。也许除了他的遗孀和费许——两人都做得相当出色——没人得到好结果。

幸好，在一战前最后几年，相互责难、面子和责任只占卡明所关心的一小部分。他把更多的精力放在了建立一套间谍网络上，能够汇报德国地面动向——既在敌对行动之前，也能在敌对行动之后。随着战争逼近，这一主题逐渐取代了前几年的主要要求——汇报德国海军军备建设情况。这一任务的主要难点不再是招募间谍——尽管优秀间谍总是难以寻找——而是建立可靠的通信手段，尤其是在战争爆发之后还能使用的通信手段。另一个主要难点也更加急迫，就是当英国海外派遣军参战之后，组织秘密情报机构向它提供情报。可是卡明不被允许在海外派遣军计划的行动地区进行组织，因为卡明根本不知道海外派遣军会在哪里行动。

两位很有可能是现役或退役军官的头号间谍叫作 DB 和 AC。1913 年 1 月 3 日，AC 提出了一套计划，在战时向比利时部署间谍和侦察员。卡明希望进一步推进这套计划，但是麦克唐纳当时不在。在这天剩余的时间里，他得和一个叫丘奇（Church）的人打交道，丘奇设计了密码。

卡明的大量时间依然花在伦敦城周围奔波见人。他们要么是在外，要么在忙，要么地方不对。AC 在第二周打电话过来，但是他想讨论的不是他的侦察计划，而是出差时要付给他生活补助，理由是他当时依然有职在身（不过，他并没有被叫去出差）。卡明不情不愿地同意把这个问题上报给麦克唐纳，麦克唐纳叫他们过去。可是当他们过去的时候，麦克唐纳正忙着其他事情。

当卡明得离开去见 DB 的时候，麦克唐纳依然没忙完。尽管 DB“在一个很舒服的地方等候”，但卡明见到他的时候，DB 显得“格外恼火”，抱怨“系统”的腐烂，要求辞职。卡明立刻批准了，开始计算应该付给他的费用，这让 DB“愉悦地转移到其他话题去了”。他依旧心情不好，希望得到重视。离开之时，DB 说除非特勤局总部有他，否则海军情报局办不成事情。卡明的回应十分麻利：“我告诉他，是我让助理把他寄给我的海量信件通读一遍的。”

我们并不清楚 AC 和 DB 分别承担什么职责。但是看上去他们在战时是要互相承担对方一点任务的，而且双方合作十分紧密。然而，他们互相之间是不知道对方的，而且卡明认为，既然他们在战时需要互相依赖，所以需要互不认识。卡明建议，靠近前线的间谍应当把情报传输给“在法国选定的某处信息中心”。他说他可以向莫伯日[1]派个人与 AC 通信，转发 AC 传递的一切信息。麦克唐纳表示不同意：“他说他不能给我们泄露陆军的登陆地点，所以他也不能说陆军未来的行动区域。因此，我必须把我的组织局限在比利时境内，由他来安排联络，将获得的情报转交给我们在法国的总部。”

卡明表示抗议，认为这让他无法执行任务。但是麦克唐纳很坚决：DB“甚至不能就我们陆军的登陆地进行猜测。DB 现在认为我们会在安特卫普登陆，我们必须引导他维持这一观点”。卡明和麦克唐纳分别在办公室会见了 DB，大概是继续误导他的想法，讨论后者有关信鸽和自行车侦察兵的请求。

卡明最早在 1912 年 11 月的会议中提到了这两个请求。卡明在会上提议，在战争爆发之前，他们俩可以装扮成游客结伴骑行。他还提议买两辆摩托车放在比利时。在几个月的例行商讨后，一辆摩托车终于被不情不愿地批准了，购买并运送给 AC 进行妥善保管。不过，随后就没有关于这辆

1 Maubeuge，位于法国比利时边界的桑布尔河畔。

摩托车或者摩托车车手部署的记录了。

在卡明的不断争取之下，麦克唐纳最终在战争前夜做出让步，AC“可以去布鲁塞尔见他的五名手下和 DB。随后回到他自己的总部。当下一次我们派人的时候，必须给这些人找到合适的地址，还要——由‘L’——安排一个会面地点并得到我们批准”。“L”当然指的是戴尔·龙格，凯尔手下派到布鲁塞尔的间谍。

在批准卡明可以拥有一个海外代表的两年后，卡明实际上依然没有。他也没有海外情报站。这不是因为他没有做出尝试，部分是因为他固执地不想接受别人提议的人选，而想要罗伊·雷格尔纳特。可是没有人认为他合适。新任海军情报局局长杰克逊强烈反对雷格尔纳特为这一目的退役，因为他“之前遇到一个人也是因为某种目的而退役，现在由于退役相关的赔偿——不适合他的岗位——而根本甩不掉”。卡明指出，雷格尔纳特反正总要打算退役了，而他“是这一工作的一流人选”——从根本上来说，这份工作是要在布鲁塞尔组织通信——但卡明也承认，雷格尔纳特是难以共事的人，脾气古怪，尤其是在遭遇反对意见时更是如此。

在这一年的前两个月，雷格尔纳特大概每天都在就这份工作烦卡明。2 月 16 日，卡明写道，雷格尔纳特建议由他自己取代 AC 的工作：“他向我提议，他应当向 AC 提出，要么一次性拿 500 英镑，要么十年里每年拿 100 英镑。如果接受，就走人让位给他。”这种获得你想要职位的全新手段，卡明委婉地说道，“值得考虑但并不可行”。卡明在日记里阴沉地吐露道：“罗伊一定在想，没过多久他也能让我走人，那时他甚至都不会开出这么大的价码。”

大约一周后，DB 从比利时归来。他报告称，在被派遣招募情报源的十处地方中，他在九处都招到人了。他相信战争马上就会爆发，首先是从俄国和法国开始。当卡明指责他耸人听闻时，DB 坚持认为，“我们的远征军打算在加莱港两边的所有港口——最南一直到鲁昂（Rouen）——登陆，然后在里尔和法国军队会和”。这恰恰是麦克唐纳坚持要求任何人——包括卡明在内——都不能知道的事情。卡明忠实地建议安特卫普更有可能，但是 DB“对此嗤之以鼻。他说，我们本来打算在这里登陆，但是比利时政府不允许，因为他们相信他们自己可以守住安特卫普”。他补充道，当他在 1911 年 9 月跟麦克唐纳说起这些的时候，麦克唐纳“脸色一变”。卡明将他们的谈话报告给了麦克唐纳，认为进一步欺骗是没有意义的，而且他“十分讨厌这种做法”。然而，麦克唐纳“不愿意承认 DB 的观点是正确的，还说什么‘报纸’上已经登过这种‘谣言’了”。

帝国国防委员会要求杰克逊汇报，在战争爆发之前和战时，海外存在着哪些情报源。杰克逊让卡明和他一起梳理一遍相关文件。卡明惊讶地发现一系列好久之前就呈报上来的情报源，而且显然没告诉过他。按文件“的说法，曾经有一个完善的组织能够在最短时间内提供和传输警报与其他各种类型的情报。这当然‘过分乐观’了。不存在我不知道的组织。我知道，实际上也没有这种组织”。他们复核了现存的组织。按卡明的话来说，“还可以，但算不上充足，也没法让我们躺着干活”。

他们打算再次见面并起草一份报告。但是当卡明在 3 月 7 日拜访杰克逊之时，后者很忙，于是卡明转而见了雷格尔纳特。雷格尔纳特从来不怯于提出内心最主要的想法，他说他决定退役，并且问卡明他获得任用的机会有多大。卡明当然想劝阻他不要为这一工作而退役，“给不出确定的保证，因为与此事相关的大多数人都反对任用他”。不过，卡明还是承诺尽自己所能。卡明思忖道，最好“是在 McJ［杰克逊的昵称］准备给帝国国防委员会的汇报时让他同意这一任命，因为他一旦充分了解情况就会知道这个安排有什么缺陷了”。

与此同时，AC 汇报的情报让卡明得到了表扬。这让卡明很不安，因为他并不知道“宣战之后，他［AC］将要做什么，因为‘闪电’没有给他任何指令。我知道他会把自己的间谍集中在马尔什[1]。但他也说过，他的最新计划是在沙勒鲁瓦[2]搜集所有情报，然后传递给蒙斯[3]。没有指令让他传递任何情报”。这对备战算不上什么好事。而这事让卡明格外沮丧，因为他不舒服地（但算不上不常见）处于这么一个位置：没有权力却要担责。

1913 年 4 月 1 日——卡明的 54 岁生日——卡明得到了杰克逊在帝国国防委员会前汇报的内容。

---

1 Marche，此处不明，可能指的是比利时卢森堡省阿登地区的城市马尔什昂法梅恩。

2 Charleroi，位于比利时首都布鲁塞尔以南。

3 Mons，位于比利时首都布鲁塞尔西南。

> McJ 给了我一份会议记录，是他和一个他所谓“入侵委员会”开会的记录。他说，他不敢保证，德国人会觉得在我们不知情的情况下派两万人登陆英国本土是不可行的。尽管 J. F.［应该是约翰·法朗奇爵士］此前曾说过其他内容，但我们没有组织能够及时预警德国人的这种行动。他说我们已经抛弃了固定和常设间谍的体系，现在增加了人手，但是付不起薪酬。不过，我们向这些间谍保证，一旦成功预警登陆，就能获得很大一笔酬劳。海军大臣说，每个海军情报局局长都有足够的资金，不应该讲间谍该怎么付钱的问题。

尽管卡明日记里没有记录会议结果，但我们有理由认为，政府投入了更多精力建立一个早期预警系统。与此同时，卡明从麦克唐纳处得知，他本年的财务预算被外交部砍掉了一部分，但是没人知道砍掉了多少。我们知道的是，在当天结束的第一季度，他的预算从 3925 英镑削减到 2103 英镑。不过，卡明评论道，部分原因是要把预算分散到不同阶段。不过，他随后还是写道：“他［麦克唐纳］在星期五给我提供了一些钱，但是现在却告诉我这笔钱已经被用在别处了——我觉得是凯尔拿到了。”在对卡明有了进一步要求的时候，卡明的钱却被砍掉了。也许不让人意外的是，这一时期他和凯尔的对立越来越多，不过没有发生什么尴尬。

事实上，凯尔正努力让卡明给他来自皇家海军的副手奥尔森“找个位子”。而奥尔森之前的工作被海军部接手了。只要这不影响他派雷格尔纳特去布鲁塞尔，他倒也愿意帮忙。在数月的运作之后，事情告一段落。威廉森（时任陆军行动局局长）、杰克逊、麦克唐纳和格雷厄姆·格林一起开了个会，决定让奥尔森回到自己所在的船上。凯尔和卡明最初不允许参会，但是后来还是让他们进来了。卡明再次请求雇用雷格尔纳特，他说“雷格尔纳特能够组织一个可以在战时传递情报的系统”。又是一番争论，不过威廉森将军支持卡明，大家同意把这一问题下一周留给外交部次长阿瑟·尼科尔森决定。

在 5 月 7 日的会议上，卡明再次提出这一点，但是受到了杰克逊的反对。后者称，如果让雷格尔纳特按自己的方法办事，不会有什么好结果。而要是尝试控制他，雷格尔纳特则会进行反抗。卡明提议每次只任命他一年。最终大家达成妥协，如果雷格尔纳特在不知道将要获得这份工作的情况下退役，那么他将得到任命。杰克逊在会议上警告大家迟早都会后悔。

阿瑟·尼科尔森爵士问卡明是否对特勤局获得的情报感到满意。卡明不感到满意——“我不觉得应该拿我们获得的材料来判断特勤局的价值，但是我的组织规模在增加。我希望，在受到召唤之时，我的组织会证明自己是有用的。”卡明说，他们依然缺乏危机和战时的通信手段，但是他希望雷格尔纳特的任命将会改善这一局面。

卡明还回忆起，他在会议之前找过杰克逊，发现他正和两位上校谈话。杰克逊“十分粗鲁，说他不习惯迟到，当着我的面关上了门”。他们的关系并没有取得进展。卡明听说骗子德拉福斯——他曾经面谈并拒绝过——设法通过叫一个格林（Glyn）的博取丘吉尔的好感。丘吉尔则提议“以800 英镑的价格购买德拉福斯的炮弹这类东西”。卡明向杰克逊警告，整件事就是个骗局，应当告诉丘吉尔，但是杰克逊“不以为然，说 WC[1] 跟我没关系，也不是花我的钱。我回答说，我认为我的职责就是警告他，这个人是个彻头彻尾的恶棍，而他的信息是假的”。他们随后转向了相对没那么争议的话题——获得有关博尔库姆可靠情报的难度。

到了秋天，卡明如愿以偿。雷格尔纳特从海军陆战队退役，来到布鲁塞尔工作。卡明的想法——有关通信的组织形式——也许和他心中雷格尔纳特的优势一致：比起和人交往，雷格尔纳特也许更善于与手段和组织打交道；但是情报工作不可能没有和人的交往，之前的警告不久就成真了。12 月 12 日，卡明和雷格尔纳特在巴黎会面，他这次来是和法国同行审议战时情报工作安排的。他们交换了报告。法国人给的报告让卡明得到了上级的表扬。但卡明这次访问法国有个不祥的开始。

卡明为战时通信构想了一份方案——叫作方案 A——并得到了直接上级的批准，但是“上面的人”显然并不喜欢。但在 12 月 11 日前往法国时，他还是不知道不喜欢的理由。不过，他从麦克唐纳那里了解到，威廉森将军决定，在他自己前往巴黎并会见贝林（Belin）将军之前，不对这一方案进行评价。没人知道威廉森将军何时成行。

1　温斯顿·丘吉尔名和姓的首字母缩写，代指他。丘吉尔时任海军大臣。

> 这［卡明写道］让人感到极度失望，也浇灭了我取得进展或成功的一切希望。我不明白，出于什么原则，竟然在我不在场的情况下讨论并做出决定？……上级告诉我，上面的人对计划不满——可是指的是什么计划？他们从来就不听我的计划……这些方案应当由我直接提出，而不是转了两手或者三手交上去。我不认为法国将军会支持一个由我控制的通信手段。我感到左右为难——我的位置是不可能办成事情的，但我对此无能为力。

雷格尔纳特在抵达布鲁塞尔不久后发回报告："罗伊大声抱怨没有像他所希望的那样，给他 300 或 400 英镑的开支……他得掏自己的腰包……他强调他的家具的价值……我们进行了一次漫长而又火药味十足的谈话，然后让他一个人去吃饭了。"

似乎作为伪装，雷格尔纳特做的是与家具相关的生意，而且一直在寻找间谍。在一个人吃完饭后，雷格尔纳特变得更加顺服，承认他父亲总是在钱的问题上折磨他。卡明提醒他，他总是说自己有足够的钱来自由地选择工作。雷格尔纳特承认自己对官方经费的限度还是有数的。但他还是试图劝说卡明再从自己官方经费中掏出一点钱来。在他们分别时，天色已晚。

第二天，他们一起去见一个法国间谍——这个人有多种叫法，有雅克特（Jacot）、雅克泰特（Jacottet）和雅克（Jacques），第二局之所以推荐他，大概是觉得英国人更有分析海军报告的能力。卡明之前在伦敦和他打过一次不愉快的交道，但是这次会面令人印象深刻。雷格尔纳特化了妆，"妆化得很成功，但是太吓人了"。他们一起去离酒店较远的地方找房间，不太顺利："我们尝试了一家知名妓院或者叫'酒店'，但是他们不让我们开一间房，他们显然误解了我们的意图。"卡明简短地记录道。卡明最后一个人去找房间，最后在"一家不太知名的饭店"找到了一个"特别房间"。他让雷格尔纳特先进去，然后去约定的碰头地点接雅克特。

雅克特给了他们一份有关德国海军试验的报告，这份报告已经给过法国人了。而且雅克特不知道的是，卡明之前也读过了。他们指出，他提到的舰艇在某一日期并不在北海，而在波罗的海。雅克特说这只是小错误。

他又给了他们其他文件，说这些是官方报告的副本。他为官方报告开价400英镑。卡明指出里面的日期有改动的痕迹，这份报告是错误的。雅克特没有进行解释。他们又问了有关他报告对象的问题，发现他一无所知。“他没有做出任何大惊小怪的抗议就离开了。”

雅克特一离开，雷格尔纳特又开始要钱了。卡明依然表示拒绝，但他同意跟麦克唐纳提一提雷格尔纳特要求为在马斯特里赫特（Maastricht）、芬洛（Venlo）、奈梅亨（Nynmegen）、格罗宁根（Groningen）、汉诺威（Hanover）、明斯特（Munster）、维塞尔（Wesel）[1]招募间谍增加预算。他们在4点钟分别了。然后就是卡明有点沮丧地拜访蕾切尔夫人、她姐姐和嫂子的故事了。我们之前已经提到了。

卡明回忆：“我所有的空闲时间都在航空展览会度过，我看到了许多新鲜事物，我希望它们在未来会有用。”自他1911年第一次驾驶飞机以来，他既拿到了飞行执照，还一直争取用飞机搜集情报。我们现在都理所当然地认为空中侦察显然是有用的。但是在它成为现实之前，卡明一直是在孤独、无望地进行争取。1913年，他已经起草了购买、维修和驾驶一艘特勤局飞机的计划和图表，也和陆军部飞行局局长亨德森将军进行了讨论。陆军部对这一探测敌军方位的全新手段兴趣不大，因成本和飞机的不可靠性而提出反对。卡明坚持认为，这两个问题都是可以接受并得到控制的。而且他说，他的飞机只会在好天气出行，只会在“容易飞行的国家”飞行，“而且飞行员得事先在侦察路线上骑行过”。他取得了一些进展，一度看上去，他有成功的希望，但是卡明从来未能获得他的飞机。这件事的遭遇和他在其他许多事上的遭遇是一样的。只有出于严峻的必要性，陆军部才会做出行动。

回到伦敦后，卡明又开始为协调雷格尔纳特、AC和DB在战时的角色而斗争。结果并没有多好。麦克唐纳决定，AC“拥有DB所有的手下，搜集并传递所有他们的报告给HQ[2]，但是AC与特勤局没有任何关系。一旦德国人越过边界，他们就接受特勤局领导。罗伊负责指挥他们”。卡明抗议道，要是这样，雷格尔纳特和DB现在就得认识，麦克唐纳决定，他们

1　马斯特里赫特到格罗宁根是荷兰城市，汉诺威及之后是德国城市。

2　Headquarter，总部。

俩首次会面是在宣战后的布鲁塞尔。卡明继续表示反对。他说，这是没法操作的，而且又会让他一事无成。卡明说，“这是我的工作，我必须得以我理解的方式进行工作，而我不理解这个计划。”他们没有达成一致，不欢而散。12 月 17 日，卡明在他最喜欢的活动——栅栏防御试验——中度过了愉快、引人入胜、治愈的一天。

事实上，到了 1914 年初，卡明还是或多或少实现了他的想法。双方同意，“DB 将罗伊介绍给他的六个手下——给每人写封信——然后罗伊领导他们，利用他们作为自己组建战时团队的核心。但是他们现在不用于搜集信息”。用摩托车的 AC 要在里尔搞一个邮箱地址，从而使卡明和“B 部门”（大概指的是陆军部的比利时部门）可以通过他进行互相联系。从今以后，AC 就要在“南至库特莱（Courtrai）、北至艾奎林内（Erquelinnes）[1] 的西线”工作了，检查法尔肯堡（Valkenburg）到海尔伦（Heerlen）[2] 的铁路，寻找列日到韦泽（Visé）间能够在默兹河上架桥的地点。DB 要去迪南（Dinant）——“在河的左岸集中自己的力量”。直到时机成熟前，他是不知道 AC 以及他的角色的。因此，AC 在伦敦以弗朗西斯上校的身份介绍给了 DB。弗朗西斯上校“是一个工作在英格兰的军官，你们在战时可以进行合作”。

所有讨论的主题是这么一个计划：由一群间谍在敌军战线后面获得情报，并由另一群间谍通过战线将它传递出去。这一安排最初看上去至少在纸面上还是有点可行性的。而战争并没有按照英法的计划进行，所以这一方案并没有得到检验。

在 1913 年就要过去之前，有一件事情既事关卡明的工作，也事关卡明个人。他与一个为卡明工作的军官有关，被叫作 TP。这个人应该是少校塔尔伯特·庞森比（Talbot Ponsonby）。他做得不错，卡明也很欣赏他。但是他在 1913 年越来越受到疾病的困扰。当他在 12 月 18 日嗓子出了很大问题之后，卡明建议他找医生看看到底有没有事，要是严重，冬天就出国，“去好望角或者医生建议的地方修养”。12 月 23 日，TP 告诉卡明，他的声带出现了结节性肿胀（tubercular swelling）。他接受了卡明的建议，订

1 均位于比利时。

2 均位于荷兰。

了去南非的票。

卡明的反应既揭露了某些事实，也让人忍俊不禁。

> 我当时没对他说什么，因为我感到极其震惊，没时间仔细讨论这件事。这将是我们工作的极大损失，不仅仅是因为我们在他出国训练上浪费大量金钱，而且他和高级顾客们相处良好——其他军官都做不到。我建议应当停止支付他的薪酬，但是无限期保留他的职位。他衷心赞成这一计划。他要是能回来，我再怎么高兴也不为过。但我相信，他回不来了。

卡明的反应混合着工作考量和私人感情，这表现出卡明已经把生活和工作融合在一起了，而且他还要继续融合下去。他全身心地投入到这份为他赢得间谍和手下（当他有的时候）喜爱与尊敬的事业中。这件事也展现出卡明的善良和同情，以及他冰冷的现实主义。他谈到 TP 的角色时显得很有趣——谁是“高级顾客们”？为什么卡明觉得别人都做不到？昂贵的出国训练是什么？ TP 和欧洲王室有联系，可以产生影响，还是可以在对方不知道的情况下探听出消息？ TP 似乎有段时间属于卡明所谓的“法国总部”，也许是和训练有关。1913 年 5 月，他成功地获得一些丹麦人的帮助，这些丹麦人可以利用国际电缆通信传递信息。还有记载提到，他曾报告德国人打算利用冰岛的一处海军加煤站。

1914 年元旦，卡明邀请 TP 及其夫人参加皇家汽车俱乐部的一场告别午宴。TP 交出了自己的钥匙和通行证。TP“承诺，只要我遇到困难或者紧急情况——战争爆发更是如此——他就会回来”。两天后，卡明前往南安普顿送他们乘“爱丁堡城堡”号（Edinburgh Castle）出行。“为了安慰他，我告诉他，如果他觉得身体恢复但不想住在英格兰，我可以帮他在意大利或者其他地方找到工作。他对我而言是个巨大损失，没人能够接替他的职位。在出差外国时，没人能做得像他这么好，还能和各式各样的人交谈。”卡明补充道。他在下午回了家，在办公室工作到很晚。这意味着“家”不再指的是伯斯尔登。

伯特兰·斯图尔特固执地不肯走开。卡明似乎不用再跟他直接打交道。

但是在 1914 年 1 月，卡明有两次提到他和麦克唐纳讨论“斯图尔特一案当中的证据”。第一次交谈包括信件和戴尔·龙格更正过的陈述，第二次则包括与雷格尔纳特有关龙格证据的通信。此外，在第一次谈话中，卡明记录道，麦克唐纳告诉他，由于“害怕对敌人有利”，他不会在瑞典进行任何工作了。

卡明也提到了一个叫 H_2O 的人发来的不少报告，他可能叫作阿奇尔（Archer）先生。阿奇尔先生曾经是个海军军官，和他的儿子一起租了艘船，花了一年时间在挪威南部和丹麦沿海监控船只及满足海军其他要求。他的报酬是 1200 英镑。他们获得的情报还可以。但是让卡明恼火的是，1200 镑的预算极大地超支了。

钱依然是这一年的议题之一，不过严峻性有所降低。既有突然削减预算，也有卡明盘算是不是要和麦克唐纳谈一谈三轮摩托的问题，接着聊聊 AC 的 4 马力摩托车。威廉森将军在 3 月 6 日突然提供了整整 100 英镑。

> 非常忙碌的一天。我们的朋友［大概是法国那边］提供了一大批有价值的资料。我取了过来，展示给威廉森。他认为资料价值极高，要把它立刻转给约翰·法朗奇爵士。他跟我聊了聊情况，跟我说掌握这些人是绝妙的一步。他希望我们能为他们做点事情。我告诉他这个活计又慢又让人心寒。他同意事情急不得。他问我，一笔巨款是不是有点用——比如整整一百万。我告诉他，我认为这笔巨款会让我们铸成大错。形成一个像样组织是需要经验和时间的，而且还需要我和上司的耐心——他对此十分认同。

有趣的是，它不仅仅提到了和法国人交换情报的质量，而且还有威廉森提出了令人震惊的价码。难道他突然意识到情报在即将爆发的战争中的潜力了吗？鉴于后来在 1914 年发生的情况，如果卡明当时接受，后来会有更好的表现。

在 1913 年圣诞节和节礼日（卡明在平安夜全天工作），卡明的记录令人难忘：“在办公室工作，没什么值得记录的。”虽然梅和阿拉斯泰尔有可能与他一起住在阿什利大厦的公寓，但是他去办公室暂时避免圣诞节的打扰——很多人都喜欢这么做——又一次让我们对他的婚姻和家庭生活提出疑问。不管是不是这样，在接下来的几年里，卡明在家过圣诞节并不是常态。

第十章 战争

卡明虽然早已意识到，但是他在 1914 年 6 月 29 日的日记里才记下现在是 1914 年。他只有简短的一句话：“今天继续工作。”

他之前被授予了“巴斯勋章”（CB），这个荣誉虽然在海军和陆军高级军官中不算少见，但是在他这个军衔还是不多见的，而且比凯尔——甚至还有麦克唐纳——获得的时间早。他之所以得到如此承认，归功于他的工作得到大力肯定。虽然官场争斗——以及后面发生的事情——斲丧元气，但在一战爆发之前，秘密情报机构负责人已经在官场中留下印记。他能做到这些，全靠他所获得的情报，对它们最好的叙述来自赫克特·拜沃特的《奇怪的情报》。拜沃特在战前的情报活动对卡明负责，而战时则接受海军情报部主任霍尔将军（下文会提到）指挥。除了全面详细说明德国战舰，拜沃特还声称情报机构渗透进入柏林的海军部，并依靠反制措施，让德国秘密武装邮轮和商船在战争头几个月只开出去了一艘。拜沃特还写道，情报机构获得了 1913 年一种用来针对要塞的秘密榴弹炮的详细描述——被称为“胖柏莎”（Fat Bertha）；获得了海军的作战计划、全世界范围内的加煤站和情报设施。在重要的德国舰队法修正案交给帝国议会之前，它就摆在了白厅的办公桌上（显然来自德国印刷工）。

卡明不太可能对荣誉冷漠。和几乎所有同时代人一样，他感到喜悦和受用。而他在日记里没有做出任何评论，说明他一直把日记当成官方记录——官场版航海日志，而非个人自白书。他在这一方面并非孤例。“古板”和“技艺”的威尔逊（参见第一章）回国后，在评论让他赢得维多利亚十字勋章的事情时写道：“停船，获得维多利亚十字勋章。”

卡明日记的打字版在 1914 年 1 月 19 日截止，后面都是手写的。不过，在 1914 年前 19 天，我们手里既有打字版也有手写版，我们可以看到打字版扩充了手写版的内容。比如，我们引用过打字版 1 月 3 日的内容——卡明在南安普顿送走 TP 及其夫人——而手写版要简短得多：“和 TP 及其夫人一起出发，送他上了‘爱丁堡城堡’号。向他建议可以在意大利工作。返家，工作至很晚。”

卡明没有解释为什么打字版在这里结束，但有可能这是后来他生病和复原时口授的内容，也有可能是随着战争逼近，他没有时间把它打出来了。

新的一年有了更多的间谍和紧急要求，不过有些老面孔依然存在。1 月 26 日，卡明了解到伯特兰・斯图尔特又在“要求一笔大数目”，声称卡明故意派他去才被抓。后来，威廉森将军写信给威廉・布尔爵士，尝试结束斯图尔特一事。5 月 21 日，卡明了解到“伯特兰出人意料的举动”，“斯图尔特提交了”一份请愿书，指控威廉森、麦克唐纳和卡明，并要求从政府那里获得 1.25 万英镑的赔偿。麦克唐纳记下了卡明的回复，并在次日将回复交给了格雷厄姆・格林爵士，“后者将会通知 WC［应该是丘吉尔］”。在授勋的 6 月 29 日，卡明从麦克唐纳了解了“首相有关斯图尔特的决定”。

当弗朗茨・斐迪南大公在萨拉热窝被刺杀[1]时，威廉森正在和卡明谈论看上去更加重要的事情——比如政府对埃及和印度的担忧、北爱尔兰情况恶化。与此同时，德国人已经将柏林到巴格达的铁路延伸到了巴士拉，从而获得了印度洋的出海口。而麦克唐纳则担心威廉・布尔会不会同意就斯图尔特一案进行仲裁。8 月 9 日看上去又提到了斯图尔特一次，但不知道是不是同一个人。当时卡明正在和阿尔弗雷德・尤因（Alfred Ewing）爵士、麦克唐纳讨论密码。后来“见了斯图尔特，讨论了要不要再给他派人。斯图尔特带来了……［此处字迹模糊］……上校，后者承诺提供帮助”。

川奇和布兰登一案也在 1914 年有所回响，但是要比不满的斯图尔特好处理得多。卡明在 2 月 2 日写道：

> “篝火”和“外崖”拜访我，待了两个小时。他们从各个方面讨论了自己的案件，但是相当友好。他们想要见见罗伊，我说我会写信给他的。两人从各个方面都证明我与他们的指令无关：他们说，整个

1　1914 年 6 月 28 日。

> 麻烦都来自罗伊在最后一刻才把但泽一事交给他们，这让他们不得不匆忙做完一切，遭遇风险。他曾要求在荷兰见面（我不知情），而且允许德国人搜集在“D”处的信件。他们认为，罗伊早就该清空了邮箱，因为那时他们已经被捕一周。

后一点，如果不是事后自我辩解，那么至少可以解释他们的一个行为。

不过，雷格尔纳特显然是卡明的责任。他反复无常的要求一直延伸到了 1914 年，直到他重回海军陆战队并卷入战事。卡明不仅对钱的事情很生气，还对拒绝让他和德国间谍通信感到不满。尤其是其中一位——“德国间谍”——还有点重要性。雷格尔纳特威胁找出对方并与之独立通信，这导致卡明不得不签发正式命令进行驳斥，雷格尔纳特最终安静下来了［次日是耶稣受难节（Good Friday）[1]，不管怎么样都会更安静一些：除了卡明的办公室，其他地方都关门了］。5 月 1 日，卡明与麦克唐纳达成一致，如果雷格尔纳特不服从财政限制，那就中止对他的任命。然而，在三周后卡明的年度报告中，他又建议再给予雷格尔纳特 12 个月的任期。这一请求得到批准，但事态进展很快就让这个请求不了了之。

就这样，令人烦恼和喜怒无常的罗伊·雷格尔纳特从卡明日记里消失了。除非有人特地追寻他余生的线索，不然他也从历史中消失了。雷格尔纳特的离开标志了新生的特勤局第一阶段终结。这一阶段本质上还是 19 世纪的思想和实践。其中一些思想和实践受到卡明的反对，而另一些——也许雷格尔纳特就是例子——则得到卡明的接受，虽然代价是让自己的人生更加艰难。自 1914 年 8 月起，他必须寻找到战时运作的方式，尤其是让情报及时穿越布满地雷、铁丝网和机关枪的边界，从而让它具有军事价值。这其中，激励间谍的手段和雷格尔纳特所习惯的完全不同，而间谍技术也是雷格尔纳特不曾使用过的。1914 年，卡明已经不再像早期那样依靠雷格尔纳特。而德军推进的速度和规模促使雷格尔纳特离开秘密情报机构。

在战争迫近的压力下，雷格尔纳特并不是唯一得到解决的问题。自特勤局在 1909 年成立以来，卡明一直寻求上级批准他们获得剪报支持。这是一个很有道理的请求，经常被提出来，也经常被拒绝。因此，卡明经常

1 复活节前的星期五。

发现，一个间谍冒着坐牢风险获得一艘船的军备细节，但是事实上，这一细节才刚刚被官方公布。情报经常因这种方式而变得徒劳，而卡明和有些人不一样，他不觉得重复的情报算得上有用的佐证。1914 年 1 月 21 日，他又一次和麦克唐纳提到这一请求，但却感到气馁。然而，7 月 16 日，他的好运来了："拜访麦克唐纳：向他解释，我们甚至落后于已公布新闻之后，他同意每天把剪报送到一个地址。整整尝试了五年终于实现！一桩大喜事。"

卡明还坚持要求获得空中侦察的许可。这一次还包括法国人。威廉森将军在 2 月 23 日告诉卡明，法国人同意了这一想法。双方的安排是这样，法国人保存设备，卡明坐火车前往布洛涅[1]，然后从这里起飞。上级批准了 1300 英镑的预算。卡明先要自己出钱付给法国海关，然后法国情报机构报销这笔费用。威廉森告诉他可以行动了。兴奋的卡明前往亨顿检查了一架 100 马力的索普维斯（Sopwith）双翼飞机。他"进行了两次试飞……高度可达 2000 英尺"。在所谓"伦敦飞机场"（London Aerodrome）吃完饭后，卡明假装通过一家比利时中介买了一架 70 马力的雷诺飞机，保管在埃唐普（Etampes）。卡明还在亨顿租了间小屋。

虽然卡明在 8 月 20 日最后一次充满希望地提到了飞机："拜访费舍尔少校，如果飞机运到，他将会驾驶飞机。"德军入侵比利时又一次打断了原本要进行的计划。费舍尔少校也许拿到了飞机，但他不太可能有机会开它了。就在这一天。卡明还被要求把 6000 英镑交给英军在法国的总部。他才去过那儿，看来没过多久又要去一趟了。这笔钱也许是用于情报工作，因为英军总司令部有自己的情报网络。但是卡明在日记里的唯一评论是："现在已经太晚了。"

倘若我们能问一问天上的卡明，在 1914 年前七个月，他的当务之急是什么，他大概会说他主要关心的依然是建立一个可靠系统，在战前和战时给出战术报告。他在 1914 年的日记并没有多次提及这一点。但只要一提起，就像是一个持续不断的担心，无须进一步介绍和解释。我们能看到的只是广阔画面中的一小段。而整个广阔画面是我们永远都看不到的。

我们也知道，至少有两件事情在同时发生：有关海军的报告——比起

1 Boulogne，法国北部港口城市。

早年，卡明日记提到它的次数少得多；另一件是新间谍的招募和他们的表现。越来越少提到海军报告也许意味着情报流已经建成——而非海军部不再进行要求，或者卡明没有在进行努力。因为海军部在 1914 年 3 月要求就德国潜水艇的秘密建造获得更多情报。有证据显示，在不同阶段（也许反映着需求的变化），海军的报告既有十分出色的，也有令人不满的。1939 年，海军部在一封写给卡明下下位继任者斯图尔特·孟席斯（Stewart Menzies）的信中，将二战早期有关德国海军的差劲报告和较好报告进行对比——尤其是有关波罗的海舰艇动向的部分——好报告显然是一战的。显然，海军报告有了一定成果，早已不是萌芽期了。

历史学家普遍认为，法国政府和法国军方高层直到最后一分钟都不知道英国人如何、在何处部署海外派遣军的六个师。不过，1914 年 1 月 19 日，卡明正在拟定在大陆的行动方案，其中涉及 DB 及其手下间谍、AC、雷格尔纳特和法国联络人。威廉森将军此前已经去过法国，与贝林将军见面。后者“批准和赞赏了这一方案，希望上报给霞飞（Joffre）将军，因此我必须再等一等”。这说明英法两国在工作层面详细地安排了英法战术报告网络和海外派遣军。有可能双方在不同层级有着不同程度的合作，战术准备和意图并不总是得到充分协调。尽管如此，事态进展还是让大多数计划落空。卡明就谁在何处活动——比如，DB 将会在默兹河左岸集中他的通信力量——的安排是如此具体，因此他和法国联络人在军事部署区域上一定有着共识。

到了 1 月底，当他正在听取三个调查造船事务间谍的其中一个[1]汇报时（卡明不得不让一辆出租车载着他在伦敦周围转了一圈，因为碰头的地方有着那么多德国人），他满脑子想的是在柏林将要执行的一个行动。他称之为柏林使命，其中包括“L”和雷格尔纳特。我们并不知道行动细节，

1 卡明称这个间谍为“芬奇”，大概指的是当时在德国的哈罗德·韦德（Harold Wade）。事实上，卡明曾在 1912 年招募过韦德的朋友尤斯塔斯·威尔宁（Eustace Wearing）［后来是《每日电讯报》（*Daily Telegraph*）在柏林的记者，也是第一个被希特勒驱逐的英国记者］，但威尔宁临阵退缩，他的任务交给了韦德。韦德第一次是在伦敦的一间暗室向吃惊的卡明做了报告。他是个优秀的间谍，后来加入了秘密情报机构。二战爆发之时，韦德在为卡明的继任者工作。他对手下其中一个间谍的疑虑造成了今天依然明显的后果。［感谢其子戴维·韦德（David Wade）向我提供了这一信息。］——原注

但当“L”在 1 月 24 日（星期六）早晨 5 点钟回来之时，他长出了一口气。一对间谍占用了卡明很多时间，他们叫作“赛格”（Sage）和“小赛格”（Sagette）。他们是一对父子，正乘坐一艘游艇在波罗的海环游（和之前提到的神秘的 H_2O 应该不是一回事）。他们就钱的问题进行讨论，赛格一度拒绝说出他的下线间谍的名字，而卡明评论道：“他十分不讲道理——太贪了——相当不择手段，在谈判时是个恶劣的商人，但是我觉得他很聪明，也许会很好地完成工作。”

讽刺的是，当他正在指责赛格在不预先说明的情况下提高价码时，麦克唐纳把他叫去，“由于他手头有点剩余，于是问我现在有没有需要一笔钱的任务。这是政府机关预算控制人经常陷入的困境，财政部不让他们留下剩余，因此被迫在每个财政年结束之前花掉或者扔掉这笔钱”。卡明建议买一辆车在比利时用，但是麦克唐纳希望卡明再去国外执行一次使命。卡明说这在本财政年结束之前是组织不起来的。他自己的预算数字显示，从 3 月初到财政年结束，他还需要 800 英镑，“能剩下 1280 英镑”。

5 月 23 日，在联合俱乐部与卡明的会面中，赛格和小赛格显然以一种友好的方式结清了报酬走人。他们手下的间谍也会随后获得报酬，而小赛格还要再领六个月的薪酬。在 9 月 1 日之前，他还要搜集和传递报告；卡明还要给游艇的装备付钱，共计 288 英镑。不断提到他们手下的间谍，意味着赛格和小赛格也许利用他们的出行招募人员报告对德国船只的见闻——后来提到了丹麦和挪威灯塔管理员等——这也许是特勤局对波罗的海良好情报覆盖的基础。它也和 6 月 23 日卡明与一个叫霍姆斯（Homes）的人讨论挪威和瑞典有关，后者有着价值甚高的内部联系，“习惯在轮船上使用无线电”。卡明向霍姆斯保证，他“并不想要任何有关挪威的情报，只想要有关德国人的材料”。

和耶稣受难节一样，复活节那天，卡明也在办公室“写回信，但是邮局今天关门了”——但是在 5 月 4 日、5 日、26 日、28 日，他却离开了。头两天，他因公前往勒阿弗尔和巴黎。

在 1914 年初，卡明越来越多提到信鸽和信鸽密码，卡明将后者交给了海军部和陆军部。通过信鸽通信总是被轻率地视为原始——甚至是个笑话。它确实很原始，但是在 20 世纪的世界大战和其他事件中，信鸽确实很有用。因此，在一战中，德国人威胁称，占领地区公民若被发现携带英国信鸽所传递的八页调查问卷，则要被处决［在荷兰为卡明提供有效服务的兰道（Landau）上校回忆，1915 年 6 月，一艘齐柏林飞艇在布鲁塞尔被破坏，而有关飞艇的情报据称就是由信鸽传递的］。任何用枪打下信鸽的德国士兵享有十四天的假期。

这一话题值得本书之外的更多研究。信鸽比赛是由伦敦东区律师事务所的一个职员阿尔弗雷德·奥斯曼（Alfred Osman）所创，他出生于 1864 年，在一战期间负责陆军和海军的信鸽工作。当时，所有用于军事和情报手段的信鸽都是由英国工人阶级的信鸽迷所提供。路透社（Reuters News Agency）就是靠信鸽建起来的。在无线电出现之前，皇家海军舰艇都配备着信鸽。它们不仅用于长程情报通信，还用于前线的战术报告。

与此同时，在和平的最后几个月，间谍和间谍的报告依然是日常的一部分。H_2O 的有些报告需要提问和修改。7 月 14 日，卡明与雷格尔纳特讨论邦（Bang）一家三口的命运——年长的邦夫妇和弟弟小邦。雷格尔纳特觉得小邦已经被捕，但是卡明对此表示怀疑。邦这一家人出现了好几次，但是没说他们在做什么。在他们可能被捕后，雷格尔纳特做出了一个令人困惑的断言："现在他们中没有一个为我们工作。"

卡明所提到的一些间谍的细节就更少了，比如名字有趣的"回来"（Back）和"意识"（Sense）。6 月 2 日，TP 暂时回来了，但是医生说的话让他失望，他打算 9 月份再回来一趟。圣灵降临节[1]（Whit Monday），卡明整天都在解码电报——也许证明了间谍产出情报的效率——6 月 18 日，他向海军部提交了一份"'伊甸园'号（Eden Hall）全副武装离开安特卫普的报告"。这也许和爱尔兰不断增长的骚乱有关。

卡明的笔迹在这一时期出现了周期性变化。他的笔迹通常很平滑密集，用小写字母书写，偶尔用一些大写字母强调。这象征着活力与目的感，还带着一些艺术修饰。然而，字母偶尔显得更小，省略更多，字迹整体变得更加急促、零碎和难以辨认。有时上下文语境会让我们合理地猜测是一顿大餐、缺乏睡眠或生病让他这样。但是 1914 年卡明日记无法让我们做出这一猜测。似乎是工作和时间压力造成的。在十分忙碌的时候，日记至少

1 复活节后的第 50 天。

能揭露一些事实。

因此，在战争逼近之时，有趣的是寻找卡明工作更加勤奋的象征，但尴尬的是，没人知道将会发生什么。尽管大家都感觉战争迫近，但没人意识到6月28日，加夫里洛·普林西普的枪击是一战的第一枪——确实不需要知道。战争虽然是不必要的，但在所难免，数百万人开始意识到战争开始了。有些人不情愿相信战争爆发，有些人渴望战争来临。而大多数决策者——尤其是英国人——害怕战争，但不怎么相信战争来临。这是有教养的人却更容易犯错的又一例。像英国外交大臣爱德华·格雷这样智慧、见多识广、善良的人们，直到最后时刻都不明白普林西普的行动为什么要让数百万人为之厮杀。他们是对的。他们从小就被教育，理性的人们以理性行事，如果意识到自己的所作所为，他们会避免做非理性和有害的事情。比起这场战争的不可避免，格雷这样的人更注意这场战争的不必要性。这场战争是不必要的。正如军事史学家约翰·基根（John Keegan）在《第一次世界大战》（*The First World War*）中所指出的那样，哪怕在和平的最后几个小时，政治家若能采用他们不熟悉的全新设备——电话——也许都可以挽救事态。

即便如此，它也不过是在拖延。战争已经不可避免。我们可以假设，推动战争爆发的因素有：欧洲人民一开始对冲突的渴望；德国商贸阶层显而易见的怨恨和嫉妒；德皇的虚荣和野心；德军总参谋部的热情；法国和英国的恐惧——他们反而促成了他们想要避免的情况发生。当德国人开始动员时，有一个理由可以解释战争为什么必须发生。这就是施里芬计划要按照沿着铁路和公路行动的严格时间表执行。自动员之时起，德军要按照计划在四十天内横扫比利时和法国。施里芬是一个强迫症患者却从不参与战斗，他担任了整整十四年的总参谋长，对军事规划之外的事情毫无兴趣；他工作之外唯一的放松方式就是向他的女儿们大声朗读军事史。1912年，他在见证自己毕生工作诞生成果之前去世了。

6月29日，在授勋仪式之后，卡明的笔迹回到了正常，不过还是有点匆忙，不像之前那么从容不迫了。7月初，雷格尔纳特“承认他的人被捕了，但是身上没有任何证明罪行的文件”。次日，在交给海军部有关德国的火控和指挥塔素描时，卡明报告W被捕了（W可能是难以捉摸的“邦”家人之一）。卡明会见了一个会说多种语言——其中包括俄语——的人，他叫作阿盖尔（Argyll）。卡明考虑把他派到俄国。不过，不清楚是让他和俄国人合作（更有可能），还是获取俄国人的情报。

如日记里所示，在7月大多数日子里，一切正常，没有紧张加剧的迹象。卡明依然在会面间谍候选人，获得情报，支付费用。日记里有几页空白。7月21日，卡明授权DB出差前往比利时，为陆军部准备名单。他补充道："这次算是逼他去的。考虑到他在比利时的遭遇，他能过去算是一个很大的突破。"由于这次出差定在8月1日开始，我们有理由推测，卡明几乎和所有英国人一样，不认为战争马上就会爆发。

然而，事情原本在7月23日（星期四）可以有所转机。卡明在这一天的日记只有一行，记录了卡明交给麦克唐纳的一份报告。他的描述是一个几乎辨别不清的单词——也许是德语词"动员"（Mobilsmachung）。按照赫克特·拜沃特的说法，这是事先约定好的暗号，意味着有一个紧急战争信号从基尔港传到了威廉港。卡明的一个间谍截获了这一信号。有关这一信号传递的情报显然具有重大作用，尤其是德国人还没有进行动员，而且在同一天，劳合·乔治[1]还说英德关系正处于几十年来的最好时刻。

卡明随后几天没有写日记，直到7月29日（星期三），他再次出现了最糟糕的笔迹和简短匆忙的记录。从星期三到7月31日（星期五），主要内容就是派DB到迪南，与AC和其他人协调行动。一个名字看不清的法国或比利时女性被派往奥地利。

8月1日（星期六），卡明在日记开头清晰地、不匆不忙地写下"一切紧急船只都派了出去"，像是决策后的相对平静。周末，英国内阁一直在开会，讨论英国是否参战。可以预想到，在决定在什么议题、何时声明支持法国上，他们承受着法国人的压力。双方没有条约约束，但是如我们前文所见，包括麦克唐纳、卡明和其他人普遍认为英国会支持法国；尽管英国政府依然没有公开做出承诺，但是舰队已经进入备战状态，并被派往法国保护海峡沿岸。

1 劳合·乔治（Lloyd George，1863—1945），英国政治家，曾任英国首相（1916—1922）。

然而，8月1日，德国已经事态明朗。一个贫穷的年轻艺术家[1]站在慕尼黑人群之中，倾听着动员令的宣布。他写道，他“毫不羞愧地承认，我被当时的热情所感染……跪在地上，发自内心地感谢上天能让我生在这么一个时代”。

尽管英国内阁还在讨论是否为轻而易举就裹挟着他们前进的事态做出决定。但那些负责执行决策的人要更为坚定。卡明开车带麦克唐纳去南安普顿。他们在那里和海运办事处有事商谈。他们一定去得很早，因为他们坐下午2:40的火车回到伦敦。麦克唐纳向卡明指示到底需要DB、AC和他们手下的人做什么。卡明去见了威廉森，后来取了108比利时法郎。麦克唐纳当晚在卡明公寓过夜。第二天是8月2日（星期日），卡明在伦敦寇松街的西摩宫（Seymour Place）1号会见了银行家阿尔弗雷德·罗斯柴尔德（Alfred Rothschild）。罗斯柴尔德同意“在布鲁塞尔安排一大笔英镑，格林需要的话可以用”。这不仅仅是为卡明自己在比利时的行动提供经费，也是供英军总司令部使用。他从罗斯柴尔德那里借了一辆车，派一位密码专家及其他人乘车前往布鲁塞尔。卡明还会见了雷克斯·丹（Rex Dan）夫人，告诉她，如果她能在柏林待一个月，就给她100英镑。

一周后的8月7日，卡明设法让罗斯柴尔德在第二天准备等同于5000英镑的马克。卡明在日记里记下了给罗斯柴尔德借据的编号，每张借据是500英镑。轻而易举地让阿尔弗雷德·罗斯柴尔德帮忙——这并不是英国情报机构和伦敦商业银行第一次合作，罗斯柴尔德家族当然为他们帮助英国的历史而骄傲——是这个世纪很长一段时间来典型的非正式而有效的合作方式。不过，这一次却是神秘与现实交织。第二天，和8月份其他许多天一样，卡明派间谍前往欧洲大陆。卡明在日记里记下了派去的是谁，用的什么密码，带了多少钱，有时候还写下他们的目的地。遗憾的是，卡明没有记录他们的任务。

在决定性的星期二（8月4日），卡明又一次以潦草、不易辨认的笔迹记录了一通电话，打电话的人像是蒙塔古勋爵。卡明在参加汽车赛的日子就认识了他。勋爵出人意料地提供了1000辆运货卡车。卡明让他去找陆军。他向凯尔提到了一位女士，她愿意做间谍但没有护照。卡明随后会见

1 应该指的是希特勒。

了一个叫查特瑞斯的上校，提议派他去巴黎，接替一个叫斯皮尔斯（Spiers）的军官［可能指的是斯皮尔斯（Speers）上尉，他是未来的将军，在二战期间和戴高乐保持联络］负责和法国人联络。而斯皮尔斯则被——和卡明手下许多军官一样——被陆军部召回另有他用。卡明在本页下面用更粗、更沉着的笔迹写道："对德宣战——午夜。"

第二天，威廉森询问他"在荷兰海岸的相关安排"。卡明随后前往利德贺街（Leadenhall Street）拜访穆勒公司经理，后者"打电话给他在海牙的公司"，派人前往荷兰海岸的六个地点报告德国舰艇动向。麦克唐纳批准 580 英镑购买一辆 50 马力梅赛德斯汽车，而雷格尔纳特则又不可避免地"长篇大论"起来。卡明会见并雇用了更多的人（卡明日记前面的日程安排显示，8 月份共进行了 12 次会面，但这大概还不是全部）。他付给了罗斯柴尔德 1500 英镑，并在亨德森将军的安排下，将期待已久的飞机交付给了一个叫韦泽德（Wethered）的先生，卡明需要支付 620 英镑。卡明在日记里记录道，这笔钱是要报销的。8 月 9 日（星期日），卡明会见了阿尔弗雷德·尤因爵士，带他前往陆军部"破译密码"。这是一次重要会面，我们后面将会讨论它的重要性。卡明在随后两天都没有记日记。

卡明在 8 月 12 日（星期三）重新开始记日记，又是日常的会面和间谍出发。卡明急切地寻找能派往瑞士的语言学家。然而，有孤零零的一行字格外突出："阿拉斯泰尔前往前线。"

卡明在日记里两次提到了阿拉斯泰尔，这里是第一次。在这个更为不拘礼节、不那么守纪律的年纪，卡明早已习惯冒失、健谈、个人化的日记了。这一行字显得很奇怪，也许代表着冷漠和感情抑制。但是我们不能草率做出这一判断。卡明给人的印象经常推翻这一判断。没人只为了他自己写日记；写这一行为就暗含着读者的存在，即使你认为没人能读你写的东西。但是在选择写下什么之时，你就已经假定了一个读者的存在。如我们前文所见，卡明希望上级允许他保留日记，记录下自己的所作所为。要是继任者遭遇任何状况，这本日记都是为他写的。它也是留给卡明自己的记录。这是必要的，因为卡明不是加入一个组织，而是建立一个组织。他在大多数时间内都是独自工作，没有其他手段记录下事态发展。尽管随着一个人的努力变成一个组织，卡明日记越来越显得不够完整，但它依然是个人对职业事项的记录，有时甚至是卡明写下自己的思考和回答的地方。它不仅仅是个人历史。

但日记也成了其他东西。当他为间谍在德国被捕、雷格尔纳特、战时规划的派遣计划或不公而操心时，他的日记也成了他和自己的对话。他复述了有关他的争论和事件；他详细叙述了和海外不靠谱间谍的会面，他不断为自己显然艰难的决策——继续雇用雷格尔纳特——陈述理由。这不仅仅是在记流水账——与之同期的例子就是更加简略的凯尔日记。凯尔也不写私人内容，但是更加缺少个人反应，也不写自己内心发生的任何争论。

因此，在这一语境下，可以说卡明第一次简短地提到阿拉斯泰尔代表着富有感情，而非缺乏感情。这是个人感情少有地进入官方事务。阿拉斯泰尔前往前线也许对于卡明而言类似于获得巴斯勋章。虽然这两件事对于卡明个人而言有着重要性，但是只能简短提及，因为他们是私人事务。

我们不太清楚阿拉斯泰尔在此之前的人生经历。我们此前提到，他在伯斯尔登不远的地方上学，不久后和科特·哈恩（Kurt Hahn）成为好朋友。这位德国教育家因建立戈登斯敦学校而在英国声名显赫。人们往往说他们俩是在牛津大学认识的。但是没有阿拉斯泰尔被牛津大学录取的记录。阿拉斯泰尔有可能当时正在补习。我们知道的是，阿拉斯泰尔后来参加陆军，被派往西弗高地兵团（Seaforth Highlanders），最早（例行）在印度服役。据莫里郡当地报纸报道，战争爆发之时，阿拉斯泰尔正在家里休假。之前在印度的老上司现在是一位将军，他邀请阿拉斯泰尔进入英军总司令部。

在战争早期——和所有战争一样——总有许多在休假的人奋力争取调到离战争更近的地方，而非前往千里之外。正如后面情况所表现的那样，一开始没有参加的人最终将会错失机会，这一想法倒不算离谱。施里芬计划的前提是 40 天内获胜。而此前欧洲的战争，1870 年的普法战争和更早时候六个星期的普奥战争——促成了现代德国建立——都显得太短了。情绪高涨的不仅仅是士兵。我们知道，在所有交战国，数百万平民都聚集在祖国的旗帜下。

当然，在阿拉斯泰尔的成功调动中，他的父亲可能也出了力。他认识能够帮忙的人。此外，多琳·韦切尔当时还是在伯斯尔登的一个孩子，她后来从父母那里听说梅反对阿拉斯泰尔去法国，但是卡明鼓励儿子这么做，因为他觉得梅对阿拉斯泰尔保护过度了，战争经验会让儿子更有男子气概。这听上去可信，阿拉斯泰尔做的是处于他的位置的人都会做——或者尝试做的事情。

在英国海外派遣军，阿拉斯泰尔加入的是新组建的情报部队。在此之前，情报部队从来都不是一个常设的部队。不同的总部和战役——比如驻印度军队、布尔战争或1906年祖鲁起义——都曾组建自己的陆军情报组织，但是这些组织要么是临时的，要么接受特别指挥。在需求不再存在后随之解散。正如我们知道的那样，陆军部有自己的情报人员，主要依靠麦克唐纳的努力组建了一支核心团队。一旦战争爆发就可以进行招募与扩充。陆军部的沃尔特·柯尔克负责海外派遣军的秘密情报工作。1938年，在情报部队一次晚宴上，柯尔克隆重声明，在一战爆发的第一周，“我开始组建情报部队”。如果卡明利用他的影响力让阿拉斯泰尔获得这一岗位，那么肯定是通过麦克唐纳和柯尔克。卡明每天都会和他们打交道。

在《情报部队史》（*History of the Intelligence Corps*）中，安东尼·克莱顿列举了情报部队55名创始成员，称他们“是最初的小分队，在1914年8月12日随英国海外派遣军从南安普顿出发”。阿拉斯泰尔是其中一员。指挥官和他这样的副官都是休假中的驻印度部队成员。他负责摩托车部门，配备着道格拉斯（Douglas）、首位（Premier）、鲁格（Rudge）和胜利（Triumph）摩托车。他父亲毫无疑问会对这一部门感兴趣。与最初的55名成员一起的，还有来自大都会警察[1]的24个志愿者。

阿拉斯泰尔没有留下日记，但是克莱顿引用了拜尔德（Baird）少校——后来的斯通黑文（Stonehaven）子爵——保留的一份日记。总而言之，虽然在战争早期，令人恼火的混乱几乎不可避免、如影随形，但军事行动看上去在平稳进行。8月11日，拜尔德从伦敦前往南安普顿。他发现营地里抱怨纷纷，因为安排混乱，而且军官发现他们得自行照顾自己的马匹。许多人已经进入部队一个星期了，配备好了自己的装备，但是有十几个人因未通过法语考试而被遣散。8月12日，他们了解到，另一批属于英军总司令部的部队在前一天出发了，但是发现勒阿弗尔港并没有预料到他们会来。没有人接待，并在上岸时耽搁了很长时间。

1 Metropolitan police，即伦敦的警察队。

阿拉斯泰尔登船出行的前一个晚上也许是在伯斯尔登度过的。卡明在这一天或前一天都没有记日记。他们也许在一块。

拜尔德回忆，他们穿越海峡时很愉快，唱着国歌和爱国歌曲。一路上有三艘战舰护航，每艘船相距 10 英里。他们在上午 9 点开始抛锚停泊，上午 11 点靠岸。但是他们在五个小时内并没有前往营地（由童子军引导），因此到下午 6 点才抵达营地。8 月 14 日，拜尔德这一天都在试图获得指令，会见麦克唐纳。半夜的倾盆大雨中，他和指挥官的车没油了，夜里只能在一家小屋借宿。次日早上 7 点，他们驾驶着三辆轿车和四辆摩托车“尝试确定圣欧麦（St Omer）北部和西北部的德军方位”。他们也有一辆劳斯莱斯，里面有三名海军陆战队队员，指挥他们的是史密斯（Smyth）上尉。

在战争爆发的前几周，形势变幻莫测。双方都在尝试向西包抄侧翼。发现敌人不仅仅是步兵情报部队的任务，也是每个人的责任。情报部队也有其他任务：搜集平民报告、和法国警察合作、军事密码、关卡通过与许可证、审问囚犯、摩托车出勤、组织平民工作组、搜寻走失的部队、为难民清除路障、预先为撤退部队安置补给、协助骑兵侦察巡逻队与炸桥小组、调查狙击手报告（通常是误报）、检查地道与矿井——德国人也许利用它们——以及在从埃纳河（Aisne）向前推进时传播假情报。考虑到人手是如此之少，他们大部分只能在理论上完成这些任务。

与此同时，伦敦则是整日开会。卡明和“CMS”的讨论变得更加频繁。CMS[1] 应该指的是他的侄子查尔斯 · 莫利纽克斯 · 史密斯（Charles Molyneux Smith），一位工程师和赛车手，现在也是情报部队的一名上尉。他似乎是在协助卡明。他有可能通过卡明获得了自己的职位。我们面前只有干巴巴、正式的遗嘱和卡明日记里偶尔出现的记录——虽然他们至少在这一阶段每天联系——但是他们在对方生活中的重要性要比我们所看见的还要大。

8 月 15 日（星期六），卡明在战时第一次前往国外。他经奥斯坦德前往布鲁塞尔，在宫殿酒店休息，他见到了 L，后者“在一个‘可疑的’骑自行车的人面前出了洋相”（后来有份报告，大意是说战争爆发时，L 经

1　指的是查尔斯 · 莫利纽克斯 · 史密斯，为方便阅读，以下原文的 CMS 均翻译为“莫利纽克斯 · 史密斯”。

批准正在意大利度假）。包括 AC 和 DB 的计划显然还有效，因为在开车离开布鲁塞尔之前，卡明向英国公使馆全体和公使介绍了他们的情况。在城外，他发现比利时人正急匆匆地挖战壕，火炮、马车和预备队正在就位，流传着附近森林有德国枪骑兵（Uhlan）的故事。而有些法国士兵把他和同伴错认为德国间谍。卡明最后见到了 DB。在次日回到布鲁塞尔时，卡明发现道路已经铺上路障，每四分之一英里就有巡逻队。他在开车前往奥斯坦德前见了 AC。在奥斯坦德，卡明没法把车运到船上。他后来在福克斯通吃了晚饭，在漆黑的深夜启程前往伦敦。在肯特郡的某处，他的“车灯”坏了，不得不在车上睡到天亮。卡明通常对与机械相关的事情一丝不苟，他记录他把车开往沃尔斯利厂，问题出在发电机。尽管他通宵开过车，但这次他没有。8 月 23 日（星期日），他开车前往南安普顿和“阿尔戈”号。在晚上 10 点的浓雾之中，他开车返程。他遇上了一次“小碰撞”，车灯的电和燃料都耗尽了。他在次日早上 6 点回到了伦敦。

卡明还会见了来自《每日邮报》（*Daily Mail*）的两位女士并谈论他们在赫里戈兰岛所看见的景象、破译电报（他还是得亲力亲为）。麦克唐纳让他再也不要给外交部打电话，海军部让他不要在意大利有动作（“它扼杀了我在这里的所有计划”）。在此之后，卡明再次出发前往欧洲大陆。在麦克唐纳的建议下，卡明是和一位王室信使[1]（King' s Messenger）一起出发的，他详细记录了这次出差的细节。

他们结伴开车前往南安普顿，卡明不太明智地跟随着王室信使的劳斯莱斯之后，经常要停下来在烟雾中喘口气。他好不容易找到了船上的位子，先把车开上了船。卡明随后前往奥威尔（Orwell，在南安普顿时，卡明经常在此停留）小酌一番。在晚饭后回到船上的过程中，卡明发现他的目的地变了，所以不得不把车取出来，又找了另一艘船。他在凌晨 4 点进船，5 点出发。当时穿越海峡十分忙碌、让人困惑而且——被人视为——存在危险，船只和里面位置都很紧缺。卡明在途中遇见了贝利（Bailey），给他换上了给自己准备的海军制服。去勒阿弗尔的旅途出人意料地舒适——“十分奢华的旅行。套间很好，还带了起居室与浴室。饭菜可口，一切都很舒服”——车毫发无损地上了岸。在拜会过英军总司令部的陆海军将军后，

1 英国外交部旗下负责传递秘密和重要文件的信使。

他开车前往伊夫洛的一家酒店。“多亏了身上的制服”，巡逻队没有盘问他。卡明注意到“各处的法国人对我们都十分周到友善”。

次日早上 6 点，他们前往巴黎。在鲁昂，一个骑车的男孩从人群冲出撞上了他们。男孩毫发无损，而卡明给了他 50 法郎修车。向南行军的法国部队让他们耽搁了一会。而糟糕的路面则穿透了轮胎两次。在第一次爆胎后，一个农民帮助了他们。而在第二次爆胎中，当地警卫队出现了，“一位女士停下了她的车，让司机下来帮忙（司机拒绝了我的报酬）”。当地人送了他两面法国国旗。在巴黎，他与英国和法国官员会面，包括将要负责陆军总部情报工作的瓦尔纳（Wallner）上校。

返程时，他在早上 11 点抵达勒阿弗尔，但发现英国运输处停止工作，并且欢欣鼓舞地告诉大家四天内无法通行。卡明必须得自行安排了。他设法让自己和车于下午 2 点上了一艘拥挤的船只，不得不等五个小时才能进入甲板之下。这次航行很顺畅，虽然船上装满了难民，“而且很不适，但是每个人都很友好，礼让妇女和儿童”。卡明让两个难民和他一起睡在车上。在南安普顿，他们花了三个半小时才从船上下来。在奥威尔停了一下之后，卡明开车前往伦敦——还带着三个不知姓名的难民——洗了个澡，像往常一样前往陆军部和海军部。他那天睡得很早，少见地说自己累了。

在接下来至少两个星期内，又传来一连串看似重要的全新报告。卡明称之为波尔多报告。报告不是一份传来的，总是好几份一起过来。而且它们传来的位置也证明，这些可能是无线电截获的情报，但我们没有证据。有证据显示它们和俄国人的关系越来越紧密。卡明的主要联络人是俄国公使叶莫洛夫（Yemoloff）将军。有在海牙和俄国秘密情报机构人员会面的安排，但不知道是不是卡明亲自去。俄国人提议卡明亲自来彼得格勒，“负责人和负责人直接谈”。外交部对此进行了认真考虑。人们也谈论过让卡明临时加入英国使团前往俄国或瑞典。但是这些都没有下文。在联系早期就存在一个关注点——一直持续到沙皇政府垮台——就是分享德军在东西线间动向的情报。在战争后期，两边互相允许对方阅读自己的报告，而叶莫洛夫和他的同事们经常拜访卡明的办公室。而卡明的人事实上在彼得格勒的俄国陆军部有间办公室。正如我们在下面可以看到的那样，卡明对俄国人提供了重要帮助，后来被授予两个俄国荣誉头衔。

卡明依然尝试为了秘密情报工作而接触领事馆系统，他提议领事们应当提交“匿名”报告。然而，即便在战时，外交部依然迫切希望维持领事工作所谓的“政治纯洁性”。卡明日常和外交部次长私人秘书罗纳德·坎贝尔（Ronald Campbell）打交道。他告诉卡明，这些事会“破坏这个原则：和秘密情报机构划清界限”。他当时在海军部的主要联络人罗兰（Roland）却持相反意见：“他不支持这些原则，他只想打败德国人。”

他们的意见不一是典型的对立，可以追溯到英国政府内部的意见不一致。安德鲁·戈登在有关日德兰的著作中把它刻画为猎场看守员——必须要维持和平——和捕鼠人——需要发动战争——之间的对立。也许猎场看守员在所有外交机构内都占大部分，但他们在军事部门内也有很多——戈登有力地指出了皇家海军。当然，这一例子的讽刺性在于，无论外交部多么严肃地坚持领事工作的纯洁性，但是只有它自己才相信真的纯洁。而他们想要面对的对象外国人，却很少那么认为。

卡明也忙于在荷兰、意大利（当时）[1]、瑞士、挪威、瑞典和丹麦这样的中立国家进行有关“反德媒体宣传”的方案。尽管卡明并没有记录这一方案的执行效果如何，但是他抱怨，在荷兰“他们［从文中看指的是陆军部，有时也可能指的是海军部］借走了我的人，也借走了我的点子，自己去做了”。

卡明在9月8日记录，凯尔在很晚时来找他，“有关萧（Shaw）的事情，等等”。如果开句玩笑，也许是和萧伯纳（George Bernard Shaw）有关系。次日，卡明开车前往布里克斯顿（Brixton）监狱，“见了马克斯·B-L（Max B-L），进行了一次长谈”。某些有关情报机构的神话也许从这里开始：在国家危急时刻，政府会从监狱里救出伦敦东区的爱国窃贼。几天后，卡明再次前往布里克斯顿，释放了马克斯·B-L，带他前往哈默史密斯。卡明没有写下原因。同日（9月9日），也没有波尔多报告。他大概觉得有必要提一下这点的原因是波尔多报告理论上每天都有。

卡明最终还是得到了一位助理，前陆军准尉T. F. 雷考克（T. F. Laycock）。卡明让他做了一件事，提交的报告显然让卡明很满意。卡明也记

1　一战之前，德、奥、意结成“三国同盟”，和英国是敌对阵营。一战爆发后，意大利选择中立，并在1915年加入协约国，和英国位处同一阵营。

录了陆军部要求把他从预备役名单转入现役名单。几天后，卡明才被告知，他已经在现役人员名单上，可是从来没有人告诉他这一点。与此同时，DB在9月11日结清了报酬。在两天后的星期日，卡明前往南安普顿“去港口值班”。9月16日，在每天例行去海军部时，他“见到了温斯顿”。

然而，AC还在工作，安排他潜伏在布鲁塞尔。等到9月底，海军部——而不是外交部——已经决定不让卡明去彼得格勒，但是他应当在彼得格勒设立一个情报站。经阿瑟·尼科尔森同意，卡明选了三名军官。9月26日，卡明在国王十字车站送他们和随行俄国军官一起出发。其中包括阿利（Alley）上尉，他在接下来一两年内存在感很强。

卡明现在有两个办公地点，其中一个在阿什利大厦。他还是去南安普顿“港口值班”，每晚都待命。比如，9月24日，他就说前一天晚上是“忙碌的一晚：六通电话”。这应该是和间谍通话。次日，他为某人搞到了一把左轮手枪。两天后，他在日记里满意地写道，他为一个商人理查德·汀斯利（Richard Tinsley）——一个饱受争议的人物——搞到了皇家海军预备役的中校军衔。卡明把汀斯利派往鹿特丹建立一个情报站，而汀斯利将为战时的卡明做出重大贡献。

月底——9月30日或10月1日——卡明再次前往欧洲大陆，在前往巴黎途中顺道去了英军总司令部。这是一次至关重要的出差。战线依然没有稳固，安特卫普依然（刚刚）在比利时人手里，德国人和法国人在埃纳河的战斗差不多结束了，主要战斗现在正集中于所谓的“向海洋进发”。这并不完全指的是争夺埃纳河与大海之间的空隙。法国第十军沿索姆河（Somme）畔部署，及时反击并击败了德军的前锋，而英国海外派遣军则向北前往弗兰德斯，不久后就堵上了缺口，并进入了持续四年的炼狱：伊普尔突出部。施里芬计划失败了，而两边都不曾计划的消耗战开始了。

在前往欧洲大陆之前的9月29日，卡明日记只有一行，用他常用的笔迹记下了去尤斯顿（Euston）的经历。9月30日是少许潦草、细长的几行字，也许意味着卡明疲劳、生病或者在旅途中写下了这些：有关人数、金钱和房间号的备忘录。10月1日没有日记，2日只有三行。前两行——“在鲁昂过夜。早上五点出发”——写在了页眉。第三行笔迹更圆润更松散，和接下来几天的日记很像：“晚上9点出了事故，在特里波尔附近。”

10 月 3 日有四行："接人 / 早上 6 点带到莫城（Meaux）医院 / 可怜的老阿拉（Ally）死了 / 一号行动——巴黎的雷尼尔（Regnier）博士。"

卡明在英军总司令部接走阿拉斯泰尔，也许和他一起经鲁昂前往巴黎。如果他们是在 10 月 2 日早上 5 点出发，由于事故发生在晚上 9 点，那么这一天开得可够长的。也许他们去了其他地方，或者自行做了某些侦察，要么就是因军队调动、爆胎或午饭吃的时间长而耽搁了。据信他们开的是一辆劳斯莱斯（当时的劳斯莱斯算是好车，但还没取得后来那么高的地位）。这辆车翻了并撞到一棵树上，卡明被困在车里，阿拉斯泰尔后来死了。早先的媒体报道称，他们当时正在"穿越莫城森林"，爆胎让卡明所驾驶的车撞到了树上。阿拉斯泰尔不久就死了，而后来卡明右腿膝盖以下截肢。

后来秘密情报局和家族流传的事情经过，主要是康普顿·麦肯齐在自传体作品《希腊回忆》（*Greek Memories*）中所描述的那样。麦肯齐后来为卡明工作，和他关系很近。他说开车的是阿拉斯泰尔：

> 1914 年秋天，在某些紧急情报任务中，他的儿子——西弗的一名陆军中尉——曾经在行动区域开车带着他。车速很快。开足马力的汽车撞到了一棵树并翻了车。C 的腿被压住了，而他的儿子被甩了出去，头部着地。儿子受了致命伤，而父亲听到他抱怨天冷。卡明尝试从汽车遗骸中爬出来给儿子披上外套，但是他始终抽不出自己压碎的那条腿。因此，卡明拿出了小刀，开始锯自己那条腿。等到切下来的时候，他爬到儿子身边，给他盖了件大衣。后来人们发现他晕倒在尸体旁。
>
> "这就是老 C。"赛尔斯（Sells）［麦肯齐的线人，曾经说卡明"倔得像头驴，下巴尖得像战舰前面的尖端"］说道。

丝毫不令人震惊的是，卡明的自我截肢吸引了最多的关注。尽管没法证实，但是拥有战场和事故救助经验的医生表示，在某些情况下，压碎的残肢不仅不会助长致命出血，反而会抑制出血。而且卡明不一定完全切断了腿，只是拖着损坏的残肢。如果卡明给出的时间是准确的，那么 55 岁的他在 10 月的夜里能够坚持九个小时也算是令人瞩目。

而另一份由熟悉卡明的人给出的叙述，来自弗兰克·斯塔格（Frank

Stagg），也许是在事故发生一年后直接从卡明那里听来的。1915年，斯塔格是卡明在海军部的助手。卡明那时的主要办公地在白厅大厦2号，通常用斯宾塞（Spencer）上校的假名。

> 我第一次见到斯宾塞上校［斯塔格后来回忆道］是在白厅大厦五楼到六楼的楼梯上。那天电梯坏了。他还没装上假肢，这位老人一个人下六层楼梯到他的车上：两根拐杖，每次依靠臀部向下挪动一层台阶。我印象深刻！众所周知，他的独子在“法国某处”开车载他之时，翻车了，他们俩都被困在了里面。“C”说他们一起说话，而儿子的声音越来越微弱。当儿子不再说话之时，卡明知道他死了。至于“C”是怎么出来的，我觉得他自己也不知道。人们传说他用小刀切断了最后一点肉，也许是真的——这像是他。

随身带着一把小刀——这也像是他。

10月的日记还有几则记录。卡明在4日写道：“在莫城。是从阿梅尔（Amer）送过来的。Amb［美国野战医院］，一开始不该离开。”5日：“被送往纳伊（Neuilly）的美国野战医院。德布谢（Debouchet）医生做的手术。”他在10日写道：“莫利纽克斯·史密斯回来了。”12日，他提到了一辆前往——或者把他送到——英军总司令部的车。22日，他写下了六个人的人名，大概都是法国军官，他们“和我一起住在63号病房”。24日，他记下照顾他的护士与其他人的姓名和地址。26日是一份更长的名单，记录了15个人的名字，还有一家商店的地址——应该在巴黎——它以巧克力而闻名——金杯，奥斯曼大街（La Coupe D’ Or, Bde Haussman）。

在卡明家族保存的少许遗物之中，有一张老照片，是一辆车撞到一个毁坏的、被火熏黑的树。车的底盘弯曲扭转，方向盘坏了，轮胎掉了，而部分车身已经没了。这辆车看上去曾剧烈翻滚过，也许在撞到树之前撞到过其他东西。照片上没有文字，而家族除了奇怪地拥有这张照片，也没有证据证明它就是卡明的车。人们一直争论这里的底盘是否是当时劳斯莱斯的银魅（Silver Ghost）。有些专家相信它不是，其他人则认为它是，只不过后弹簧很少见地呈椭圆形。

正如多年前多拉的死，我们只能想象阿拉斯泰尔的死对卡明造成的影响。而卡明日记里提到阿拉斯泰尔的两处已经是卡明唯一的私人记录了。第二处的用词——“可怜的老阿拉死了”——不应该让我们误以为卡明只是措手不及或者漫不经心。这是当时时代的表达方式。我们往往把看上去愉悦的冷漠过度简化为面不改色的抑制感情，它事实上可能是更为微妙的说法。它意味着卡明心底有着很深的感情，但下定决心要继续前行，坚持下去。作家福特·马多克斯·福特——像卡明一样是个中年人，也出身中上阶级（不过，没有军事背景）——在描述一个受伤半跛的年轻士兵时，就蕴含了卡明的表达方式。这个士兵从布尔战争返回，在火车站遇见了父亲：“他们的问候是，‘你好，鲍勃！’和‘你好，父亲！’”福特的评论是：“一个种族竟然能够把自己训练成如此斯巴达式地抑制感情，或多或少值得赞叹。”

福特的评论引人入胜，但是——如果不算唐突——令人震惊的是，他深知感情的复杂和微妙，竟然意识到，在感情和坚毅背后，是数代人的斗争所带来的未曾说出的教训：真正重要的是坚持下去。

尽管死于事故，但 24 岁的阿拉斯泰尔还是算作情报部队最初伤亡的四个人之一（一份列表把他的死亡原因由汽车事故错写为迫击炮事故）。他被葬在莫城旁边的一个军事公墓（1347 号墓地，424 号墓碑）。他的墓碑最初是一个木制的十字架。不久之后，法国北部和比利时就布满了成百上千个十字架。

一份苏格兰的讣告说阿拉斯泰尔是来自莫里郡洛基的中校和史密斯 - 卡明夫人的独子，并未提到伯斯尔登或伦敦。在追悼会上，当地牧师说他是去洛基时认识阿拉斯泰尔的，并说当地其他人更了解他。他提到阿拉斯泰尔在当地学校的“灵巧和有趣表演”，提到阿拉斯泰尔在“情报部门”工作，以及他符合基督教的道德品质，以至于在印度的战友都让他向人们“宣传并建议抵制困扰他们的诱惑，过上纯洁、洁净的生活”。

从中可以看出，至少梅认为真正的家在莫里郡。卡明从未提到过这里。帝国战争公墓委员会（Imperial War Graves Commission）有关阿拉斯泰尔的记录写道，他是来自西肯辛顿菲茨詹姆斯（Fitzjames）大道 22 号的曼斯菲尔德先生和卡明女士之子。但这个地址是后来的。至于失去阿拉斯泰尔对他们的婚姻有什么影响，我们之前已经提到过，韦切尔夫人认为，卡明也许是违背妻子的意愿，推动阿拉斯泰尔前往军事冒险。韦切尔夫人相信，梅从未就儿子的死原谅过卡明。这听上去可信，但是和卡明生活的许多方面一样，我们没有坚实的证据。如同生死，我们可以想象他们的痛苦，但是无法描述，更无法展现。

卡明日记接下来有实质性的内容就要到11月1日（星期日）了。在没有明确理由的情况下，卡明写了一页笔记，题为“携带信件穿过边界（和平时期）”。里面包括的方法都十分直接，包括隐藏信件的收件地址以躲避粗略的检查。日记随后又出现了空白，一直到11月11日。卡明写道：“约3点钟到家，立刻着手工作。”考虑到他的年纪和身心双重打击，六周不足以康复，但是看上去他迫不及待地想要回归工作。

卡明从未提到自己的伤势。我们只能从弗兰克·斯塔格的描述中得知，他在安上假肢前用了一段时间的拐杖或拐棍。他的海军档案是这么描述他的伤情的：“因伤获得300英镑的补助（失去右脚，左腿功能受损——几乎等同于截肢）。在法国服役时，10月2日受伤。补助自受伤之日算起。”也就是在这一阶段，卡明买了一辆美国小型摩托车以穿过白厅走廊。生气时，卡明就会把圆规插进自己的假肢，吓唬粗心大意的来访者或同事。卡明日记后来证实了有关小型摩托车的故事，而弗兰克·斯塔格证实了后面一件事。

一旦高兴地重返工作，卡明和助理——刚刚被晋升陆军上尉的雷考克——长谈了一番，其中包括“简述一下，我不在的时候，办公室的所有进展和工作”。他和科克里尔（Cockerill）上校讨论了在彼得格勒因个人争论而产生的风波。卡明记录道，科克里尔“认为坎（Camp）应当回来”。

坎指的是阿奇博尔德·坎贝尔（Archibald Campbell）少校，卡明把他和阿利在9月26日一起派往俄国。阿利是一个老练的人，在俄国出生并长大。和他不一样，坎贝尔是个不够圆滑的苏格兰人，很快就在英国官员中得罪了人。由于当时派往彼得格勒的英国代表众多而又混乱，得罪人也许是难以避免的。比如，除了外交官，彼得格勒还有一个驻外武官，他自然会觉得自己的工作就是和俄国盟友建立联系。那里还有一个战时军事使团，他们认为自己有着同样的任务。而坎贝尔及其属下的角色并不是获得俄国人的情报，而是协助并传回俄国军事情报所取得的成果。他和阿利都在俄国总参谋部工作，在俄军总部内有办公室，从窗户可以俯视冬宫。俄国组织的多种多样进一步让问题复杂了。除了总参谋部，每个集团军总部、海军部、宫廷和圣会议[1]都有自己的秘密情报机构。当然，还有著名——或者说臭名昭著——的沙皇秘密警察——公共安全与秩序保卫部（Okhrana）。塞缪尔·豪尔[2]爵士是后来卡明一个情报站站长。他观察到，“互相抓到的可能性要大于抓到一个德国间谍”。克里斯托弗·安德鲁的《秘密情报机构》（*Secret Service*）第六章，清晰地总结了这一混乱局势。

坎贝尔问题一直出现在1914年剩余时间的日记里，直到他被召回。不过，阿利没有被召回。与此同时，时任海军情报局局长奥利弗（Oliver）少将已经卸任，继任者的职位被更名为DID——情报部主任。新任主任是“眨眼男”（取这个外号的理由显而易见）雷金纳德·霍尔（Reginald Hall）。霍尔在11月12日会见卡明以讨论彼得格勒问题。他认为“英国官员这个圈子都很怀疑坎及其使命”，认为坎应该回来。次日，他们又讨论了这个问题，卡明致电坎贝尔，建议留下阿利并回国。当坎贝尔在12月7日回国之时，他们交谈直至深夜。

不管怎样，与俄国的联络没有受到什么影响，并在接下来两年内大大增强。12月初，一位叫亚历山大·奥冈齐耶夫（Alexander Organchieff）的先生拜见卡明。他说“俄国人至今只动员了400万人”，还有很多兵源，但是没有装备。他向卡明求购“200万个带有引信的榴弹”。12月8日，卡明第一次提到了“技术员”，这个方案派英国无线电操作人员前往东线，帮助提高俄国获取信号情报的能力。它看上去最早是由英国军事使团提出的。但卡明在12月8日记录道，“‘技术员’一事现在交给我们执行了。”与此同时，军事使团有先见之明地警告称，俄国人“只想要更紧密地接触和通信”。卡明随后在日记里不断提到聚集并会见后来所称的“技术部队”。卡明写道，他们的任务包括“从无线电站中获得”并调查“每日有关位置的情报中的可疑内容”，将德军信息传递给密码专家，和伦敦通信并影响俄国人的计划，让他们“符合我们的想法”。他先知般地补充了一点：“在

1 Holy Synod，当时俄国东正教教会最高机构。

2 塞缪尔·豪尔（Samuel Hoare，1880—1959），英国政治家，曾任外交大臣（1935）。

未来，俄国将是对我们最重要的国家，我们现在就得埋下种子，扎根下来。”

在卡明康复期间，他的手下数量增多了。12 月 6 日，当他向陆军部汇报他的部门时，现在已经有四个军官［他自己、坎贝尔、雷考克和一个叫肯尼（Kenny）的人］、四个办事员、二个打字员［伍德耶尔（Woodyear）小姐和摩尔（Moore）小姐］、一个信使和二个“外围人士”［里弗斯（Rivers）和贝利］。

这就是战争爆发四个月后英国主要的情报机构总部了。它指挥并处理海外个人和网络的工作。我们现在不能准确确定这一网络的规模，但我们可以从其他方面得到一些参考。1914 年 11 月 23 日，卡明记下了每月的估计支出。总额 4310 英镑，包括总部、出差费用和荷兰、比利时、丹麦、挪威、瑞士和德国组织的费用。这并不是他手下的全景画面，因为他并没有提到俄国和法国。但是这意味着他在以上国家常驻有人员。最大的部分——1250 英镑用于荷兰的组织，它负责向被占领地区派间谍。但最吸引人兴趣的是一个德国组织（“至少”300 英镑），因为人们通常认为他在战时的德国无法进行情报工作。当然，这一数字也许指的是在中立国家——比如荷兰和瑞士——会见德国间谍，或者从中立国家向德国派遣间谍的费用。不过，卡明惯常会把这类支出写在相应国家之下。

与此同时，坎贝尔少校在国内还是那么不够圆滑。当初就是这一点缩短了他在彼得格勒待的时间。12 月 9 日，坎贝尔和卡明就办公室组织进行了一次长谈。他提议分割工作，每个办事员“只负责一部分电报，比如牛努（Newnun）—彼得格勒、加顿（Garton）—鹿特（Rotter）［鹿特丹］等”。坎贝尔对雷考克的工作评价不高。他建议应当把雷考克派往陆军部。卡明对此均表示不同意——“我觉得会引起很多混乱，我认为我们现在的人手足以做通常的工作——但是我同意，每个办事员应该负责整理他自己部分，他们可以尝试着提交自己有关电报的摘要，而非原始电报。”毫无疑问，忙碌的办事员将会欢迎这一建议，而不是大量通常不重要的个人报告。不过，卡明怀疑特勤局是否“有能力或装备进行这种工作”。卡明是对的，他们还不能分析自己获得的情报。他同意的试点对象只包括彼得格勒、斯德哥尔摩和鹿特丹情报站。我们不知道结果如何，但这只是坎贝尔对工作进行的批评之一。

不过，这一年的末尾伴随着一系列报告——包括战术情报——取得进展的标志。卡明在12月16日写道，他和陆军部讨论“有关德国人准备发起一次突袭的情报”。他后来记下了“MO2对我们有关CDV［CDU？］报告的”批评，“它指责我们浪费了它的时间”。而在第二年年初，卡明写道，“我军总司令部对我们的消息很满意，但是它只在它们战线前面工作”。

这里指的是英军总司令部自己的情报搜集行动，由现在在英军总司令部的麦克唐纳领导。12月12日，卡明记录了他和一个未透露姓名的间谍联络。他显然从外交部那里获得了重大让步，允许他“获得他未来有关贸易和商业事务的报告副本，并把它们交给公使馆或领事馆——而原始报告则按照通常方式交给我们”。同一天，他也和英军总司令部贝尔（Bell）上尉讨论了“空中鸽子方案”。他给了对方有关登陆地点的地图。这似乎意味着在敌方领地释放能够返巢的信鸽，不过也有可能指的是跳伞。因为直到1917年之前，跳伞和间谍联络的情报部队军官被叫作“鸽子”。

比起我们的想象，卡明有关商业情报的报告拥有更高的优先级和更多的参与度，尤其是在英国加强对德国的海上封锁之时。德国贸易的所有方面——尤其是化学品、石油和食品——都遭到了尽可能地封锁。一直到战争结束，确定供应源和精确报告德国短缺情况是上级对卡明的最主要要求。在这场陷入僵局的战争中，最重要的方面就是海上持续不断的斗争，一边是德国潜水艇攻击英国补给，另一边是英国封锁德国。事实上，如果我们意识到这一点，我们就能意识到商业情报的重要性。尽管英国人赢得了战争，但也一度存在着势均力敌的时刻。1915年年初，卡明记录道，陆军部称“我们的商业情报非常棒”，他们希望每月都有一份预测。

卡明与陆军部打交道最多的人依然有沃尔特·柯尔克。后者在1914年12月4日告诉卡明，“我应当就我们的工作带给我们的（迪南）情况写一本战史，为继任者提供指引。”迪南是比利时的一个小镇，在战争爆发头几周，前进的德军士兵在此用枪支和刺刀屠杀平民，其中包括妇女和儿童。8月底，612人在迪南被杀害。而柯尔克提到迪南，也许意味着拿下这个镇标志着卡明行动的一个阶段的终结（也许是他战前准备的终结，因为其中就包括迪南）。他们也都认为，卡明的侄子莫利纽克斯·史密斯是“一流的，应该多做点什么”。而且他本应当“是负责飞机计划的人”。卡明家族内一份为数不多保存下来的文件就提到了这点。这份文件的日期是11月30日，是海军部航空部门负责人穆雷·苏特（Murray Sueter）——在日记里经常被叫作“苏”（Sue）——寄给白厅大厦2号的卡明并转交给莫利纽克斯·史密斯的。他在信中感谢莫利纽克斯·史密斯为海军部获得了一个配有120马力发动机的莫里斯·法尔曼（Morris Farman）飞机，而且“成本合理”，苏特承诺将会开一张支票。这很有可能是卡明早些时候提到的那桩有关莫里斯·法尔曼（Maurice Farman）飞机的交易。

战争期间，卡明在白厅大厦顶楼的房间就是他的总部和住处。这幢大楼于1900年建在白厅中心部位。内有全国自由俱乐部（National Liberal Club）、作家俱乐部（Authors' Club）和一家酒店。迄今它依然是一幢著名的时尚大厦，可以俯视河景和堤上花园。它是卡明心中的理想位置，与他的“顾客”和上级接近，又处在伦敦官方和非官方来来往往的部位。它在其他方面也很方便，正如弗兰克·斯塔格所写的那样：“‘C’一旦装上了假肢，他就坐上自己拥有地区警察局长车牌的车。他往往去皇家汽车俱乐部吃午饭，然后开着带有警察局长车牌的车沿着摄政王大街（他说是去看看女孩子们）穿过‘岛屿们’的另一边。”11月22日，他从白厅大厦管理者那里获得批准，以50英镑的成本再为打字员建一间屋子。外交部也同意他用400英镑买两辆车，而且建议他买二手的。

卡明与柯尔克和陆军部经常讨论的话题是卡明所谓的“福克斯通（Folkestone）问题”。这一问题一度引起了困惑与争端，此后又造成了更多麻烦。英军总司令部一部分的情报行动由卡梅伦（Cameron）少校（卡梅伦应该就是卡明之前提到的AC）和沃林格（Wallinger）少校负责。他们的总部在福克斯通，指挥在荷兰的法国或比利时头号间谍将情报网络渗透进入敌占区。福克斯通也是一个重要的筛选关卡，识别出难民中有用的或具有威胁的人。它从来都不是卡明手下组织的一部分，但是他在福克斯通有个办公室，就在陆军办公室旁边。他们之间就职责划分产生争论。英军总司令部的情报工作最初取得了成功。但随着卡明贡献的增多，他们的贡献也随之下降。要是战争持续的时间再长些，卡明有反过来支配他们的风险。

他与白厅其他部门的关系看上去都还不错（比如，他的车牌是地区警察局长的）。在逮捕说谎的间谍和驱逐其他人时，卡明在官方层面没有遇到什么困难。12 月 15 日，“L”来了一趟，在“热情讨论了他的优点之后”又走了。同日，卡明和俄国人进行了一次长谈，后者建议远行（应该指的是技术员的远行）应当配备有北极圈内需要用的毛皮衣服和雪橇，“那个地方很小——只有 300 个居民，不通铁路”。在这页日记底部，卡明用印刷体写了一个词“Ogenkvar”[1]。卡明在数天后写道：“由于关心彼得格勒，日常工作有点被抛到脑后了。”

在圣诞节之前，陆军部建议搞破坏和“窃听无线电”。卡明说，未经授权，他是做不了的。而在平安夜，卡明参与了一个有关“无线电学校”选址的讨论，包括罗德板球场（Lord’s Cricket Ground）和亨顿。不出意外，他有关圣诞节的日记写的是“在办公室——C、AC 少校、LK[2]、肯尼、摩尔小姐……麦克林（McLean）”，后面还记录了部分工作人员在伦敦的地址。12 月 28 日，卡明又是工作了一整天，而陆军部一个人“都没有”。他在日记里记录道，两个手下前往（无线电）学校在切姆斯福德（Chelmsford）和威尔士的场地。元旦夜，卡明安排向萨洛尼卡[3]（Salonika）和科孚岛的银行存钱，秘密地向达达尼尔海峡入口以东的一处地方运送“500 加仑”。

对于卡明和梅，这是第一个没有阿拉斯泰尔的圣诞节。我们知道卡明是在哪里度过这个圣诞节，而至于梅，我们只能猜测她是和卡明一起过的。

1 即俄语的 Огенквар，它是 Отдел генерал-квартирмейстера 的缩写，指的是俄军总参谋部下属的军需部。

2 指的是雷考克，为方便阅读，以下原文的 LK 直接翻译为“雷考克”。

3 希腊东南的港口。

第十一章　更大的范围

1914年是英国对德情报战取得重大成果的一年，它的成功多亏了一次午餐。

这顿午餐发生在1914年8月。某一天，时任海军情报局局长、海军少将奥利弗（因沉默寡言而被称为“哑巴”）和海军教育局局长阿尔弗雷德·尤因爵士一同前往三军会［United Services Club，现在是英国董事协会（Institute of Directors）］吃午餐。尤因曾在东京大学、邓迪（Dundee）大学和剑桥大学担任工程学教授，对密码和破译密码很感兴趣，但算不上一位密码专家。英国当时没有密码专家。奥利弗日常收到堆积如山、无力破译的德国加密信号——大概是因为人们不知道还能交给谁——他对此头疼不已。许多截获的信号是因为英国在战争最初几小时里切断了北海传递德国国际通信的主要电缆，迫使对方使用无线电。

与此同时，上级决定动员海军干部，从而极大地减轻了海军教育局局长的工作。也许奥利弗心里早已盘算着这顿午餐。他有着越来越多未能破译的截获信号，而他正和一个聪明又没什么活干的人一起吃午餐，真是愉快的巧合。奥利弗的提议为尤因所接受，他着手为一个新部门招募密码专家。这就是后来的“40号房间”（Room 40）。名字来源于它在老海军部大楼的房间号。

有关40号房间的著作有很多，尤其是尤因之子写的《阿尔弗雷德·尤因爵士：建立40号房间的人》（*The Life of Sir Alfred Ewing, the Man of Room 40*）、H. C. 霍伊（H. C. Hoy）写的《40号房间：如何赢得战争》（*40 OB or How the War was Won*）、芭芭拉·塔奇曼（Barbara Tuchman）所写的《齐默尔曼电报》（*The Zimmerman Telegram*）和佩内洛普·菲茨

杰拉德（Penelope Fitzgerald）有关她著名的四个叔叔的叙述《诺克斯兄弟》（*The Knox Brothers*）。可以说，40 号房间的成果足以与二战时期的布莱切利庄园[1]（成员有和 40 号房间重合的部分）相媲美，但是名气没有后者大，部分是因为无线电在一战当中的地位没有后来二战中那么大。

1914 年 11 月，奥利弗晋升。如前所述，44 岁的“眨眼男”霍尔接替了他的职位。霍尔是战列巡洋舰“玛丽女王”号（Queen Mary）上一位成功而又富有创新精神的舰长，但是疾病结束了他的海上生涯。奇怪的是，卡明在日记里喜欢用外号称呼人，但他从未用过霍尔的外号。也许是他认为这个外号太残忍了，因为霍尔不仅经常眨眼，而且面部也会跟着抽动一下。霍尔有着鹰钩鼻，还是光头，经常被认为长得像个拳击手——也许不仅仅是样貌上像。康普顿·麦肯齐认为他最像的还是卡明自己：“他的鼻子像鸟嘴一样，下巴更像船首尖端。不管怎样，当我同时看见他们俩之时，我总觉得两人互相是对方的翻版。”当被“眨眼男”“棱角分明的眼睛”盯着看时，麦肯齐感到自己像是“一个要被巨嘴鸟（toucan）砸碎的坚果”。

许多人都有同样的感觉。霍尔要求苛刻，但是个很有启发性的上司。他是个无畏、有效率而又高度政治化的官僚。在邮件截获的问题上，他说服时任内政大臣同意他的非法行为。他也是个令人畏惧的审问者，很快识破了玛格丽特·策勒（Margaret Zeller）——更著名的名字是玛塔·哈莉[2]（Mata Hari）——以及诈骗大师特雷比奇·林肯（Trebitsch Lincoln），后者几乎骗过了所有人。他负责抓捕并审问在美国工作的德国间谍和破坏者弗朗茨·冯·林特伦（Franz von Rintelen），还把他投入了监狱。最富有爱德华时代特色的霍尔与他的受害者成了终生的朋友。

不管怎样，霍尔是位卓越的海军情报局局长。但他的主要贡献是富有想象力地认识到密码学的潜力。为此目的，他在 40 号房间内不仅汇聚了军官（一度包括川奇和布兰登），还有牛津大学和剑桥大学的知名人士、英格兰银行的一位主管、一位服装设计师、一位艺术批评家、一位出版商、一位未来的大法官（Lord Chancellor），以及一位天主教教士。对当时情报界不寻常的是——这和卡明一样——他也雇用女性，最好是和海军有关

1 Bletchley Park，二战期间英国政府破译密码的所在地。

2 法德双面女间谍，于 1917 年被法国军方枪决，被后人称为“魔女玛塔”。

系、会两门外语、会打字的女性。［他的打字员由令人畏惧、喜欢抽雪茄的汉布罗（Hambro）女士领导，她是银行家的妻子。］直到二战之后，人们在秘密情报局还是很容易找到与海军有关系的女性。

霍尔不仅在保护密码情报源上毫不留情，他也下定决心，为了保护来源，不应当错失利用它的机会。他在面对机会时十分敏锐。最佳也最重要的例子是他大胆、成功利用了著名的齐默尔曼电报。它是1917年促成不情不愿的美国政府参战的重要因素。其中一位为他工作过的海军上将威廉·詹姆斯（William James）爵士，在1955年出版了一本有用而又充满感情的传记《海军之眼》（*The Eyes of the Navy*）。霍尔值得当代人更多的研究。

和卡明一样，霍尔也是个重要人物。不仅仅因为海军情报局局长（现在是情报部主任）被视为特勤局建立者之一，而且卡明自己的海军背景、陆军部虎视眈眈的态度，也让海军部自然将特勤局视为自己的产物。虽然卡明并不总是将大部分情报交给海军部。此外，霍尔还让情报部主任拥有政治和战略影响力。这一壮举再也不可能被重复了。情报机构的真理之一就是，控制重要秘密——或者能够接触——的人拥有最大影响力。霍尔独一无二的能量和视野让他的影响力无远弗届。

我们很难准确说清楚卡明和特勤局在霍尔的行动中扮演什么角色。但从卡明日记里可以明确看出的是，他们关系非常密切，互相之间有很多合作。卡明替霍尔跑了很多次腿，他进行的行动帮助霍尔获得所需的渠道和结果。作为情报部主任，除了卡明之外，霍尔也有自己的资源。当行动为人知晓之时，人们并不是总能搞清楚这是属于谁的。不过有时候，人们一眼就能看出两人都参与了。

就目前所知，卡明没有单独的密码破译任务。他下属的密码部门把更多时间花在设计密码和编码情报，而不是破译别人的密码。不管怎样，在战争中很长一段时间内，他几乎和霍尔每天都要见面。卡明也经常和为霍尔工作的人见面，包括赫斯切尔勋爵（Lord Herschell）、克劳德·塞洛克德（Claude Serocold，一位知名实业家，索伦特海峡上一位成功的帆船运动员）和小说家A. E. W. 梅森（A. E. W. Mason）。至少在一次收买土耳其脱离战争的计划中，霍尔负责选人与派人——威滔（Whittal）和伊迪（Eady）——而卡明负责支付薪酬和指挥，他们要向卡明汇报。因此，要是问这个行动属于谁，就是在不加区分的两个人中强行进行区分。

有关密码学家的进一步困惑还来自卡明手下一位有天赋的漫画家克劳瑟·史密斯（Crowther Smith），他画了一系列漫画，叫作“情报局的黑夜密码组”（Night Code Staff of the Bureau），其中包括阿尔弗雷德·尤因爵士和迪利（Dilly）［迪昂（Dillyon）］·诺克斯（Knox）。诺克斯是一位古典学家和密码破译者，典型的 40 号房间人士——后来也是一个典型的布莱切利人士。至少在海军部的圈子里，人员和角色的交换也许比我们所认为的还要自由。密码界有点像共济会。引起混乱的另一个原因是那一代人骨子里的审慎。威廉·詹姆斯有关霍尔的传记就是一例，虽然卡明几乎天天都在霍尔的办公室碰面，但他一次都没有提到卡明或其组织。

不过，卡明 1915 年的第一则日记和另一种通讯方式有关。标题是“J. 托伊（Toye）先生向我展示一种隐形墨水”，他描述了一种简单的秘密书写方式。

> 怎么写——你得把你所用的纸张贴在一块玻璃上。可以是普通信纸，但最好是印刷品用的纸。这张纸必须在水中泡湿。
>
> 在此之上放一张干的纸，用硬芯铅笔写下你想写的内容。将湿的那张纸放在光照下，你写的内容将会以水印形式出现。干燥之后，内容就看不见。
>
> 怎么看——将这张纸泡在水里，在有光的情况下阅读。
>
> 怎么清除字迹——将这张湿纸放在热火前烤干。

在新的一年的第一个星期日，卡明写了一份“间谍工资名册”，包括 23 个名字或首字母代号，其中也许包括间谍、头号间谍和行动或地点的简称。金额达到 6500 英镑。一周后，在外交部的一次会议上，卡明被要求将开支限制在 5000 英镑以内，此外还有 1000 英镑储备金。这比起和平时期的资金而言，已经是不小的提升了。

彼得格勒的人员问题依然占用了他不少时间，但不算特别多，因为他在 1 月 8 日还有时间见一个人，讨论在南安普顿建立浮桥的问题。1 月 12 日，好消息传来：他被晋升为上校。这个海军军衔其实比很多人所以为的要重要。自纳尔逊时代以来，这个军衔就有着决定性色彩，拥有影响力和地位，更能办成事情。

在此期间，卡明在外交部日常联系最多的人依然是阿瑟·尼科尔森爵士的私人秘书罗纳德·坎贝尔。1916年后，继任尼科尔森的哈丁（Hardinge）勋爵的私人秘书还是坎贝尔。尽管卡明还要受到外交部的制约——尤其是当他想利用领事通讯时所受到的限制——他似乎和小他 20 岁的坎贝尔关系不错。有证据显示，卡明从一开始就把外交部视为在和陆军部与海军部斗争时一个有价值的盟友。正如弗兰克·斯塔格所回忆的那样：

> "C"总是吹嘘，虽然他有三个上司，但他能得其所愿，因为他总是让另外两个人对付那个反对者。三个上司指的是"眨眼男"霍尔、法朗奇上校［来自军情一处（C）（MI1.c）］[1]和罗纳德·坎贝尔……当"C"喊年轻的外交部官员"先生"之时，我们这些年轻人总是感到很恼火。但是卡明在海军接受的训练给他留下了持续的影响，我们应该理解他如此称呼的理由。

军情一处 (C) 是陆军部的一个部门，负责间谍工作及与特勤局联络。陆军部一度宣称它要把特勤局里卡明那一部分并入军情一处（C），这样秘密情报机构以后就要叫军情一处了。卡明虽然接受这一决定——至少在某些情况下——但他从未完全接受名称上的变化。外交部也不接受。在卡明之后，陆军部对内对外依然使用这一称呼，但它从未获得正式地位，也没有得到白厅的广泛赞同。然而，更让人产生困惑的是，有时候采取陆军部的伪装对秘密情报机构很方便，所以它会自称军情一处（C）（按康普顿·麦肯齐和陆军部一份当代图表的说法，秘密情报机构现在仍然用的"军情六处"是属于陆军部的名字，它的来源是，军情六处是陆军情报局第六处，而特勤局用其破译情报的人员身份作为伪装。而特勤局另一部分的名称"军情五处"，则是它的原名——就是陆军情报局第五处）。

工资名册上没有提到的一个间谍叫"J"。卡明曾在 1 月 24 日和霍尔讲了很多关于 J 的故事。卡明在 1 月 31 日（星期日）见了他。他们开着一

1　军情一处（C），即军情六处（秘密情报局）。

辆车转了三刻钟。J是个双面间谍（一个为两家情报机构工作的间谍，但他只忠于其中一家，因此他会向这一家通报另一家的行动），最近刚从安特卫普回来。他报告道，德国人“急于了解：（1）船运情况，他要去多佛、福克斯通、朴次茅斯、南安普顿和普利茅斯一趟并提交报告；（2）斯皮特海德海峡（Spithead）是否有BD［栅栏防御工事］保护；（3）我们在1月某日的实际伤亡数量；（4）一份调查问卷；（5）他们给了他50英镑，此外，他的情报涉及的每艘船按吨级给予额外报酬”。

这个按结果计酬的有趣方式指的是潜艇战，此前已经开始了。1914年9月，英国有三艘老旧的巡洋舰在荷兰海域壮观地沉没了。而有关伤亡数量的需求指的是一次巡洋舰行动——多格滩（Dogger Bank）战斗，1月23日在海军上将比提的战列巡洋舰编队和德国较小规模的一支舰队间进行。从英国角度来看，这算得上一场胜利，“布吕歇尔”号（Blücher）沉没，“塞德里茨”号（Seydlitz）几乎沉没，虽然缺乏追击的决心有点丢脸，但这对于英国和海军士气而言算得上一次重要行动，因为德国袭击不断，一直在炮轰英国东海岸城镇。它对于40号房间而言也很重要，这是行动以来第一次依靠他们对德国无线电信号的破译分析取得了重大胜利。

我们不知道卡明对此是否有贡献，但是日记显示他也许有。在战斗结束的第二天，他和霍尔讨论了事情。卡明就此写道：“情报部主任告诉雷考克，我们的命令假定：每次当‘布吕歇尔’号穿过海峡，英国就要遭受一次攻击。而我们舰队的行动是依照这一命令的。参见彼得格勒电报……号。”可惜的是，我们对这份电报一无所知。不过，2月12日，卡明评论道，霍尔“承认我们帮助了海军上将比提的战斗”。

英国不同部门与机构之间的混乱和敌意，不仅仅只在彼得格勒发生。它也在荷兰出现了，使得福克斯通控制的间谍网络与伦敦总部之间产生敌对情绪，荷兰行动——无论来自福克斯通还是荷兰——都主要集中于列车网络上——监视者自此监控德国在比利时和法国被占领地区的军队调动。其中一个由卡明负责的网络提供了大量重要的战术情报。但是在1915年，主要由陆军控制的网络——一度预计有6000名间谍——虽然并不总是安全的，组织也不是很完善，但是开始产出越来越多的情报。安东尼·克莱顿在他有关情报部队的历史中，谈起了情报之丰富，将情报穿过封闭或受到控制的边界之困难。至于敌对情绪，克莱顿写道："几个组织之间存在敌意，其中包括两个军事机构，一个在伦敦，一个在福克斯通——这种敌意导致努力付诸东流，引起风险、沮丧和苦涩，从未得到满意解决。"他叙述了一位情报部队军官佩恩-贝斯特（Payne-Best）的早年生涯。他在伦敦总部工作，最初在蒂尔伯里审问难民。"但是被派往荷兰后，不可靠的间谍和组织间的敌意阻碍了他的完美工作。"佩恩-贝斯特后来为卡明工作，在二战期间扮演了一个知名——但算不上令人惊羡——的角色。（在二战爆发不久，他和另一位特勤局官员被引诱到荷兰与德国边界的芬洛，随后被德国人绑架并被审问，一直关押到战争结束。）

尽管卡明爱吹牛和直来直去的风格并不符合人们心中秘密情报机构负责人的形象，但在荷兰产生敌对情绪期间，卡明的表现像是个老练的官僚。卡明日记显示，在两败俱伤的争吵中，虽然他手下的人经常卷入其中，但卡明更多扮演调停人的角色，而非参与其中，他置身事外甚至有点超脱于双方之上。他并非假装好心达成妥协从而继续开展工作。与此同时，他的姿态在高级官员间迅速赢得了支持，经常对他有利。早在1915年1月31日（星期日），在和罗纳德·坎贝尔讨论其他事情时，他写下了他们有关荷兰的看法："他认为我应当掌握局势——通过汀（Tin）［汀斯利］……"这在随后的战事中得到了明显体现。

坎贝尔在那一天想要讨论的另一个话题是挪威和瑞典正在发生的情况。卡明的手下一度在斯堪的纳维亚有着重要存在感，部分是想要获得有关德国海军的情报，部分是作为与东线互相通讯的渠道。它后来成为获得苏俄情报的重要渠道。然而，和荷兰一样，敌对情绪也在这里滋生，尤其是陆军部的驻外武官。坎贝尔"认为他们应该听我的指挥，而不是听康塞特（Consett）的。我告诉他，我会和后者达成临时安排。他决定去让尼科尔森爵士再批准每月150英镑的预算。我告诉他，我在和平时期的挪威的预算已经有1200英镑，现在在这两个国家，我每月共有70英镑的预算"。不过，最近几十年来，外交部一直念念不忘中立："他格外担心不要打搅了瑞典人——尤其是那些向我们提供俄国进展的瑞典人。这些国家之间不会建立联系。"卡明在2月9日又提到了这个话题："战争之初，我得知有位［著名］人物在向情报部主任提供所有有关丹麦的情报。现在既然他不再提供情报，理应我要扩充组织了。”

卡明依然花很多时间在密码上。他在2月从坎贝尔那里收到了“泄露的G密码”副本。这份密码因没有用处而被放弃了。但这段话意味着，如果德国人不知道密码泄露，卡明也许要继续用它传递误导性情报。

与此同时，他继续扩建自己在白厅大厦的办公室，降低了部分地板的高度，这意味着他要暂时清空自己的办公室和卧室了。卡明在1月和2月又招进了六名新的下线。2月28日的一则日记写道，打字员的上班时间是上午9点30至下午6点，上六休一，而办事员的“作息一样……只不过每天得干完活”。

更为不同寻常的附加任务，是有关南美的部署。2月9日，霍尔要求卡明“为一定目的向圣地亚哥（Santiago）和蓬塔·阿雷纳斯（Punta Arenas）[1]派一个可靠的人，他的支出最多可达2000英镑”。

“一定目的”有可能是指追踪德国巡洋舰“德累斯顿”号（Dresden）。1914年11月，海军上将冯·施皮（von Spee）领导的一支强大的德国突袭舰队在智利海域的科罗内尔角（Coronel）之战中，击沉了两艘老旧的英国巡洋舰“蒙茅斯”号（Monmouth）和“好望”号（Good Hope）（这是一个世纪以来英国首次在海上战败）。12月，冯·施皮正要攻击福克兰群岛，但是遭遇了正在追踪他的海军上将多维顿·斯图德（Doveton Sturdee）所率领的战列巡洋舰编队。在随后的战斗中，五艘巡洋舰中有四艘沉没了，只有“德累斯顿”号逃脱。在接下来的三个月里，“德累斯顿”号在亚极地地区的海湾和岛屿间躲避追踪。

1915年3月4日，莫里斯·汉基在日记里写道，他从霍尔那里得知，“德累斯顿”号被发现在智利的一个遥远海湾。这种发现通常来源于密码破译得到的情报，不过情况直到第二天才有了进一步说明。卡明手下的潘（Pam）［大概叫这个名字］已经带着护照和票证在2月11日出发了。他经过布利诺斯艾利斯，并在圣地亚哥的盎格鲁—南美银行（Anglo-South America Bank）发回消息。我们并不知道是不是他发现了在智利的“德累斯顿”号，但是在汉基和霍尔谈话的那一天，卡明给他发了一封电报。四天后，英国巡洋舰“肯特”号发现并跟上了“德累斯顿”号。后者流窜到胡安·费尔

1　圣地亚哥是智利首都，蓬塔·阿雷纳斯是智利南部的一个港口城市。

南德兹群岛（Juan Fernandez group of islands）。3月14日，在短暂交火后，“德累斯顿”号沉没。

与此同时，卡明向马德里和巴塞罗那部署人员，但他没说为什么。有可能他是为地中海周围的行动建立通信中心。

伯特兰·斯图尔特一事也在继续。2月3日，卡明向陆军部建议支付斯图尔特在审判期间的支出。他随后与40号房间的赫斯切尔勋爵一起吃晚饭，聊到很晚。除了日记里所记之事，卡明没有别的社交生活，就算有，也是和工作有关。现在晋升为将军的乔治·麦克唐纳回到伦敦，担任陆军情报局局长。麦克唐纳叫卡明去他的办公室一趟。情人节——一个星期日——卡明开车前往西丁泊（Sittingbourne）与麦克唐纳一起吃午饭。卡明日记里多处显示，虽然他们在早年有过分歧（未来还会有），但他们在工作之外拥有着友谊——虽然是工作产生的友谊。和卡明一样，麦克唐纳最近也失去了自己的独子（因病），这有可能促进了他们的友谊。

也有关于近东部署的会议和讨论，尤其是开罗和希腊的陆军总部之间的控制分割问题。军方也讨论了达达尼尔问题。卡明提交了有关土耳其军队的报告，他从霍尔那里得知“我们将会允许俄军进入达达尼尔海峡，我们建了一些伪装船，德国人发现了这件事”。霍尔正在考虑一项提议：给一位叫文森特·萨奇（Vincent Such）的先生付3000英镑，“让他的朋友马哈茂德（Mahmoud）从君士坦丁堡前往沙克什（Shakshish）”。卡明指示道，和飞机相关的报告一样，所有来自两位密使威滔和伊迪的消息都要写在“特别的”纸上，以个人名义寄给他。

埃德文·威滔（Edwin Whittal）和乔治·伊迪（George Eady）都是很了解土耳其的英国人。如前所述，卡明是基于霍尔的指示派他们过去的，但是主意最初不来自霍尔。斯蒂芬·罗斯基尔（Stephen Roskill）在他有关莫里斯·汉基的传记中指出，是汉基提出了建议。汉基在1915年3月4日的日记里写道：“见了霍尔上校……他说，正如我之前所建议的那样，军方开始讨论贿赂土耳其人，以让他们远离德国人这件事。”

罗兹·詹姆斯（Rhodes James）的《加里波利》（*Gallipoli*）对这一行动进行了总结，威滔和伊迪向土耳其政府开出400万英镑的报价——霍尔批准了这一行动，但他没有告诉上级的外交部或内阁——以换得土耳其不再参战。这一方案并不像它听上去的那么天马行空。要是英国政府之前没有把君士坦丁堡许诺给俄国人，也许这一方案就成了。可惜威滔和伊迪并不知道这一点。土耳其人本来就亲英，也不喜欢和德国结盟。虽然达达尼尔行动[1]——汉基已经预见到即将降临的巨大灾难——已经开始，但协商还是取得了一定进展。如果真能用钱让土耳其退出战争，这将会取得重大战略突破，缩短到俄国的补给线，对俄国后续政局演变产生影响。这肯定比笨手笨脚地强行闯入达达尼尔海峡要好。

汉基很了解霍尔，有可能在他还是地中海一个海军情报官员时就认识他了。汉基仰慕并信任霍尔。如前所述，卡明早早就参与此事。1 月 9 日，卡明记录道，至少有一个间谍——威滔——感到不太乐观："威滔先生来了——情报部主任派他来的——他认为这个计划'希望渺茫'，但还是会在那里调查一番，顺道去见见林普斯（Limpus）［驻马耳他的海军上将，他曾就要塞方面向土耳其人提出过建议］。他的朋友明天会来，我得在星期一之前准备好密码。"事实上，在接下来几天里，他同时见到了这两人、准备好密码、安排通信方式、向伊迪的银行账户汇了 500 英镑并"提出了一个有关 Dedeagatch[2] 的方案"。这个城市是他们要和土耳其代表谈判的地方。卡明有可能还派了其他人去支持这两人，具体来说就是桑普森（Sampson）少校与另外两个分别叫作爱德蒙兹和拉封丹（Lafontaine）的人。其中至少有一个曾在土耳其待过。密码通信方式包括"三本新词典和六份全新的完全移位密码"。

2 月 16 日，他呈交了桑普森少校有关土耳其军队的报告。几天后，卡明记录道，他给桑普森和威滔发电报。在 3 月 15 日至关重要的会面发生之前，他们之间肯定有着其他交流。当伊迪在 4 月 21 日回到伦敦之时，卡明

> 和他就 NE 聊了很多。他无法和塔拉特（Talaat）［贝伊（Bey）］谈判，因为他不知道我们有关君士坦丁堡的立场。在他开始谈判的那

1　1914 年 11 月，在海军大臣丘吉尔建议下，协约国军队强行进入达达尼尔海峡，登陆加里波利半岛，试图用武力逼迫土耳其退出战争。协约国遭遇重大伤亡，未能实现目标。

2　即现在希腊的亚历山德鲁波利斯（Alexandroupoli）。

> 一天，我们炮轰了达达尼尔海峡。当他的人来到士麦那[1]（Smyrna）之时，我们在炮轰士麦那。钱是没有用的。他觉得，只要君士坦丁堡国际化——比如名义上属于土耳其，但是受国际控制——我们就实现目标了。

历史的众多“假如”之一就此终结。不过，我们在下面会看到，这并不是卡明在土耳其活动的终结。

除此之外，卡明的3月主要被巡航和俄国事务占据着。前一件事需要准备好一系列游艇，看上去里面装的是有钱的英国人，他们和战争没有关系，还有一次看上去里面是美国人。但事实上，这些人是替霍尔或卡明工作的人，他们在进行秘密侦察的远征。3月2日，前往白厅的霍尔特（Holt）银行之后，卡明和卡伦（Cullen）上校讨论起1300吨的“贝利尔”号（Beryl）即将前往地中海的巡航。卡伦（本来是中校，卡明为他争取了一个上校军衔）随后拿到了一个“远程照相机”（telephoto camera）、冲洗设备、两对蔡司镜片（德国生产，战争爆发后就一直供应短缺）、一架罗斯（Ross）望远镜和一杆步枪。卡明应该还给了他另外一件东西，因为卡明在3月13日记录道，他贡献出了他的摩托艇“指挥官”号：“这艘船将经铁路运输，贝利（Bailey）将会跟过去，告诉他们的工程师怎么驾驶这艘船。”

3月25日，他把另一位军官贝福德（Bayford）带到霍尔面前。霍尔“授权他与西蒙斯（Simons）一起买艘船”。西蒙斯应该指的是皇家海军预备役的F. M. 西蒙（F. M. Simon）上尉。他们买的船是581吨的蒸汽快艇“沙扬娜拉”号（Sayonara）。这艘船之前的主人是个美国人。而天才模仿者西蒙能够假扮成这个美国人。这艘船载着名义上的船主霍威尔（Howell）少校和名义上的美国船员，驶出爱尔兰西海岸。它最初是去寻找德国潜水艇秘密基地，但是后来却发现罗杰·凯赛门[2]爵士尝试武装并煽动爱尔兰民族主义者起义。卡明在日记里记载，他和苏格兰场秘密机构负责人巴兹尔·汤普森（Basil Thompson）爵士经常见面。汤普森也与这艘船有关。

1 现称伊兹密尔（Izmir），土耳其在爱琴海沿岸的重要港口城市。

2 罗杰·凯赛门（Roger Casement，1864—1916），爱尔兰民族主义者，曾在英国外交部任职。1916年复活节起义前曾联络过德国人。他在1916年因叛国罪被英国政府处死。

在《秘密情报机构》中，克里斯托弗·安德鲁有趣地叙述了这一行动是如何成功地让人们误以为“沙扬娜拉”号是一艘德国间谍船的。和其他事情一样，卡明对此事的参与难以估计。但是在霍尔支持的、类似的一场巡航西班牙的行动中，卡明提供了装备、一些人员和通信方式。3 月 24 日，卡明在日记里提到了购买另一艘船：“情报部主任允许我买一艘不限航线的货船，在 4000 到 5000 英镑之间，通过 JJB 交给西蒙兹（Symonds）。”

此时，个性间的冲突依然在彼得格勒恶化着。在一次争吵中，陆军和海军驻外武官威胁，要是坎贝尔少校（在伦敦工作一段时间后，他又被派过去了）还留在这里，他们就辞职。3 月 23 日，军方最终决定召回卡明手下的两个人。虽然在 12 天前，俄国人拒绝了英国好不容易招募起来的“技术员们”，引起了伦敦的恐慌，但英国外交界内部的不愉快看上去并没有影响英俄关系。卡明写道，俄国人只是说他们“不想要与无线电有关的人员——可我们这里有 80 个在等着”。看上去英国人把俄国人的同意想得太美。等到这件事真办成的时候，俄国人才意识到这可能是一匹特洛伊木马，有用是有用，但与此同时给了英国人史无前例接触他们通信的机会。

在伦敦的尼古拉耶夫（Nicolaieff）上校也没有搞明白这件事，但他告诉卡明，他确实“想要为他们的三个间谍获得帮助，我之前承诺并安排过”。当然，协约国的情报机构通常会互相帮助，但帮助往往局限在提供情报报告或便利上。虽然霍尔最近抱怨，他从彼得格勒那里没有得到足够的海军情报，但卡明和俄国人之间已经有大量的情报往来。不过，派间谍去帮忙——可能包括泄露身份——又是另一件事了，俄国人的要求体现出机构间不同寻常的密切程度。

3 月 12 日，卡明在外交部身上达成了另一项突破，坎贝尔同意卡明“将消息放在一份信封里，交给我们知道的公使们，然后由他们亲手交给领事们”。他当时显然春风得意。就在前一天，他记录了外交部决定将他口中的“Norge［挪威？］组织交还给我”。

卡明在伯斯尔登待了一天，处理“当地的事情”。3 月 15 日，卡明见了一个瑞典人，“他可以假扮德国人进入德国，谈论着他为国献身——毫无重点的一些废话——他认为我们应当按照他的提议行事，值得冒一些风险。向他提供 400 英镑的报酬”。卡明是个极度爱国的人，“废话”这个词乍一看让人吃惊。但这也许是他对待任何做作的态度，尤其是某人说要为中立的瑞典献身。

三天后，卡明详细描述了他如何获得许可，保留“空中侦察”方案中没有花掉的钱，而非把它还给外交部。这笔钱是用作“特殊目的”的，在卡明心中包括立刻订购另一辆车。他随后补充道，霍尔“问及B的信，他要在又一次攻击前为特勤局辩护”。这句话也许说明遭到攻击的绝非卡明负责的部分，而是整个特勤局。当然，之前可能是只对着他的部分的。卡明的自主性并没有得到保证，陆军部的威胁与日俱增。

4月初，卡明在事故发生后第一次前往法国。他顺路前往福克斯通讨论了一些事情，经阿布维尔（Abbeville）和亚眠（Amiens），于复活节（星期日）抵达巴黎。他立马前往“WO”——也许指的是英国陆军代表团，也许指的是法国陆军部——可是一个人都没有。也许只有他事先没有预料到这一点。他也前往他曾住过的纳伊医院。复活节星期一[1]，他“在法国陆军部待了很长时间。整个上午都在讨论组织”。 不可避免地，在与法国人进一步讨论检查之前，他要去英国陆军汽车库转转。

检查这件事与卡明之间的关系要比我们所认为的更密切，因为检查各种邮件可以证明对德经济封锁效力如何。霍尔在伦敦已经开始检查邮政部门无法处理的国外邮件。内政大臣威胁要把他投入监狱，霍尔却将这视为首相的许可。霍尔促成了战争贸易情报部（War Trade Intelligence Department）的组建，临时办公地设在了圣詹姆斯公园里湖水抽干的地方。在战争余下时间里，卡明和他们以及他们的继任组织——封锁部——打了很多交道。

卡明从巴黎返回走的是途径鲁昂的路，他又一次去了医院一趟。等他回到伦敦，发现彼得格勒又发生了更多争吵。他请求将坎贝尔的临时少校军衔变成正式少校军衔，所以再次召回他算不上永久性惩罚。此举让霍尔抱怨卡明太照顾他手下的人了。卡明同时还要为他的“彼得格勒站点”招募一个叫桑希尔（Thornhill）的上校。桑希尔后来在俄国的存在，有助于双方重建和谐、有成效的工作关系。

他还在情报部主任办公室会见了贝莱尔斯（Bellairs）上尉和布洛克

1　复活节在每年春分满月后第一个星期日，复活节星期一指的是复活节第二天。

（Brock）上尉。“他们正要去打高尔夫，我要把密码给他们。”而卡尔沃克勒西（Calvocoressi）先生——是上个月工资名册上26个领薪者之一——和弗朗西斯·乔伊（Francis Joye）已经做好去热那亚的准备。不过，卡明得说服他不要用自己那套基于《罗热同义词词典》（*Roget's Thesaurus*）每一词条词义数量的复杂密码。

更多的船装备齐全，配备好船员，包括阿宾格勋爵（Lord Abinger）指挥的“圣乔治”号（St George）。该船将要和“贝利尔”号建立联系并接受指挥。不过，吸引卡明最多注意力的是自鹿特丹开展的行动。4月15日，霍尔将本内特-伯利（Bennett-Burleigh）小姐介绍给他，“我得给她在荷兰的行动支付每天1英镑的薪酬”。按他自己的说法，这是他必须要“找个地方安排”的众多人员之一。与此同时，在乔治·伊迪被派往的雅典，与驻外武官和伦敦外交部在英国政策上的分歧也渐渐浮现。不过，还没有产生大麻烦。4月18日（星期日），卡明写道，“懒散的一天——没什么事做。出去了四个小时。”

卡明也写道，“大概这一天，列诺瓦（Lenois）——奥本海默（Oppenheim）手下的人——当着妻子的面在公开场合被枪击。”奥本海默应该指的是英国在海牙的驻外武官，参与陆军的情报网络。但是让人有点困惑的是，他后来还评估和转发卡明情报网络的报告。此外，英国在海牙的商务专员，负责监控封锁情况的人叫作奥本海默尔（Oppenheimer）。虽然这里的情况从来没有达到彼得格勒闹剧的深度和高度，但英国在荷兰的机构间的敌意一天天变得更加复杂，解决的那天依然为时尚早。

卡明缠着海军部、陆军部和邮政总局，批准他分别与海军部、福克斯通、多佛之间架设电话线。与福克斯通的电话线在4月27日铺设，但是到了29日之前，“设备一直处于暂时性故障”。卡明对新技术的热情从未消逝，比对隐形墨水的热情高得多。

卡明在4月23日写下了一个感叹号——没有解释为什么——并记录琼格尔斯·范·阿德尔斯（Jonkers van Aaders）“在维塞尔”逮捕了“德国人”。到了月底，卡明满意地从殖民事务部招募到了汉斯·魏谢尔（Hans Vischer）（殖民事务部愿意继续支付薪酬，因为卡明掏不出来钱了）前往瑞士。卡明还试图招募一个叫莫里德（Mouread）的少校，“一个经验丰富、会许多种语言的马耳他人”。

接下来几个月的事情还是一样的模式。有关罗马尼亚的部署越来越多，更多的船要配备船员和装备（有些配有火炮的船还要卸下并藏起来），卡明多次会见本内特-伯利小姐，后者显然以双面间谍身份出现（卡明有一次挖苦道，他和她竟然在一辆出租车内见面）。还有一位陆军军官叫瓦伦丁·威廉斯（Valentine Williams），卡明之前曾招募和训练过他。结果威廉斯突然被调到前线，“我的一切计划都付诸东流”。他之前抱怨过他手下的军官有被突然调走的可能性。直到战争结束乃至以后，卡明一直抱怨这一点，语调越来越愤怒。

5月初，卡明会见了一位叫来弗里（Lavery）的先生，后者“认为他能进入德国拍电影——拍下战争的画面”。卡明对此表示悲观，但没有完全否定这个想法。卡明在日记里还明确提到了一次“泄露情报”，看上去是法国人做的，卡明还正要和他们讨论这件事。卡明进一步向伦敦的俄国人提供行动上的帮助：“拜访叶莫洛夫将军。他希望监视康迪街（Conduit Street）的海伦娜（Helena）女士，还有楚尔萨托夫（Chursatoff）。”

一位叫格雷（Gray）的先生来见他并且警告道，德国人也许会向伦敦投下“含有氰、一氧化碳或砷化氢”的炸弹。我们现在也许无法理解当时人们产生的恐慌，因为到那时为止他们从来没有听过大规模轰炸平民这种事。齐柏林飞艇绝非我们现在心目中笨重、引起人好奇的事物，而是令人畏惧的武器。而且德国人对化学战没有什么良心不安。我们知道，霍尔对卡明的空中报告给予的优先级，也许就包括监控齐柏林飞艇的动向和飞机场。虽然我们现在没有明确证据。

5月20日，卡明提到了部门重组，“晚上是全体人员（陆军部和海军部）的晚宴”。这有可能指的是他手下的全体人员，但看上去更像是总参谋部的人员。在霍尔和麦克唐纳的支持下，卡明正要进入总参谋部序列。他在日记里提到了好几次。6月15日，卡明记录了一次出人意料的对话：“C将军跟我通报了有关我请求获得总参谋部内级别的请求。他说我现在跟他、陆军行动局局长、海军情报部主任一个级别了！真是突破性一步！他还想推荐我晋升为准将（Commodore），但是我拒绝了，因为这会让我的军衔比我的上司、海军情报部主任还高。”从（退役的）史密斯上尉到今天，他走过了漫长的道路。正如同特勤局，从1909年10月维多利亚街一个禁止与他人接触的组织，成长为现在这样。

在这场晚宴的第二天，汀斯利从鹿特丹回来了。他是一个能量满满、自吹自擂、做事一点也不细致的人。他曾经是个商人。虽然他后来犯过错，但他依然发挥着重要和有益的作用。卡明和他的谈话持续了数天——“汀斯利上校在11点抵达，一直待到6点30分，除了中间吃午饭的间隙”——尤其是当他夸张但又成功地为他的收入和生意损失进行索赔。他也在外交部因撒谎而臭名远扬，这说明卡明在5月23日的评论不是笔误：“他说他向外交部提交过300万份消息。”还有很多表现明显自私自利的例子：“加德纳（Gardner）教授来了。他是个紧张的怪人（伦敦大学人类学教授）。他想去雅典，他在那里有许多朋友，可以伪装成一个官员。”我们在此之后就没有听到过他的消息了。不过，有一个让卡明愉快的来访是老朋友TP，“看上去挺好，自告奋勇什么都愿意做”。他很快就给TP找到了差事：“把本内特-伯利小姐甩给TP……”

在一场小型官场角力后，卡明招募并派遣了会说多国语言的马尔他人——莫里德少校。卡明与此同时还派了加布里埃尔（Gabriel）前往意大利，在意大利—奥匈帝国前线执行某个现在还不知晓的任务。6月3日，他白天在南安普顿处理“半官方事务”，晚上7点回来，“几乎通宵处理文件”。文件看上去越来越多，因为他在9日写道，他试用了四个打字员，但最后一个也没招。6月12日，他又面试了三个打字员。17日，又有两个办事员加入了。同日，他会见了另一个外国联络人，“来自意大利秘密警察”的福萨利（Fusali），双方讨论了一个代号为“升”（Litre）的间谍，他在这一阶段很有存在感。18日，卡明在外交部与阿瑟·尼科尔森待了一个小时。他发现对方“十分友好，跟我说，遇到困难随时找他”。

这一简短话语也许证明他们之前有过一场意义重大的谈话。我们知道，特勤局的起源意味着，它结合了陆军部、海军部和外交部的有关预算，但是外交部在任务和行动上没有任何控制权。随着秘密情报活动越来越多，产生国际影响的可能性越来越大，外交部在行动中的参与也自然增加。但是外交部依然把特勤局视为一个只因陆军和海军需求而存在的组织。它不会考虑利用卡明支持自己的外交政策，更愿意扮演善意信托人——偶尔也扮演裁判——的角色，它注视着年轻人的一举一动。

不过，对于卡明而言，这个负责发钱的强力部门既像一个担保人，又像一把核保护伞，帮助他抵挡其他部门掠夺性的自私自利。让外交部逐渐成为该部门的完全保护人，让外交部以自己目的利用卡明，并且成为卡明部分“存在理由”（raison d’etre）的重要一部分——这一过程要持续很多年时间。卡明成功地让自己躲在外交部羽翼之下，算得上在官场上的一个重大成果，也许既要归功于他的个性，也要归功于他的部分所取得的成绩。这一进程在1915年初已经开始。事实上，霍尔在8月已经有足够的远见，建议卡明的部分同时完全独立于海军部和陆军部之外。这是海军情报部门负责人口中一个相当重要的建议，意味着他们对秘密情报机构有着很大的信任。卡明向坎贝尔提到了这个建议，但是坎贝尔和外交部一样，此时持谨慎态度：“并不完全同意海军情报部主任的话，但是希望我更加独立。”

6月底，卡明再次穿过海峡前往英军总司令部和英国第一师司令部。他从第一师司令部被带到前线附近的一个观察站。和往常一样，他乘坐他那辆劳斯莱斯，也许还需要两个拐棍。他正在和比利时公使馆讨论一些方案，对方还以为他是一个比利时官员。6月31日，他列出了自己在英国国内外的手下名单——总共47人——但是和之前一样，这只是一些头号间谍的名单，他们手下还有没写在名单里的下线间谍。

7月初，罗纳德·坎贝尔来找他并抱怨道：“我的人显然不遵守指令，他们不把有关走私品的报告转交给公使馆。”几天后，卡明写道，他们依然不听他的话，他需要重复自己的指令。

7月7日，卡明和坎贝尔整天都待在一起。他们可能在讨论有关荷兰的事情。整个夏天，荷兰一事占据了每个人越来越多的时间。但是卡明还是有机会给霍尔、坎贝尔、赫舍尔勋爵、第一海务大臣费舍尔勋爵及其他人开车、借车或者搞辆车。毫无疑问，给高级官员准备一个非官方的车库很对他的胃口，而且很有用。

破坏行动也悬而未决。7月14日，坎贝尔传达了外交部的指令，卡明总结为：“不得对中立国采取破坏行动。”丹麦可能是涉及国家之一，因为卡明和坎贝尔与此同时预测卡明在丹麦的月度支出是860英镑，包括七名特工或行动的支出，有趣的是，其中法国人会承担120英镑。此外，还有 100 英镑付给“威（Wi）（德国）”，也许指的是在德国港口威廉港的一个间谍。伦敦部门也在进一步扩张，白厅大厦 46 号现在给打字员，44 号是密码专家的，而他们又从阿什利大厦搞了两套公寓（50 号和 60 号）。8 月 1 日，卡明列出了本国的工作人员及其工资，包括 33 人，其中 12 名可能都是打字员。

7 月 22 日，陆军部在荷兰召集一次会议，讨论英军总司令部最近一项有关荷兰情报工作的提议。这里确实需要统一的指挥和控制结构。但是随着德国反情报工作的渗透以及现存的列车监控网络被连根拔起，行动上的缺陷导致局势恶化。日记显示，首先，卡明试图获得人们对他提议和回应的赞同；其次，他并没有为自身缘故而扩展他自己越来越庞大的帝国：“我读了我［呈交给会议］的信，它修正了提议，我反对对控制和许多组织的分割，我建议将荷兰整个系统交给英军总司令部——其中包括鹿特［鹿特丹］。”卡明在四天后写道：“英军总司令部拒绝了我把荷兰的组织交给他们的建议，他们更希望保持原样。”不过怎样，他至少负责英国陆军情报组织的一部分，他称之为“奥卡福蒂（O’Cafferty）上尉这摊子”。

这时候，他还安排与在美国间谍的通信，不过他们并不是卡明手下的间谍。他向前往美国的军官提供密码［其中一次还包括提供柯尔特（Colt）半自动手枪和保险箱］。而且他还给来自美国的电报起外号，比如，“车”是代表阿加尔（Agar）上校发来的消息。这一定经过了外交部的同意，因为电报都要经过纽约的英国领事，而他本人会把电报交给一家知名的美国银行。8 月，卡明正考虑进一步利用商业组织，包括一家国际会计师事务所。他写道：“美国的许多机构，都是苏格兰人。”他后来和陆军部、TP“讨论在纽约共同运行一个机构的计划”。

7 月 29 日，霍尔让他“和西班牙的组织建立联系”。到目前为止，英国在西班牙的行动情况都是和海军相关，但是这也显示出难以严格区分。卡明在此之中的第一项任务就是向维哥[1]（Vigo）派一辆车过去。他在当晚的日记里写道，他提供的东西不限于汽车：“瓦茨（Watts）上校想要装订夹。带他去吃晚饭。”8 月初，卡明满意地试驾了新款劳斯莱斯 200 英里。

几天后，卡明列出了“U 密码”的使用者名单，其中有雅典、马耳他、

1 西班牙西北部海港城市。

直布罗陀、彼得格勒和开罗，而阿宾格勋爵（大概在海上）则通过马德里和他联系。8月16日，霍尔告诉他，“我的密码都……［此处辨认不清］……我的信息都被敌人读取了”。不过，他没有说是哪一套密码。他的反应和那些密码被破译的人一样，不愿意面对令人震惊的后果，他对此矢口否认：“我不相信，这不可能。”幸运的是，看上去他是对的。没有证据显示他的密码被破译了（尽管英国其他有的密码被破译了）。他后来记录，霍尔说被破译的那套密码——从40号房间截获的情报得知这一点——似乎包含的是媒体的材料，而非卡明的情报。

卡明的字迹在这一阶段又变糟了，但是他还是有时间记录下阿伯特（Abbott）先生的贪婪。阿伯特是“一个带有一半希腊血统的作家”，他向秘密情报机构提供服务。另一位提供服务——事实上就是找工作——的人是多林·史密斯（Dorrien Smith）少校。他们家族拥有锡利群岛（Scilly Isles）［现在还拥有特雷斯科岛（Tresco）］，卡明还和他有远亲关系。随后，他在“一个新点子上”工作到凌晨2点。卡明说他这一天工作了18小时。第二天（星期日），他又一次“工作一整天，直到很晚”。整个早上都是在和汀斯利交谈。

与哈罗德·尼科尔森（Harold Nicolson）在外交部进行一个小时的谈话，也许对卡明的星期一而言是个令人精力充沛的开始。当时卡明正在等候求见外交部次长。更让卡明高兴的是，霍尔同意不再雇用本内特-伯利小姐。卡明在8月27日写道，“会见川奇和布兰登，讨论有关前者的雇用问题。”第二天，卡明和一个叫杜拉克（Dulac）的人进行了一次长谈，“有关他在哥本哈根的经历和发现”。随后，他说他拒绝了杜拉克，付钱打发他走了。这个月最后几天都是被有关荷兰的争端所占据。MO6的麦克尤恩（McEwen）上校代表卡明前往巴黎参加有关此事的会议。奥卡福蒂则就最近海军炮轰泽布吕赫一事向卡明写了份报告。

9月1日，卡明拜访川奇和布兰登，“他们承诺——如果我雇用斯塔格——他们就愿意和他一起紧密合作，帮助他搞好海军新闻部门”。几周后，在和卡明与TP长谈一番后，斯塔格同意加入。我们之前已经引用过弗兰克·斯塔格对卡明的回忆。斯塔格说他之前是霍尔的秘书，后来在“工作上犯了个错误”，职位就被塞洛克德取代了。他说，霍尔“把我派给‘C’，让我尽可能帮助他”。

在斯塔格的回忆中，卡明手下工作人员只有五个人，都是男性，但是也许他心里只记得白厅大厦里平常很接近的、相对高级一点的工作人员。“有考克莱尔（Cockerell）——最近才招的一个采矿工程师；演员盖·斯坦丁（Guy Standing）［在斯塔格到来一两个星期后，卡明在日记里提到见了他一面］；纽努恩（Newnun）——另一位来自哥伦比亚翡翠矿的采矿工程师；一个负责管理办公室的‘晋升军官’［雷考克］；皇家海军预备役的中尉久利（Jolly），他曾在《闲谈者》（*The Tatler*）杂志工作过。”斯塔格认为，年度预算“只有6000英镑”，但是涌进的情报总量却让他震惊。他来到不久就经历了机构进一步重组。

> 除非军官吸入毒气或者受伤，不然他们很难离开战场。但我们很快获得了两位年轻而又没什么特殊本领的陆军中尉。随后就是施行去中心化和区域化的举措。纽努恩兴高采烈地负责希腊和地中海事务；考克莱尔负责比利时和荷兰（最重要，因为鹿特丹是主要提供情报的地方）；斯坦丁负责整个美洲，直到后来曾在胡格（Hooge）吸入毒气的威廉·怀斯曼（William Wiseman）的到来。后者在英美关系领域开启了他令人吃惊的职业生涯。我负责所有与海军情报部的联系、斯堪的纳维亚半岛和波罗的海地区以及俄罗斯帝国！俄罗斯帝国的部分占了很大的比例，因为西伯利亚邮车上的德国邮包都被挑了出来并打开［他的原文是“没有打开”，但显然是个笔误］，提供了许多有用信息。这些信息都被送到了教育部。

开启德国外交包裹的行为很少为人所知，这部分解释了卡明与俄国人交流为何如此频繁密切。

斯塔格也写了白厅密码制定者和破译者之间的密切关系，他暗示卡明的手下同时参与了这两项事务。

> 密码是一股脑送过来的，但是老专家本特利让“C”和“眨眼男”都感到困扰。我记得，本特利相信敌人利用《泰晤士报》的个人专栏

> 传递情报，利用的则是一本古老的《荷英词典》。“眨眼男”最后没有说什么，但他相信，本特利就会在48小时之后带着那本老词典给出自己的解释。我们得替“C”挡着本特利，因为本特利正在四处乱晃。在我们的密码室，有一位奇才叫胡克——不过，真名是马克斯·波恩（Max Bon），来自40号房间的迪亚克斯（Tiarks）和其他人经常待在我们的密码室。

霍尔有时候会故意开些玩笑。这在最后几十年屡见不鲜，象征着秘密情报机构幽默和自嘲的传统，而这一传统成了特勤局保守得最为严密的秘密。奇怪的是，大多数间谍书籍——无论是回忆录还是小说——里都没有幽默。也许人们很难在提心吊胆时保持幽默。就算是少见地带有幽默的间谍小说，比如康普顿·麦肯齐的《聪明得冒泡》（*Water on the Brainy*）或格雷厄姆·格林的《哈瓦那特派员》，幽默也来自太把自己当回事的人所表现出的荒谬，而非个人性格或者机构精神。卡明对隐形墨水的兴趣为我们又提供了一个例子。

> 隐形墨水是我们的特长——总想从天然来源中搞点隐形墨水。总审查官（Chief Censor）沃辛顿（Worthington）有一天过来告诉我们，他的一个手下发现“精液”在碘蒸气下不会显影（碘蒸气通常用来让隐形墨水现原形）。我永远也不会忘记当卡明听到这个消息时是多么高兴。沃辛顿还告诉老头，他得把发现者立刻调走办公室，因为他的同事忍无可忍，都在指责这个人手淫。老头立刻让科尔尼·哈奇（Colney Hatch）[这是一家精神病院的名字，这里可能是用来代指一家研究机构]送来女性的类似体液进行测试——而有句口号很快就流行起来了：“每个男人都自带一支自来水笔”。我们以为攻克了一个重大难题。后来，由于这玩意臭气熏天，我们在哥本哈根的霍尔姆（Holme）上校，还得专门拿个瓶子装。而我们告诉他，写每一封信时都需要现制现用。

有关突破封锁的经济情报，虽然并不是情报活动中最戏剧性的部分，但总是很重要的。它也有闪现幽默的时刻：

> 我们和战争贸易情报部联系密切，他们的办公室在圣詹姆斯公园。他们对瑞典进口的蜂蜜数量之多感到困惑，于是我们的萨维奇(Savage)在哥德堡（Gothenburg）码头偷偷装了一小盒，将样本寄回国。其中超过80%都是纯橡胶。然后我们让法国人也盯着点瑞士的进口。法国负责联系的官员告诉“C”，他们一直密切监视法国寄到瑞士的避孕套[1]（french letters）。他们发现，瑞士三个月的进口量就够瑞士成年男子一年里每天用八次了。老头听到这里笑到眼泪流下来。他很长一段时间都爱讲这个笑话。

斯塔格所指的威廉·怀斯曼是一位32岁的准男爵（baronet），剑桥大学拳击“蓝”（blue）获得者[2]，一位想要成为记者的人，一位失败的剧作家和商人。卡明在9月14日面试了他，并让他第二天“处理些一般事务”。怀斯曼也许和许多人一样，把战争视为福报，给他的人生赋予了意义。不然，他的人生就会在自己向上爬的过程中消散在毫无目的的奋斗之中。正如克里斯托弗·安德鲁在《秘密情报机构》中所写，他是“那种爱冒险、足智多谋、富有能力、自行其是的人，很对C的胃口”。怀斯曼的职业生涯——包括他在情报工作上取得的成果——都有充分的记录。我们现在需要注意的是，卡明在1916年把他派到了纽约，负责汇报德国人在美国的行动，尤其是破坏运往协约国军火的行动。他的报告对英美关系产生重大影响，促成美国参战。他吸引人的个性在情报工作中是一笔财富，而他依靠与豪斯（House）“上校”——伍德罗·威尔逊[3]的亲密顾问——的密切关系，也能在总统和美国政府对战争的态度上施加重大影响。

斯塔格的回忆并不包括秘密情报机构的报告——也许部分是因为他觉得这是众所周知的事情，部分是因为他的职业习惯更注重乐趣，而非成果——不过，他还是提到了一个领域的报告。这里涉及一位叫沃尔特·克

1 当时避孕套的主要材料正是橡胶，也是避孕套的俗名“rubber”的由来。

2 在剑桥大学，参加过校最高级比赛（尤其是和牛津大学的对抗赛）的学生都会被授予“蓝”（blue）的荣誉称号，这里可以理解为剑桥大学拳击队校队成员。

3 伍德罗·威尔逊（Woodrow Wilson，1856—1924），美国政治家、律师和学者，曾任美国总统（1913—1921）。

里斯特马斯（Walter Christmas）的上校。斯塔格说他是荷兰人，但是从文中看他更像是个丹麦人。斯塔格回忆，克里斯特马斯曾是斯卡角[1]（Skaw）的一位“NOIC［海军司令部官员？］，他向我们提供他们海军监控海岸的报告，按他的要求，总得有个漂亮女孩在斯卡酒店作为中间人。其中一个漂亮女孩不小心暴露了他的身份，克里斯特马斯不得不迅速离开丹麦，而我们在牧羊人市场[2]（Shepherd's Market）给他找了间公寓”。秘密情报机构素有漂亮女孩和帮助快速出逃的传统，而克里斯特马斯的遭遇更是证明了这一点。了解德国船只在波罗的海的动向对海军部有重大意义。起草海军部 1939 年的信的人在赞扬一战期间的报告时，也许心里就是这么想的。

斯塔格也提到了斯堪的纳维亚的秘密监听站：“我们的监听站听不到基尔港，但是威廉港在我们范围以内，而且我们有他们的密码。所以他们叫来戈弗雷·艾萨克斯（Godfrey Isaacs）帮忙，而挪威 NA［海军驻外武官］得和自己人争吵。三位马可尼[3]专家带着假冒的美国护照被派往霍腾（Horten）‘重组挪威海军的无线电系统’以监听基尔港。”这里又一次证明了，严格区分 40 号房间和卡明的工作是多么困难。

1916 年秋天，斯塔格自己也要带着美国护照前往挪威北部，他称自己参与“炭疽杆菌（anthrax bacilli）事件”（发现德国人准备利用炭疽杆菌作为生物武器）算得上“‘C’的绝妙一击”。他在那里和当地犯罪调查部的二把手雷德瓦尔德 - 拉尔森（Redvald-Larsen）交上了朋友。

> 柏林的好朋友告诉我，只要我们一句话，在不误自己上司事情的前提下，他会以各种方式提供帮助。斯德哥尔摩的萨维奇听说冯·罗森（von Rosen）男爵和两个德国间谍经纳尔维克（Narvik）“对拉普人[4]进行科学考察”。而我们当时正让哈里·戴（Harry Day）和许多马匹将“精良弹药”从林根（Lyngen）运到芬兰［大概是给俄国的］，

1 丹麦的日德兰半岛最北端。

2 伦敦中部的一个小广场，位于皮卡迪利大街和寇松街之间。

3 马可尼是最早实现无线电通讯的人之一，因此以他的名字代称无线电报。

4 纳尔维克是挪威北部的城市，而拉普人是生活在斯堪的纳维亚半岛北部地区的一个族群。后面的林根也位于挪威北部。

> 而且途中要绕开瑞典领土。德国人的考察显得很可疑。雷德瓦尔德-拉尔森得知此事，在德国人穿过挪威边境时对他们进行了检查。随后的事情都记录在历史书上了。

他随后叙述了这一事件鲜为人知的一面：从德国人身上搜出了伪装成木工专用铅笔的东西。

> 这些木工专用铅笔带着精致的吹制玻璃，但是它其实是完美的定时爆炸物，德国佬（Hun）的间谍在全世界都使用它。扩散速度是如此之快，以至于海军部要求所有港口“没收所有铅笔和气泡水平仪”。有一件搜查物从法尔茅斯（Falmouth）寄到海军部。它是在一艘开往布宜诺斯艾利斯的荷兰邮轮上搜到的——“C”又一次乐坏了。

卡明日记很少提到这些事情，偶尔只是总体上提提成果。9月2日，卡明在日记里提到了某个组织——字迹现在已经无法辨认——要么是他自己的组织，要么是他控制的陆军部网络。卡明说这个组织报告称“已经付清了到这个月10日的费用了。我们也许可以期望在德国和其他地方的四个旅游者一个月能发回15份报告，每月开支120英镑”。10月15日，卡明骄傲地宣布：“我们今天发出了90封电报×20=1800份报告——新纪录！”毫无疑问，这就是他为什么最近招募更多的打字员和从马普斯（Maples）购买更多办公用具。

与此同时，荷兰的间谍之间的内讧和行动损失越来越严重，开始渗透到白厅内部。9月3日，阿瑟·尼科尔森爵士询问卡明的意见。卡明次日得知了陆军部一项新提议，“让我把手下所有陆军组织交给卡梅伦”。英军总司令部此时正控制着从鹿特丹汀斯利那里得到的情报，但是陆军情报网络几个月来都有问题。我们之前提到过，一个间谍（陆军部间谍）在妻子面前被枪杀，9月6日，卡明得知，沃林格少校“手下七八个负责监视桥梁的人员被关押在了瑞士”。卡明所控制的军事情报系统在7月底失去了它最好的间谍。

9月9日，卡明又去了一趟巴黎，从布洛涅驱车六个半小时行驶了约

165 英里。他来巴黎是参加陆军部有关协约国情报活动的会议。他进入克里雍大酒店（Hotel de Crillon），与大使共进午餐，并在布洛涅森林散步，进行一场不可避免的长谈（在安上假腿之前，他肯定很善于使用拐杖了）。会议包括法国、比利时、俄国、意大利和英国情报机构的代表——主要是陆军情报机构——持续了两天，不过，卡明和陆军部的法朗奇上校并未参加第二天的会议。

设在巴黎的协约国情报组织非常庞大。在第二年（1916 年），麦克唐纳任命当时还是子爵的默尔西领导其中的英国分部。我们前面引用过子爵的回忆录。他将协约国中央局（Bureau Central Interallié，简称 BCI）称为协约国一个情报库或者是信息交流所，在同一屋檐下，每个国家都有自己独立的办公室（包括法国第二局）："我们的主要工作就是协调，在一定程度上提炼军事情报……与战争行动直接或间接相关。"

许多工作都和战争贸易有关。默尔西说审查提供了大量情报，而他也参与了情报工作和反间谍工作。虽然他从未提到过卡明，但他大概和卡明的组织在工作上关系密切，而且也在外围参与了一些秘密活动。默尔西回忆了在法国与西班牙边境是如何只花了 30 分钟就打开、拍照和重新包装好一个中立国的外交包裹。然后，办公室来了一个"样貌不讨人喜欢的"年轻人，要借他两辆车的其中一辆。随后这辆车出了"事故"，好几天不能用——"不过没有致命损伤"——后来这辆车被修好后还回来了。这场"事故"是为了故意延误某人的，当时人们正在搜他的家。

9 月 14 日，卡明会见了一个人，后者知道有人"能够把西班牙无政府主义者送进德国，进入军火厂工作，然后把军火厂都炸了"。这个想法很诱人，但是卡明肯定对某些方面感到不快，因为他"和这个人亲近不起来"。

发生在瑞士的逮捕显示，那里的进展比比利时好不到哪里去，后面甚至会恶化。卡明在瑞士的部分行动由 L. G. 坎贝尔（L. G. Campbell）上尉在靠近日内瓦的法国边境领导，他领导得并不成功。卡明在 12 月 4 日提到，坎贝尔想要一个助理，还又一次要求支付一半的钱。瑞士行动的另一部分由最近招募的汉斯·魏谢尔领导。他的领导也不成功。卡明在 9 月 18 日解散了这一部分。（魏谢尔后来又在瑞士开始干活，但是没什么进展。）

陆军部在瑞士也有两个情报网络。如前所述，其中一个网络最近遭遇了瑞士当局的沉重打击。不像荷兰，瑞士不愿意放任协约国反击德国入侵者。正在此时，约翰·沃林格（英国军事情报里面有对沃林格兄弟，他是哥哥）招募了作家萨默赛特·毛姆（Somerset Maugham）。毛姆用一本小说描绘了他的活动——《英国特工阿申登》（*The Ashenden Papers*）——出版于 1928 年。毛姆说，这本书基本准确地描写了他所参与的行动。这是一本可读性很强的书，里面的短篇小说互有联系，标志着 20 世纪间谍小说发展迈出了重要一步。这本书和勒鸠的小说一样，并不是幻想作品，它是最早由亲身参与者写下的间谍小说之一。这本书里面的主人公冷漠、多疑，往往是幻想破灭的。有时候甚至是平凡的人物。在后来的间谍小说作家笔下，这种主角只能算标准的观察参与者——有时候甚至是受害者。和战争一样，间谍活动 90% 的时间都在等待。而阿申登的经历优秀地呈现了，在第三方国家奇怪的不定状态中，无法令人满意的情报活动是什么样。毛姆显然又写了 14 篇相关的短篇小说。但不幸的是，他听从了朋友温斯顿·丘吉尔的建议，将它们付之一炬。因为这些小说被认为揭露了太多内幕。不过，和他后来在俄国的冒险不同，他在瑞士的经历还是很有意义的。不过，他在瑞士是给陆军部情报部门工作的，不是替卡明工作。

重点在于，接收情报的沃尔特·柯尔克认为，当时在瑞士的所有行动结果令人失望，情报网络是不胜任的。也许柯尔克只看到军事战术情报，其在瑞士的数量或质量当然不够。他没有看到禁运和突破封锁有关的情报，或者是随着战争继续，越发重要的有关印度人颠覆的报告。卡明的军事情报活动主要集中在荷兰，他把瑞士首先视为法国人行动的区域。

1915 年 9 月 20 日，在和卡明长谈期间，阿瑟·尼科尔森爵士提议“限制海外派遣军的行动区域，将钱直接交给凯尔和我”。尽管这一提议成真尚需时日——尤其是对军情五处而言——但它在这一天被提出，就意味着官方已经这么思考了。不过，在陆军部控制方面还需要一番斗争。

卡明还是有时间去倒腾船的。9 月 28 日，卡明“与雷考克和韦斯顿（Weston）一起在查林十字（Charing Cross）码头试航‘指挥官’号”。不过，在六天后的另一次试航中，船身破损，被迫停泊在三一码头（Trinity Wharf），然后送去维修。

10 月初，按照霍尔的承诺，罗纳德·坎贝尔和法朗奇上校前来帮助他提高手下工作人员的待遇。与此同时，法朗奇也承诺在巴黎向他提供爆炸物。但是让人泄气的是，卡明并没有说爆炸物是用来干什么的。他为自己手下工作人员寻求的也许与地位和薪酬有关——他们没有养老金、没有雇用年份的保障，有时候从其他部门调来时，还要遭受降薪——不过，也有可能指的是工作条件和设施。斯塔格回忆，当弗雷迪·勃朗宁（Freddie Browning）上校从战争贸易情报部负责人的岗位调到这里时，设施得到了极大提升。作为萨沃伊酒店（Savoy）的经理，勃朗宁符合每个人想象中“社交老手”的形象。要是在伯蒂·伍斯特（Bertie Wooster）[1]的故事里，他就会是一个宝贵、有趣的补救者。保守党议员、未来的外交大臣塞缪尔·豪尔爵士曾在俄罗斯为卡明效力。他称勃朗宁“在每个板球场和网球场都出名，在我所认识的人当中，他的朋友最多”。斯塔格描绘了类似的画面：

> 弗雷德（Fred）[2]加入我们之后，他［卡明］的生活一定变得更愉快了，因为我们也是如此。弗雷德奇妙的性格、对男女和“有关人士”的了解，让“C”的组织对一切都明明白白。勃朗宁对人的照顾无微不至。当他看见女职员午饭只能吃小圆面包时，他感到很烦恼，于是在白厅大厦顶楼建了个小食堂，从陆军请了个大厨——一个老萨伏伊人（Savoyard）。当食物短缺时，他还利用萨伏伊的采购给我们搞来便宜饭菜。至于勃朗宁和“C”的关系，真是无与伦比。他举办的欢乐聚会让老头度过了不少愉快夜晚，舞台上的佳人，他随叫随到。而且在更严肃的事情上，他人脉很广；他很少自己亲自动手，而是联系知道内情的人……弗雷德·勃朗宁和“C”之间最不可思议的是，没有什么领域是落在他们视野之外的。他们爱说的口号是，“除了清早，我从不使用常规渠道”[3]。

卡明日记里对此毫无记录。

无论勃朗宁是在秘密情报机构之时还是在离开之后，他的做事都让秘

1　伍斯特是英国作家沃德豪斯（Wodehouse）小说《吉福斯》（*Jeeves*）中的主人公，是个迷迷糊糊的英国绅士，每次都需要他的男仆吉福斯帮他摆脱困境。

2　弗雷德（Fred）是弗雷迪（Freddie）的昵称。

3　可能指的是清早解手。

密情报机构过得很滋润。一定的社会声望总是会促成事情办成，而斯塔格所说的使用非常规渠道成了一项可敬传统。不止于此，它还成为现代军事术语所称的“战力倍增器”（force multiplier）。这些事情是不能写在纸上的，也导致秘密情报机构没有完整的、足够令人满意的历史记录。

10 月 7 日，卡明又一次提到了间谍杜拉克。看来他最后还是被招进来了。任务显然不顺，卡明后来透露道，“派杜拉克只是障眼法，转移对方对真实行动的注意”。同一天，阿宾格勋爵也来了，他是从去直布罗陀的路上顺道拜访的。卡明给了他一把李·恩菲尔德（Lee Enfield）步枪和“最好的罗斯玻璃（Ross glass）”。几天后，卡明得到许可，前去参观两个拘禁营——不过，这在当时他的日常生活中没什么重要性。他之前参观过本顿维尔（Pentonville）监狱，还听取过愿意合作的德国囚犯和变节间谍汇报。10 月 13 日（星期三），他少有地提到与室外相关的事件——一次齐柏林飞艇空袭。这年夏天，伦敦遭遇了不少次齐柏林飞艇空袭，往往投下燃烧弹。虽然伤亡按二战标准来看并不大，但足以助长反德情绪。不幸的是，有些反德情绪对准了在德国出生的无辜英国公民。

10 月中旬，卡明日记里出现了他曾经向法朗奇提过的带有无线电的汽车——也被叫作“WT 车”。卡明日记称，另一辆据说是“2 千瓦的 WT 车”要延迟交付了。几天后，他和霍尔讨论了“叙利亚计划和西班牙组织”，他还记录了他和作家 A. E. W. 梅森（A. E. W. Mason）的会面。他派某个叫惠丁顿（Whittington）的人前往纽约。后者的任务与南美洲计划有关。10 月底，上级承诺每周都会对他的报告进行评价，进行“表扬或批评”。10 月 28 日，他开着一辆卡车在南安普顿度过了愉快的一天。30 日，他面试了九名打字员，和罗纳德·坎贝尔讨论，要不要在他和直布罗陀、彼得格勒、雅典、海牙、纽约、法拉盛（Flushing）、伯尔尼和巴黎的电报往来中加上“CX”这两个字母作为前缀。以上地点不应当视为他的海外情报站，大概表示那里有特别的通信渠道。“CX”前缀长盛不衰，在后来秘密情报局的术语中有着多种用法。

有关不同机构分工的争论依然在继续。不过，卡明日记里并没有展现出陆军部多个部门所具有的嫉妒心。而柯尔克在他的报告中，说嫉妒的人也包括卡明。卡明似乎能够随心所欲，这调整了卡明的心态。11 月 2 日，卡明在日记里记录道，阿瑟·尼科尔森爵士“向法朗奇［上校］写了一份长篇备忘录，其中定义了我的职责”。后来一份标注日期为11月17日的文件，阐述了卡明的权力和责任，它称呼卡明的头衔后来成了正式称呼——“秘密情报机构负责人”。正如尼科尔森之前提到的那样，这份文件明确指出，卡明的财政直接受外交部——而非陆军部——控制，卡明负责国外一切参与情报活动和反间谍活动的间谍，可以自行调配人员和资金［这里没有提到军情一处（C）］。一周后，尼科尔森在写给麦克唐纳的信中坚持要求，特勤局在荷兰这样的中立国家的一切工作都受他指挥——“也就是受我指挥”。卡明补充并强调道，这里面还包括反间谍工作。

还有一份篇幅更长但没标明日期的文件，更详细地阐述了这些点，题为“内阁有关英国政府这个特别情报机构的指令”。其中，“SIS”（秘密情报局）的简称后来被沿用至今［当然把“特别”（Special）换成了“秘密”（Secret）］。而且比起上一篇，这篇文件有两处重要补充：其中一段要求其他政府部门，“在秘密情报机构负责人挑选合适人选时，提供一切便利”。而且任何人在向秘密情报机构提供服务时，不得损害他在原机构内的待遇和升迁。文件还禁止在不经卡明同意的情况下召回本机构人员。文件最后一段要求，“在有外交代表的国家”，外交部“要向秘密情报机构提供一个临时职位”，同时为“秘密情报机构的记录提供半外交豁免权”和“秘密通信的必要手段”。

这些补充表明，秘密情报机构不仅在行动上，而且在白厅的地位和外交部介入上取得了重大进展。虽然卡明遭遇了个人悲剧，但战争的前两年对他而言一定是不错的两年。

与此同时，办公室里还有一位职员向他抱怨。卡明叫他“LSO”：

> LSO又跟我抱怨了。他指责我偏心打字员——尤其是C小姐。他的论据是，有个星期日我带C小姐和另外四位去威斯敏斯特桥吃晚饭。他说我挑选打字员是基于他们的社会地位——她们的服装——还说我绕过摩尔小姐直接向C小姐发令……他说他想当助理宪兵主任[1]——这

1　Assistive Provost Marshal，宪兵主任是领导一组宪兵的领导人，下属的还有助理宪兵主任。英国陆军自17世纪以来的很长一段时间内，每个团都有一个宪兵主任。

样他就能和布洛涅或什么地方的女人翩翩起舞了！

尽管讨论卡明对打字员的偏心很有趣，但是我们从中了解不到什么。他的反应与其说是恼怒，不如说是理解，而且还暗示了 LSO 可能有炮弹休克症[1]（shell-shock）：“我觉得他有点神经质。”

他和俄国朋友之间也产生了点尴尬。11 月 6 日，雷考克和大公（Grand Duk）一起吃午饭，后者承诺写一封给彼得格勒的介绍信。卡明很高兴：“这对他［雷考克］挺好的，我要派他带着所有密码过去。”然而，两天后，叶莫洛夫的房间在场的还有其他四个俄国人和塞洛克德。

> 将军［叶莫洛夫］颇为担忧地跟我谈起我们让他把报告交给 GD 的安排。他说，我们自己的报告想交给谁都可以。但是他不能把陆军部报告交给 GD，永远也不会这么做。他让我先获得陆军部的授权。他说他在 GD 一事上的立场很尴尬。GD 算他的手下，但是在社会关系上和他的上级很亲近。我许诺他，我们会仔细挑选送去的报告的。但我觉得我们有点操之过急。

这当然说的是一次关键的情报交流。鉴于塞洛克德在场，也许还包括解密密文。（在和俄国人讨论时，卡明从未提到翻译在场，也没提到他们用的是什么语言。也许是英语，抑或也许是法语，因为有教养的俄国人都会法语。）

11 月 16 日，卡明带着“埃森报告、炸弹和手枪”，日常拜访霍尔。两天后，卡明和法朗奇上校参加了陆军部的一次会议，与会的还有四五个比利时人和法国人。这次会议的目的是调查德国人在布鲁塞尔的反间谍工作最近取得的进展，他们基本摧毁了陆军的一个情报网络：“图尔奈（Tournay）少校说吉尔森（Gilson）是绝对无辜的，他说他相信敌人渗入了我们的岗位并发现了我们在布鲁塞尔的人！”

临近月底，他花了大量时间应酬，还向丹麦的克里斯特马斯上校送了礼物。在突然离开丹麦后，克里斯特马斯留在了圣詹姆斯区的圣尔明（St

1　一种因曾置身战火而引起的精神紧张或错乱。

Ermine）酒店。11 月 26 日，他与斯塔格、霍尔姆（也许是前面那个拿瓶子装精液的人）、卡明和“三位女士”在皇家汽车俱乐部吃晚饭。其中一位女士可能是克里斯特马斯夫人或小姐，而其他女士也许是克里斯特马斯之前打过交道的迷人女中间人。

次日，卡明列出了汀斯利在鹿特丹的 27 人，包括英国人、荷兰人和比利时人。又一次地，大部分人的职能并不明确，不过卡明列出了一些人的任务和责任范围，例如报告、收款、马斯特里赫、翻译、“政治走私”。月底，卡明和陆军部在范围问题上又有了进一步争执。柯尔克试图指责外交部“在这件事上装聋作哑”。不过，他们还是在某一点上达成了合作，安排驻外武官审阅一下卡明在瑞士的陆军军官所写的报告，因为卡明提交的大多数报告都没什么军事价值。事实上，11 月 30 日，卡明写道，他悲哀地打听德国陆军的作战序列，从而核对他手下间谍所写的报告。

得获取这种信息以提高手下人员情报的准确性，可想而知，卡明对此难以理解。卡明指出，法国人就做得不错。间谍当然更善于回答熟悉情况的承办人的问题，而承办人也能够提出更恰当的问题，并善于看透花言巧语和不准确之处。同样，陆军部习惯把卡明控制的人调来调去，有时候也会带来浅薄或者无关的报告，因为间谍没有时间培养专业知识。因此，当斯塔格说纽努恩“兴高采烈地负责希腊”时，他的话既表现了时代的灵活和愉悦精神，也表现了一种肤浅。人们彻底掌握自己对象是需要时间和努力的。毫无疑问，这在某些地方是缺乏的。

9 月 7 日，法国人提议派一名官员前往福克斯通协助工作（大概是卡明的行动），而卡明也派一名到巴黎。派过去的人将会在法国陆军部有个房间，这进一步体现了双方的紧密联系。次日，卡明和奥卡福蒂进行了一次长谈，“有关干预间谍的事情（很难确定谁才有责任）”。伪造情报——甚至合理的夸张——的历史也许和情报工作一样古老。他们很有可能谈的是这些，而非背叛的事情。

卡明从 12 月[1] 12 日（星期日）到 15 日（星期三）之间没有写日记，而记有 16 日和 17 日日记的纸张不见了。18 日（星期六），卡明渡过海峡前往布洛涅，同日开车经拉伊（Rye）返回伦敦。第二天，卡明写道，他“步

1　原文是“9 月”，综合上下文判断应该是笔误，所以改正为“12 月”。

行去见海军情报部主任”。这是他失去一条腿后第一次提到自己在伦敦步行。他有可能在日记空缺的日子里安上了假腿。

第二周，卡明会见了许多官员，偶尔还写下对他们的评论。第一次是写于12月20日（星期一）：“会见了萨松（Sassoon）上校。不错的一个人，法国人，母亲是俄国人，在法国有许多朋友——按信仰划分属于犹太人。”这一处很有意思，而诗人西格弗里德·萨松（Siegfried Sassoon）的日记显示当时他在索姆河：“12月10日，天气晴朗温暖，在午饭前向勒凯努瓦（Le Quesnoy）进攻。”萨松在17日还在那里，18日也许也还在，不过自此到圣诞节前的日记是空白。而萨松也不是卡明当天见的唯一一个人：“本内特-伯利小姐来访，留下了照片。”

圣诞夜，卡明在办公室装了一个口授录音机，而库克（Cooke）小姐[也许她就是被人指责卡明偏心的C小姐？]配备了“发送机”。不过，他并不是圣诞节唯一一个在工作的人。圣诞节召开了一个讨论最近斯堪的纳维亚问题的会议，他称之为“Kobj灾难”。他前去拜访了罗纳德·坎贝尔和霍尔，这两人都在工作。节礼日，他前去拜访法朗奇上校，后者提议“将凯尔的领域扩展到整个‘英帝国’”。

凯尔最终成功地让军情五处的官员进入帝国大部分地区。他认为，从安全方面来看，帝国是不列颠本土的延伸。卡明对此感到不安。尽管工作关系看上去还是合作并富有成效的，军情五处和军情六处早年的互相猜忌却一直持续了几十年。这是情报与安全部门之间不可避免的情况，他们角色不同，但是却有互相重叠补充的地方。这种猜忌也许并不总是破坏性的，从来都不是主要的，在英国的严重程度也并不比其他国家高多少，但它总是成为讽刺的对象，正如麦肯齐的《聪明得冒泡》里面所表现的那样。

后来，当外交部允许卡明将他手下以护照管制官员（Passport Control Officers，简称PCOs）的身份派往大使馆时，麻烦又来了。斯塔格回忆，卡明决心抗争：“当人们在讨论向国外大使馆派护照管制官员时，军情五处坚决要求由他们来管理。‘C’与考克莱尔将军爆发了一场激烈的争执，最终得胜。卡明的观点是，本国‘安全机构’的分割已经很糟了，但是运用到国外，无异于自杀。”我们不应该忘记，卡明和凯尔从一开始就同样热衷于分割特勤局。

第十二章　TR/16

显而易见，卡明人生中的许多事情——家庭、午饭、办公聚会乃至工作——都没有呈现在日记里。事实上，几乎所有重要行动都没有在日记里反映出来。绝大部分也许再也无从得知了，但幸运的是，有一小份文件流传了下来。结合已出版史料，我们可以一窥冰山一角。

比如，卡明日记里从来就没提到一个代号为TR/16的间谍（我们知道，TR名义上代表德国，16这个数也许代表着——只是我的猜测——之前至少有15个德国或居住在德国的间谍，而我们对他们一无所知）。TR/16是不同寻常的，因为有些关于他的文件保存了下来，其中国防部档案收录了TR/16最重要的报告之一。他也在公开出版物中被提到了两次：

> 我知道他是丹麦人。我并不知道他叫什么，也不知道他来自何处，不过我见过他好几次。体格瘦削，肤色较白，拥有一双蓝色的眼睛。他看上去是个内敛、教养很好的斯堪的纳维亚人，拥有文化和职业素养；他看上去一点都不像是个头号间谍。然而，当我了解更多之后，我明白了他为什么如此成功。他是一个拥有绝佳资质的船舶工程师；他是个不会紧张的人，永远冷静泰然；没有什么能够逃脱他严格、充满自信的眼睛；他拥有卓越的记忆力，能够记住船舶构造最细微之处。

在卡明的鹿特丹情报站的汀斯利下工作的亨利·兰道（Henry Landau），在1934出版的《不择手段》（*All's Fair*）中如是回忆道。而1919年，汀斯利获得英帝国司令勋章［Commander （of the Order） of the British Empire，简称CBE］说明，虽然他工作手段粗暴、以不可靠著称，但他还是成功地管理好了一个情报站，提供了很多情报，让卡明获誉颇多。情报站的成功当然不是只靠 TR/16 一个人，但他是那种随时随地都能为承办人、情报站甚至情报机构赢得声誉的人。

事实上，TR/16 不是丹麦人，而是德国人。他是那种拥有直接渠道的本土间谍。卡明在战前一直哀叹缺少这类人。他出生于 1875 年，曾是一位海军工程师。当他在北海一个港口工作时，他因侮辱（殴打）德皇的一个亲戚而被送上军事法庭并降级。对德国和德皇愤愤不平的他，在 1914 年 11 月通过英国在海牙的公使馆联系到了汀斯利。我们无法确切得知两人究竟如何联系上的，有可能是 TR/16 直接走进公使馆毛遂自荐。但是有记载显示，他曾经被汀斯利“收买”过。他可以伪装成丹麦人，有一次的代号就是“丹麦人”。兰道是汀斯利手下最好的官员，代表他作为承办人，而兰道自己也不知道 TR/16 的真名或国籍，汀斯利在安全事务上的谨慎可见一斑。我们也不知道战时和 TR/16 的通信是怎么安排的，不过他们主要是在荷兰会面。

不过，通信情况应该不错，因为在 1916 年 6 月 2 日，日德兰海战之后不久，英国向 TR/16 发去信息：“迫切需要可靠情报，有关德国在昨天北海行动中的损失。”而他当天开始四处考察德国港口：“我先去了不莱梅，然后去了但泽、基尔、罗斯托克、盖斯特明德（Geestemunde）、埃姆登，又去了威廉港旁边的桑德，从而确定德国在 5 月 31 日北海行动中的损失。”他在 6 月 21 日结束考察，五页详细报告在不到一周后寄到伦敦，报告副本寄到了数个海外情报站，包括亚历山大港、罗马和彼得格勒。报告顶部是霍尔手书的赞扬——“100%”——这份报告精确、全面地叙述了德国人的损失，（丝毫不出人意料的是）要比德国人所承认的大得多。伦敦迫切需要这份报告，不仅是为了评估公海舰队再次寻求战斗的可能性，也是因为当时日德兰在英国国内已经成为一个重大政治议题。英国媒体基本接受了德国人的损失报告，因此将日德兰海战描绘为皇家海军的一场失利。然而，德国海军的损失是如此严重，以至于他们再也无法发起大规模行动。德国人现在将大规模行动的想法——按安德鲁·戈登的话来说——视为鼓励集体自杀。不过，TR/16 并不是唯一报告有关内容的间谍。当时一个叫“德国间谍 D15”的人从威廉港来到哥本哈根，向英国发来了另一份报告——1916 年 6 月 19 日，编号为“CX183”。这份报告有关损失的细节更少，但它给出了德军人员损失，包括 63 名军官：2414 人死，490 人伤。

TR/16 还有一份更早的报告（1916 年 3 月），关于德国舰艇和潜水艇的建造。这份报告证明了，为什么战后的人们把他的报告称为永远准确、及时和“拥有最大的价值”。他看上去是个理想间谍：为了一个拥有极大情报价值的目标，他能够自由地在德国移动。而且他是个专家，仔细、谨慎、准确、干劲十足，还能前往中立国进行汇报。在最关键时刻，他完全符合卡明在 1909 年组建组织所需的要求。

他并不没有止步于此。他在战后继续做情报工作。到 20 世纪 20 年代中期，他实际上向秘密情报机构提供了有关德国海军和空军的情报。战争末期的德国革命——或者叫准革命——意味着他恢复了原有的社会地位，并投身私营部门。他担任了数家公司的经理，并在保持原有海军和陆军联系的同时，将业务扩充到天上。接替汀斯利的承办人发现，他并不是个好对付的间谍。他有段时间里什么成果也没有，还有段时间和法国人眉来眼去。不管怎样，由于德国人在《凡尔赛条约》不久之后就开始秘密地重整军备，他所在领域的情报需求永远不会短缺。而他通常在下次会面中，出人意料地以有价值的情报回应人们对他的批评。他也把他的人脉扩充到预备役的警察中。

1934 年 11 月 7 日，他有关德国潜水艇建造的报告在当时被驳斥为“不太可能”。但它事实上却是最早表现德国重建潜水艇舰队的实质性证据。

两年后，随着又一场战争的可能性变得越来越大，TR/16 依然在提供情报，但是随着安全气候恶化，他的年岁让他难以承受压力。他盼望退休，从而无忧无虑地度过余生。他随后提供了他认为可以接替自己的两个人的细节。他们的会面地依然在荷兰，有时候是通过卢森堡寄出的明信片安排的。而他穿越边境时，随身从来不带书面材料。（不过，他却向德国偷偷带进来手写的问题纸条。他在阅读后需要将其处理掉。）他们每月碰一次头，通常在酒店房间。而周边会有一个官员和一个受信任的间谍望风（不是他的承办人）。情报站的这个间谍就是用来给 TR/16 望风的。

1938 年 4 月，他报告称，在尝试侦察一个带有地下居住区的秘密机场时，被一个工头拦住并盘问了，后者将此事报告给了盖世太保。TR/16 说破嘴皮才逃离困境，然后立刻连夜开车回家，在凌晨 3 点抵达家中并销毁他认为可疑的文件。警察在上午 8 点 15 来了。他成功地说服他们相信，他只是个无辜的自然爱好者，不知道自己眼前的是一个机场。然而，当他下一次穿越德国与荷兰边境时，他遭遇了之前未曾有的彻底搜查，而他的便携打字机也被没收。他的承办人建议他潜伏起来，几个月内暂时不要见面。

11 月，在下一次的会面中，按照伦敦的指示，情报站曾使用过的一个间谍全程跟踪了他，以确定德国人是否在监视他或者他是否已经变节并秘密和德国人接触。这个间谍是一个叫范·库特里克（Van Koutrik）的荷兰人，情报站之前从未让他监视过一间公寓、房间或出口，但他这一次被允许弄清楚并记下 TR/16 所有的行踪、对话和酒店登记细节。他的报告证实，在不和承办人在一起时，TR/16 有关行踪的叙述均是实情，而伦敦合情合理的戒备心也减弱了。

要是他们知道范·库特里克是一个替德国人工作的双面间谍，就不会放下戒备了。库特里克把他交给英国的报告也交给了德国。

双方会面又正常地持续了几个月。如果德国的调查显得太随意了，那么我们应当记住，他们对 TR/16 漫长的情报工作史一无所知，而且也不知道他为了退休动用了非正式和非官方渠道。最后一次会面是在 1939 年 7 月 18 日，他报告称，他被警告，一旦战争爆发，他需要负责拦截气球[1]工作。不过，他认为自己应该有办法脱身。下次会面被定在了 8 月 20 日。

这是 TR/16 第一次在会面中没有露面。他寄来一封明信片就来不了一事进行道歉，他建议承办人派某人前往德国和他会面。笔迹确实是他的，但是内容很可疑，因为 TR/16 一直拒绝通过第三方和承办人联系。伦敦注意到他此前从未建议过在德国会面，怀疑这是个圈套，因此命令绝不允许派人去见他。

在英国向德国宣战五周后的 10 月 10 日，《泰晤士报》转载了路透社的报告，称一个叫赫尔曼·克鲁格［Herman Krueger，一般被叫作卡尔（Karl）］的人在被“裁定犯有里通外国、反对德国的罪行”后，执行斧头处决。不过，有理由相信这只是在吹嘘，他有可能是在审问期间自杀。

TR/16 四分之一个世纪的情报工作不同寻常，但是长度算不上史无前

1 旧时悬挂在半空中的大气球，用来干扰敌军空袭。

例，尤其是对于战时间谍而言；要是他作为间谍坚持到二战结束，他也许就算得上独一无二了。他现有的情报也不足以让他跻身于顶级间谍之列，但是他在一战时期的成果值得人们驻足一番。这位海军工程师能够四处考察德国港口，能够说出每艘船的位置，能够专业地描述他们的装备和准确情况，他一定对海军部具有重大价值。

就在 TR/16 被捕之时，荷兰的一位秘密情报机构官员被要求，一旦入侵发生，立刻焚烧情报站的所有文件。他在此之中发现了许多汀斯利时期的文件，包括一份间谍报告，其中详细描绘了泽布吕赫海堤的防御。这份报告是在 1918 年圣乔治节[1]突袭泽布吕赫之前收到的。这份报告进一步显示，卡明的情报源可以提供当地有战术价值的情报报告。

和绝大多数情报工作的损失一样，损失 TR/16 的原因并不复杂，而是坏运气与忽视基本操作——竟然让一个间谍知道另一个间谍的身份——的结合。一战后对德国相关人员的审问，证实了有关他被捕的细节。隔这么远进行严肃的对比，虽然显得不太实际，但比起二战初期进行的情报活动——损失不仅包括 TR/16，还包括“芬洛事件”（前面提到了）中损失的两名官员，卡明时代在荷兰的行动（当然包括 TR/16 相关的行动）要更注重安全。亨利·兰道并不知道偶尔遇见的间谍身份，这就证明了对安全的格外注重。

1　圣乔治节一般在 4 月 23 日。1918 年英国皇家海军突袭泽布吕赫正是在这一天。

第十三章 1916年

1916年是这场史无前例的血腥战争中最血腥的一年。年初，奥匈帝国在巴尔干发动攻势，征服并占领了黑山和阿尔巴尼亚。德国到土耳其的铁路再度开行，德皇于1月中旬沿该铁路出行，授予他的盟友——保加利亚的斐迪南国王德国陆军元帅军衔及勋章。不出意料，阿瑟·尼科尔森爵士于1916年元旦在外交部召见卡明，告诉他，“他对阿尔巴尼亚不怎么感兴趣，但是需要保加利亚的相关情报”。陆军部在4月16日要求获得当时仍然是中立的罗马尼亚军队在保加利亚的进出情报。

一周后，在工作到凌晨1点30并一夜没睡着之后，卡明要去对付另一个老朋友：“拜访了情报部主任（对方同意了）和麦克唐纳，讨论了麦克唐纳决定让凯尔处理英帝国内一切针对英伦三岛（联合王国）的反间谍工作。他承诺凯尔的工作范围仅限于此，马耳他和埃及不属于凯尔的工作范围。”

2月初是在皇家汽车俱乐部的另一场晚宴。之后是一个并不明确的工作安排、罗斯柴尔德先生拜访与提供情报、密码部门招募奥斯陆勋爵。2月24日是雪中从布洛涅到巴黎丽兹（Ritz）六小时的艰难行驶——“贝利开得不错”。第二天的讨论包括和法国陆军部长会面（那段时间，每当卡明需要向法国人证明自己身份时，他总是感到无奈），然而连夜乘火车前往马赛以乘坐铁行轮船公司的汽船“莫尔顿”号（Moolton）。这艘在天黑后出航的船上还有三位将军。他们的目的地是马耳，他参加一个将在3月1日召开的国际会议。但是会议被延后一天，因为要等待意大利海军将领的到来。会议开始时，主要与会者包括三位法国海军将领、三位法国其他官员、两位意大利人、两位英国海军中将和六位其他官员——包括卡明在内。次日，卡明被指派负责一个九人委员会。

卡明的谨慎在职业素养上值得钦佩，但是在历史学研究上却让人沮丧。尽管这场会议广为人知（康普顿·麦肯齐就提到了这次会议），但他并没有记录讨论内容。重要的是，英国高级代表在土耳其事务上拥有广泛经验。自在海军服役起，卡明就对马耳他很熟悉。马耳他当时是地中海舰队的社交枢纽。而他匆忙、潦草的文字则记录了会议议程之外繁忙的社交活动与非正式讨论。3月4日（星期六）依然在开会，但是卡明日记在此出现了空白，直到16日他带着给外交部和海军部的公文抵达南安普顿。虽然这次旅程不像年轻时候在地中海那么悠闲，但地中海会议和返程旅途算是一次令人愉快的休息，也许是他1909年以来最长的一次。德国的潜艇战残忍无情但很成功——帝国议会（Reichstag）在当月投票决定进行无限制潜艇战。俄国医疗船“葡萄牙”号（Portugal）被水雷击中，950人丧生，而福克斯通—迪耶普（Dieppe）之间的渡轮“萨塞克斯”号（Sussex）受攻击则导致50人丧生。尽管如此，直到一年后，首相才迫使海军部——加上下层军官无畏地抗争——建立护航制度。

本月剩下的时间里没有几则日记。第一条是卡明让贝利开车带马耳他的海军上将林普斯——现在是个有用的新联系人——渡过海峡前往布洛涅（然而“由于调度官员的疏忽”，海军上将错过了他的列车）。本月中旬，他和陆军部讨论一份有关德国人可能占领丹麦的报告。他成功劝说外交部的坎贝尔同意“在合理范围内，我有权招待相关人士，一定的赤字也是合情合理的，不过我自己必须对其进行控制”。这说明，卡明在此之前的招待得自掏腰包。不过，也有可能坎贝尔只是代表官方为一项早已实施的举措背书。

4月底，卡明涉及了一项被搁置的提议——逮捕一个德国领事。卡明向里斯本派遣一位官员负责那里的军事情报任务。在霍尔的支持下，他成功任命了一位叫巴林（Baring）的上尉，而且同意，“以后，陆军部在里斯本的人就是我的人”。不过，这还是让人搞不清楚谁在为谁工作，因为卡明通常没有参与葡萄牙事务。在本月最后一天——一个星期日——他在一辆出租车上坐了三个半小时。他大概还要亲自听取某些间谍的汇报。

5月，外交部批准卡明“为WTID（战争贸易情报部）工作”。这也许意味着同意他从战争贸易情报部接受任务并提交报告。此举扩充了他的工作范围，这也是为什么他需要获得批准。与此同时，他也被允许部分控制——有时候意味着可以接触到——英国海外使馆的准证官员（Permit Officers）。这是一项重大进展。它是秘密情报机构长期传统的前身：使馆的护照管制官员这一职位既能作为伪装，也能接触到机构感兴趣的人士。卡明看上去要和军情五处一起分享对准证官员的控制，因为卡明在 5 月 19 日记录道，凯尔在他（卡明）的办公室向准证官员发表讲话并给予指示。然而，6 月 3 日，外交部指示卡明“在接到进一步指示前，停止所有与准证官员相关的事务”。但在不到两个星期后，卡明又开始处理这一事务，他会见了一个叫菲茨罗伊（Fitzroy）的官员，后者有望担任纽约的准证官员。月底，卡明也向火奴鲁鲁派了人。

6 月初是一批来访者（11 个，这个数字不算离谱）在检察官办公室进行了几个小时的谈话。卡明显然带着极大的兴趣和骄傲记录道，他的办公用车辆蓝旗亚在 1915 年 5 月 10 日以来已经开了 1.402 万英里。几天后，有位来访者是德奥利·卡特（D' Oyly Carte）。6 月 11 日，他觐见国王：“我按照命令前往白金汉宫，和国王进行了一次长谈。他告诉我有关海军战役[日德兰海战]的许多细节，我十分享受。”他随后带着谦恭和骄傲——在纯社交方面不常见——补充道，“威格拉姆上校、德雷克·凯佩尔（Derek Keppel）和戈弗雷·福塞（Godfrey Fausset）中校对我很友好。”

这不是卡明和王室的唯一接触。尽管卡明并没有说这一次的目的，但是他在两天后记录道，当时他在彼得格勒的代表——国会议员、上尉塞缪尔·豪尔爵士觐见国王。谈论俄国局势、沙皇家族的状况，有可能是这次觐见的目的。

1916 年夏天的日记很简短，基本上都是日常内容。卡明为新办公场所考察文森特广场（Vincent Square）52 号、又拥有了一间车库、遇到了阿瑟、雇用了一个侦察员、有关盗窃的一些事情。他随后和童子军领队们见了几次面。他又雇用了另外四名打字员，虽然不喜欢，但还是把一个叫索尔兹伯里的先生派往瑞士，帮助塞缪尔·豪尔的军衔从上尉晋升到上校[1]，和陆

1　按照相关历史记载，提升的军衔应为中校。参见 Colin Matthew. Oxford Dictionary of National Biography. 27. Oxford: Oxford University Press. 2007: 364–8.

军部讨论彼得格勒仍然存在的问题。问题现在集中于他自己的手下桑希尔身上。卡明希望调走他，但是陆军部希望留下他，“因为他能够准确地认出［德国的部队］”。

在索姆河战役打响后的 7 月 2 日（星期日），卡明称办公室是安静的一天，但他随后写道：

> 一个眼线告诉我，比利时情报人员打算把比利时情报工作的控制权交给我和伯纳姆（Burnham）上校，但我们的名字被划掉了。科克里尔将军和凯尔上校被陆军部的某人取代了！我不知道是谁——也许是唐宁（Downing）上校或奥卡福蒂上尉。

与此同时，阿瑟・尼科尔森的外交部次长职位也被哈丁勋爵所接替。卡明在 7 月 13 日见了哈丁勋爵。他要求每月再给他 5000 英镑的预算，用作“德国组织、贸易和禁运”以及 11 名军事控制官员（Military Control Officers，简称 MCOs，卡明任命的官员。他们向卡明提供情报，为军情五处负责签证工作）的经费。卡明把这 11 名官员分别派到彼得格勒、巴黎、马德里、里斯本、罗马、雅典、亚历山大港、斯德哥尔摩和克里斯蒂安那[1]（Christiana）。他的请求统统得到了批准，他们接着讨论了德国、俄国和法国秘密情报机构，以及“在协约国首都的准军事使团、敌方组织、战争贸易情报部、雅典和彼得格勒”。有趣的是，他们还谈到了“波恩”（这里指的不是地名，而是一个人。马克斯・波恩是一位为卡明工作的德国翻译。值得注意的是，他的兄弟“在德国外交部担任类似的职务”）。

偶尔提到德国内部的可能间谍或情报网络很有趣，因为人们通常认为卡明没有在德国内部开展工作。TR/16 至少是一个显著的反例。大概还会有其他人，但有些记载把他们描述成组织而非单个间谍。自 1917 年或更早之前起，他就有个叫布里克伍德（Brickwood）的上尉负责一个部门。这个部门通过秘密手段向战俘营提供地图、指南针和其他装备以帮助英国战俘越狱（就在这则日记前几页，卡明提到他会见了两位通过瑞士边界逃脱的英国军官）。

1　挪威首都奥斯陆在 1925 年前的旧称。

在此期间，海外情报站也在大大扩充。7月底，卡明列出了在萨洛尼卡工作的六个人与三台车，雅典的八个人（其中包括三名打字员），巴黎至少有十四个。看上去巴黎的大多数人都在负责登记工作。有可能他们主要是为了和法国政府交换情报，他们头上肯定有更高级的官员（比如莱贡上校），只不过卡明日记里没写。

他也继续为相关人士扮演非正式的交通官员角色，经常派车或者借车（尤其是为麦克唐纳服务）。他的记录很简短，比如9月1日："用蓝旗亚把D.布朗尼格（D. Brownrigg）爵士送到吉卜林。"他在许多方面的记录都类似地简短，比如9月6日："哈维（Harvey）回来了。他说布鲁图斯（Brutus）因D写在调查问卷背面的指示而被判有罪。指示上直接写了布鲁图斯的名字——警察在他的文件中发现的。"卡明很喜欢调查问卷（情况提纲），一旦间谍获得信任，他们通常会获得调查问卷。布鲁图斯大概是个代号，他只在10月14日的日记里又出现了一次："平安归来。"

9月20日，卡明提高了他在西班牙的参与程度。丹西少校——也许是克劳德·丹西（Claude Dancy），他后来是秘密情报局的重要人物——汇报了他最近访问西班牙的情况。卡明带他和弗雷迪·勃朗宁一起去见霍尔。他们三个互相配合，提议在"西班牙建一个反间谍局"，该局"主要工作是招募人前往德国"。霍尔虽然对这件事能有多少成效感到怀疑，但他还是批准了。卡明报告称，丹西"相信他们可以利用辛克莱（Sinclair）……［此处空白］……先生在西班牙的组织，有很多事情可以做"。

几天后，他前往比勒里基（Billericay）检查一架坠毁的齐柏林飞艇L.32。它是被英国飞机击落的，飞艇上全体成员都丧生了。飞艇上发现了（尽管卡明日记里没提到）一本刚刚才采用的、有价值的德国通信手册。这本手册完好无损，被送到了40号房间。

10月，威廉·怀斯曼爵士夫妇存在感很高，出席了一系列晚宴和剧场活动。人们一般认为，怀斯曼［以W.韦斯顿（W. Wisdon）影业经理沃尔顿·韦斯顿的身份在纽约活动］直接向卡明以上的人汇报，和卡明没什么关系。韦斯顿更为敏感和关键的工作就是争取美国政府参加入协约国。有些电报的处理程序就足以展现出他们之间易于误导人的关系。卡明显然和怀斯曼夫妇很亲近。他们在国内的时候，卡明经常和他们见面。鉴于卡明和怀斯曼执行任务的方式，卡明有可能对美国的情况知道很多。

10月8日(星期日),卡明写下了一个包括工作人员和间谍(只写了数字，没写名字）的列表，更加清晰地展现了他的组织规模。和其他列表一样，我们应当注意“间谍”一词是没有明确定义的，包括全职间谍、付薪或无偿的情报提供者、偶尔提供便利的人、头号间谍下不知姓名的下线间谍甚至还有只联系过一次的人。此外，纽约情报站的“间谍”也不太可能和亚历山大港情报站的间谍是一回事。不管怎么样，这份列表还是少有地全面，值得全文引用。

> 工作人员和间谍：总部 60；航空部门 11；荷兰 10，240；挪威 10；瑞典 10；丹麦 80；俄国 12；亚历山大港 300？；雅典 100；罗马尼亚 30；萨洛尼卡 40；马耳他 8；纽约 8；南美？；瑞士 15；法国 20；意大利 8；南非 3；西班牙［约］50；葡萄牙 2。杂七杂八总共 1024。

荷兰里面的 240 指的是比利时的间谍，他们主要是从荷兰开展情报工作的。我们后面会看到为什么他们人数如此之多。卡明总部的 60 人是迄今以来规模最大的，人员包括一个来自皇家海军预备役的莫顿中尉，他是化学博士，负责隐形墨水和炸弹，后来接替他的是道森（Dawson）博士。道森博士最后是爱丁堡大学教授。“航空部门”指的是位于沃克斯豪桥路公园大厦 11 号、很少为人所知的航空部门，由奥卡福雷（O’ Caffrey）上尉领导。卡明经常提到奥卡福雷（他最近就是和他一起查看坠毁的齐柏林飞艇的），尽管奥卡福雷团队的全部职责并不完全明晰，但其中重要的一方面就是从截获的无线电信号中分析德国轰炸机的飞行路线。他们大概需要监视德国机场、与破坏行动打交道以及使用信鸽。

南美后面写的问号（尽管卡明最近才派了一个人去圣地亚哥）也许指的是这里的行动尚不成熟。然而，1917 年 5 月之后，卡明似乎把南美的情报工作指派给了一个叫小诺克斯（Knox-Little）的先生。他是一个有南美经验的商人，代表卡明运行着自己独立的间谍网络。

在这一年中，希腊事务的重要性愈发显著。10 月下半旬，卡明几乎每天都要提到的一个来访者是康普顿·麦肯齐。与此同时，格兰维尔·巴克尔（Granville Barker）上校［会不会是那位剧作家和导演？[1]］被任命负责记录，因为他本人把组织发生的一切都记录了下来。这个上校做得怎么样？没有任何记载。

12 月 7 日，卡明记录道："威廉·泰瑞尔（William Tyrrell）爵士来访，并向我们进行了一场关于和谈条件的长篇演讲。"我们现在很容易忘记，当年就继续战争还是与德国缔和曾经存在争论，而且总有直言不讳的少数派主张和平。后来担任外交部次长的泰瑞尔，当时正借调到内阁办公厅。

1916 年的圣诞节并不让人愉悦。平安夜，卡明驱车前往南安普顿和伯斯尔登，他"对那里的进展感到十分不满"。卡明当晚乘火车回来，工作到很晚。卡明在圣诞节的日记令人难忘："整天都在办公室，相当安静——没有许多工作人员。"那天的另一则日记则记录了凯尔的建议：卡明应当向凯尔的办公室派一名联络官。但卡明对此表示反对："我没搞懂他的想法。"节礼日，一位"属于瓦尔纳的手下"、来自海牙的陆军军官表达了对"在荷兰间谍之间的敌意和摩擦"的担忧，"我们不能总是让我们的人保持神秘，而比利时间谍总是把收到的情报外包给别人"。卡明后来看了一张来自英军总司令部的地图。这张地图显示，卡梅伦上校"正着手在我的地盘设置六个全新岗位，而他在这儿已经有十个间谍了"（他们也许是负责观察列车的岗位）。他随后收到了法朗奇上校的一封电报，后者批评康普顿·麦肯齐"有关军事事务上的建议，命令他向驻外武官汇报"。法朗奇同时试图"批评"卡明每月观察列车的报告。而霍尔拒绝了法朗奇请求收回对一位霍尔恩（Horne）少校的任命，因为后者的报告流程"十分违背我的指示"。罗纳德·坎贝尔也驳回了一个被称为"FN"的人的借口。几天后，哈丁勋爵要求卡明严厉批评法朗奇。而卡明评论道："我不觉得这很令人满意，因为好像解释是对的，而［外交］大臣是错误的。"

这么一个圣诞假期之后，元旦不知不觉到来了。卡明在元旦按照字母顺序列举了 219 个名字，这页题为"现金账户"。每个名字旁边都写了至少一个日期，范围从 1916 年 1 月到 5 月。它们也许记录了卡明从个人腰包

1 哈雷·格兰维尔-巴克尔（Harley Granville-Barker，1877—1946），英国演员、导演、剧作家。作者这里显然是在开玩笑。

掏出的钱。有些人显然是他的手下，其他人则是陆军或文官机构同僚，像麦克唐纳和瓦尔纳。有个让人意想不到的名字是黑格将军，日期为 4 月 26 日。卡明在该处写道：“黑格将军，有关伯纳姆。”

无论这份日记给人以什么印象，无论糟糕的一年最后又增添了多少烦恼。情报界还是拥有生机与活力。下面这首诗是 C. C. 宾汉姆上校在 1916 年所写的，他是后来的默尔西子爵。默尔西子爵的孙子慷慨地允许我引用这首诗。诗里的军情六处当然指的是陆军部，而不是秘密情报局，但是至少提到了两个为卡明工作的人（胡克和霍尔）。这一点进一步证明了不同情报机构之间的人员流动性。这首诗是写给内阁大臣的：

你好，内阁大臣们！请将注意力
放在军情六处的工作，
这一部门，我敢说
是各部门之中最好的。

首先让我们看看
瞥一眼吉布斯（Gibbes）和胡克
他们的工作安静，又不为人所注意到，
他们与大量的电缆（潜水艇）
审查的印记和密码打交道
（观察门上的告示）
当情报工作变多之时
他们就会设计一个令人困惑的密码。

我们接下来讲述的是两位博学的法学家
他们位处下属的 B 部门。
（我不想听到低效的女职员
报以粗鲁的评论）
他们将最多的注意力
放在研究《海牙公约》（*Hague Convention*）上，

并且有关国际法（Law of Nations）
写下精明练达的文章。
在赔偿要求方面，他们机智地
限制了敌人的供给
以及一切和贸易有关的事情
从而增强了封锁。
这些聪明人
一针见血写下的
二十篇或四十篇备忘录，
是很少有人能够抗衡的。
他们既很害羞，也很伟大，
我会保证他们的名字不容亵渎。

至于 C 部门，我简单提一下
他们向军事情报人员提供服务
翻译和审查官
你只需要面试一下即可，
费用很低廉：10 英镑
你就可以从詹纳（Jenner）上校那里获得一份工作。
更低的价格可能也可以满足
纸张的贪欲。
给艾登（Eden）20 先令
就可以确保在西班牙或瑞典的工作
但如果你小气地不肯掏钱
那么他们就会把你放在等待名单中。

D 部门的警报响起
这些要人和武器打交道。
他们一声令下，来访者
就会从萨默塞特郡前来，

吉福德说他们是德国人
因为他们破坏第 21 条款。
除非灰心丧气、遭到威胁，他们
毫不畏惧 30A。

你问军情六处的 E 部门，好吧，它
是凯莱特（Kellett）上校的总部。
他和蔼地管理着
内部财政。

至于我们可敬的头
必须要说几句。
他以沉着和巧妙指引着
这个高贵团队的努力。
把他们带向更高。
（我指的是 DSI）
你会发现他非常轻松地
和葡萄牙人打交道
组织他们参战。
他的名字是豪尔少校。

现在，劳合·乔治，
有关军情六处的指令。
我们苦涩地需要加薪，
如果可以，希望是今天。

第十四章　白夫人

1916 年，有个叫亨利·兰道的年轻炮兵上尉在伦敦度假时染上了风疹。他是英荷混血，在南非长大，而且先后在德威士学院（Dulwich College，与 P. G. 沃德豪斯是同学）、德国、剑桥大学凯斯学院（Caius College）上过学。他最后就读于伦敦矿业学院（London School of Mines）。他可以流利地讲法语、德语和英语，是一个很有想法的年轻人，能够在和正统打交道的同时，完成离经叛道的成就。比如，他在 1913 年的莱斯特广场邂逅了一个迷人的妓女并和她成了朋友。兰道设法让她博得他人的尊敬并让她成功地嫁给了一位陆军上校。而这位上校后来适时地在战斗中阵亡，让她得以衣食无忧、社会地位稳固。

战争爆发，兰道加入了澳大利亚志愿医院（Australian Volunteer Hospital），他参与蒙斯之战（Battle of Mons）伤员的救治工作，见证了大量因破伤风导致的死亡。其痛苦程度远大于他后来在皇家野战炮兵（Royal Field Artillery）大规模军事行动中遭遇的死亡。兰道正要去度假之时，他的副官把他介绍给了他的姐妹。她自称在伦敦的审查部门工作。她一定对兰道很感兴趣，因为她告诉他，她的“长官”正在寻找一个有他这样背景、军事经验和对欧洲大陆有所了解的人（此外，卡明在陆军部的下属部门里面也有人）。

风疹耽误了他回到前线，而她和长官说起了这件事。于是兰道接到去陆军部的命令并参加了语言测试。随后，正当兰道在华尔道夫酒店（Waldorf Hotel）惬意地休养之时，他收到了指令，让他去找白厅大厦的勃朗宁上校。他在勃朗宁处得知他被调到了情报部队，并要在秘密情报机构执行特别任务。他不久就见到了“长官”：

几段楼梯之后，我一直走到了大楼的最高层。这里有一个像是一艘船特等舱的房间。我在此见到了一个友善的男子，他很快让我感到放松。这就是“长官”，C 上校，一位海军上校。他在旋转椅上转向望着我——一个灰色头发的约 60 岁男子，穿着海军制服，个子不高，行动有点僵硬。我后来才发现这是因为他有一条假腿。

几句寒暄之后，他突然来到正题：“我了解你过往的一切。你就是我们想要的人。今晚，你将会乘坐从哈里奇（Harwich）到荷兰角（Hook）[1] 的渡轮，前去加入鹿特丹的 T。我们在比利时和法国东北部的列车观察工作被彻底摧毁——我们现在什么情报都得不到。重建工作只能靠你了。我不能告诉你该怎么做——这是你的工作。你全权负责这项工作。

“T 是你的‘伪装’，你要通过 T 联系我。在合理限度内，他会提供你组织工作所需的所有资金。你会在 T 的办公室发现负责秘密情报机构其他分支的人，与他们合作。

“你对陆军部门拥有完全的控制，成或败的责任落在了你的肩上。你可以向我们在海牙的驻外武官奥本海默上校咨询我们所需的信息。奥本海默上校会给你一本手册和其他有关德国陆军的信息。我们也会时不时地通过 T 把调查问卷转交给你。

“你所获得有关德国人的紧急陆军情报将会以加密电报的形式，由奥本海默上校直接发给英军总司令部。而其他没那么重要的情报，你就以手写的方式交给 T。他会通过外交包裹把情报寄给我们。想知道任何事情，你都去问 T。这是他的地址。”他一边说着，一边把一张纸交给我。“隔壁的赛克斯（Sykes）中校会把船票和现金交给你，他会告诉你离开维多利亚的列车时刻。”他补充道，向我伸出了手，希望我好运。

几周后，兰道原先所属的炮列在索姆河上全军覆没。

这段文字选自兰道于 1934 年出版的著作《不择手段》，副标题是“英

1　哈里奇是英国东南部的一个港口，而荷兰角位于鹿特丹以西。

国秘密情报局在德国战线背后的故事”。兰道几乎在20年后不太可能把当初的对话记得一清二楚，但他写的大意应该是准确的，而且它准确地描述了鹿特丹情报站的运行情况。在该书和该书的续篇《白夫人的秘密》（*Secrets of the White Lady*, 1935）中，兰道详细描述了他为卡明和汀斯利所进行的工作。他的描述依靠的不仅仅是他的记忆，还有他战后接触到有关比利时白夫人（La Dame Blanche）情报网络的记录。

20世纪30年代，秘密情报局并不支持兰道公布这些情况，而他的作品也在英国国内被禁。多年以来，他把TR/16称为“夫人”（前面提到过），被人认为导致了TR/16被捕和处刑。不过，事实并非如此。秘密情报局不仅不同意承办人就他们的间谍留下文字，而且他们对此格外担忧，因为兰道提到的一些比利时头面人物（尽管兰道获得了他们的许可，甚至是鼓励）在二战期间积极反对德国人，当时的克拉伦斯情报网络继承了白夫人情报网络。因此，秘密情报局一直以来强烈反对未经授权的揭露。

幸运的是，兰道的文字看上去没有让任何人受害。要不是他的作品出版，20世纪最伟大的情报活动成果将会淹没在历史当中。甚至连秘密情报局之前也不知道这一成果。帝国战争博物馆的档案收录了白夫人的一些报告和文件，还有P. 德考克（P. Decock）一份未发表的文章。秘密情报局现存的早期档案没有提到过白夫人一句，但它是卡明最绚烂的一段经历之一（日记里简短提及了）。以下的简短描述不能完全概况这两本书的内容（悲伤的是，两本书都已经绝版）。

正如卡明所警告的那样，在兰道抵达鹿特丹之前，灾难发生了。沃林格和卡梅伦领导的、以福克斯通为总部的情报网络，以及后来被称为秘密情报机构弗朗基纽尔（Frankignoul）列车观察系统，都被德国有效率、无处不在的反间谍工作破坏了。列车观察是德国陆军战地部署的重要情报来源。陆军依赖铁路进行移动和增援，使得监视运兵列车就足以获得各种类型的情报，包括军火补给的供应、一场攻势的准备、增援或削弱部分前线的防御。虽然“电幕”——苏联“铁幕”在战争时期前身，由通电铁丝网、地雷和卫兵构成——封锁了比利时和荷兰的边界，但有许多爱国的比利时人愿意探听德国人的情报。德国人禁止比利时人在没有通行证的情况下前往30英里以外，要求每个公民每月向当地德国司令部（Kommandantur）

报告情况，而且一旦被捕就有被处死的风险。这些比利时人甘冒以上这些风险，主要的困难在于如何将情报传递出去。兰道引用了战后对协约国情报工作的研究。该研究显示，几乎所有的告密和破坏都与边境导游有关，他们许多人住在边境，在和平时期历来以见利忘义著称，被称为走私者、偷猎者等。

无线电传输很容易被发现，而信鸽会引起许多人注意。因此，报告要么是由人亲自带出去或者寄出去。方法有很多，包括将报告扔过边界的铁丝网，藏在驳船或电车里（直到手段泄露前，弗朗基纽尔情报网络就是用电车，很有成效），切断铁丝网，以及藏在人身上。

白夫人最早起源于一位比利时工程师迪厄多内·兰布莱希特（Dieudonne Lanbrecht）所建立的一个情报网络。为英军总司令部情报网络工作的比利时人招募了兰布莱希特，后者成功地利用教士和铁路雇员的情报——比如，准确报告了德国为进攻凡尔登而进行准备——直到遭到背叛并被枪毙。即使这样，他一直没有暴露他手下三十多个间谍的任何一人。他的事迹激励了五个人——担任工程师的表兄弟、一位物理学教授、一位罗马天主教神父、一位比利时警察局长和一个列日的银行家——继续他的工作。他们最初自称“米其林小组”（当时，米其林轮胎的广告很常见），向英军总司令部的情报工作提供报告，但随后也遭到了打击和叛卖。

与此同时，兰道此时正在鹿特丹一天工作 18 小时以重新建立情报流。他取得了一些进展，但是他大多数情报都是来自单个间谍，而非覆盖敌占区所需的情报网络。其中一个间谍是德国流亡者，他带着骄傲告诉兰道“有关战争最重要的情报”——听上去人畜无害的“德国战地邮政目录”（German Field Post Directory），它记录了德军所有建制的所在地和代号。现在，他可以让汀斯利自己去与协约国、英国和比利时其他情报部门的争斗了（法国人和卡明达成一致，他们主要负责瑞士，而把荷兰让给他），而他继续建立起安全可靠的边境穿越工作。这些穿越边境的人互相不知道对方的存在，很少有人知道他们。

就在 1917 年，当米其林小组万般无奈地寻找将他们的大量情报传递出去的可靠途径之时，兰道联系上了他们，向他们提供了六个没有被使用过的边检站名单，能够保证情报迅速传递出去。他们提出，作为和陆军部秘密情报机构——当时在战场上，秘密情报机构一般被这么称呼——合作的前提，他们应当被视为士兵而非间谍，因此要编入英国陆军一个独立建制，拥有军衔和薪酬。兰道说他会向他在伦敦的上司进行汇报。但是兰道自己知道，要想让陆军部接受这种非主流操作不知要花多长时间，于是他明智而又富有勇气地自行做出决定，不向上级汇报。次日，兰道告诉他们，他的上司批准了。

当然，对不能做到之事做出承诺，可不是一个优秀的情报官员乃至任何文官或武官应当做的事情。这是兰道后来毁誉参半的职业生涯的一个剪影。与此同时，和军队一样，情报机构是需要人的，所以会偶尔像纳尔逊那样睁一只眼闭一只眼。你要是干出成绩，祝贺你；如果没取得成绩，你永远得不到原谅。

兰道的欺骗大获全胜。米其林小组将名字改成白夫人——指的是传说中的白夫人，她的出现预示着霍亨索伦王朝的崩溃——他们后来为了突出自己是作战的士兵而非获得报酬的间谍，他们又将名字改成“英国侦察部队”（Corps d’Observation Anglais）。在 904 名“士兵”和 180 名“附属人员”（对于一个在敌人战线背后工作的组织而言，算得上数量惊人）中，许多——或许是绝大多数——都信奉罗马天主教，而领导者几乎都是学术界和教会职业人士，80 名教士与修女、144 名大学毕业生、211 名公务员。在这 904 名战士中，626 人是男性，278 人是女性。他们负责 51 个列车观察岗位。12 个秘密书记员负责管理他们并撰写报告。共有 45 人被捕，5 个被判处死刑，2 个被枪毙，有 1 个在执行任务时被击毙。其中那 2 个被执行死刑的是路易·康拉尔（Louis Collard）、安东尼·康拉尔（Anthony Collard），他们兄弟俩是被匿名举报的。举报者对情报网络一无所知，但是出于对一个女孩的嫉恨，他带着德国人前往一位正在准备和打印报告的书记员那里。

鉴于多达 1084 人参与，仅有那么少人被捕，既对得起他们的奉献和安全程序，也对得起兰道的规划了（为了对比，兰道引用了战后的一份估计，协约国情报机构在比利时和法国被占领区拥有超过 2000 名间谍，绝大多数都和列车观察工作有关。其中数百人被捕并囚禁，超过 100 人被枪毙。此外，约有 220 人因间谍嫌疑而被枪毙）。

截至战争结束之前，基本上多亏了白夫人的报告，英军总司令部的褐皮书（Brown Book）才得以记录德军每个师的组成。兰道估计，在英军总司令部通过中立国收到的协约国情报中，75% 是由这个情报网络提供的。而来自敌占区的情报中，95% 是由它提供的。当然，兰道显然是利益相关人，但是德考克未发表的文章中引用了卡明写给白夫人的一封信。这封信大概算是官方的估计。因为做出估计的人能够从各种来源收到情报，而不只是其中一个情报源。

> 在协约国军队从所有中立国——不仅仅是荷兰——所获得的情报中，你们组织的工作提供了 70%……协约国只能依靠你们才能获得敌军在边界附近的活动情报……你们获得的情报挽救了协约国军队数千人的生命。

两个修女从一个德军参谋那里获得了 1918 年德军春季攻势的细节（兰道评论道，神父对于情报网络格外有用，因为人们信任他，而且他们可以利用告解）。白夫人也成功地确定了炮轰巴黎的德国长程火炮的位置。白夫人每月开支 1 万英镑，很昂贵，但是显然很值得。

对于兰道而言，战争结束就是说出真相的时刻。他第一次可以去亲眼见见鹿特丹只有他和汀斯利知道的名字了。他一直和他们如此小心谨慎地联络着。他得告诉他们，他们并不像他们自己所以为的那样是英国陆军的士兵，他们没有任何官方身份，他误导了他们。然而，他此前已经把这件事告诉了卡明。卡明没有责骂他，而是承诺会让他们“成为军队一分子”。卡明说，他们会得到他们应有的养老金和荣誉。兰道相信卡明的话，他向白夫人领导者保证，“长官”会解决好这件事的。

兰道说，为卡明工作总是“一种喜悦和激励”，因为卡明鼓励创新，相信下属。他发出的指示“既很确定又很灵活——总而言之，自由”。他也是信守承诺的人。白夫人的战士们获得了他们渴望已久的军队身份，拥有英国陆军的养老金、荣誉和奖章。领导者被授予英帝国司令勋章（陆军）并得到黑格的个人祝贺。200 人获得勋章，约 1000 人获得战争奖章和服役奖章。此外，卡明作为酬劳，偿还了列日的那位银行家在英国人参与之前就为组织运行而秘密提供的 3 万英镑。

陆军部官僚素来不以灵活性而著称，卡明能够那么快获得批准，算得上不小的成绩。卡明能够让陆军部领导们帮几个小忙，也许多亏了给他们准备的汽车。但是，假如白夫人的贡献不像兰道所描述的那么大，那么也不会获得如此多奖励。同样，要是没有麦克唐纳——也许还有黑格本人——的坚定支持，也不会取得这样的结局。最强烈的反对来自比利时政府，它不喜欢自己的国民为另一个国家做间谍而获得奖励。

白夫人实际上是自己形成的，并不是卡明的创造物。白夫人的成长则是组织自身的潜力结合了卡明所提供的便利。兰道将白夫人的成功归功于宗教信仰、爱国主义和相信自己属于一个军事组织而形成的纽带。白夫人的一位领导者德威（Dewé），将成功归功于：

> 上帝的保佑从来没有辜负我们；我们的间谍作为战士而立下的誓言；指令准确地告诉我们的间谍，当被捕时应当怎么做；陆军部工作的警惕性和精明，它向我们派出的信使都是值得信任的，它不断警告我们不要和协约国其他情报机构联络。这就是我们组织得以存续下来的主要因素。

兰道的书中还提到了许多，包括流程、事件、案例和提议，它们都是很少为人所知的。比如，虽然德国人一直在挑衅，但兰道还是提到不要窃取荷兰人情报的重要性。他说荷兰人审慎地向协约国提供援助，秘密地向伦敦提供德国加密电报副本。我们前面提到过，1915 年 6 月，一艘齐柏林飞艇在布鲁塞尔爆炸，他将此归功于英国人通过信鸽得到情报后进行的破坏行动。他还提到了德军由无线电导航的鱼雷艇。协约国的反制措施成功地阻挠了这些鱼雷艇的部署。其他间谍的报告则提供了泽布吕赫和奥斯坦德的防御情况。

他的一则记录出奇地让人想起马克斯·舒尔茨，不过这一次的英国间谍叫布鲁尔（Brewer）。布鲁尔于 1912 年在汉堡被捕。当时他正在登船，身上带着卡明需要的计划。布鲁尔最终被汉堡士兵委员会（Soldatenrat）释放。委员会希望借此和英国人协商复兴古老的汉萨同盟。兰道还提到卡明战后同意了和比利时秘密交换情报的提议。出人意料的是，卡明还同意德国有关合作反对法国的提议（法国正在计划违背协议，分割部分德国领土并使其“独立”）。卡明最初研究了一下这个提议，最后还是放弃了。兰道总结道，据他的了解，英国情报活动从来没有使用过敲诈，但是他认为德国人是这一行的“老手”。

一战后，兰道以护照管制官员的身份被派往柏林，这是卡明当时认为的美差。但是兰道发现和平时期的工作并不令人愉快，于是辞职了。弗兰克·富利（Frank Foley）接替了他的职位，后来成为秘密情报机构最成功的承办人之一。富利现在因于20世纪30年代在柏林拯救犹太人而受到赞誉［参见迈克尔·史密斯（Michael Smith）的《富利：拯救一万个犹太人的间谍》（*Foley, The Spy Who Saved 10,000 Jews*）］。兰道后来回来了，又为卡明工作了两年，主要是自由巡游。在卡明的鼓励下，兰道在此之间招募了一个发明“无线机器人控制飞机”的德国人，还得到了一种新款的德制轻型机关枪。

兰道随后迁居美国，他出版的作品不仅包括前面提到的那本，还有一本《潜入敌营》（*The Enemy Within*），有关德国战时在美国的破坏行为。不管怎样，兰道和许多人一样，不仅度过了成功而又令人兴奋的战争岁月，而且在余生也那么优秀。考虑到白夫人的成就，这一点并不让人感到奇怪。

第十五章　赛克事件

那段岁月里还有一个令人悲伤的故事。这个故事的有些部分偶尔出现在书籍和媒体中。然而，卡明时代的档案为我们呈现了一个不一样的版本。

在有关这个故事的一些书籍中，最著名的是斯蒂芬·罗斯基（Stephen Roskill）有关海军上将比提的传记（1980 年）和芭芭拉·塔奇曼的《齐默尔曼电报》（1979 年），兰道也提到了这件事。20 世纪 50 年代，罗斯基访谈年事已高的海军上将亨利·奥利弗（Henry Oliver）。奥利弗是霍尔前一任的海军情报部主任。罗斯基发现奥利弗有关一战的记忆"清晰得令人震惊"（奥利弗于 1966 年去世，享年 101 岁）。其中一段记忆包括英奥混血的亚历山大·赛克（Alexander Szek）。在德国人占领布鲁塞尔后，赛克帮助修复布鲁塞尔的发报机。赛克可以接触到德国外交密码。在英国人的压力下，赛克同意分步复制密码本，并经荷兰转交给英国。然而，到了密码本最后一部分时，赛克却拒绝交出来。害怕德国人发现这一重大突破的英国人谋杀了赛克。罗斯基写道："在这一戏剧性事件之初担任海军情报部主任的奥利弗上将，多次跟我说，'我花了 1000 英镑才做掉那个人'。"

芭芭拉·塔奇曼的叙述更为具体一些。她说，赛克出生在克罗伊登[1]（Croydon），和父母住在一起，在英国长大。在战争爆发两年前，他跟着父亲移居布鲁塞尔。他的父亲后来又前往维也纳，不过他留在了布鲁塞尔。修好的布鲁塞尔发报机发出的信号在截获后让人难以读懂。当截获信号到达 40 号房间时，阿尔弗雷德·尤因要求"外部帮助"。英国人秘密监视了布鲁塞尔的无线电台，发现赛克是一个可以作为英国目标的译电员。

1　英国南部城市。

他的姐妹或母亲正在英格兰当一个家庭女教师，被说服给赛克写信，劝他和英国人合作。

赛克犹豫不决，但他还是在1915年同意偷出密码本，带它一起逃到英格兰，虽然“这只是弄巧成拙，因为德国人这样一来就会知道密码泄露了”。英国人成功说服赛克在三个月时间内将密码逐列复制下来。但是赛克拒绝交出最后一部分。他坚决要求他和负责联络的间谍一起离开。当时是1915年4月。“没有人准确知道接下来发生的事情，但是在战争之后，人们从来没有看到过赛克活着……有些人说德国人抓住并枪毙了他，但是赛克的父亲在战后指责英国人谋杀了他……我们唯一能够知道的是，他为英国人得到的一份密码而付出了生命的代价。”

官方记录虽然并不完整，在有些地方还很模糊，但它显然并不支持这个争议性结论。卡明日记从来没有提到过亚历山大·赛克。也没有现存的官方文件记录这个人的存在。这并不意味着记载赛克的官方文件未曾存在过，因为有关他父亲约瑟夫的现存官方文件中有所涉及。这些文件的标题含有“及其子亚历山大·赛克”。这些文件主要是20世纪20年代约瑟夫和官方的信件往来，约瑟夫想搞清楚亚历山大发生了什么。

文件中最长的一份是1920年4月，布鲁塞尔一位护照管制官员和约瑟夫的谈话记录。这份报告看上去是一位纯粹的护照官员——而非卡明的代表——所写，他说约瑟夫“多次”向各种部门求助，寻找他儿子的下落；他也记录了约瑟夫当时讲述的故事。约瑟夫说，亚历山大是他的大儿子，1894年出生于伦敦。战争爆发时和一家人住在布鲁塞尔。约瑟夫有时候把他的儿子叫作斯塔尔（Stahl）。约瑟夫商业利益广泛。战争期间，在一次和亚历山大因商访问法兰克福期间，他们被扣留并就他们之前所开发的一个无线电设备而接受审问。这一设备用在他们在布鲁塞尔的工厂，而他们被迫返回布鲁塞尔交出这一设备。亚历山大随后被迫为德国军方担任无线电操作员。约瑟夫后来向英国人展示了一张福尔达（Fulda）上尉代表德国军管布鲁塞尔负责人而签发的证书。这份证书证明亚历山大从1914年11月至1915年5月28日期间担任无线电操作员，表现良好。亚历山大在此期间曾告诉父亲，他破译了德国密码，并打算带着它经荷兰逃往英格兰，上交给英国并加入英军。约瑟夫则建议他转道德国和奥地利前往瑞士或意大利。

1915 年 9 月，约瑟夫前往柏林和家人汇合。他之前已经搬家到这里了。他在 9 月 17 日被捕。对方告诉他，亚历山大已经在比利时的沙勒鲁瓦被捕，被发现“尝试向当地一个间谍出售德国在布鲁塞尔无线电台的密码”。在接下来数个月中，经过多次申请，赛克夫人终于从德国军管沙勒鲁瓦负责人那里收到了一封日期为 1916 年 2 月 1 日的信件。信件说，亚历山大被同时判处死刑和终身监禁。死刑是因为“试图将德国在布鲁塞尔无线电台的密码提供给敌国”，终身监禁是因为“在这个无线电台工作期间，他隐瞒了一艘英国船只发来的重要信息”。这封信透露道，死刑已经于 1915 年 12 月 10 日执行。

约瑟夫和家里其他人一直被关押在德国，直到 1917 年 8 月假释。德国人在此期间“数次证明父亲患有精神病”。他们前往维也纳，后来搬到伯尔尼。约瑟夫在此向魏谢尔少校和江普（Jump）上尉提供德国的情况。这两人都在为卡明工作。

布鲁塞尔的这位护照管制官员总结道，约瑟夫因自身遭遇而“精神受损”，幻想着亚历山大依然在世，花了许多钱在字迹专家和其他专家身上。这些专家“显然因他的精神状况而占他便宜”。约瑟夫认为英国政府应当重视，因为他的儿子是想要帮助英国的。这位护照管制官员写道，“他的精神失常……看上去在战前就存在了。”他的证据是 1912 年约瑟夫向国王请愿［诺里斯（Knollys）勋爵在 1912 年 12 月 23 日证实了这件事］，向比利时国王请愿［丹肖（d’Anschot）伯爵证实了这件事］，“希望阻止奥德同盟”。这份报告在 1920 年 3 月 31 日寄给了伦敦的护照管制部。

两个月后，在和护照管制部门的韦斯特马科特（Westmacott）上尉的另一场谈话中，约瑟夫声称他应得到补偿，因为英国人获得了他儿子发现的信息。他当时仍然相信儿子在世，只是被英国人藏起来了。他整理出了“一大批档案”，以证明所有有关此事的文件是伪造的。约瑟夫正热衷于他所设计的炉灶和壁炉背墙。他还想将有关国际政治的情报传递给外交大臣寇松勋爵。韦斯特马科特上尉总结道，约瑟夫“稍微有点精神错乱，部分是因为焦虑和对阴谋论的热爱”。一个月后，约瑟夫写信给寇松勋爵称，德国人寄给赛克夫人的所有文件——包括亚历山大的死亡证明——都是“德国警察中一个臭名昭著的伪造者所为”。

这个可怜人继续着他的请求，起码一直到 1938 年。他的故事偶尔被报纸报道，比如《每日画报》（*Daily Graphic*）在 1930 年 8 月 9 日花了很大篇幅报道此事。它详细记录了约瑟夫早期写给下议院议长的信中对亚历山大被捕的记载，信中说，1915 年 8 月 14 日，“一个比利时的英国间谍亚历山大・德・布洛克（Alexandre de Block）”曾经帮助过亚历山大试图脱逃。他们失败了，于是又于 1915 年 9 月 5 日在迪斯特[1]（Diest）再次尝试脱逃，多达 26 人提供帮助。可是向导是为德国反间谍部门服务的，他们都被捕了。

据《每日画报》报道，布鲁塞尔电台传递柏林和位于斯帕[2]（Spa）的德皇之间的消息。他们使用的密码本由两个小册子组成，第一本记录着加密规则，而另一本则记录着加密规则每天的变化规律。1915 年 4 月之前，亚历山大每隔一晚就要负责电报传递。这个安排是和他合租的一位官员做出的。据被捕的比利时布伊斯（Buys）将军所言，德国人已经在怀疑亚历山大的意图，打算把他调到奥地利参军。8 月 8 日，他在瓦赫特贝克[3]（Wachtebeke）附近第一次尝试逃跑，结果袖子被打穿了。当他在下个月第二次尝试逃跑时，帮助他的小组得到了德・布洛克和布伊斯将军提供的文件，还有贿赂边境守卫的 1000 法郎。所有人都被抓住了，德・布洛克和布伊斯随后被捕。他们在 12 月 9 日都接受了审判，布伊斯和德・布洛克分别被判处三年、两年有期徒刑，而亚历山大由于掌握了密码细节而被判处死刑。

《每日画报》接着写道，约瑟夫从坟墓中挖出了儿子的遗体，发现矮了几厘米，而且亚历山大有一双耀眼的黑色眼睛，但是有关被执行死刑的人描述却说他的眼睛是蓝色的。约瑟夫相信德国人枪毙了一个替身。他还说德国人曾报告称，亚历山大将密码藏在了他的烟斗中。《每日画报》文章最后指出，在亚历山大第一次尝试逃跑前，英国海军部就已经掌握了这套密码。不过，它并没有解释，这一事实和约瑟夫的说法有何相悖之处。

1　比利时东北部城市。

2　比利时东南部城市，位于阿登高地上。

3　位于布鲁塞尔以北。

与此同时，官方的反应混合着困惑、怜悯和想要帮助的意愿。官方偶尔尝试拼凑起杂乱的记录，而且没有说只有德国人才考虑——或者有理由——杀死亚历山大。战前曾为阿姆斯特朗—惠特沃思[1]（Armstrong Whitworth）公司工作过的约瑟夫在记录中是亲英人士，“一度为我们在瑞士的机构做了很多工作”，而亚历山大，“以亚历山大·斯塔尔之名行事，看上去并没什么用，但是根据我们的记载，他被德国人枪毙了”。一份早期手稿评论道——“这是海军部的事，不过我接手了。你能告诉我，我们该怎么告诉失去孩子的父母呢？”——这份手稿让人们质问汀斯利在鹿特丹期间是否知情。汀斯利回答，他从未听过父子任意一人。接下来的问题落到了 40 号房间头上。40 号房间领导者之一 A. G. 丹尼斯顿（A. G. Denniston）做出了一个简练而又具有决定性的回答。这份回答是用铅笔写在笔记本上，日期为 1920 年 3 月 9 日：“40 号房间对此人毫不知情。这封信中有关无线电报和密码的描述不符事实。”

本该盖棺定论，但是故事还没结束。每当约瑟夫成功让某位大人物听到这个故事，或者让国内外媒体报道之时，人们总是又重新审视这件事。重新审视的人通常是对之前事件毫不知情的人，但有一两次是自瑞士期间就对约瑟夫有着模糊记忆的人。一份 1928 年的记录提到了 1919 年“协约国索赔委员会任命的下属委员会”的调查，该委员会调查的是“平民为协约国军队提供任何服务的声明，包括秘密情报工作、宣传等。和其他声明不同，本事件的所有事实均可查验”。这份记录接着写道，索赔委员会代表比利时政府，并不支持这一声明。据委员会另一份文件所写，亚历山大“在战争期间病死于当时的德国占领区”。

凯尔在 1930 年过问了这件事。他询问秘密情报局，亚历山大是被枪毙，还是怎么死的。他引用的是一份日期为 1915 年 12 月 28 日的国外剪报，它报道亚历山大在 12 月 9 日被判处死刑并在 10 日执行。这一问题通过一份备忘录转给了斯图尔特·孟席斯（一位人脉深远的前骑兵军官，从陆军情报部门调到了卡明那里。二战期间任秘密情报局负责人），而且还写着：“有关亚历山大·赛克之死的真正原始资料在你 1919 年曾参加的一个委员会

1　英国 19 至 20 世纪上半叶著名的制造商。比如，黄海海战里日本著名的“吉野”号就是该公司产品。

的文件中……没有证据显示亚历山大・赛克死于流感。”

包含部分真相的虚假故事总是流传最广，尤其是在某人的执念推动下更是如此。约瑟夫・赛克进行了多次请愿，他说服自己相信，他的儿子在被捕后依然活在荷兰。他被英国情报机构清洗的故事似乎在他脑海里酝酿多年。他在事件发生没多久之后给出的叙述，并不包含清洗这段。

然而，海军上将奥利弗斩钉截铁的说法又该如何解释？我们只能说他的记忆不像罗斯基所相信的那么清晰，他记错了。按照索赔委员会和档案记录，只有最坚定的阴谋论者才会继续相信这个故事。因为这样一来，就有许多人要参与掩盖，包括德国人和 40 号房间的学者、教士与职业人士。而后者的思想独立性和他们的爱国心一样显著。当然，这种理由无法消灭阴谋论的强大流毒。这种流毒面对一切相反证据的做法就是重新定义自己，将一切推论包含到自身之内，一切当事者要么被它“招入”阴谋者之列，要么被它贬低为糊里糊涂的蠢货。事实上，要么是 90 多岁的海军上将弄错了，要么是斯蒂芬・罗斯基听错了。

所有证据都证明这个阴谋论是根本不可能的。秘密情报局最不想要的名声是无法保守秘密，它第二不想要的名声就是谋杀帮助过它的人。此外，卡明在日记里表现出的形象也和这个阴谋论中的不一致。按照理查德・迪肯的话，阴谋论将卡明描绘为“一个如此无畏无情的人，以至于他在命令谋杀时丝毫没有顾虑。甚至这意味着杀死他手下的一个间谍”。卡明当然对杀死敌人没什么顾虑，但他在决定手下一个间谍的死亡时肯定会有顾虑。要是劝说失败，他更有可能建议亚历山大一旦交出密码本最后一部分，就假装生病脱离视线，就此不用回到工作中。医生的诊断是很容易拿到手的（无论是真实的还是伪造的），亚历山大也拥有足够的勇气穿过边境，实现他加入英国陆军的愿望。除了在战场上，亚历山大也不太会遇到什么德国人，因此他的秘密很安全。不但没有杀死他的必要，而且他突然、无法解释的消失只会适得其反，引起德国人的怀疑。

不过，无论阴谋论看上去多么不可能，无论反对它的证据分量多么大，它还是以某种形式存在。人们相信并曲解他们所相信的叙述。简单而又随便想想——和这个阴谋论无关——如果你认为在战争中杀死一个正在帮助你的人就能阻止和掩盖他的所作所为被发现，这是否是正当的呢？和平时期是很难理解战争时期的，我们也很难代入卡明那个时代。在他们的日常打交道过程中，人们更加坦率、直接和讲究实际（不过，也更令人尊敬）。人类交往的礼节更重要，而情感或情感外露，则没那么重要了。二战也是这样（如果我们比较一下当时和现在陆军军官年度秘密报告就很有趣了），但是那个世界要更接近于许多人的想象。因此，万一有一个帮助你获得“超级机密”[1]——它缩短了战争、挽救了成千上万人的性命——的人的行为有很大可能在无意间将它泄露给德国人，假定没有别的办法，你会杀掉他吗？

1 英国二战期间截获的高度加密的信号情报总称。

第十六章 消耗战与成功

人们在 1917 年也许可以望见战争结束的曙光，不过并不是那么显著。霍尔大胆而又巧妙地利用 40 号房间著名的齐默尔曼破译电报（德国在电报中向墨西哥提议一起与美国作战），从而让美国参战。而革命后的俄国，由于被军事灾难、匮乏和政治不满撕裂而离开战争。英国投入巨资继续进行战争，依靠美国最后一分钟的贷款才免于破产。西线的消耗战让三支陆军都透支了。东线释放的德军还没来得及增援西线。法国军队出现兵变，英军独自保持攻击态势。黑格试图以后来所谓“第三次伊普尔战役”（Third Ypres）——或者叫“帕斯尚尔战役”（Passchendaele）——取得决定性突破。这些名字后面都跟着一个词“消耗战”。它们在英国人脑海里留下了从未料想过的严峻和深刻。

对于卡明而言，这是官场消耗战的一年，他要和霍尔争吵，就快要被陆军部压在身下了。不管怎样，这一年还是预示着秘密情报机构决定性的转向。虽然这一趋势在当时并不明显。陆军部强制重组了卡明的部分，让情报的产生和在伦敦的分配更有效率，但有时候很惊险。

1917 年卡明日记出现了很大空白。这在后来的日记里出现得越来越多。许多内容都是简短的“备忘录”（aides-memoires），仅列出了要见或见过的人。直到有关重组的争论愈演愈烈的年底，日记才变得更加完整。只有这个时候，卡明才在日记里预先写下了相关论点和态度。然而，流传下来的一些信件可以帮助我们补充和解释日记内容。

从根本上而言，重组卡明在白厅大厦的总部包括将结构从地区划分转变成按照功能——或者对象——划分。基本上——也有例外——主管某一地区部门的官员对这些国家和语言十分熟悉，但他们对“顾客们”的实际要求知之甚少，这就意味着间谍需要回答的问题并不是正确的问题，而且他们也无法判断答案是好是坏。这体现在海军上校萨默维尔（Somerville，卡明手下海军部门的第一任负责人）后来（1919 年 2 月 27 日）所写的一份题为“有关海军秘密情报工作”的报告中。萨默维尔的报告和日记经常出现的抱怨相呼应，大意是为卡明工作的海军或陆军军官，一旦变得有点能力，就会被海军部或陆军部抢走。其中一例发生在 1917 年 6 月 2 日，卡明从一位上尉处得知，他的一个手下“已经离开，加入了海军情报部”。卡明也厌烦地记录着海军部和陆军部理所当然地——而不是以帮忙的姿态——调配他的手下执行它们的任务。除此之外，机构的快速扩张、雇用没有经验的人也削弱了执行秘密事务的能力。培训主要针对技术能力——密码、秘密书写等——而情报工作的培训则局限于讲座和指示。人们在这份工作中只学会了如何和间谍打交道，如何听取间谍的汇报，而更多信息和机会则悄悄溜走了。

保罗·格林格拉斯[1]在 BBC 改编毛姆的《英国特工阿申登》和 BBC 的“时钟”节目中涉及了一份手稿。这份手稿描述了卡明的一次培训讲座。这份手稿属于约翰·丹西教授，是他已故的父亲 J. H. 丹西博士的回忆录。不过，它涉及卡明的部分只占整体篇幅很小的一部分。这份手稿看上去写于 1967 年以后，作者回忆了自己被招募和培训的过程，培训的目的是为了从多佛医院的军队伤员那里获得情报。据信这些伤员密谋逃避兵役（丹西博士是一位医学博士）：当然，这更属于凯尔的职责范围内，我们也不清楚，除了因培训目的而拜访卡明的总部，丹西博士还与卡明有什么交集。不过，丹西博士还是提供了有用的描述，包括卡明每周二、周五下午 5 点在白厅大厦为新手开办“间谍学校”。他简洁地描绘了卡明和其他人物。比如，卡明总是在喝完一杯茶后才开始讲座；尽管卡明抽烟，但他认为官员和间谍不可有烟瘾；他挑选手下的社会范围比霍尔更广泛；霍尔就是个势利小人，和凯尔——有趣的是，凯尔和霍尔的性格相反——更亲近。丹西也参加过尤因和梅尔维尔的讲座。丹西回忆起梅尔维尔有关破门而入的建议：门在白天嘎吱作响得更厉害，往往是在上合页处。在评论海军上将奥利弗

1　保罗·格林格拉斯（Paul Greengrass，1955— ），英国著名导演，代表作有《血腥星期日》《颤栗航班 93》《谍影重重 3》。

招募尤因时，丹西博士说奥利弗是个热心的密码破译爱好者。丹西博士还说弗雷迪·勃朗宁——官方或非官方的——是卡明的副手。

手稿中有很多描述是可以考证的（例如他对勃朗宁地位的描述），但也有很多内容是从众所周知的回忆录与书籍中得来。有些显然是错误的，有些存疑。有些令人惊讶的细节——例如丹西博士断言，在特勤局组建一年前的 1908 年，凯尔从德国偷来了一份施里芬计划的副本——可以得到验证。而卡明日记也可以验证一周两次课程是否存在。例如，丹西博士提到，卡明进行介绍性讲座的日期是 1915 年 1 月 8 日（星期五），这一天被详细地记录在卡明日记里。卡明在当天下午早些时候前往陆军部拜见陆军行动局局长，随后见了帝国陆军总参谋长。然后，又和陆军行动局局长阿加尔上校会谈。最后，他“回到办公室，写东西直到晚上 8 点，还有电报和英军总司令部各种材料”。我们从这里可以看到，日记里没有记录的东西不代表没有发生过。但这则日记让我们感觉，卡明在这一天没时间做讲座。

此外，丹西博士在 1915 年 1 月 8 日描述卡明“大步向我们走来，和霍尔丹打招呼”。卡明失去他的腿到这时才过去了不到五个月。按照弗兰克·斯塔格的叙述，卡明在这一年还要用拐杖。因此，这段叙述很难让人相信。有关间谍西德尼·赖利（Sidney Reilly）——后来因在俄国取得的成就而闻名——的描述也不可信。丹西博士说，赖利也参加了 1915 年的讲座，在此之前“已经在秘密情报机构工作了至少 12 年”，这意味着赖利在机构建立六年前就在工作，并且在 1918 年 3 月 15 日——卡明笔下他们第一次见面的日期——之前就见过卡明。这份手稿也复述了赛克事件广为人知的那个版本，只是补充道，在约瑟夫·赛克称被德国人扣押的那段时间里，他们一家人其实被凯尔扣押在英国。

各种矛盾、不连贯与不可能之处，让人不得不带着严重的保留意见阅读这份手稿。不管怎样，这份手稿的叙述基本上是真实的，只是有些细节不准确。即将公布这份手稿的丹西教授相信他的父亲有时候会发明历史，在日期问题上也不值得信任。不过，要是半个世纪后的记忆偶尔不出现混乱，和作者读过听过的内容没有交织在一起，那么还真够让人吃惊的。

日记传递出更可信的内容是，在 1917 年期间（虽然获得了 TR/16 这样的成功）霍尔没有从卡明那里获得他认为应该得到的情报。霍尔抱怨着情报的不准确，在和卡明说话时态度越来越粗暴。比如，9 月 3 日，在争论是否任命斯维茨（Thwaites）少校担任怀斯曼在纽约的助理时，霍尔要求卡明表态“是为特勤局效力还是为国家效力”。卡明又一次带着布特的风格写道，“我应该回答，‘通过特勤局为国家效力，这是我唯一能够为国家效力的方式。’”9 月 26 日，卡明给了霍尔一堆原本寄给卡明的电报。电报用红字写着“第五部分加密”。卡明指出，“这是在我不知道传递什么内容的情况下进行的。霍尔说我‘很安全’，这一系统还会继续运行。如果我不喜欢，那么秘密情报机构可以转交给他。”（这些电报也许是华盛顿有关 40 号房间资料的电报。怀斯曼和威尔逊总统的顾问豪斯上校关系很近。不过在 9 月 12 日，外交部的坎贝尔告诉卡明，“我们的密码专家破译并处理秘密电报，我也可以看看内容——但是其他人就不能了。”）

我们并不知道霍尔认为他缺乏什么样的情报。问题部分来自 40 号房间已经给了许多他所需要的情报，证实德国战列舰队不会有发起一场突袭的威胁。而其他情报——例如造船厂的工作或单个潜水艇的动向和意图——要么被敌人隐藏得严严实实，要么难以获得情报，无法确定下一步方向。海军部直到当年 7 月才不情不愿地引入护航机制。上级一定给了霍尔很大的压力，让他做更多事情以减少德国潜水艇造成的灾难性损失。（仅仅在 6 月份，德国潜水艇就击沉了 286 艘协约国商船，自己只损失了 2 艘潜水艇。）尽管如此，多亏了 40 号房间和齐默尔曼电报，这一年对他而言还是很成功的一年。霍尔在年底被封为爵士。

不过，霍尔和卡明及秘密情报机构的关系越来越差劲。卡明在 9 月 4 日写道，麦克唐纳（当时已经晋升为准将，回到伦敦担任陆军情报局局长）“对我的位置十分看好，并直截了当地跟我暗示，要是我被海军解雇了，他很乐意雇用我”。这不仅反映了卡明和霍尔的关系——毕竟，卡明总是把海军视为自己的主要上司，陆军部虽然很重要，但是一个压榨下属的工头——也反映出各机构还是把特勤局视为自己的创造物。无论外交部或内阁办公厅怎么说，它们都认为它们能够决定特勤局的生与死。霍尔有可能——不过，没有确凿证据——憎恨卡明在西线报告中取得的成功。

12 月 16 日（星期日），霍尔叫来卡明。卡明因缺乏有关罗马尼亚的情报而被霍尔“责骂”了一番。卡明解释道，他在那里最好的下线雷考克被迫要为驻外武官服务，而其他两个下线都被调走了。霍尔对这一解释并不感到满意。

> 他说的我的组织不够好——我向秘书指派让他们感到陌生的工作，我没有配备管理人员。我办公室里面，有人显然在我背后向他抱怨。他听了我有关组织方面的解释以及指派工作的理由，但他的脸色十分难看，随时都要发作。

此时，重组刚刚执行。有些职员一开始对此并不欢迎。

除此之外，卡明和霍尔的私人关系一如往常。

在一次冲突后的第二天，两人一起参加一个小型聚会，参观坦克的展示（“很有趣，很有启发”）。10 月 20 日（星期六），卡明打电话祝贺霍尔被封为爵士。不过，卡明写道，其他人意识到他们俩的关系很紧张，对两人都报以同情态度。克劳德·塞洛克德（和霍尔工作关系很密切）安慰卡明，他的电话“包含友谊、支持，很有分寸！”同一天，卡明给霍尔寄了——也许是亲手交给——一份过分恭维的感谢信。这封信保存在剑桥大学丘吉尔学院的霍尔文件中。

> 我亲爱的主任：
>
> 无数人会为这份赋予我们的荣誉而高兴，但是没有哪个人比写这封信的人更热情、更真诚地祝贺您了——以他自己的名义，以他部门全体同事的名义……不仅仅是我，很多人，很多为您工作、了解您的人，都在盼望您能在我们机构有着更大的控制权，在舰队部署中有着更强有力的话语权……自成为您的“副官”之一后，没有谁的天分还能让我更羡慕了……您的恩情我永远也无法报答，我希望我可以更好地为您工作……无论如何，我永远对您有始终如一的忠诚和奉献。
>
> 您十分忠实的
>
> M. C.

他们的关系也许很友好，但是核心问题依然存在。卡明在圣诞节的日记里写道：

> 拜访海军情报部主任并致以问候。我告诉他，我很抱歉他对我们的海军情报不满。如果他和其他上司认为其他人可以做得更好，请他们不必抱有任何个人层面的顾虑。与此同时，我向他保证，我在尽其所能，我相信新组织将会给工作带来新鲜血液和能量。

没有记载霍尔对这一非正式辞职申请有何回复。这一申请直率而又值得钦佩，是典型的卡明风格，符合卡明那个时代的气质。不过，一切看上去重回正轨。萨默维尔在1919年的报告中写道，截至1917年10月的三年内，特勤局只提交了260份海军有关的报告。而在1917年11月起的一年内，特勤局却提交了约8000份报告，并且质量上也有相应的提升。虽然我们没有办法反驳这一令人吃惊的说法，但作为卡明手下海军部门的第一任负责人，夸张显然是有利的。不过，就算我们把这个说法缩小一半，它依然是一个显著提升。

战后，霍尔对秘密情报报告也持肯定观点。霍尔文件中值得注意的是他在20世纪30年代中叶发表的两次演讲。他在第一次演讲中说，“间谍的”工作并不是令人鄙视的。“一个不好好对待自己武装力量和情报机构的国家，只会自食其果。”在一场有关战时情报的演讲中，霍尔说单个间谍不擅长监视船只的移动，因为传回的消息存在时间差。但是他们很适合监视原料和资源的移动。霍尔写道，到了一战末期，间谍对海军事务的汇报十分有效，只有潜水艇的活动才是唯一让人担忧的事情。他举了一个例子，这一例子里的间谍提供了大量有关敌人原料和采购的有用情报。很多德国保险单在瑞士进行了再保险。因此，伦敦——他没说指的是他、卡明还是两人一起，“派出保险业的一位大人物在瑞士住了好几个月，我们从他们那里获得了所有再保险的战争原料清单；数次操作之后，我们就能搞清楚德国正在生产哪些物品。”——的间谍报告也很有效地反映了战线背后的士气与封锁情况。

> 在一个中立国，一位女士——英国人——嫁给了一位秘书。所有寄给该国国家元首的信件和电报都会经过这位秘书之手。我们借此能够读到敌国大使向该国国家元首所说的一切。值得提及的是，正是从这一来源，我们第一次掌握了敌方即将崩溃的坚实情报。

特勤局军事部门的重组是陆军情报局局长麦克唐纳的杰作。和在战场上的英军总司令部一样，他回到伦敦后还是那么成功、精力充沛。在卡明的记录中，他和麦克唐纳的联系要比前任陆军情报局局长多得多，重组看上去起始于 1917 年 8 月任命丹西上校担任军情一处（这是陆军部下属的一个部门，不是卡明的机构）负责人，并要求卡明研究特勤局的军事报告，推荐改革方案。陆军部在 10 月 22 日召开了一次会议，卡明出席了，但是不允许他发言。卡明记录道，麦克唐纳希望

> 确保他对特勤局军事部门拥有绝对控制权。他提议不再按照地区划分，并变更下属部门，从而让特勤局军事部门拥有更大的独立性，陆军官员能够更加直接地控制（头号）间谍。他说，我们缺乏像军情五处那样优秀的组织部门。

经数次会议后，麦克唐纳在 11 月 12 日寄给霍尔的两封信中总结了他心中未来特勤局行动的根本原则。除非得到外交部、陆军部或海军部指示，它不应当关心政策；除非得到授权，它不应当接近这些部门任何成员，也不应当和不在特勤局总部驻有代表的其他部门联系。外交部、陆军部和海军部都应当各自派代表接受卡明的领导，而他们负责就各自部门所需的情报给予指导。卡明不会配有副手，因为麦克唐纳认为，让卡明有一个和他自己（麦克唐纳）的代表等级一样或更高的二当家“很不正常”。（弗雷迪·勃朗宁很想当卡明在办公室的副手，卡明和霍尔都很支持。他也许是卡明事实上的副手，甚至还为此从陆军部情报部门调了过来。）

后来，法朗奇上校在 11 月 27 日给卡明写了一封信。这封信显示，外交部哈丁勋爵提议提高卡明的地位，尤其是不要在短时间内调走军事官员，而且三大发起部门应当共同起草一份有关特勤局的章程。麦克唐纳表示拒

绝，理由是不让变动军官有违陆军委员会的操作，而且他和霍尔都不希望出现在一份正式的书面章程中。哈丁表示接受，但是条件是：卡明将会拥有“公平机会”，允许他“在他的地盘做主”。

从这份和其他文件中可以看出，特勤局在这一阶段的控制——就它的架构和目标，甚至是日常运作而言——已经决定性地从海军部转移到陆军部手里，而外交部处于最弱的地位。麦克唐纳扮演重要角色，但这也反映出战争的优先、特勤局报告的重要性及需求。按地区划分的部门变成了按情报类型划分的部门：经济、空中、海军、陆军、政治，而其他部门则负责人事、移动、伪装、联络、脱逃计划、通信和秘密设备。最有效的措施就是将需要情报的机构官员直接派到获得相应情报的部门中。

这证明了有关情报机构的一个基本真理：需求的好坏决定机构的好坏。如果需求是精准、清晰和重要的，那么承办人和间谍的回应往往更好，失误之处更容易让人察觉；如果需求是混乱、泛泛而谈而且并不相关的，那么答案就和问题一样让人不满。

因此，在情报机构的改革中，最有成效、持续性最好的措施往往是一个需要情报的重要部门有着重大需求，而不是冷漠地接受一切。这次可以称为“麦克唐纳改革”，许多措施一直延续到今天。不过，后续的改革通常都不会像这次的卡明一样，看上去丧失了一些自治性。之所以说“看上去”，是因为我们不清楚他的损失是不是和纸面上所写的那样大，而且从一个方面而言，特勤局取得了一个重大——未来甚至是拯救机构——成果。这就是上级同意——第一次得到官方承认——它所报告的情报不仅仅单纯地服务于军事需求。如前所述，至少在官方层面上，特勤局直到此时还被禁止获得或报告政治情报。

至于卡明的态度，看上去他并没有把这次改革视为一次令人讨厌的干扰，不过他显然有着自己的担忧。他更担心他的意见能否被听到，倒没有那么反对改革。一旦上级做出决议，他就忠实地执行决议。有些改革的灵感有可能来自秘密情报局自身：8 月 23 日，卡明记录了他与 TP、弗雷迪·勃朗宁和麦克唐纳手下的丹西上校之间的会谈，其中“勃朗宁提议重组，我们进行了讨论，并在原则上同意了”。他在 10 月 21 日写道：

> ［麦克唐纳］将会考虑我的建议，将丹西第四、第五个建议合并。丹西认为，组织应当这样划分——空中：史密斯；经济：勃朗宁；陆军：丹西；桑普森负责特别部门；萨默维尔负责海军。而他会给我们派一个优秀官员负责组织部门。他曾想让德雷克取代丹西的位子，但在拿下整个荷兰之后，这取决于我们自己。

兰道也提到过最后一个建议，这反映了特勤局陆军报告的优先性。

在和麦克唐纳会面的次日，卡明将此报告给了霍尔。霍尔认为“下属应当推敲一下”细节，而“他、我、陆军情报局局长以及 H［哈丁］勋爵应当开一次会并达成决议。我说，如果我能够参加这次会议，那么我的一切疑虑和担忧都会烟消云散”。卡明参加了接下来的会议，但是决议的过程——11 月 29 日——并不容许进一步讨论：“今天收到了来自军情一处的大量信件，里面包含了对新组织的指令。里面有许多点我并不理解，但是也许以后会明白。与此同时，并没有让我对它们提出任何评价。它们是指令，我得执行。”

卡明执行了，现在领导着六个部门。他依然持保留意见，但是相信改革是必要的：“我并不是特别理解，但如果我们让每个人都管好自己的事，它应该会改善当前系统。现在，无论是什么情报，海外间谍只要积攒到一定数量就会传过来——都是跟贸易有关的材料，还有少许二流的反间谍工作。”他的高级工作人员都不是很开心，大概是因为他们觉得自己的地位降低了。而且他们不喜欢被迫签一份保证书，承诺不在办公室之外谈论业务（显然是最近不审慎行为的结果）。勃朗宁则认为这是不合法的。不管怎样，反对意见渐渐消失，卡明在 12 月 2 日（星期日）一整天“都在尝试给新部门和相关人员分配房间，以便让羊群还能围绕在牧羊人旁边。我还要让每个官员保有他习惯一起工作的秘书，每个部门还要有适合的工作人员”。一周后，工作人员的抱怨更多了，但麦克唐纳当时的心思正放在别的事情上面：“陆军情报局局长派人问我，他能不能单独在瑞士待几天。我跟他说，当然不行。”

除了这些议题，1917 年还是有许多令人安心的熟悉元素存在。这一年开头和结尾的日记都是车辆的列表，许多采购是为了海外情报站。但是罗纳德·坎贝尔的两座蓝旗亚轿车就有点难以解释了（卡明有可能利用他在汽车业的人脉为人搞来车辆）。1月8日，印度事务部（India Office）召开了一次会议，“有关里杜特（Ridout）北京方案”。几天后，麦克唐纳批准了一个“中国方案”。1月13日，卡明告诉沃林格少校，“在与我工作相关的领域，停止在西班牙招募人员”。三天后，卡明与亚当（Adam）教授进行了一次长谈，有关“唐宁街10号的一个全新情报组织”。1月20日，卡明寻求许可，将敌方出口委员会（Enemy Exports Committee）的会议纪要转给法国人。卡明同时尝试让外交部将汇报电报转寄给他。白厅的人要想了解海外形势，汇报电报是一个重要资源。随着罗马尼亚战败并被占领[1]，重要的是不让德国人利用罗马尼亚的石油。到了1月底，卡明有数则日记记录了成功挖掘矿井的数量、一个炼油厂是多么无用以及呼吁对石油储备进行估计。

卡明在2月记录道，麦克唐纳和霍尔正准备“制定一系列新规定，以应对变化的［俄国？美国？］形势，包括我能做什么，不能做什么”。2月晚些时候，他在日记里列举了派遣的21名工作人员的名字。3月，在和桑普森上校讨论“土耳其—瑞士分支”的报告情况时，他写道，无法将间谍召回伦敦，因为这样会让他们招致嫌疑，“由于他们的名字和地址已经告诉了军情五处，因此他们不能充当秘密间谍了”。

6月，麦克唐纳和外交部就卡明与巴肯上校的联系发生了争执。这个巴肯似乎指的是小说家约翰·巴肯。巴肯之前已经是中校［参见安德鲁·鲁尼（Andrew Lownie）的传记］，最近被任命为劳合·乔治的情报主任（Director of Information），负责监督英俄委员会的活动。在《巴肯的世界》（*Buchan in his World*）中，珍妮特·亚当·史密斯（Janet Adam Smith）说，有明确的证据显示巴肯和秘密情报工作关系密切。“每天都是记者和秘密情报机构的间谍”，巴肯在1917年5月的一封信里写道。他大概于此时开始写理查德·汉纳[2]（Richard Hannay）系列小说《顽固先生》（*Mr Standfast*）。麦克唐纳希望巴肯和卡明之间不要有联系，外交部则

1　1916年，罗马尼亚加入协约国阵营；1917年初，罗马尼亚军队战败，四分之三国土被同盟国占领；1918年5月，罗马尼亚被迫与同盟国签订和约；在德国无条件投降前，罗马尼亚回到了协约国阵营。

2　巴肯一系列小说的主人公，包括《三十九级台阶》。

持相反意见。最后，外交部胜利了。

8月，卡明再次出差前往巴黎的英军总司令部。他还视察了一番前线。除了和麦克唐纳在英军总司令部不那么合适的继任者——查特瑞斯准将——在巴黎和法国人谈话以外，他这次出差的部分目的是为了检查他在瑞士组织的行动情况。当时该组织由伯尔尼的哈兰（Harran）少校负责，他从伯尔尼赶来和卡明会面。卡明在日记里列出了哈兰的14名手下。次月，在一位叫巴克莱（Barclay）的先生来访之后，卡明列出了刚才他被询问的有关法国的问题（法国部分军队发生了兵变）："1. 法国人对继续战争有什么看法。2. 他们对英国人及其扮演的角色有什么看法。3. 德国佬[1]的宣传工作做得多吗？总共有多少？"（此前曾有人让卡明试探一下，法国人是否了解有些未寄给他们的英国报告。这暗示了情报界内部有泄露。）

10月，意大利召开了一次有关情报工作安排的会议。塞缪尔·豪尔写了一份报告。报告显示，卡明在意大利至少有三个手下，向他汇报"秘密情报和反间谍工作"事务。除了霍尔出版的自传，在剑桥大学图书馆的坦普伍德（Templewood）档案内也有相关的文件，包括这些文件的摘要。这份摘要依然被内阁办公厅束之高阁。这些文件都提到了卡明，包括有关"教皇笔记"的通信、霍尔派发任务的通信、和平谈判的通信。公开文件中，有许多是和麦克唐纳的来往信件。霍尔似乎向麦克唐纳报告陆军事务。

11月初，卡明日记里进一步出现了有些工作人员对重组感到不快的记录。一个叫默滕斯（Mertens）的人威胁找首相和战时内阁反映这件事。卡明命令他不要这么做，说自己"认为提议十分合理，将会尽我所能执行"。默滕斯要么同意，要么辞职，"绝不能造成我的两位上司之间产生分歧。我认为这是默滕斯能够对这一时刻的国家所造成的最大损害"。临近月底，卡明在怀特俱乐部（White's Club）碰见海军助理宪兵主任巴克尔（Barker）中校，跟他说，"他偶尔可以为了公务来用车"。宪兵主任是潜在的人才源。

1917年的主要议题——美国参战和沙皇俄国的垂死挣扎——在卡明日记里显著出现了，但并不比有关希腊、罗马尼亚和瑞士的事务重要多少。战后留下了一份有关特勤局在这三个国家——还有俄国——的行动概

1　原文是Bosch，是一战时期协约国对德国人的歧视性称呼。其来源于法语alboche，由Allemand（德国）和caboche（脑袋）组合而成。

述。概述开头还有一份按语，按语称这份概述属于一份更大的历史档案之中。这份档案是在 20 世纪 20 年代初从文件和个人回忆录中汇编而来，可惜现在已经遗失了。这份概述除了简短，而且并不完全准确。这一点是由几十年后写在罗马尼亚部分的手写注释指出的。注释的作者是鲍克斯夏尔（Boxshall）少校，他当年参与过相关行动。这位年老、头戴礼帽的绅士令人尊敬，在 20 世纪 70 年代依然活跃在白厅。

罗马尼亚部分写道，1915 年 11 月之前，卡明在罗马尼亚没有任何组织，但是他向布加勒斯特派了一个间谍充当“邮箱”，接收君士坦丁堡（卡明在那里至少有一个间谍）传来的消息。这些消息是用隐形墨水写在报纸包装纸上。布加勒斯特的间谍将消息抄写下来，通过英国在布加勒斯特的公使，用电报传回国内。这份概述指出，公使一般事先不知道这类间谍或“代表”的来临。上级会要求“代表”，“克服公使也许会展现出的任何不情愿”。间谍汇报了当时还是中立的罗马尼亚的军队调动、士气与战略、陆军装备及与同盟国的贸易情况。间谍和英国驻外武官没有联络，伦敦也没有向他们要求获得政治情报。

雷考克少校也被派了出去，看上去是为第一个“邮箱”寻找继任者。但概述说，主要是因为他和拜尔德少校与伦敦其他人相处不来。一位叫茅（Maw）的先生付钱给火车站站长和海关官员，对方向他提供货物通过情况。而雷考克假扮成平民，在他的公寓中指挥他的小组。公寓里还有一个叫格思里（Guthrie）的密码专家。

雷考克对外声称自己的任务是劝罗马尼亚参战，说自己执行的是军事使命，属于驻外武官领导。他现在公开地将公寓当作自己的办公室，并征招助理，其中一位还是《每日记事报》（*Daily Chronicle*）记者。

1916 年 10 月，布加勒斯特陷落。他们都搬到加拉茨（Galatz），茅先生的组织解散了。与此同时，国会议员、海军预备役中校诺顿·格里菲斯（Norton Griffiths）来了。他的使命是摧毁罗马尼亚的油井。“并不清楚”，概述评论道，“他是不是被 C 派来的，但是他对 C 一清二楚。”在又一次疏散后，所谓的军事使命“与秘密情报组织一点都不像了”，一直延续到停战。在此之后，卡明重建了他在罗马尼亚的组织，由鲍克斯夏尔担任护照管制官。

然而，在概述的另一个自然段中，作者自己却承认存在一个谜团。

> 必须要提到与罗马尼亚有关的另一个名字——加拿大陆军的A.博伊尔（A. Boyle）上校。据信在1918年，他联系上了C并前往罗马尼亚。他成功赢得了罗马尼亚国王和王后的信任，当时国王和王后正避难于一辆列车中。按他自己的叙述——国王自己写的信、签字的照片和各种命令证实了这一点——他成了罗马尼亚国王的首席顾问。他也联系上了一个犹太人的组织，他贿赂他们摧毁俄国的黑海舰队，每摧毁一吨就付一份钱。俄国黑海舰队有许多船沉没了，博伊尔上校开了一份高达200万英镑的欠条作为奖励。博伊尔上校说，他获得了C的授权。但是由于没有往来信件留存，罗马尼亚运作的秘密情报组织也都不知道他的名字，这件事无法证实。博伊尔上校所承认的大多数债券如今［1924年］仍在流通，迄今还没有兑现。

这段记录显示了这份概述是多么粗略。事实上，乔（Joe）［科隆戴克（Klondyke）］·博伊尔是一位著名人物，参与了战后的巴黎和会。1932年，卡明在苏联最成功的间谍之一乔治·希尔（George Hill）在他的自传《侦察这片土地》（*Go Spy the Land*）中充满佩服地描述了博伊尔在罗马尼亚和南俄的耀眼壮举。博伊尔是一个加拿大人，少年时期就离家出海，成为美国业余组的重量级拳击冠军。他在科隆戴克淘金热中成了一名百万富翁。战争爆发，他自行组建了一个加拿大机关枪小分队。据希尔描述，博伊尔被派往罗马尼亚和俄国以组织交通和铁路。但他显然还有一个和卡明有关的角色。

希尔第一次见到博伊尔是在俄国乡下莫吉廖夫[1]（Mohileff）的一家酒店。希尔用他的手杖剑[2]（swordstick）成功击败了追捕者，然后回到了他所住的这家酒店。他正在检查剑刃——“剑刃一半部位只有淡淡的一层血迹，顶端有深色的血斑”——此时，他注意到，有一个穿着英军制服的男子体格强壮。他后来将他这位新同事描述为“一个我过去和未来都不会再次遇

1　现位于白俄罗斯东部。

2　内藏有一把剑的手杖。

见的人，我很享受跟他的友谊，在他手下工作、和他一起工作是我人生中最骄傲的记忆之一”。

这大概就是在白厅情报界足够出名的博伊尔，他在没有解释的情况下就打下了借条。1919 年 4 月 7 日，海军部会议讨论秘密情报工作的支出。出席的有通常都在的海军部和陆军部代表，还有卡明、凯尔和哈丁勋爵。会议记录提到了代表秘密情报工作的人的开支和借款。卡明认为，“30 万英镑”以下的开支是无须特别批准的。会议记录接着写道：“因此，除了博伊尔上校的借款（将会单独处理）和辛克莱准将［接替霍尔担任海军情报部主任，最终被卡明选定担任自己的继任者］提到的 3000 英镑，特勤局的资金不会用来支付任何费用。”此外，卡明在战后的日记里也多次提到博伊尔上校。虽然没有特别指出是哪个博伊尔，但是从文中可以看出指的是他。

卡明在瑞士的行动很复杂。即便有概述瑞士部分的帮助，我们也无法精确说出谁为谁工作，什么时候做了什么。部分是因为瑞士除了卡明的组织之外还有两个陆军情报网络，而其中参与的人从一个组织调到另一个组织。此外，瑞士当局一直以来就十分担忧自己的中立性，因此采取措施打击在领土上发现的任何间谍活动，所以没有与瑞士政府合作的记录，也无法让事情更加清晰。

据概述的说法，卡明直到 1915 年 5 月才在瑞士建立情报站，并任命 L. G. 坎贝尔少校担任负责人。1916年6月，他被降职到伯尔尼担任护照管制官，由哈隆（Harron）少校接任。当时伯尔尼的工作人员包括中士麦金罗伊·威伯特（MacInroy Vibert，被称为“英籍犹太人，他实际上负责伯尔尼的护照工作”）、皇家海军预备役卡费拉塔（Cafferata）上尉、范·登·赫维尔（van den Heuvel）少校和宾斯（Binns）少校。卡费拉塔负责与法国人联络并招募和培训间谍（他曾在鹿特丹接受汀斯利的培训），赫维尔在蓬塔利耶（Pontarchier）协助卡费拉塔，后来宾斯少校又以平民身份进行反对奥匈帝国的活动。此外，驻外武官拥有自己的间谍。卡明尝试让英国在瑞士的领事提供帮助，而外交部一直表示反对，不过还是“有少许显著的例外”。为了避免争端，护照管制官任命之后，领事将护照管制事务交给了他们，然后护照管制官再协助卡明。这样在理论上就没有领事的参与。苏黎世、巴塞尔和洛桑的护照管制官之中就有茅先生（也许就是之前罗马尼亚的那个茅先生）。但是在1918年3月，茅先生的活动“招致瑞士当局签发逮捕令，他回国了”。苏黎世的卓别林（Chaplin）先生“因饮酒而被降职”。

1917年3月，米德尔顿·爱德华兹（Middleton Edwards）少校建立了日内瓦情报站。与此同时，气象学家N. W. 托马斯（N. W. Thomas）教授加入了伯尔尼情报站，担任一个听上去很适合他的职位：“教授的工作仅仅是一天两次登上一座山的某一高度，用电报向伦敦汇报风向和风速。这一工作的目的部分是为了判断毒气攻击的可能性，部分是为空军搜集信息。”同样是在1917年的日内瓦，威滔先生开始提交政治报告。这看上去和他的本职无关，而且遭遇了当地的阻力。但大使贺拉斯·兰波（Horace Rumboldt）爵士“很支持负责政治情报的官员，协助他们工作”。

瑞士情报网络的扩大、控制中心的缺失，让英军总司令部和陆军部提议应当让英军总司令部控制它。但是在莱斯·桑普森（Rhys Sampson）上校代表卡明视察之后，被卡明拒绝了。1917年10月，上级决定让卡明派汉斯·魏谢尔“担任瑞士所有与陆军工作相关组织的负责人”。魏谢尔感到很烦恼。概述强调，他不是“完全意义上的组织负责人，不能控制人事”，而且他的资质并不够。他到来之后“立刻发生了摩擦”，造成哈隆少校退休。自此之后，魏谢尔取得了完全控制，“试图重组”。概述的作者可能是一个参与者，一个毫无愧疚的坚定支持者。他对重组的描述是：对现存情报站没有什么影响，“仅仅是大量增加伯尔尼的工作人员数量，将每月开支提高四倍”。在这些改革之中，概述详细描写的是在贝列卡尔（Bellegarde）开办的“间谍学校”。次年，剧作家爱德华·诺布洛克（Edward Knoblock）少校被任命为瑞士的巡视检查员。停战之后，瑞士组织被削减到了两个人——兰利（Langley）少校和江普少校。前者负责西部间谍，后者负责东部间谍。

有关战时瑞士秘密情报工作最知名的描绘来自萨默赛特·毛姆的小说《英国特工阿申登》。人们往往认为毛姆是为卡明工作。虽然毛姆后来在俄国确实是为卡明效力，但是我们之前提过，他在瑞士是为陆军一个情报网络工作。这个情报网络由沃林格兄弟中的哥哥负责［弟弟负责IPI——印度政治情报组织（Indian Political Intelligence）］。毛姆的故事对真实的行动和间谍进行了略微虚构。在此之中，毛姆的角色不是提供秘密情报的人，更像是一个协助者（比如，引诱一个被追捕的人越过法国边界以接受法律制裁）。任何人，如果他曾在外国假装做某事——其实在做另外一件事——那么他就会立刻感受到这些故事的真实感。而且，毛姆的作品不仅是历史事实，其在文学上也具有重要性。多疑的中年主人公阿申登和厌世的语调让这些故事成了现代的间谍故事。他是埃里克·安布勒（Eric Ambler）、格雷厄姆·格林、连·戴顿（Len Deighton）和约翰·勒卡雷的先驱。尽管康拉德因其《在西方的目光下》（*Under Western Eyes*）和《间谍》（*The Secret Agent*）而被视为“现代间谍故事之父”，但毛姆的——按勒卡雷的说法——“清醒的态度和几乎平淡的现实”却为后来的间谍故事奠定了基础。

和康普顿·麦肯齐一样，他应该是以出名小说家的身份亲身体验到情报活动的。至于瑞士情报网络的成果，克里斯托弗·安德鲁在《秘密情报机构》中给出了一个合理而又令人沮丧的叙述。我们没有证据去反驳他，但这本书不太可能句句是真。比如，在卡明这一边就有好多关于德国突破禁运的报告（最让人印象深刻的例子就是避孕套）。不过，良好的军事战术报告是很难获得的，因为它在瑞士本来就很少。前线最活跃的部分——包括所有英国负责的区域——都在瑞士边界以北。还有个问题是，与情报工作人员、流程或偶尔的行动相比，档案馆内的文件很少提及情报成果。这让我们总是难以评价各类组织的有用性，有时候甚至要碰运气。

不过，还是有一份关于瑞士的记录展现了一次成功的反间谍行动，而且大概没有陆军部或英军总司令部的参与，它们甚至有可能不知情。这份记录没有出现在有关瑞士的概述，而是出现在一份135页的文件中，其标题为“有关指令和间谍招募的笔记，军情一处编辑，提供给秘密情报机构负责人”。日期是1918年12月31日。我们不确定这一行动是否发生在瑞士，因为叙述只是扭扭捏捏地说“一个中立国”。但是文件提到了它和法国相交的边界，其他细节也进一步证实了。

当地情报站认识了一位穿着考究的比利时女士，她出身高贵，相貌和教育水平俱佳，而且“深深痛恨德国佬[1]（Boche）”。情报站招募了她。

1　和上文的Bosch是一个来源。

她同意渗入当地德国情报组织。情报站已经掌握了该组织大多数成员名单。情报站要求她的目标是某个德国人，而她也同意“为了实现成功，什么工作都不拒绝”。她结识了这个德国人，并被这个人所“招募”。德国情报组织让她前往法国执行任务。

她此时已经和她的德国承办人建立起亲密的关系，成功劝服他陪她一起前往法国。德国情报组织向她提供了德国在法国头号间谍的地址和巴黎的通信地址，还有“数套灌有隐形墨水的衬衣，一部分要送到法国某一地址，另一部分留给她自己用。德国人教她怎么用，却没教她如何制备”。一旦进入法国，她的同伴立刻被捕了。他招供了，法国安全机构按照各个地址和身份实施抓捕。

与此同时，情报站开始摧毁德国在（应该是）瑞士的情报网络。两个德国头号间谍之前给过那位比利时女士手写的指令。情报站将这份指令交给了他们在当地秘密警察中招募的一个间谍。这个间谍假装自己是无意间发现了这份指令，然后逮捕了那两个德国间谍。这两人被捕又供出了其他八九个间谍，然后抓捕了德国在该地区的负责人。他之前从德国弗莱堡的总部穿越边境进入瑞士。他身上带有的一份复写纸又导致更多人被捕，包括“中立国的一些少校军官，他们控制法国边境附近的宪兵。其中一个为了避免被捕而开枪自杀”。整个行动的全部开支是 60 英镑，而德国情报网络被摧毁了。

另一个因文学作品而让人知晓该国秘密情报工作的是希腊。皇家海军陆战队军官康普顿·麦肯齐按时间顺序进行了详细记载。他写了十卷本的自传，其中一卷叫《希腊回忆》。当他在 1932 年试图出版这本书时却被禁了，他承认自己违反了《官方保密法》（Official Secrets Act），暴露了他曾共事的一些人的身份、卡明在白厅内被叫作“C”、战时电报的内容、护照管制官的身份被用作伪装、军情一处的缩写［MI1（C）］。他需要缴纳 100 英镑罚金和 100 英镑诉讼成本。

当时这本书遭到了卡明的继任者辛克莱的反对，凯尔也持这一立场。不过，麦肯齐已经在小说《物极必反》（*Extremes Meet*）中将同样的事件进行了虚构处理。当然，我们可以嘲笑法院兴师动众用高射炮打这种蚊子。但是任何取得成功的秘密情报机构都是会采取行动，反对未经授权地揭露秘密，因为保守秘密的名声是取得成功的基本条件。如果人们知道他们的贡献在“保质期”（sell-by）之后就会暴露，他们是不会替秘密情报机构服务的。麦肯齐在后来的滑稽小说《聪明得冒泡》中进行了致命的复仇。他讽刺地将辛克莱和凯尔刻画为各自领导一个组织的死对头，他们更关心的是互相刺探情报。尽管两个组织的历史证明这个说法有点正确性——虽然更多是态度上敌对而非行动上敌对——但是现如今这种迷思依然广为流行，就说明了优秀的讽刺作品具有多么持久的影响力。

未删减的《希腊回忆》最终在禁令半个多世纪后出版了。这是一部生动、有趣的作品。除了作者的偏见以及几十年后回忆对话时所具有的想象成分，这本书大体上是准确的。麦肯齐在中立的希腊的任务在当时被划分为“B 类”，意思是反间谍工作。而“A 类”指的是获取情报。战后的概述将 1916 年的希腊工作描述为“几乎是 I（a）”，而被手写的字迹改成了“I（b）”。

按照麦肯齐和其他人的叙述，他是一个聪明、充满能量而又讨人厌的人。而且不受人欢迎的是，他往往很正直。考虑到他如何应对他在德国公使馆尴尬而又成效颇多的情报源［一个代号为戴维·琼斯（Davy Jones）的门房］，他大概是个很好的承办人。他提到过卡明许多次，他显然对卡明充满仰慕。他曾为特勤局工作过一段时间，但他们俩从未遇见，一直到特勤局和外交部因麦肯齐的活动发生争执，麦肯齐被召回伦敦。他对第一次会面的描述值得全文引用。他前往总部，以为自己要被开除了。

> 那时候很难打到出租车。因此，当我到达白厅大厦 2 号时，我让司机等我。因为电话那边告诉我，负责人会在下午 5 点半见我，从对方的语气判断，我以为这次会面最多也就十分钟。我询问斯宾塞上校的公寓在哪里，然后来到了熟悉的台阶，它通往作家俱乐部。当我走到第一层时，我想了一会，我是不是该直接走进俱乐部，喝一杯烈性白兰地，然后再爬上大厦顶层 C 的总部呢？但我想起来，这样我就得再花十分钟。于是我克制住了诱惑。
>
> 在任何场景中，通过下属的态度，你就可以推断出领导的态度。我在楼上遇到了皇家海军预备役的许多年轻上尉，他们的态度模棱两

可。空气中有一股令人紧张的期待气氛，像是学生看着一个可怜人被校长叫去的感觉。哪怕是粉扑扑的女秘书，也以各种借口纷纷走进我所等待的房间。她们大概是想瞧瞧，胆敢违抗C整整九个月的人长什么样吧。在尴尬地等待十分钟之后，一个年轻人走了进来，说负责人想立刻见到麦肯齐少校。我跟着他走进C的房间。这个房间深藏在天花板之下，都是装满档案的柜子和架子。房间的其他地方几乎都被C的大桌子所占据了。屋顶窗户外是泰晤士河旁路堤花园（Embankment Gardens）的梧桐树，暮光渐渐浮现。我看见桌子的另一边是一个面色苍白、脸刮得很干净的男性。他的脸最明显的特征就是下巴像针一样尖，嘴巴较小而优雅地形成一个弧线，还有一双明亮的眼睛。他穿着海军上校的制服。

C没有注意到我进来，而是接着伏案工作，戴着一副深色角质镜架的眼镜仔细研读文件。我站在那里，看着蓝色的暮色和银灰色的泰晤士河。C摘下了眼镜，向后靠在椅子上，紧紧地盯着我好一会儿没有说话。“怎么？”他最终说道。

“麦肯齐报到，先生。”我回答，“从雅典过来向您进行汇报。”

“你为自己有什么要说的？”他边问边戴上一块单片眼镜，盯着我的目光更加锐利。

不知怎么的，我觉得我得讲述我的故事以赢得他的注意力。几分钟之后，他用几乎听不到但又十分具有吸引力的音调嗫嚅道：“没必要站着和我说话，你旁边有把椅子。”

我坐了下来，一直讲到了6点45。这时，一个面色粉润的秘书拿着一叠文件出现在门旁。她让人感觉到，如果她打扰到某种重要事情，也不会遭到严厉指责，也许正因为如此才派了她过来。C伸出手接过文件，用他一直使用的绿色墨水一份份签上名字。现在房间里又剩下我们俩了。

他在7点30分说道：“嗯，你最好打住，跟我们一起吃晚饭吧。”

“十分感谢，先生。”我说，“您介意我下楼一趟叫我的出租车离开吗？”

“你让一辆出租车等了你两个小时？”

“是的，先生，我以为几分钟之内您就会处理好我的事。”

“我的天哪，”C叫道，“难怪你每个月总是多要几千英镑经费！”

我走下楼付了出租车的钱。当我回来的时候，办公室已经空了。C把我带到了餐厅。他向他的夫人介绍我时说，这是组织里给他造成最多麻烦的人。

晚饭后，C给我看了他才买的许多书籍。它们绝大多数都是明亮的皮质封面。

“这些应该都是你们那个圈子的。”他说，“你是写书的，不是吗？”

房间主要的装饰物就是这些书，还有一幅很大的油画，画的是一位穿着西弗高地兵团制服的年轻军官。我还记得卡明用一把小刀锯掉了自己的腿以接近自己垂死的儿子，在他身上盖一件外套的故事。这一个小房间放了这么大的一幅画像。这说明了画像主人在他心中占有多么大的地位。

我走的时候一定在11点之后了。

卡明陪我一起走到公寓门口。“嗯，在伦敦时候，你最好每天都过来。”他告诉我，“我原本以为会发生什么的。”

“您原本以为会发生什么，先生？”

“我原本打算对你狠一点。但我觉得，当我看见你时，我发现你很合我心意。我们在不久后哪天晚上就会在萨沃伊酒店吃顿晚饭。”

走下白厅大厦的大理石台阶之时，我觉得我们现在可以在雅典取得真正进展了。

梅的在场看上去很正常。而阿拉斯泰尔的画像则说明，他们并没有试图隐藏他们的丧子之痛。和卡明的出纳员赛克斯一样，麦肯齐也提到了书，但不巧的是，麦肯齐没有写这些书是什么。

他们之间的好感是双向的。麦肯齐后来回忆卡明把他的手杖剑给了他，这代表了极大的好感：“在我们前往希腊前一天的11月2日，C把他在和平时期进行情报考察时总是随身携带的手杖剑给了我。‘那时总是很有趣，’他说，‘战争结束后，我们一起做有趣的秘密情报工作、妙不可及的运动。’”

弗兰克·斯塔格在不那么著名的回忆录中也表达了好感。他的叙述解释了麦肯齐报告中有趣的一面。

> C对在雅典为他工作的康普顿·麦肯齐很有好感。麦肯齐从雅典的黑社会中获得情报。这家伙往往用不押韵的诗歌写他的报告，这让老头很高兴。我们的人很讨厌麦肯齐，因为他们得沙里淘金。本来一张明信片就可以搞定的情报，却要寄来一堆堆资料。

斯塔格描述了派希腊王室的朋友、丹麦的克里斯特马斯少校前往希腊的过程。麦肯齐以轻蔑的态度描述了这次过程。斯塔格说，双方都对对方感到轻蔑，但是他接着写道：

> 他［克里斯特马斯］对康普顿·麦肯齐的描述在这里就不重复了。他回来告诉我们他对局势的看法。我带他去竞技场，菲·康普顿正在那里唱歌，每段歌词的最后一句都是“我会再脱一点”。克里斯特马斯越来越兴奋，使劲鼓掌，直到最后菲·康普顿说，“但是我不能再脱了”。在克里斯特马斯热情的高点，我问他知不知道她就是康普顿·麦肯齐的姐妹。他看上去很悲伤，说，“我收回有关康普顿的一切话语，我要是知道他有一个这么可爱的姐妹，我就会和他交朋友了。”

我们也许能想起来克里斯特马斯就是那个急匆匆逃出丹麦的人。原因就是他坚持要让漂亮女孩当他的通信员，而其中一个女孩出了差错。

在《希腊回忆》中，麦肯齐将自己刻画为特勤局在希腊工作的主角。战后的概述证明了这一点。概述说，卡明在雅典的情报站第一任负责人就是莱斯·桑普森上校。他是在1915年2月从法国第二局调到这里的。他在1915年12月招募了麦肯齐。加里波利之后的身体欠佳让麦肯齐得以参加情报工作。一个月后，莱斯离开雅典前往埃及，麦肯齐成了当地负责人。

随着希腊保王党倒台，埃莱夫塞里奥斯·韦尼泽洛斯[1]接任首相（与外

1　埃莱夫塞里奥斯·韦尼泽洛斯（Eleutherios Venizelos，1864—1936），希腊政治家，自由共和派领导人，一战时支持加入协约国，而国王和保王党则希望维持中立。曾任希腊王国首相（1910—1915，1915，1917—1920，1924，1928—1932，1932，1933）。

交部的政策相悖，麦肯齐强烈支持他），麦肯齐的活动急剧增多，“他开始十分活跃地指挥间谍”。卡明还给他提供了一艘快艇以联络各岛。概述证实了他夺取德国外交包裹的说法（事实上，概述原文写的是夺取了好几次，手写注释改成了麦肯齐所说的一次）并评论道：“到了1916年8月，康普顿·麦肯齐少校在希腊已经可以为所欲为。尽管对他的工作有着各种负面意见，但他确实表现完美。”

爱德华·诺布洛克（他是向特勤局毛遂自荐的）在1916年11月也加入了希腊的情报工作。可是保王党在12月卷土重来。他和下线被迫撤离到皇家海军占领的锡罗斯岛（Syra）。他手下的许多间谍都被枪毙了。在锡罗斯岛，他突袭基克拉泽群岛（Cyclades Islands）并夺取了德国领事的文件。在爱琴海群岛，他也雇用着许多管制官。概述列举了他们的名单，其中包括皇家海军预备役的拉尔金（Larkin）上尉，“曼斯菲尔德·卡明爵士的外甥，后来在法国被坦克杀死”（卡明的第二艘船屋就是给拉尔金的遗孀）。“鉴于外交部的不断抗议”，麦肯齐最终在1917年8月回到伦敦。迈尔斯（Myres）少校在雅典重建了情报站，手下职员有七个，群岛上还有另外五个。

如果有关文学作品符合史实，那么在1917年的东地中海和近东，麦肯齐可不是唯一活跃的情报官员，也不是唯一活跃的作家。梅在1938年去世后，她的遗物中有一份故事副本，摘自《黑森林杂志》（*Blackwood's Magazine*）1923年6月刊（1292号，213卷），题为“两弦弓”（A Bow with Two Strings），作者用的假名“哈斯塔”（Hasta）——在土耳其语里，这个词的意思是生病或不舒服，也许指的是“欧洲病夫”。梅有关这个故事的副本依然收藏在家族中，上面写道“只献给曼斯菲尔德·卡明夫人”。

哈斯塔讲述的是一个爱尔兰裔美国人乔治·鲁宾（George Roupin）医生的故事。他发现“他成了自己帮助搭建的小节目主角了”。哈斯塔从未说自己扮演什么角色，但是他讲述了英军总司令部和卡明在伦敦总部——虽然他从未提到卡明的名字——的情报官员是如何从点滴情报中推断出德国计划在伊拉克发起一次攻势。比如，在克罗茨纳哈[1]（Kreuznach）德军总部一场大火之后，一个间谍偶然地发现了一张部分被烧毁的文件，

1 德国西南部城市。

将它经瑞士送回英国。英军总司令部从一个被俘德军士兵那里获得了一张明信片。两份文件加在一起证明，德国人秘密地在海达·帕夏（Haidar Pasha）秘密储备了大量的军火和装备。而这个地方是巴格达铁路在土耳其的西起点。按照计划，攻势将于1917年10月初发动。

哈斯塔没有解释自己的身份，他描述进入英军总司令部一位海军军官房间的场景，“一个戴着眼镜的矮胖男子，走路有点跛”。他的来临让聚集于此的陆军军官保持肃静，“这个人掌握着英国秘密情报机构最活跃的一部分。他无畏而坚定。他不遗余力地为国家效力。”哈斯塔随后描述了卡明的车祸，并补充道这事发生在莫城公路上。当他恢复意识时，他让其他人打电报给秘书们，“三天之内，他从巴黎的一家医院恢复他对他的世界性组织的控制”。（有趣的是，作者补充道，他口中的“英国情报机构在作战领域的负责人”——大概指的是麦克唐纳——和卡明一样，不仅失去了唯一的儿子，而且在战争前五周的一次事故中受了重伤，他也是在医院病床上继续他的指挥工作。而他所在的医院位于前线附近的一个乡村。）

哈斯塔接着描写道，卡明回到他在伦敦的“一间安静公寓”，分析德国即将到来的一场攻势的证据。故事详细描述了其中一些证据，然后笔锋转向当时在法国服役的军医鲁宾。鲁宾突然被召回伦敦，被介绍给了英国秘密情报机构一个叫斯图尔特的人。他认定鲁宾有承担秘密任务的能力和意愿。鲁宾随后被介绍给一位海军军官，后者“正在忙于检查某些水彩素描”。海军军官认真地看了他一眼，问道：“你是否明白，下面要求你承担的任务是一项危险任务，没有哪位付薪间谍能够成功完成，所以我们只会把它交给一个从爱国动机出发愿意牺牲一切的人。”接下来的对话和回忆录中对卡明介绍情况的描写很像。在出门时，鲁宾向斯图尔特承认，他觉得把这个任务单独交给他相当于碰运气。“斯图尔特笑了。‘老头可不会碰运气。’他说道。”

培训之后，鲁宾经一系列间谍的安排秘密前往土耳其，他的身份也变成了土耳其陆军的一位医疗官。他被安排担任基督教和亚美尼亚劳工营——其实就是奴隶营——的医疗官。劳工营在德国的控制下在海达·帕夏干活。在接下来的几周时间里，他准备好炸药，打算在汇集起的补给——足够两个军的用量——将要转移前引爆炸药。但是在预定的那一天，他却在一场事故中受了重伤。次日，他在医院里感到绝望，因为他的计划将要落空。他突然听到并感受到一系列大爆炸，仓库被炸个底朝天。他意识到，原来并不是只有他才有任务，还有后备计划。他回忆起斯图尔特带着微笑安慰道：老头可不会碰运气。

这个故事最让人印象深刻的不是卡明第一次在小说中出现，而是这篇故事写的时候卡明还活着。不过，这篇故事发表之时——或者说发表之后没多久——卡明就去世了。后世的作者也许可以通过多年以后的回忆录和故事进行虚构。但是在哈斯塔写这篇小说之时，情报界之外没有什么人能够写出这些内容。这篇小说的含蓄和细节，让我们感觉它是内部人士所写。而海达·帕夏火车站确实在 1917 年 10 月被炸毁了。

无论这则故事是否像他所讲的那样发生，1917 年作为消耗战的一年，它的结尾对于卡明而言要比开头好。重组之后，卡明在伦敦各种地方的工作人员共有 41 名，此外还有秘书、职员和小诺克斯先生鲜为人知的南美组织。根据一份后来的列表，海外工作人员的数量“全方位”增长。与美国政府的特殊关系——卡明在此之中扮演促进者——需要雇用怀斯曼的姐姐和姐夫，成效明显。俄国数量未知，看上去连俄国组织自己都不清楚。但现在有把握的是，德国将要战败。卡明也许在盼望他和麦肯齐所承诺的，战后一起进行“妙不可及的运动”。毫无疑问，他会再一次拿着手杖剑。

第十七章 和平并不太平

正如塞缪尔·豪尔爵士的预测，俄国的混乱愈演愈烈。卡明在伦敦的俄国联络人越来越不确定他们该做什么，他们转而向英国联络人求助，移交自己手下的间谍，寻求一份工作。资金的短缺和逃离俄国的人数让叶莫洛夫将军在 1918 年 1 月 3 日询问卡明，卡明能不能雇用他的表亲巴塞洛米（Bartholome）女士担任秘书。当卡明在第二天会见巴塞洛米女士，向她解释他不能雇用外国人时，她却向他“有趣地描述了俄国的处境，革命具有完全的德国佬色彩”。他当天和霍尔讨论在俄国组织一个“全新情报组织”的可能性。

与此同时，比莫斯科更紧要的事发生了：“贝利［他的司机］在一次任务后开着光束牌[1]（Sunbeam）轿车回来了，他直接上来向我汇报。就在这一间隙（仅仅八分钟），车就被偷走了。”他们报了警，次日：“早晨 6 点，警察在切尔西河堤（Chelsea Embankment）发现了这辆车，但是磁电机、发动机、照明灯、蓄电池、电气喇叭、速度计、液压千斤顶和工具都没了。”尽管事出偶然，但比起回忆重大事件，这种细节更能让人产生对过去的亲近感。尽管 1918 年卡明日记里也存在空白，但它比前一年的日记要充实。但是它更像是一锅大杂烩，没有明显的主题，不过断断续续有着令人困扰的话题。

其中一个话题是与在荷兰的陆军的持续冲突。其中有些至少来源于汀斯利的行为。汀斯利已经和陆军情报组织发生了一些不快——尤其是和前面提到的佩恩 - 贝斯特，贝斯特后来为卡明工作（更多细节参见克里斯托

1 英国老牌汽车品牌，最早生产于 1901 年。

弗·安德鲁的《秘密情报机构》）。佩恩 - 贝斯特怀疑汀斯利敲诈那些和德国人做生意的企业。陆军部的调查未能发现任何证据，但汀斯利收获了不受人欢迎的名声：“不诚实，肆无忌惮的密谋”。后面这句话是柯克帕特里克（Kirkpatrick）少校所言，他接替了佩恩 - 贝斯特，后来担任外交部常务次长。不过，汀斯利这时的团队运转得十分成功。1 月 7 日，卡明请求麦克唐纳向上级解释，“汀斯利虽然让人拿不准但具有价值，而且我们现在没有替代品”。

2 月 17 日（星期日），卡明整个早上和下午 4 至 6 点都在和汀斯利讨论。他们在第二天还在继续讨论。事情又进行了下去。6 月 29 日，如前所述正在管理白夫人的兰道回到伦敦和卡明进行了一次长谈，卡明注意到：“他十分紧张，他不愿意说，但我能感觉到‘什么事情坏了’。”然而，汀斯利的诚实问题让位于古老的控制权问题。在又一次长谈后，沮丧的汀斯利提出辞职。他抗议道，除非能让他获得完全控制，否则他进行不下去。他说他要把一切交给继任者，然后“做什么活都行——扫雷什么的”。问题部分来自陆军提议让柯克帕特里克和另一位官员进入汀斯利的办公室，但不归汀斯利管。在数天的讨论之后，麦克唐纳决定性地站在汀斯利一边。汀斯利向卡明保证，“他无意和兰道发生争吵”，会尽其所能确保工作平稳进行。这次看上去很严重的争端在兰道的叙述中却没有怎么出现。

在 2 月的一天出现了两个小例子，它证明这段时期搞清楚谁为谁工作是多么困难。赫斯切尔勋爵告诉卡明，霍尔“希望雇用一个叫科尔文（Korvine）的人，他和通过跨大西洋航线前往南美的德国人有联络，一年给他 1000 英镑。我每月要把钱交给赫斯切尔”。如果有一份审计记录，它也许会显示科尔文或赫斯切尔为卡明工作。同理也适用于麦克唐纳的秘书奥登（Ouden）小姐。麦克唐纳希望她加入卡明的“午餐俱乐部”——大概指的是他之前在顶层建的食堂，配有萨沃伊酒店的厨师和勃朗宁提供的食材。这位女士就会出现在了卡明的工资名册中，看上去成了卡明手下的工作人员。年底的 11 月 6 日，又出现了另一个例子。卡明手下的工作人员休·惠泰尔（Hugh Whittall）前往君士坦丁堡，“但执行的却是陆军情报局的任务”。

此外，卡明下属的密码部门也向其他部门提供密码。1 月底，卡明记录他给了霍尔的三份密码。4 月，他提到给了马耳他四份，还有一份——叫作 M2——是马耳他用来“和巴塞罗那通信的”。然而，4 月 28 日（星期日），有关密码的记录更加阴沉：“伍德（Wood）先生自鹿特丹报告称，蒙德格·德·列昂（Mondeg de Leon）先生被他们从荷兰‘请’来了。D 上校询问了这位先生，他供认他把我们的密码还有来自海牙的三天电报卖给了敌人。”这份密码也许是陆军部或外交部的，而不是卡明的。

卡明也参与了宣传工作，他四处打探已经有好一段时间。他之前写了一份有关在敌国进行宣传的备忘录，在 2 月 20 日收到了麦克唐纳的答复。他在日记里写道，麦克唐纳“来自战时内阁的命令是，目前只适用于土耳其，他希望我进行准备——只包括颠覆性措施——但是在诺斯克利夫勋爵和比弗布鲁克勋爵[1]表态之前，先让我按兵不动”。然而，3 月 16 日，当上级询问他负责电影卡车小队的上校（Cinema Lorry Detachment）情况时，卡明注意到：“在我看来，我们应当更紧密地和宣传配合。但是在当前环境下是不可能的。”不过，他还是有一些参与，因为日记里继续出现了与宣传有关的工作。例如，4 月 17 日，他和外交部的罗纳德·坎贝尔进行了讨论，双方同意“将米德尔顿·爱德华兹交给比弗布鲁克勋爵”。他之前还提到过，他有个手下在诺斯克利夫勋爵办公室工作。

与军情五处划分工作范围的问题在 1918 年 2 月又出现了。卡明拜访坎贝尔，向他展示“陆军情报局局长的信件，信中让军情五处接管我在协约国的所有组织。他说不应当接受，但是我告诉他除了服从命令没有别的办法”。这时正值重组希腊和埃及的组织。麦克唐纳在 3 月 2 日向卡明展示的一份备忘录，“这是写给战时内阁的，海军情报部主任和他都反对任何对他们情报工作的干涉。他还给我看了来自内政大臣的一封信，涉及的是政治情报。这封信说我们的情报机构无与伦比。但是两个互相平行、负责同样对象的部门只会互相拆台。”

我们不清楚内政大臣这番令人愉悦的赞美指的是陆军事务还是外交事务。有关后者，卡明在 3 月 6 日、8 日记录道，外交部设立了一个全新的“情报局”，由威廉·泰瑞尔爵士负责，他前来讨论卡明报告的配发情况：“他将会收到我们所有的报告，由他一个人来负责报告的进一步分配情况。”

1　比弗布鲁克勋爵（Lord Beaverbrook，1879—1964），英国政治家、出版商。

这听上去像是个分析机构做的事情，也许是后来联合情报委员会（Joint Intelligence Committee，简称 JIC）的前身。

3 月 13 日至 4 月 5 日，霍尔出差前往意大利和马耳他。兢兢业业的卡明在火车站为他送行。与此同时，塞缪尔·豪尔在意大利的存在也提升了情报工作的力度。4 月 11 日，在拜访卡明时，豪尔提议“建立一个秘密情报机构的招募系统”，让一个陆军军官麦克尤恩参与。17 日，卡明记录道，他获得批准，“只要我们充分知情”，就允许他“在法罗拉[1]（Valona）招募并向意大利派遣间谍”。事实上，与意大利人的联络看上去有所增多（不过，卡明后悔曾和一位意大利来访者说，他在意大利不会建立情报网络）。在剑桥大学收藏的霍尔档案中，有一封落款日期为 1918 年 11 月 14 日的信件，写信人是英国驻罗马大使伦纳尔·罗德（Rennall Rodd）爵士。罗德赞扬霍尔“和意大利海军组织起一个秘密情报机构……它让我们能够迅速、准确地了解亚得里亚海另一边所发生的情况”。尽管没有提到卡明在此之中扮演主要角色，但他有可能在霍尔的领导下进行辅助和培训工作。

他在这一阶段越来越多进行的辅助工作是爆破和破坏，主要是在俄国和罗马尼亚。协约国采取行动，阻止俄国的战争物资和装备落入敌手，尤其是在俄国退出战争之后。卡明在 4 月 6 日记录道：“帝国陆军总参谋长派人来叫我。他热情接待了我并询问我有关哈尔科夫（Kharkov）的爆破情况。他想知道：（1）这个任务能执行吗？（2）工厂是不是属于布尔什维克？”5 月 13 日，他和卡林顿少校前往克罗福特顿路（Croft Down Road）“考察车床等——为了炸药制造等工作”，他的卡车在三天后把车床运走并显然放在了白厅大厦。5 月 20 日，他在日记里记载建了一个车间。他后来又去了伯斯尔登好几趟拿工具。车床什么的他大概不会讨厌，而他更是毫无疑问地热情寻找在白厅大厦建车间的理由。他拥有办公室的那幢大楼——现在是骑兵卫队酒店（Horse Guards Hotel）——拥有一个巨大的、被称为埃及套间的两层套间。这个套间之前还是一个车间。旁边是一个屋顶附加建筑，也许就是那个食堂。卡明办公室及公寓的准确位置现在已经不清楚了，而大楼内的布局也进行了数次变更，但我们还是能够搞清楚哪里是哪里的。

1　位于现在的阿尔巴尼亚。

爱德华·诺布洛克在回忆录《环绕房间》中提到了卡明对事物的热爱。

> 他热爱各种发明。作为一个有钱人，他经常买下专利，比如奇怪的望远镜、能够在黑夜的前线发出信号的奇妙玩意、火箭、炸弹，等等。但是，他一旦拥有这些发明，他就很不愿意把它拿出来。他的占有欲和他的爱国心之间显然互相冲突，而后者也显然要是获胜的那一方。不用说，后者总是能胜过前者，但是他总会有抱怨和不情愿。

（专利局没有他获得任何专利的记载。）

除了复述阿拉斯泰尔之死的故事，诺布洛克在讲述卡明戳自己假腿的故事时，提供了又一个版本："他说，当他面试申请人时，他有时候会拿起他那锋利的裁纸刀插进自己裤面，一直到只有刀柄露出来。如果申请人扎了一下眼，他就会总结道：'嗯，恐怕你做不了。'"

与此同时，在别的国家制作的炸弹还是落在伦敦人的头顶。3月7日，卡明在日记里记录道，哈格里夫斯（Hargreaves）少校被炸出了床，而有个炸弹穿过了克瑞斯维尔（Cresswell）小姐的房间。不过，这一天看上去至少有个愉快的收尾："丹西和诺布洛克陪一位叫佩里（Parry）的先生过来——语言学家，仪表堂堂，住得也不错。（对他）不幸的是，我认出他是1911年的JGP，我当年把他派到但泽，但他从来没有到过那里。"

破坏行动并不只是卡明心中的唯一乐趣。也许部分因为他和陆军布置任务的人还有上司不愉快，部分因为指挥名义上属于陆军的军官在海外执行一项真正的秘密行动还是很困难的，于是他在4月12日前往外交部，告诉罗纳德·坎贝尔，"我要开始建立一个秘密机构"，指的也许是瑞士。因为在几天后，他告诉一位叫奥特维（Otway）的先生，"我们想要在瑞士和斯堪的纳维亚建立一个独立组织，它会让我们知道停战日何时到来"。为此目的，卡明在6月底研究在瑞士购买一家玩具分销企业，但是明智地及时放弃了（让他生气的是，他的假名——斯宾塞上校——身份被泄露给相关的商人了，而他从来没见过这个人）。

不同的任务折射出不同的阶段。5月2日，麦克唐纳叫卡明过去，"向我询问德国为入侵做的准备情况。我将我手里的情报告诉了他，但我还要做补充。”从东线调来的师增强了德国大规模的春季攻势。德军在西线巴黎附近的中间部位依然在推进，但是向北方海岸的攻势已经被遏制住了。据现在的历史记录，德国当时并没有入侵不列颠的计划，麦克唐纳也许指的是英国准备在北海或波罗的海港口进行牵制登陆的计划。

两个月后，陆军部寻求“来自法国、意大利关于社会主义者的报告，来自伯尔尼关于法国和意大利的报告”。威廉·泰瑞尔爵士“对陆军情报局局长有关法国国内状况的情报很满意，我们不需要接着推进 GB［不知何意］相关事务了”。8 月 28 日，在又一次拜访泰瑞尔之后，卡明在日记里记录道，他给英国媒体内的一个间谍布置了任务：“安静、低调地搞清楚英国各类媒体对和谈的态度。”对于一个主要在海外工作的情报机构而言，算是一个不同寻常的任务。也许原因是卡明正好知道有人适合这个任务——虽然搜集的情报都是可以从公开渠道获得的。无论如何，泰瑞尔还是在 12 月 28 日通知他中止这个任务。

4 月，威廉·怀斯曼爵士从美国来访。和之前一样，卡明和他见了很多次。卡明在 4 月 20 日得知，在听到德军在春季攻势取得初步成功时，威尔逊总统评论道：“这意味着英美同盟的建立。”（对于持中立态度的威尔逊而言，算得上重大进展。）威廉爵士待了一个星期，但并不总是和高层政治有关。卡明在送行的路上顺道在 4 月 29 日前往巴黎，他碰见了一位叫特纳·诺里斯（Turner Norris）的先生，“他来推销一个真空吸尘器——花了 35 英镑”。可惜的是，没有证据显示间谍自此之后有打扮成真空吸尘器推销员的传统。5 月 17 日，卡明在日记里记录道，他“与丘吉尔一家吃了午饭——还有斯宾塞上校和考菲尔德（Caulfield）［阿尔吉（Algy）］先生”，但是他没记录这次午饭效果如何。

这一年出现了财政压力越来越大的迹象。8 月底，卡明在日记里记录道，罗纳德·坎贝尔“对我们减少的总支出很满意，还让我就 WL 留下 1 万英镑的储备金”。日记里还提到了有关远东的零散参与。日记里没有详细描写，但是战后概述枯燥地做出了评论：“直到 1918 年 6 月，卡明决定在远东展开工作才建立了新的情报站。卡明派出了詹姆斯少校，并向他提供了用来掩护的商业身份。但是他刚到上海就被电报召回。因为有报告称，他在船上的不审慎造成他的使命已经被人得知了。”另一次尝试是在 10 月，派出的是一个做家具生意、代号为“橙子”的间谍。他也“在工作了一个月后”被召回，“因为发现他就是为自己目的而前往远东，并不打算工作。自此之后，除了西伯利亚少许几个间谍，就没有在远东建立情报组织的尝试。那几个间谍在1920年4月被召回，因为丹纳姆先生开始参加情报工作”。

橙子有可能是卡明和弗雷迪·勃朗宁在11月27日的苏格兰场面试的“一个糟透的金（King）先生”。金先生“以名誉担保，他未来不会向任何人透露有关我们在远东组织的任何情报，巴兹尔·汤普森先生让我们接受他”。

10月3日，卡明告诉军情五处的慕斯普拉特（Muspratt）上校，他不允许插手印度。上校“将要在印度开展军情五处的工作”，而卡明将会提供上级批准的任何帮助。卡明在上一个月的日记里记录道，他在巴勒斯坦的组织被移交给陆军。这个组织也许是ESMIB的一部分，卡明一直想从中脱身。

9月23日，卡明从美国收到了一辆“双轮摩托车”，这是纽约斯维茨少校送来的礼物。这应该就是他在传说中穿行于白厅大厦走廊的小型摩托车了。他有一条好腿、一条假腿，还有一两根拐杖，这让他通常走路很慢。如果他不仅骑摩托车，还开车，那他算得上官场上的“马路杀手”了。同一天，德·莱斯丹（de Lesdain）伯爵辞行。卡明在日记里提到了好几次莱斯丹，但没有涉及任何问题，直到他碰到了莱斯丹女士。他的骑士风度又让他陷入了麻烦。

> 她很激动，反对我赞成她（已离婚）的丈夫和另一个女人结婚。很明显，我的来访者已经不是莱斯丹的合法妻子了。在她离去之时，我握着她的手表示同情并道别。而她摆出了“怪物，放开我”的姿态，所以我无话可说。我觉得她很坦率，但是容易激动、歇斯底里，而且爱上了巴顿（Barton）少校。我向她解释，她想让我做的事是办不到的。

这次会面也影响了几天后他对一个叫威尔（Wale）小姐的印象。陆军部因“俄国有关事务”而雇用了她，并大力推荐给卡明。但是卡明却发现她“十分花哨，以后不惹麻烦就谢天谢地了”。一位来找工作的戴尔·龙格夫人也前来拜访他。她大概是战前那个间谍的妻子。办公室有人结婚［卡斯威尔（Caswell）小姐］，纽约有人去世［拜格特（Bygott）小姐］。

卡明整个10月上半旬都在筹划赴保加利亚的十人使团并获得了批准。但是停战协议把这件事推到了一边。卡明在10月和11月中有很多天没有写日记，只有一两处无精打采的记录。比如，他在10月21日写道："给了桑普森上校一块汽车毯，给了柯尔特上校一把自动手枪。"另一处无精打采的记录出现在9月9日："按约拜访了陆军情报局局长，他命令我执行一项特别任务。随后去见了格雷厄姆·格林。"

停战到来之时，没人感到惊讶，但也没那么平淡。伦敦媒体上出现了大量狂欢庆祝的报道。卡明则在日记里写道，"今天签署了停战协定"，但他没有说工作人员们是进行了庆祝还是照常工作。他似乎属于后者。汀斯利来找他——从来不是因为小事——他自己也拜访了麦克唐纳。霍尔已经在一个月前的家中向卡明介绍了停战协议的条款。在停战协议签署两天后，11月13日，汀斯利向他介绍了白夫人的保罗·斯戴斯［Paul Stayes，也被叫作罗伯特（Robert）］。卡明向对方"大力表扬了米其林组织"。这则记录中没有提到兰道，也许卡明自己也没有注意到。白夫人的重要性在于，它是战后记录中卡明最早受到表彰的成果。六天后，他在办公室和陆军召开了一次非正式会议，"决定在布鲁塞尔等地建立一个委员会，以核验那些自称曾为我们工作过的人"。这是调查亚历山大·赛克一案和麦肯齐曾任职过的那个委员会。

卡明还要向许多人表示谢意，而德国也传来了革命和无政府状态的消息。11月28日，"我们战前的间谍马克斯·舒尔茨在德国关押七年后归来"。舒尔茨在战后德国的短暂经历值得一提，而卡明在第二天就带他去见麦克唐纳、罗纳德·坎贝尔和威廉·泰瑞尔爵士。在汉堡被释放后，舒尔茨加入了革命党，

> 最终和革命党领导人海涅（Heiné）联系很紧密。海涅经常咨询他的意见（尽管舒尔茨在过去七年来对当前局势一无所知）。海涅想要交出"祖国"号（Vaterland，54000吨）和其他船只。他希望保有汉堡和基尔运河，建立一个汉萨殖民地。革命者向市政府发起进攻，

> 但遭遇守军一阵扫射后便四散而逃。两个小时后，革命者又来了——手无寸铁——但是带着17名基尔港来的水兵，军政长官立刻向水兵们交出了自己的剑！海涅命令前官员们都保有自己的办公室。

兰道给出了一份类似的叙述，大概指的是同一件事。

威廉爵士对舒尔茨出奇地印象深刻，将他的故事视为“德国革命是由当局所控制”的证据。舒尔茨被要求用文字记录下自己的故事，而卡明将它作为报告交了上去。

舒尔茨并不是卡明日记里提到的唯一回来的囚犯，但他是得到最热情招待的。另一个人叫作胡斯（Huss），在11月30日抵达英国。卡明在日记里评论道，他的逮捕“是在最可疑的情况下发生了，他觉得他的岳母背叛了他”。

有人说，战争结束后，卡明在确保继续开展工作时遭遇了很多困难。但这并非是实情（我们在下面可以看到，他在维持机构独立性时确实进行了一番争斗）。11月25日，卡明日记记载，他招募了一位罗杰斯少校，后者“承诺，只要他是君士坦丁堡港务部门负责人，他就愿意免费为我们工作。我向他预付了工作经费——他说他在黑海每个港口都可以找到间谍”。现在出现了一个新的敌人——布尔什维克领导的俄国——旧恨似乎无缝转变成了新仇。12月28日，在一次有关俄国的会议上，哈丁勋爵“同意我组织并领导一个和平时期的秘密情报组织，每年开支3万英镑。他说这一数额还算符合标准”。不管怎样，预算还是被大幅减少了。卡明与此同时发现，他手下许多陆军工作人员都被陆军遣返了，但是他手上的工作却不能交给他们。

不过，在另一方面，工作却一如往常。12月31日，陆军情报局局长

> 询问我们如何扩展自己在德国的组织。我告诉他，我认为他手下的情报官员已经做了该做的事情，而且做得比我们好。他最后说，我们可以派平民身份的间谍前往德国所有未被占领的地区，他们将按照调查问卷提供情报［康沃尔（Cornwall）上校将会提供调查问卷］，并且在当地建立常设组织。

卡明已经起草了一份“和平时期的预算”，给德国和奥地利总共分配了2000英镑，但是陆军情报局局长“告诉我，我们仅仅在这些国家就需要3万英镑，而他会尽力争取这一数额”。

当时的陆军情报局局长已经换成了新任的斯维茨少将。他接替了9月份被提升为副官长（Adjutant General to the Forces）[1]的麦克唐纳。斯维茨和卡明一开始处得并不好，后者向外交部抱怨称，他不允许会见陆军情报局局长。9月21日，卡明被叫去向“副官长”（AG）——应该是新职位上的麦克唐纳——解释自己之前向哈丁勋爵提出的抱怨。在此之后，斯维茨“友善地”接见了卡明，“他跟我谈到了伯特兰·斯图尔特、鲁、德·荣格（de Jonghe）将军和其他人。他说，他并不认为开展新工作就需要解雇老职员。他承诺，他只要在思考进行改革，他就会来找我”。然而，10月1日，卡明依然感到有必要拜访陆军情报局局长，“让他知道我不是空气”。

月底，卡明从斯维茨那里得到了一封信，建议他的组织和军情五处、陆军部其他机构（军情八处和军情九处）以及所有密码专家们合并；信中明确表示新组织依然由陆军部控制。尽管这不是第一次也不是最后一次的尝试，但这次方案确实很符合陆军部的胃口，因为人们普遍预计，战争的即将结束也会终结之前建立起来的庞大陆军情报帝国。事实上，情报部队在两次世界大战之间基本上算是解散状态。特勤局拥有着广阔的海外工作，在政治情报上的角色也越来越重要。要是陆军部能够有效拿下特勤局，它自己的情报机构就不会被削弱得那么严重了。

斯维茨在10月30日告诉卡明，他的信（一个内部人士告诉卡明，它是由法朗奇上校起草的）用词不当，他本应当将它撕掉。但是这一斗争仍在继续。卡明在11月30日的日记里写道：

> 陆军情报局局长派人来叫我，巴塞洛米将军也在场。局长问我为什么没有回复他有关合并的备忘录，并询问我对这一方案的观点。但他却不允许我进行回答，而且看上去也不会考虑我的回答。介绍给我的康沃尔上校称赞了我们有关德国战事的报告。陆军情报局局长将会在下午4点来视察。

1　英国陆军内最高级的职务之一，主要负责人事工作。

这次视察还算让局长满意。但是卡明最后一句话还是反映了陆军部的主要想法，陆军部还是将特勤局——至少是其中涉及陆军的部分——视为自己的创造物，虽然不太服管。

斯维茨和卡明在元旦夜讨论了德国的未来工作。语调稍有变化，这是因为陆军部的方案当时已经搁置。在 11 月 25 日一封语调审慎的信中，哈丁勋爵虽然承认改革毫无疑问是必要的，但他还是建议在和会结果出来之前不要做出决定。霍尔在第二天的信中也支持了哈丁勋爵的观点，他在原则上不反对合并，但是建议等等看，留出思考的时间。重要的是，寇松勋爵领导的战时内阁委员会给出的一份评估——大概是在这之后不久就起草出来的——将特勤局描述为“属于外交部的工作”，并赞扬了特勤局的成果。这一评估极大地帮助了卡明和战后虎视眈眈的陆军部之间的斗争。

> 战争使得秘密情报工作在各方面都得到了极大地扩展。主要扩展的方面发生在外交部的工作，海外各类秘密情报组织得到了广泛增长，其中包括巨额开支。委员会有理由相信，尽管开支巨大，但成果将会证明它的价值。而它为英国政府提供的情报就算不比其他参战国获得的情报多，也不会少。

最终，外交部提供了资金。只要外交部看重它们提供资金的组织，特勤局的独立和生存就与外交部密切相关。卡明在12月期间的日记都很简短，部分是因为这一斗争。不过，他和海军情报部主任的会面越来越频繁［卡明参加国王基金（King’s Fund）会议的频率也在增多］。

上一章提到的一份有关培训和招募间谍的长篇笔记，卡明在这个月完成了。这是一份有趣的记录，涉及情报活动的各种操作和技巧——例如，使用密码、隐形墨水、信箱、伪装和密探——还有关于破坏行动的内容、如何有效满足多种情报需求：比如，如何描述一种新型飞机、怎么测量，等等。这在如今当然没有什么实用价值，是上一时代的遗迹。但其中蕴含着可以应用于古往今来一切情报机构的内容，例如开头的这句话：“情报就是基于它可以采取行动的信息。”这就意味着，情报机构无论在保护情报源时有多少担忧，但都不能漠视最基本的需求——毫无疑问，主要是战争的压力而非和平的安逸所带来的需求。

特别的是，其中还包括有价值的内容，比如建议身边要有一个技艺娴熟的专业窃贼，而且他就算去坐牢也不愿意出卖情报。这里引用的例子是“成功清空了奥地利领事馆和苏黎世秘密情报机构的保险箱”。它也提到了英国在战时招募了拥有一半英国血统的间谍，派他们前往自己拥有另一半血统的国家，但“没有取得任何成功”。它强调，对于任何一个新间谍，最初的诱惑在于，当他“刚刚坐在头等舱角落，口袋里还装着一捆货币时，他就克制不住自己的冲动，要和身边乘客谈谈他的秘密使命”。海军情报部分是由萨默维尔上校所写，他向递交报告的人警告，海军部的批评不会很好听，也没有什么建设性，“除了告诉你哪些东西不该写”。这显然是因为分析报告的军官很忙碌，没时间温柔。而他们在“行动”报告中往往会泄露其他秘密情报。

这份文件还显示，特勤局，或者叫作秘密情报局，或者叫作军情六处，又或者叫作军情一处（C），不再只是一个人和他的助手们组成，已经变成了一个官僚机构。

和前几年的圣诞节不一样，卡明在1918年圣诞节并没有哀叹和他一起工作的人是如此之少：“在办公室待了一整天，和同事一起吃午饭。”这顿午饭大概吃得挺愉快。不管怎样，大家都很喜欢的老头——我们不知道这个叫法带不带讽刺——还是观察到“大家工作懒散”。

第十八章　俄国历险

自 1909 年以来，英国在俄国情报行动的一手资料，在一战结束之后一段时间内达到了数量上的顶峰。其中包括萨默赛特·毛姆、塞缪尔·豪尔爵士、保罗·杜克斯（Paul Dukes）爵士、乔治·希尔、奥古斯都·阿加尔（Augustus Agar）和雷金纳德·蒂格 - 琼斯的叙述。当时最著名的人物是西德尼·赖利，得到了后世的广泛描写，其中最精准、最详尽、出版时间最晚的是戈登·布鲁克 - 谢泼德（Gordon Brook-Shepherd）的《铁迷宫》（*Iron Maze*）。这本书也记载了当时协约国所有的反布尔什维克行动。

这一主题亟待更多研究。我们有必要提到一些其他书籍的研究。除了《铁迷宫》，最生动、丰富和可靠的叙述来自保罗·杜克斯爵士的《间谍 ST25》（*Secret Agent ST25*, 1938、1949）、乔治·希尔的《侦察这片土地》以及奥古斯都·阿加尔的《波罗的海事件》（*Baltic Episode*）、《展示国旗》（*Showing the Flag*）和《海上的足迹》（*Footprints in the Sea*）。杜克斯从俄国回来之后，是秘密情报机构间谍中唯一向国王做口头汇报的人。他很快被封为了爵士。而阿加尔当场被国王授予维多利亚十字勋章和杰出服务勋章（DSO）。希尔的贡献依然被人低估，但他最为生动地描述了一系列革命前和革命后的破坏与情报活动（最初是针对德国人，后来针对俄国人）。他也描述了卡明可能会很喜欢的一件事——遇见了一个很有魅力、富有掠夺性的女强盗玛露西亚（Marucia）（和前面一样，她也是一个生气时会用手杖剑的人）。

所有人对卡明的描绘都很充满感情，杜克斯还将他的书题献给了卡明。他说卡明读过了这本书并表示认同。阿加尔说，在开启他的使命之前，卡明在他的俱乐部为他举办了一次送别午宴。阿加尔惊讶地发现，卡明“开车穿过骑兵卫队的岗哨、穿过大门。他向我解释，他是唯一拥有这个特权的五个人之一”。他们随后只聊了帆船的事情。午饭之后，卡明拍了拍年轻的阿加尔的后背，说：“孩子，祝你好运”，然后离开了。

杜克斯和希尔不仅承担了需要大胆勇气的任务，而且还就新生的苏维埃政府和俄国陆军内部情况提供了宝贵情报。有各种假名的杜克斯加入了红军、契卡［克格勃（KGB）前身］和共产党，而希尔被托洛茨基（Trotsky）亲自任命为航空视察员（Inspector of Aviation）。出身于俄国的赖利相对容易地取得契卡官员的身份。不可避免的是，他因为参与洛克哈特（Lockhart）密谋[1]（一个由俄国人策划的行动，现在一般被叫作“骗局”）、他的情妇组成的情报网络而更为人记住，而不是因为他和乔治·希尔在南俄提供质量更好的情报和分析工作。只不过，后者没有那么吸引眼球罢了。

无论是好是坏，神话都为任何情报机构的工作产生了持续影响。毫无疑问，赖利、杜克斯、阿加尔和其他人的活动，都为秘密情报机构在大博弈当中的神话添砖加瓦。在这些神话中，间谍不仅仅是审慎寻找情报的人，还是冒险行动的主角。詹姆斯·邦德（James Bond）的很多神话都要归功于他们。

这一时期英国在俄国行动的又一份公开来源，是豪尔在剑桥大学图书馆内大量的坦普伍德档案。档案明确显示，豪尔在1916年被卡明派往俄国是为了获取敌方贸易情况，而不要卷入大使馆的政治和外交工作。然而，也许鉴于豪尔的能力和脾性，卡明补充道：“但我不怀疑你会发现对象变得越来越广泛。”确实如此。豪尔的人脉之广可以从这一事实得到证明，他是第一个报告拉斯普金（Rasputin）之死的外国人（用电报向卡明报告）——他确保伦敦在俄国政府之前得到这一消息——而他也是第一个（也许是唯一一个？）被允许看一眼尸体的人。他和沙皇本人都交上了朋友。

坦普伍德文件中还有一份19页的文件打字稿。它是西德尼·赖利在伦敦所写，题为《俄国问题》（*The Russian Problem*），日期是1919年

1 洛克哈特是英国外交官，在1918年的莫斯科尝试破坏布尔什维克革命未果。后来有一种说法称，他的合作者其实是布尔什维克间谍，布尔什维克意图通过挑起这个密谋以破坏英法政府的声誉。故有作者在括号内的这些说法。

12 月 5 日。和当时其他文件一样，它在当代人眼里带有瑕疵，因为它所呼吁的事情——推翻布尔什维克——并未实现，而且它随意地建议采取不合实际的冒险行为。不过，这一冒险行为差一点就实现了，甚至列宁（Lenin）在有段时间里也这么觉得。这不是一份情报报告，而是尝试进行分析。赖利承认，协约国重大而又持续的干涉并不能推翻布尔什维克，所以他建议支持俄国内部的反对派、波罗的海和波兰的武装以实现这一目标。在推翻布尔什维克后，还要让俄国和德国建立起经济同盟关系，这样既能重建俄国，还能给德国的抱负以合法释放的机会。赖利认为后一点在安抚德国时至关重要。他认为，正如同布尔什维克主义带来毁灭，德国人生来也不会履行和约条款。

可惜的是，我们没有篇幅描写这一记载众多的时代的行动和人物，因此我们也不会详细描述协约国对俄国革命和革命之后俄国的政策。简而言之，协约国愿意干涉但不愿深陷其中。原因有成本的算计、国内对战争的厌倦、对布尔什维克主义的扩散感到不安、不认为国家核心利益受到威胁以及国内存在分歧，因此协约国犹豫不决。卡明的行动，包括情报搜集、干扰、破坏和援助英国陆军。多亏了杜克斯和希尔，卡明的行动从一开始就比大部分人所想象的要成功得多。而且我们还要注意，有关一家政府的报告往往存在这种限制：连政府本身都不知道它下一步会做什么。英国政府有关俄国事态的情报一度只能从卡明的情报源获得（当然，大部分报告都没能留存下来）。

至于协助部署在俄国和波罗的海地区的英军，奥古斯都·阿加尔几乎孤身一人摧毁了俄国波罗的海舰队。这是一个大胆而充满主动精神的行动，一般只有年轻人才能做到，而且是上级给予了清晰的总体意见，具体放手让他来做才能实现。卡明是从埃塞克斯的欧希岛（Osea Island）调来阿加尔的。阿加尔在那里正在参与研发海军最新最快的鱼雷快艇。阿加尔和两个手下（他们都是未婚，年龄不到 21 岁）以伪装的身份被派到波罗的海地区以救出一个神秘但很重要的英国人。他们对目标一无所知，但是知道把他救出来是一件很重要的事。由于偶然和敌人的行动，他们从未遇到他，但是卡明命令他们协助海军上将沃尔特·科万（Walter Cowan）的小型舰队降低俄国战舰们的威胁。卡明的指令让他们得以在海军高级军官的许可下使用他们的鱼雷艇。而沃尔特·科万——一个一打仗就高兴的人，这一点反映在布尔战争之中。一战时期，他在战壕里度过了他在海军的假期。当停战协议签署之时，他哭了。他在70岁时还担任突击手，二战时期和德国人作战——也是个会做出大胆决策的人。阿加尔派出鱼雷艇穿越雷区，进行了一系列大胆攻击，而且收获显著战果。

与此之时，他派人去救回的神秘英国人也设法回到了英国。外交部、海军部、陆军部和特勤局为他举办了一次欢迎晚宴，并同时收获了一枚国王十字勋章。他在卡明的办公室前第一次见到了本来该营救他的人。卡明故意让他们俩碰面。

> "杜克斯？"
> "阿加尔？"
> "你好！"
> 而站在一旁的卡明，靠在拐棍上，笑得很开心。

卡明日记没有反映出这些事件在伦敦的背景，但是补充了一些公共领域的反响。1924年有一份关于卡明在俄国行动的粗略和不太令人满意的内部总结。总结称，"在1917年秋天，布尔什维克政权出现的前夜，我国在俄国没有进行真正的秘密情报工作"。在此之前，卡明的代表——包括豪尔和长期在此的斯蒂芬·阿利少校——负责联络和交换情报，而卡明经常在俄国和伦敦代表见面，关系也很密切，从而让他获得沙皇的圣斯坦尼斯拉斯（St Stanislas）和圣弗拉基米尔（St Vladimir）勋章。

1917至1918年，随着俄国局势变换，俄国海外官员的位置也变得不确定和模糊起来，他们的薪酬也是如此。早在1917年3月4日，卡明就和刚刚回来的豪尔讨论，他在那边的工作该如何继续。英国驻俄大使希望继续派出英国军事使团并写信给哈丁勋爵（还建议豪尔在大使馆担任战争贸易顾问）。豪尔向卡明提议，要想在俄国取得秘密情报工作的成功，官方职位和一些表面职责是很重要的，"因为官员们都很多疑"（这似乎和国内的记录相反：某种情报或非法工作还在继续）。

十月革命不仅改变了俄国政府，也改变了英国和协约国政府对他们利益落在何处的看法，他们难以接近全新而又多变的权力中心。卡明在11月26日接待了一位叫巴特兰（Bartram）的少校。卡明在日记里记载道，巴特兰“刚刚出发，随时可以离开，但是布尔什维克正在阻止我们的信使出入俄国”。卡明在12月8日前往霍尔办公室会见“俄国秘密情报机构”的海军上将沃尔科夫（Volkov）和奥克汉德（Okerhand）中尉。“他们说，他们的秘密情报工作每月需要1.5万英镑的开支。如果我们承认的话，我们的财政部就需要承担这笔钱了。”如前所述，俄国有不少能力出色的情报机构。让英国人给其中一家——大概它从俄国不能持续拿到钱——出钱的主意显得很新奇。尽管每个月1.5万英镑算是一笔大钱，但是和英国准备为将俄国留在战争中而付出的钱相比，又显得微不足道。现在为卡明工作的萨默赛特·毛姆，在《英国特工阿申登》中描述了他随身带着大量黄金被派往俄国，为的是支持克伦斯基政府和让俄国继续参战。可是他到得太晚了，也发挥不了什么作用。但是这一记载显示出这一议题的重要性。[事实上，卡明日记里记载他在12月9日（星期日）——见俄国人的第二天——为毛姆洗尘接风。] 在和俄国人会面中，对方还典型地炫耀了他们的战果：“他们还提到P，一个恶棍，从他们手里骗了钱（向我们出示收据的照片），然后把我们的材料给了他们。我建议他们应当尝试干掉他。”

事实上，戈登·布鲁克-谢泼德引用的预测显示，英国干涉俄国的支出约1亿英镑，今天折合约45亿英镑。

俄国海外官员的困境在1918年进一步加深。任命他们的政府不再存在，而协约国又不承认新生的政府。1918年2月8日，叶莫洛夫将军向卡明推荐了一个俄国警探。卡明觉得他“长得挺老实，但身无分文”，就把他派给了H. V.［大概指的是瑞士的汉斯·魏谢尔］。他在那边的薪酬是每天1英镑，而他在伦敦的妻子和孩子也可以每天拿到1英镑。

几天后，陆军情报局局长反对雇用俄国军官，但他说他在原则上并不反对，并建议卡明咨询一下诺克斯将军（之前在莫斯科，后来负责俄国在西伯利亚的军事使团）。陆军情报局局长认为俄国人分成布尔什维克和亲德派，“后者是阶层更高的人，他们欢迎任何能够维持秩序的强权”。

卡明日记最早在1918年3月15日提到了西德尼·赖利，他们在这一天第一次会面。卡明从一开始就抱有怀疑，但是他太需要有人在俄国执行任务。“斯凯尔少校介绍了赖利先生给我，后者很愿意为我们去俄国。十分聪明——很令人怀疑——哪儿都去过，什么都做过。他会带着 500 英镑纸币和价值 750 英镑的钻石出发——远远超过他的需要。虽然这是一场豪赌，但我还是同意了。他去见我们在沃洛格达[1]（Vologda）、基辅和莫斯科等地的人。”卡明在 2 月 22 日和丹西前往伦敦城（City），从一位斯凯勒（Schuyler）先生手里购买了钻石。

这是为赖利首次出差做准备。他最终卷入了所谓的洛克哈特密谋以推翻政权［得名于为外交部工作的罗伯特·布鲁斯·洛克哈特（Robert Bruce Lockhart），他并不是像人们通常误以为的那样为秘密情报机构工作］。多亏了他的几个情妇帮助，以及卡明通过希尔和杜克斯这样间谍建立起的安全屋和信使网络，洛克哈特侥幸逃脱。有关俄国档案的一份历史记录显示，截至 1918 年 5 月［一个手写的评论对这一日期表示质疑］，卡明在俄国的工作人员（而不是间谍）包括一系列平民和军官，其中三人在莫斯科、五人在沃洛格达、二人在摩尔曼斯克（Murmansk）、二人在阿尔汉格尔斯克[2]（Archangel）、二人在彼得格勒，还有二人在斯德哥尔摩。斯凯尔少校在斯德哥尔摩监督整个行动。该记录还说，这一组织就持续了几个星期，直到英国和其他协约国官员被驱逐出俄国。

卡明在日记里提到的另一个有关俄国的计划，记载于 3 月 17 日。这一计划也牵涉推荐赖利的斯凯尔少校。卡明写道，斯凯尔“将派史蒂文斯（Stevens）前往加拿大以征募和培训前往俄国的间谍”。他大概是在英国移民中进行招募。斯凯尔还建议卡明向俄国修道院提供药品——从语境上来看，指的是医疗药品。这将会是“极好的宣传手段”。药品可以在加拿大采购，通过温哥华和符拉迪沃斯托克（海参崴）转运进入俄国。

卡明这时似乎在符拉迪沃斯托克有人。4 月 15 日，一个名字已经看不清的中尉［布因斯（Buins）或布利斯（Brims）？］从此处返回伦敦。卡明“严厉批评了”他，因为他的“信逃避审查。他崩溃了，相当可怜地抽泣起来。我给了他一个星期的假，而他却给我留下了海量需要阅读的文件！他显然很勤奋认真，而他的错误是出于无知”。一周后，中尉回来了，卡明发现

1 俄国西北部城市。

2 俄国西北部城市。

他依然生着病，压力很大："我又给了他想要的三个星期的假。"同一天，陆军部告诉他，他还是得给在俄国的斯蒂芬·阿利上校及其工作人员支付费用，但是阿利现在已经不属于卡明，而是属于陆军部。卡明感到不悦。他通过"V. A. 坎普（Kemp）"送去1000英镑。按照上文的历史记录显示，阿利还是属于卡明在摩尔曼斯克的工作人员，这进一步显示陆军任命人员的流动性。更让人困惑的是，霍尔在6月3日向卡明抱怨，陆军情报局局长向阿利下达指令并让卡明向阿利提供后者所需的一切："他说阿利的组织和我们在彼得格勒的一个人有联系，我可以通过他向阿利下达指令。"四天后，阿利递交了一份他的工作人员名单，"其中有两个叫斯默（Small）和考尔德（Calder）——是我们的人"。

卡明打电报给自己手下的一个人，让他前往彼得格勒，和海军驻外武官科隆比与博伊斯上尉保持联系。在契卡突袭英国大使馆之时，科隆比被杀害了，而博伊斯作为卡明在俄国的主要联络人，表现得不错。随后，林德利（Lindley）先生来访，"他回答了我的问题：（1）他认为博伊斯是最适合负责我们组织的人。（2）他应当驻在莫斯科。（3）如果需要，他将会向我的人提供经费。他高度赞赏他们的价值，尤其是麦克拉伦（Maclaren）和博伊斯。"林德利大概来自陆军部或外交部，他的建议说明从俄国过来的报告数量要比我们所知的多得多。

卡明在5月18日接待了另一位身份模糊的卢登（Louden）——或者叫伦敦（London）——先生。卡明说这位"是我们在俄国政治情报的新负责人——相当棒。他是爱尔兰记者——以《每日记事报》（*Daily Chronicle*）记者身份行事。我和他谈论了通信和密码相关事情"。与此同时，俄国海军驻外助理武官也给他带来了一些来自斯堪的纳维亚的文件。

俄国局势让人甚至难以得知什么人在什么地方，更别说执行任务了。6月2日，里德（Reid）中尉从莫斯科经摩尔曼斯克和卑尔根[1]（Bergen）回到伦敦，他随身携带着六个外交包裹。卡明在日记里写道："他相信我们的人驻在如下的地方"，然后他列举了莫斯科的七个人、摩尔曼斯克的一个人、沃洛格达的一个人和彼得格勒的一个人。不知道"我们的"指的是什么，但是看上去不只是特勤局。在莫斯科的人中，有一个是"洛克哈

1　挪威第二大城市，位于西海岸。

特先生（属于军方）”。

卡明第一次会见保罗·杜克斯发生在1918年7月29日：“杜克斯先生出人意料地从俄国归来。和他及萨姆森一起畅谈了一番。他看上去是我们工作的第一流人才。不过，他在心底里有点不服管。”卡明补发了他的欠薪，派他去见阿瑟·泰瑞尔爵士。两天后，他和一位工作在莫斯科的霍沃德（Howod）先生达成一致，尽力给他谋到一个职位，从而便于他和俄国人打交道。与此同时，霍沃德将会打扮成农民，在俄国四处调查。

随后，10月12日，卡明接待了一位叫佩蒂亚尼（Pediani）的夫人[1]。后者在一个月前离开了莫斯科，“做得非常好，在恐怖时期藏匿了两个希尔［乔治·希尔并不是卡明在俄国的唯一一个‘希尔’］”。他任命她为俄语翻译。他在同日还接待了沃达尔（Vodar）将军。卡明之前听人说沃达尔将军为布尔什维克服务，可是他现在发现，将军不仅没有为他们服务，而是“深深痛恨”他们。“而他的任务就是从他留在陆军部的参谋获得情报，直到事情败露。”两天后，他还和罗马尼亚前首相约内斯库[2]进行了一次有关俄国事务的长谈。后者呼吁协约国和德国联手，从南方进入俄国，将布尔什维克赶出去。

11月8日，赖利和博伊斯从俄国返回英国。后者曾被“关在彼得保罗要塞（Fortress of Peter and Paul），但不是很严重”。然而，赖利“感到十分愤怒，因为美国秘密情报机构竟然指控他背叛了洛克哈特。而洛克哈特则公开为赖利辩护过”。在该月晚些时候，当时还是少校的赖利依然要求“官方消除美国诽谤所带来的负面影响”。

美国政府在官方层面没有秘密情报机构，但是时不时有人为它执行秘密任务，尤其是在这时的俄国。卡明经常在日记里记载他和“美国秘密情报机构”联系，但他从不指明对方的具体姓名。有些美国人怀疑赖利是一个双面间谍，认为他向契卡泄露了推翻列宁政府的密谋。再加上当时碰巧有人尝试刺杀列宁，这两者共同造成洛克哈特及其他人被捕、协约国官员被驱逐以及赖利逃亡。赖利确实参与了洛克哈特的密谋，但他没有背叛。

1 意大利语。

2 此处存疑。作者指的应是塔克·约内斯库（Take Ionescu，1858—1922），罗马尼亚政治家，曾任罗马尼亚首相，但是担任时间是1921至1922年。他在1918年之前担任过副首相，1918年确实在伦敦。

事实上，虽然赖利极其自私自利，在牵扯金钱和女人时一般靠不住，但他在参加情报工作的历程中从没背叛过英国。他简短的情报工作生涯中，还有一个特点是他的魅力能够迷住绝大多数和他共事的人。当上级决定派博伊斯前往索菲亚（Sofia），在丹西领导下组建一个独立的俄国情报网络时，博伊斯请求让赖利和他一起去。卡明在同一天还接待了另一位拥有赖利这种天生魅力的人："彼得格勒大使洛克哈特先生来访，一番长谈。"他们在 12 月 11 日又进行了谈话。

博伊斯在 11 月 21 日启程前往索菲亚执行任务。这一天，疾病让卡明的办公室门可罗雀，大概是因为流感。赖利又多待了几天，在 12 月 3 日见了卡明一面，并在 12 日进行告别。

卡明一边继续向俄国派人以进一步执行任务和建立新的情报网络，一边四处从已经在俄国的人那里获得情报。11 月 12 日，他和归来的阿利少校谈话，却发现"有关我在俄国的组织，他无法提供多少信息，而且他明显觉得我没必要感谢他"。卡明还有其他事需要担心：12 月 5 日，一个"叫凯涅斯（Kenieus）的先生向我保证，彼得格勒大使馆的 E 密码是安全的，但是他不敢肯定莫斯科的伯恩（Bourne）密码的安全性"。

向俄国安排人手并不是仅仅为了宽慰自己的心，或者说他觉得这就是他该做的事。它反映出英国政府的优先级和决定。虽然英国政府的决定并不是稳固或一致的（比如，丘吉尔总是要求进行更多干涉，而劳合·乔治则恰恰相反），但是政府官员普遍认为，虽然英国和协约国正在断断续续地尝试破坏列宁政府的稳定，一个敌对的俄国还是将在不久后出现。卡明在年底向他在斯德哥尔摩的情报站发了一封没有标明日期的电报，后者之前向他寻求指导意见。电报反映了白厅在这一议题上的模棱两可态度——但是结尾是清晰的一句话，也许是卡明自己的想法："以后唯一需要考虑的敌人就是布尔什维克。"

12 月 28 日，卡明在日记里记录了和外交部哈丁勋爵的一次重要会面："他同意继续以每月 3000 英镑的开支负担我们在俄国的组织，直到 3 月 31 日。他也向不同国家寄送了反间谍部门的电报，与这些国家政府和警察一起合作，培养反布尔什维克的军事控制官员。"如前所述，在与哈丁的会面中，双方同意"卡明在每年 3 万镑的基础上建立一个和平时期的秘密情报机构。哈丁说这一数额还算符合标准”。

1918年卡明日记里还有一份列表，记录了卡明递交的13份备忘录，它们都和俄国有关。首先是3月15日的备忘录，主要内容是“赖利先生‘愿意为我们前往俄国’”，后来的备忘录表明，卡明为赖利提供了装有钻石的贴身腰包。要是说俄国革命确保秘密情报机构在战后生存下去，那么就太夸张了，但是确实起到了一定作用。

1919年卡明日记是迄今为止最单薄的一年。虽然在俄国的行动增多了，但相关记录只有十几条。其中有卡明在4月8日和巴兹尔·汤普森达成的共识。汤普森负责苏格兰场有关反布尔什维克和反颠覆的大量工作。双方同意特勤局负责所有海外的反布尔什维克工作。5月1日，他们获得陆军情报局局长的许可，得以使用海岸摩托艇（Coastal Motor Boats，简称CMB，其实就是鱼雷快艇）。5月7日，卡明和乐于助人的海岸摩托艇指挥官法朗奇上校在埃塞克斯检阅了这些海岸摩托艇。法朗奇同意卡明拿走两艘船、两个船员及包括探照灯在内的各种设备。如前所述，被选定负责此事的年轻军官奥古斯都·阿加尔，发表他对这次考察及其戏剧性后果的看法。卡明在5月25日的日记里再次提到了阿加尔。阿加尔在8月28日的日记里戏份更重，负责执行卡明在波罗的海地区任务的斯凯尔少校抱怨阿加尔“‘难以对付’，他让海军上将科万换掉他”。阿加尔在十天前打残了两艘军舰，击沉了一艘补给舰，自此之后，阿加尔的任务更加偏重海军，也没有那么秘密了，但是海军上将科万不太可能会觉得这位军官“难以对付”。不管怎样。阿加尔还是徒劳地尝试和杜克斯汇合（在最后一次尝试中，他和他的手下差点失事，侥幸逃脱）。杜克斯在一个星期后经由陆地逃脱（这不是他第一次令人意外地从俄国返回）。杜克斯的脱逃比起人们通常所认为的也许要有计划性得多。卡明在8月28日的另一则日记里写道，“ST 25在下周现身”。卡明也提到了，斯凯尔估计特勤局在俄国欠下“约6000英镑”。

卡明日记在11月17日提到了杜克斯的凯旋：“ST 25到了，他向我们动人地描述了俄国局势。”次日，卡明和陆军大臣（丘吉尔）谈了一个半小时，然后拜访了巴塞洛米将军和巴兹尔·汤普森爵士。他向寇松勋爵递交了报告，并在20日拜访了他在卡尔顿花园（Carlton House Terrace）

的家。12 月 5 日的日记里提到了对杜克斯的奖赏。陆军情报局局长声称对此毫不知情，直到卡明向他出示了证明他知情的书面证据。日记下一次提到杜克斯就是元旦夜了。他这一次是从斯堪的纳维亚归来，带来有关白俄情报工作的损失和背叛的消息，还推荐了三个信使。与此同时，卡明从哈丁勋爵那里获得了 2.5 万英镑的“特别临时拨款”，以继续在俄国工作。

对杜克斯的奖赏大概很慷慨。秘密情报局多年来有个传统，表现优异的间谍或官员，在从任务返回之后将会得到负责人的祝贺，并在离开办公室时作为鼓励获得一个厚厚的信封。我们对杜克斯和其他人在这一阶段的报告知之甚少，因而我们可能会低估他们对情报工作的贡献，尤其是杜克斯本人的贡献。他渗入了布尔什维克组织最高层，还向托洛茨基的“北线革命委员会”（Revolutionary Council of the Northern Front）里派了一个间谍，后者详细汇报了委员会会议内容。他有一份六页的详细报告保存至今，其中包括布尔什维克对英国和其他国家军队登陆地的预测以及计划的抵抗措施。戈登・布鲁克 - 谢泼德在《铁迷宫》中（附录三）引用了这份报告的第一页，报告列举了最有可能的登陆地，采取的布雷及其他措施，以及将要发放的武器和物资。

尽管有关布尔什维克的行动为秘密情报局获得了额外的资金，但裁员依然在继续。1920 年 3 月 3 日，卡明获准再保留二名女士用两个月时间完成资料登记——这也许是他梦寐以求的总部记录，他之前曾要求预算，但被拒绝了——以及保留另外一名女士“直到 4 月 1 日，以编辑布尔什维克相关的资料”。1919 年 9 月，他获准在一个“南俄组织”上支出 6000 英镑。这大概与派遣麦克唐纳德（MacDonald）上校加入诺克斯将军的西伯利亚军事使团有关。这一使团的任务是支持——而不是充分支持——白俄将军弗兰格尔（Wrangel）。诺克斯本人在当地招募了一名助理 F. B. 科尔比（F. B. Kirby）中尉。科尔比当时是路透社（Reuters）的记者。但如果历史记录是准确的，科尔比其实是在为卡明效力。而麦克唐纳德的任务似乎“和秘密情报工作一点关系都没有”。科尔比“都是和间谍”联络。在弗兰格尔垮台后，科尔比继续前往符拉迪沃斯托克，“确切地在此处建立一个秘密情报机构”（这不是当时记载中涉及的唯一一位记者，秘密情报机构在罗马也安排了一位记者）。次年（1920 年）8 月，卡明“同意杜克斯前往华沙，每个月 80 英镑，工作三个月”。

除了两个例外，卡明日记里绝大多数提到俄国事务都是预算数字和出差费用汇编。出差的人的名字都没有记录。比如，1921 年 4 月 19 日的日记就提到一笔 500 英镑的款项，包括一个间谍三个月的薪酬、旅行、生活必需品、娱乐、贿赂和临时开支。另外两处涉及的地方则更为重要，它们都是在 1921 年，不过他们有可能指的是 1922 年。这是因为 1921 年的日记绝大多数都是空白，而且前几段记录的打印日期被人用笔改成了 1922 年，而后面的记录还是写成 1921 年。卡明大概这时候身体不好，他有可能在 1922年重新使用没怎么用过的1921年日记[其中包括一份电报打字稿副本，是 1921 年 1 月 21 日发给克里斯蒂亚娜(Christiania)的]，但后面又没有了。1923 年——他人生的最后一年——没有写下日记。

然而，1921 年 4 月 26 日的日记（没有被改成 1922 年）很重要。卡明写道：“承诺付给杰克 750 英镑，从莫斯科回来后再给 750 英镑。要是他的报告出色，再给 500 英镑，条件是他以……［此处无法辨认，但单词开头是 M 或 A］……代表身份参加第三国际会议。”我们从中可以了解到，杰克是一个显然受到俄国人信任的间谍。他也许还是共产国际的成员。共产国际负责将苏维埃革命传播到其他地方——包括间谍和颠覆手段。这是西方政府最害怕的事情，所以渗入共产国际格外关键。在战间期[1]的晚些时候，秘密情报局进行了一次价值重大的渗入——强尼（Jonny）事件——但是薪酬不菲的杰克显然要在此之前就渗入进去了。除了这则记录，我们对杰克一无所知。但比起我们现在所知道的英国和白俄的冒险家，杰克显然受另一种指令指挥。

杰克有可能就是 BP 11，后者是爱沙尼亚的一个情报源，他渗入了苏俄外交人民委员会副委员马克西姆·李维诺夫[2]的办公室。但是 BP 11 后来提供的电报摘要遭到了怀疑。卡明从巴兹尔·汤普森的组织那里还接过了一个情报源。不过，无论杰克是谁，听上去要比赖利等人更像个当代间谍，

1 一战和二战之间的间隔期，在西方一般指的是 1918 至 1939 年。

2 马克西姆·李维诺夫（Maxim Litvinov，1876—1951），苏联外交官，曾任苏俄驻美大使（1918—1919）、苏联外交人民委员（1930—1939）、苏联驻美大使（1941—1943）。值得一提的是，李维诺夫在 1917 至 1918 年是苏俄在英国的全权代表，后被英国逮捕。英国在洛克哈特一案中用他与苏俄交换洛克哈特。

也许算得上第一例我们现在所谓的“冷战型”间谍。布鲁克 - 谢泼德在《铁迷宫》（第 307 页）里提到了哈里·卡尔（Harry Carr），秘密情报局在赫尔辛福斯（Helsingfors，后来的赫尔辛基）情报站的负责人，这个情报站在 1924 年之前一直可以获得俄共（布）政治局和共产国际的文件。

1924 年是卡明去世一年之后了。但是吉尔·本内特（Gill Bennett）在研究外交部的专著《1924 年季诺维也夫来信》（*The Zinoviev Letter of 1924*, 1999）中指出，在 1924 年之时或之前，里加有提供文件的情报源，至少一个情报源可以接触到共产国际的文件。季诺维也夫是共产国际主席，这封著名的信据称是他写给英国共产党的，指示对方“动员起广泛的工人群众”。秘密情报局从里加寄出了这封信，并在 1924 年 10 月英国大选前由伦敦媒体公布。它引发的政治轰动一直回荡到今日。尽管这封信反映出季诺维也夫和共产国际的抱负与期望，但它很有可能是伪造的，或者至少没有像人们所说的那样寄出去。人们到现在也不知道炮制这封信的秘密情报局间谍是谁，也不知道在伦敦泄露这封信内容的官员身份——尽管秘密情报局内外有不少 “嫌疑人”。如果这封信是一个间谍提供，那么有可能就是杰克提供的。但我们要强调的是，我们怀疑的理由只是因为存在杰克这个人，而且他参加了第三国际。

这封信的来源也有可能是柏林一个知名仿造者和情报贩子弗拉基米尔·奥洛夫（Vladimir Orlov）。布鲁克 - 谢泼德记载道，法国警察称这个人从柏林向法国、德国、波兰、布尔什维克和其他人提供情报，其中甚至还包括英国情报机构。事实上，布鲁克 - 谢泼德引用的法国秘密情报机构一份报告称，他是一个“英国间谍”。卡明也许和他有联系。在杜克斯前往华沙的那一天（1920 年 8 月 19 日），卡明在日记里提到了“奥洛夫”（Orlov）：“同意奥洛夫前往巴黎、柏林、维也纳、斯德哥尔摩、哥本哈根和罗马，开支 500 英镑。”奥洛夫（Orlof 或 Orlov）是个常用名，但是人们在这种语境下很难不怀疑卡明手下的这个人就是仿造者（本内特的作品里也明确表示秘密情报局十分了解奥洛夫的仿制活动）。

卡明日记的最后几页有一份无日期、无出处的剪报，里面列举了苏俄的情报工作和颠覆目标，杰克有可能——不过，这还是纯粹出于推测——是这些情报的最终来源。它强调了培养政府雇员的重要性，还有认出情报官员和他们房子、办公室，获得印章、图章、表格和照片的重要性，以及确定“我们”的哪些人被逮捕了。这本来应该出现在五六十年后的冷战教科书当中。我们不妨进行进一步推测，如果让大众获知苏俄意图（20 世纪 20 年代，不少相关个人都决心促成此事）是政策之一，那么泄露季诺维也夫来信只是政策的进一步延伸，也许只是一系列情报文件泄露事件之一。不过，季诺维也夫来信事件是最知名的。这一谜团难以得到解决，但杰克有可能在此之中发挥过作用。

第十九章 大争斗

英国政府热诚而又犹豫地渴望在俄国扶持代理人打仗。但是支持这一观点是一回事，本国的官僚争斗又是另外一回事了。后者更加苛刻、消磨人的锐气，而且至少在卡明看来，要比工作中的各种挑战更加让人情绪起伏。其中最致命——不过，还是比较容易——的一个争斗就是在战后肃杀的紧缩气氛下为秘密情报机构赢得生存。而与之相关的则是陆军部再次出现病毒般扩张的威胁。正如人们在下议院往往看到的这样，你的对手站在你的面前，可你的敌人躲在你的背后。

不过，在我们探究这些争斗之前，我们应该审视一下卡明最后几年日记里提到的其他话题。首先，1919 年，有证据显示梅和卡明作为一个整体出现在社交活动中，这在卡明日记里其他部分从未出现过。他在 4 月 12 日参加了一场官方晚宴，看上去像是“德·比尔德家（de Bildts）的”晚宴。卡明日记里列举了一系列宾客名单，包括卡那封（Carnarvon）夫人和埃里克·汉布罗（Eric Hambro）爵士，最后是“C 上校及夫人”。当然，这不一定指的是他和梅，但他偶尔确实以第三人称称呼自己。而他在第二天驱车前往伯斯尔登待了两天。德·比尔德一家在这个月其他时间的日记里又出现了。“M. 德·比尔德”是 4 月 27 日（星期日）唯一的一则记录。次日，“M 带 M. 德·比尔德前往温莎城堡的午宴”。（这应该是孟席斯，他和王室有关系，但也有可能指的是梅。）

不过，下一次就十分明确地提到梅了。这是一封很少见的写给卡明的私人信件，写信者是他在新森林伯恩福特屋时期的老熟人，写于 1919 年 9 月。写信者推荐某人任职，并说伯恩福特已经被卖掉，他希望卡明能够回来——“住在森林的人发生了许多变化”——在此终老，“对卡明夫人致以最衷心的问候”。卡明在 1919 年 7 月 26 日被封为爵士，不过他在日记里并没有提到这件事。不过，如果他对霍尔被封为爵士而感到快乐，那么他对自己被封为爵士也会感到深深地满足（特别的是，这是一个和梅共同分享的荣誉）。

1919 年的第一则和最后一则日记，都是很典型的车辆列表（他仅在瑞士就拥有六辆车，包括一辆带有边车的摩托车）。1 月 26 日，在他和汀斯利的长谈中，我们了解到他在德国依然被要求维持运作的工作类型。

> 康沃尔上校对德国的考察结果证实了陆军情报局局长的观点：我们需要扩展我们在德国的组织，保证常设人员可以提供报告，呈现社会不同阶级对局势变化的观点。汀斯利指出他现在在德国有 14 个一流间谍，但是我们付给他们每天 2 英镑的薪酬只够基本生活费用。

这并不是空欢喜一场：德国政局变化和重整武装使它依然是情报目标。1919 年 12 月 5 日，海军情报部主任“打电话跟我说，他希望获得任何有关德国海军行动的信息。他们有八艘老旧战舰和六艘还算不错的轻型巡洋舰。它们现在在何处？在波罗的海，还是北海港口？派高夫（Goff）中校过去，并且让人叫来希尔顿（Hilton），让他今晚动身前往德国”。

1920 年 1 月 2 日，伴随着不祥之兆，卡明拜访外交部次长的私人秘书内维尔·布兰德（Neville Bland）。他是坎贝尔的继任者。卡明汇报了“日本派出信使——从伯尔尼到罗马。截获的情报显示，日本、意大利和德国之间出现友好关系（有可能是商业层面）的尝试”。同一天，卡明还记录了有关南美的进一步内容，他提及“有个在布宜诺斯艾利斯”的联络人“将会为我们无偿工作”。

1920 年 9 月 16 日的日记提到了在战时的德国完成的某些工作——虽然连卡明都感到意外。日记记录的是为一个间谍争取养老金或奖赏，他的名字我们看不清了。

> 汀斯利来了。他告诉我，×× 是他的间谍，成功地从德国陆军部那里偷来一些保险箱，为陆军总部提供了极大帮助。我们经常从麦克

> 唐纳那里收到有关此事的嘉奖电报。我从没听过这些事，也没听过这个人，更没听说过他的手段。但是 W 上校告诉我，他在上个耶稣受难节向我展示了一封来自陆军部的信件，有关使用吗啡的指令——这封信是寄给这个人的。

军情五处的霍尔特 - 威尔逊（Holt-Wilson）上校在 11 月 27 日赞扬了卡明领导秘密情报机构在战时的表现。卡明对此显然感到很愉快，于是详细引用了他的话：

> 霍尔特–威尔逊上校告诉我，他在科隆（Köhln）见到了一位高级官员——当地警察局局长。局长跟他说："我们犯下的一个致命错误就是低估了你们的秘密情报机构。我们现在才知道，他们对我们的了解，是我们对他们了解的 100 倍，是我们以为他们所了解的 1000 倍。要不是我们在这一件事上估计失误，也许你今天就是站在伦敦回答我的问题了。"

1 月 31 日，卡明拜见了第一海务大臣沃尔特·龙格（Walter Long）。随着讨论继续，卡明才意识到，龙格一直以为秘密情报机构是秘密警察力量。然而，一旦消除这一误会，"他就显得对我的工作很满意，谈话也让我觉得很愉快"。他在 2 月 20 日的日记里列出了十二名化学家、实验室工作人员和其他人，其中还包括二名语言学家。这二名语言学家是他从巴兹尔·汤普森爵士的反颠覆组织中获得的。这个反颠覆组织的负责人叫沃辛顿。然而，两个星期后，卡明就得告诉沃辛顿一个坏消息：他不能雇用他手下的那些人，但是他可以接受"他的装备——工具、药品等"。与此同时，他也让自己的密码参加了 40 号房间组织的破译测试。他并没有提到结果如何。

这一年的预算进一步遭到了削减。9 月 1 日，卡明在日记里列举了八名秘书和二名职员，他得在那一天向他们发出提前一个月的解雇通知。可是某些地区的活动还要增加。9 月 17 日，在海军部一次有关"西班牙组织"的讨论中，他同意汤普森中校的意见："我们现在唯一可行的计划就是继续他们在北方的活动。”10 月 8 日，陆军部召开了一次有凯尔和其他人参加的会议，讨论的话题是香港、新加坡、直布罗陀和马耳他的未来控制问题。“会议决定，从凯尔部门向我的办公室调去一名军官，然后由我一个人负责香港。凯尔继续负责直布罗陀、新加坡和马耳他——而我也有类似的机构，在马耳他保有一位工作人员……但他不可以做情报搜集工作。”

三天后，卡明和外交部的罗纳德·坎贝尔达成了一个关键协议（他有段时间似乎同时与坎贝尔和布兰德打交道）。

> 我问他，在我的工作人员中，如果他们的薪酬是用秘密情报工作经费支付，那他们能否免于缴纳个人所得税。因为我注意到，国家不会有什么损失，因为他们的薪酬本来就是按照税后计算的，要是再扣除个人所得税，那么他们的薪酬也得相应提高。而且不能让他们的名字与秘密情报工作的关联为任何人得知。他同意了。

这一实惠而又可取的操作一直延续到二战结束后——直到那时，秘密情报局工作人员才再次进入税收体系，并第一次引入了公务员养老金体系（Crown Service pension system）。外交部次长的私人秘书竟然在没有咨询财政部的情况下，就以外交部次长的名义批准了这一提议。这一史实也许反映了白厅权力地位的变迁。

1919 年，卡明搬了他的家和总部。不过，他并没有在日记里指出这一点。他离开白厅大厦，搬到了西肯辛顿时髦但不会引人注意的梅尔伯里路（Melbury Road）。可惜的是，他的选择——这条路的 1 号——现在已经变成了一堆平房，也许是战时轰炸的结果。这是受到成功艺术家钟爱的一条路。路上的蓝色饰匾是为了纪念霍尔曼·亨特（Holman Hunt）和哈默·索尼克罗夫特（Hamo Thorneycroft）爵士，而 6 号是 G. F. 瓦茨（G. F. Watts）所建。这里的房子都很大，通常带有维多利亚时代晚期糖果店的风格，房间众多，窗户不小，还有装饰良好的商店大门。按照凯瑟琳·穆雷的回忆，卡明的住处在楼上，地下室是餐厅和厨房，而房子其他部分则用作办公室。有趣的是，内阁情报工作委员会在 1925 年的一份报告显示，英国五大情报组织总部都在西伦敦或附近，委员会建议它们搬到离英国政府近一点的地方。

卡明向西搬迁总部绝非突然之举，而是受到战后预算削减的影响。他至少在1918年7月7日就已经在盘算这件事了。他在那天写信给罗纳德·坎贝尔，建议“租一栋小房子，租约不超过五到七年。这栋房子里容纳的是我组织新的扩充部分，可以与总部保持独立。处理的工作是需要保持绝对秘密地位的方案或计划”。事实上，这栋房子没有成为他的秘密分部，而是成了他的家和总部。1919年8月，在高级工作人员会议讨论中，大家同意：一旦房子准备好就尽快搬进去；只有各部门领导者搬进去；不让其他任何人知道地址（不过，他们考虑让陆军情报局局长知道，因为后者的名字后面跟了一个带有问号的括号）；裁员直到符合战后的新要求；办公室在星期六中午到星期一早上10点间关闭。

考虑到卡明一直顽固地坚持他被任命的职务叫作“秘密情报机构负责人”，并且从来不承认其他名号。会议有一个让人意外的点就是把机构名称叫作特别情报局（Special Intelligence Bureau）。这也许只是会上某个人的建议。无论如何，这个名字没有被采用。办公室在12月23日搬家，而卡明在此之前就已经搬过去了。他在4月20日用航海术语记录道：“在1号卸下货物：书本。”这预示着之前圣诞节所不曾有的轻松气氛：“职员们在星期三晚上［平安夜］起开始放假。”卡明在日记里记录道。

1919年1月初，卡明需要向两名犯错的少校提出批评。一位是G. G.少校，“在问及他在高加索的行为时，他显得十分愤怒”。更严重的是来自瑞士的兰利少校，他在孟席斯在场的情况下被告知，“他是我的属下，只需要服从我的命令。任命他担任驻外助理武官只是伪装。而他在向驻外武官的信中谈论公务、批评我给他下达的命令，他这是严重的行为不当，我不会再宽恕第二次”。兰利少校后来又来拜访了一次，愿意悔过，“我们在分别时又是朋友了”。当月另一次涉及工作人员的问题是陆军情报局局长建议，“我们最好接受诺贝尔的（Noble’s）［大概是诺里的（Knolly’s）？］辞职——他谈到了他的密码学校”。

罗纳德·坎贝尔要去巴黎待十天。他向卡明保证，陆军部最新的合并提议并不“吓人”。与此同时，罗伯特·纳森（Robert Nathan）爵士开始出现在卡明日记里，他最初是和爱尔兰的工作有关——1月，“J.梯利（J.

Tiley）爵士承诺，为纳森在爱尔兰的工作每年支付1000英镑”——后来多半是和印度工作有关。作为外交部的高级官员，纳森在卡明的事务中十分重要，也发挥了巨大作用，后来负责分析和分发情报。

从本质上而言，“印度的工作”包括招募间谍和运行沃林格少校的印度政治情报机构，该组织代表印度政府搜集印度海外异议者的情报。沃林格在伦敦指挥他的机构。他和卡明经常见面讨论，尤其是讨论如何对付印度在瑞士的异议者。比如，3月27日，卡明提议在日内瓦给沃林格每年1500英镑，以“换来他所有的非印度职员”。双方在12月达成一致，在印度政府批准后，由丹纳姆负责卡明的印度工作部门。三年预算高达1万英镑，而印度政府将要支付迄今为止的薪酬和办公费用（不过，卡明在1921年1月3日的日记里记录道，他得付给丹纳姆每年600英镑）。卡明在12月15日的日记里列举了间谍的支出，其中显示该网络涉及上海、香港以及日本、马尼拉。（这一列表还包括十二个银行账户，其中第七个被标为“霍尔——奖励”。前任海军情报部主任有可能因他对战争的贡献而获得大量金钱奖励，而根据我们不了解的某个指令，由卡明提供资金。）

正如他的海外反颠覆网络——以巴兹尔·汤普森的名义——一样，卡明的印度工作经常出现在他最后几年与白厅的通信中。毫无疑问，这一工作在他争取秘密情报机构的生存和独立时发挥了重要作用。

有个名字在卡明日记里只出现了一次，那就是1920年9月1日的H. G. 威尔斯[1]。我们不确定是不是那位作家，但看上去存在这个可能性。有一个关于瑞士事务的会议——在瑞士针对其他目标的工作，尤其是印度——卡明让桑普森上校和莫顿少校参加了会议。会上有人建议，应当将“沃林格有关印度工作的费用从1000英镑减少到500英镑”。卡明日记在此之后记录道：“与桑（Sam）和莫顿一起拜访了J. A. W.［沃林格］，他同意接受预算削减，并将尽其所能。我们达成一致，让H. G. 威尔斯的报告从沃林格那里直接交到桑手上。”

除了卡明日记里提到的“报告”，威尔斯在此不久前访问过俄国并见到了列宁。他和马克西姆·高尔基（Maxim Gorky）及后来的俄国大使关

1　同名的H. G. 威尔斯（H. G. Wells，1866—1946），英国著名作家，与凡尔纳等人被并称为“科幻小说之父”，代表作有《时间机器》《世界大战》。

系密切。他是苏俄第一任驻伦敦大使马克西姆·李维诺夫之妻艾薇·洛（Ivy Low）的朋友。威尔斯不是极权主义者，但他同情共产主义实验的目标。他似乎和萧伯纳（George Bernard Shaw）、费边社的韦伯（Webb）夫妇及列宁所谓的“有用的白痴”一样，被俄国传统的波将金村[1]传统所迷惑，被俄国人视为他们在西方具有影响力的朋友——虽然他并不是。无论这里是不是这个威尔斯，卡明大概确实在利用他这样的人汇报与苏俄官员有关的事情。同情者并不总是不乐意汇报他们的所见所闻。一个人如果不是同情者，甚至都无法接触到这些东西。

巧合的是，卡明日记里两次提到了同一个人——塞尔文·劳埃[2]，他在8月20日被提前一个月通知解雇。他如果是后来那个保守党政客，那实在是很有意思。但我们不知道一个15岁的人能为卡明做什么，除非他作为童子军或跑腿的。这个劳埃也许指的是密码部门的一名职员。

9月28日，卡明记录了他与一位叫西耶里（Sillery）先生的会面，后者“叙述了他的情报工作经历”，其中包括1905年在君士坦丁堡向时任英国首相[3]汇报德国尝试在红海获得一个加煤站的情报：“因此，N. 奥康纳（N. O' Connor）爵士在当晚拜访苏丹，坚持要求停止这类谈判。否则，将动用舰队，切断全部交易。”后来，1914年9月，西耶里先生建立了他自己的护照管制体系，促成意欲炸毁苏伊士运河的卡斯米尔·罗伯特·莫尔斯（Kasimir Robert Mors）等人在亚历山大港被关押。

1920年3月15日，卡明从哈丁勋爵那里收到一则“明确指示”，要求他关闭在斯德哥尔摩、马德里、赫尔辛基、克里斯蒂安那、华沙、雅典、哥本哈根和的里雅斯特的情报站。卡明向每个城市的情报站都发送了要求关闭的电报。然而，他在3月24日“收到了哈丁勋爵的指示，收回上一条命令”，于是他又向各情报站发送了收回命令的电报。官僚在这里很不寻常地匆忙而又混乱，其背后理由当然是被迫执行的大幅削减公共开支。

过去几十年来，政府部门已经习惯了这种削减。然而，政府开支在事

1　指的是叶卡捷琳娜二世手下宠臣波将金糊弄视察以骗取女皇欢心的故事。

2　同名的塞尔文·劳埃（Selwyn Lloyd，1904—1978），英国保守党政治家，曾任下议院议长（1971—1976）、财政大臣（1960—1962）、外交大臣（1955—1960）、国防大臣（1955）。

3　应该指的是阿瑟·贝尔福。

实上却越来越多，绝大多数的“削减”只不过是减少未来预计增幅。可是在卡明那个年代，削减就是削减。1920 至 1922 年的信件和日记里，卡明经常提到绝对值和百分比的削减。削减数额经常变化，而且我们也不清楚预测的数字是否符合实际开支。但是后面的实例还是反映了削减的力度。在 1919 年 3 月写给罗纳德 · 坎贝尔的信中，卡明称他在停战协议时期的开支是每月 8 万英镑，这样一年不到 100 万英镑；而写信时候的开支已经是前者的一半；到了 1920 年 2 月，他得知他的年度开支已经被降到 6.5 万英镑。后来似乎一直保持这个预算——只不过是在理论上，因为卡明在 1922 年 1 月写给接替哈丁担任外交部次长的艾尔 · 克罗[1]爵士的信中说，如果要满足政府有关部门的情报需求，那就需要每年 15 万英镑的预算（如前所述，仅仅陆军部有关德国的情报需求就需要 3 万英镑左右），而 6.5 万英镑依然是“我预计自己预算的基准”。他说，这意味着关闭 23 个海外情报站，减少伦敦工作 35% 的支出、君士坦丁堡与近东工作 40% 的支出、俄国工作 33% 的支出、德国工作 66% 的支出，以及荷兰工作 90% 的支出。

如前所述，1921 至 1922 年的日记凌乱混杂。而 1921 年 1 月 11 日、12 日的日期被手写改成了 1922 年。它涉及又一位惹麻烦的少校。但它与此同时让我们明白，为什么卡明对他的日记那么不上心。

莫顿少校负责办公室的组织，向卡明抱怨道，“他的军事训练让他意识到，办公室缺乏秩序，而他作为‘副官’需要带来秩序”。卡明觉得这倒是他的职责所在。莫顿后面又抱怨罗纳德 · 坎贝尔的继任者内维尔 · 布兰德所扮演的角色。他说布兰德竟然成了“卡明的真正主人”，他暗示卡明少理睬布兰德。卡明认为这一意见“极其恶劣、有害无益。他不断施加影响力，让我反对我的上司”。

莫顿次日又进行了更多抱怨，逼迫卡明提醒他——

> 他利用我生病的机会，向办公室下发了三份有关流程的长篇备忘录。他既没有事先交给我审核，也没有在我回来工作后拿给我看。尽管他的言论是正确的，但他的态度是十分不友好的……我不得不认为，

1　艾尔 · 克罗（Eyre Crowe，1864—1925），英国外交家，英国外交部有关德国事务专家。

> 他不是在和我共事，也不是为我工作，而是为了反对我而工作。他很勤奋、热心，但误以为自己才是组织真正的关键核心……我认为，我的病情让他以为不久后他就可以控制办公室。这一点扰乱了他的平衡。

卡明很少提到自己身体欠佳。但上段文字显示，他显然因病离开过工作一段时间，甚至有可能是 1921 年大多数时间和 1922 年一部分时间。弗兰克·斯塔格的回忆录中也有一些暗示："众所周知，'C' 后来受到'心绞痛'的折磨。在一次为他举行的告别晚宴上（1921 年？ 1920 年？），'眨眼男'大力赞扬了他的优异工作。卡明回答道：'……爵士，你马上就要埋葬"C"了，不用称赞他。'没过几周，卡明真的入土为安了。"

斯塔格搞错了年份——一定是 1922 年或 1923 年，更有可能是后者——他当时也许不在场，因为他在书中说自己在 1917 年回到了海上。但是他传达的讯息很明确：60 岁出头的"老头"，真的成了一个老头。我们从凯瑟琳·穆雷的信件中可以看到有关他病情的明确证据。

研究季诺维也夫来信事件的学者也可以从吉尔·本内特的叙述中了解到，秘密情报机构的戴斯蒙德·莫顿（Desmond Morton，也许就是卡明上面提到的莫顿少校）是将信件泄露给媒体和保守党的主要嫌疑人之一。卡明对他的评价并不意味着他就是泄露者，但确实让人觉得他做得出"下克上"的事情。

另一处证据暗示这时卡明的身体已经没那么好了：白厅这些年有关资金的信件以及陆军部有关合并的威胁。直到 1920 年及之前，卡明经常自己就这些事回信，但后面他的亲笔信数量出现了显著下降。

1922 年初的特色是惹麻烦的工作人员。1 月 17 日，卡明与艾尔·克罗爵士讨论了一个叫兰顿（Langton）的人："我们决定让斯派洛（Sparrow）在 R. H. 坎贝尔在场的情况下审问兰顿。他同意我写给公诉人的信。"

他见了艾尔爵士好几次。1 月 14 日［应该是 1921 年，而非 1922 年］，外交部召开了一次会议，有关秘密情报机构报告的转交和秘密情报机构代表与大使馆之间的联络。会后，外交部向外交使团负责人下达了指令，而秘密情报机构也同时向情报站站长下达了指令。这些指令为外交部和秘密情报机构之间一种新型情报关系的确立奠定了基础。

罗伯特·纳森爵士——现在是秘密情报局第五部门负责人——负责和外交部下属部门领导者联络，酌情向外交部转交报告的摘要或原文。在合适的情况下，也可以进行口头汇报。外交部自称，“被海量、笨重的情报所淹没，其数量级让任何情报检查成了不可能”。它会就白厅进一步分发政治报告而提供建议。外交使团负责人被告知：“今天，传统类型的秘密情报工作已经结束，离奇的传奇剧让位于更加清醒的询问方式。外交官不再像之前那样需要卷起衣服下摆。”同样，秘密情报局情报站站长被告知，“你在未来的表现大大取决于大使的报告”。卡明对这些安排感到十分满意。

在日期被笔头改成1922年2月2日的记录中，卡明和内维尔·布兰德讨论了有关他继任者的选择。这是卡明日记里唯一一次提到这一话题：“讨论我的继任者。他说，陆军情报局局长或SMI都不行。他觉得海军出身的人要更好些。R有点小，而RRS太老了。”我们不知道日记里提到的这些人是谁，但卡明记录这次谈话的方式意味着这是一个长期讨论的话题，而非一个紧急议题。布兰德随后和艾尔·克罗爵士讨论了将秘密情报局报告转发给财政部和卫生部的事宜。艾尔爵士“认为，我们已经有了太多的公开性。从原则上而言，我们的所有报告——除了交给海军部、陆军部和AF［空军（Air Force）］的报告——都要经过外交部”。

6天后——或者是358天前——的2月8日，“温斯顿·丘吉尔先生”派人叫来卡明，“跟我谈论前往巴黎的盖革（Geiger）少校。我告诉他，一切取决于他和内政大臣和法国工作人员相处如何。他打电话给盖革少校，让他星期五过来”。同日，卡明和罗伯特·纳森爵士及其他人讨论了在安特卫普会见一个叫拉西什·纳库（Rasisch Nakoo）的夫人。他同意安排100英镑的预算以“保护那位女士，让她免受之前朋友复仇的威胁”。

1921年5月，卡明在日记里隐晦地提到了在德国的情报组织——“德国外交部的组织——［海克尔曼（Hackerman）］，德国警察的组织（施瓦茨）”——但是在秘密情报局的工作人员和间谍数量，他的描述就更加具体了。在题为“今日现状”的记录中，卡明列举道，秘密情报局总部有65名工作人员，海外有132名工作人员和484名间谍，总数是681人。卡明补充的记录表示，工作人员的数字还包括护照管制官员（包括纯粹的、不参与情报工作的护照管制官员）。间谍总量也许高于我们的预计。但由于我们不知道标准，所以我们也不知道其中有多少间谍是负责提供情报的间谍。但我们从当时一份题为“秘密情报局评价”的文件中得知，“65”这个数字对于总部工作常设人员的数量而言，算得上“维持广泛、互联和国外情报机构运作”的最低限度。这份文件后来还提到了秘密情报局每年产生 1.3 万份报告，让我们有点理解外交部被文件压不过来的感觉了。

5 月底，卡明寻求增强他在纽约所谓的“威尔伯福斯（Wilberforce）局”。这个机构在理想状态下是一个可以得到扩充的核心团队。他在日记里记录道，他们需要一个住在纽约的英国人，和官方没有任何联系，能够为卡明做兼职工作，薪酬是 1000 英镑，外加 1000 英镑的间谍费用和临时开支，通过一系列商业密码和普通邮件进行联系。我们之前提到过美国宣传费用的庞大开支。虽然这有可能是那次行动的延伸，但这次增强也有可能是针对一个非美国人的目标。不过，由于这个职员或间谍不能与官方有联系，他大概不受当时有效的一则全面禁令限制——秘密情报局的情报站不得对所在国家进行情报工作。

卡明日记的最后几页包含布尔什维克的剪报、寇松报告中的赞扬——我们之前提到过——以及一系列车辆列表和注册号，还有各种收据，包括钢梁、角钢、耶鲁锁[1]（Yale locks）、引擎盖、数加仑的清漆，以及付给一个叫埃文斯（Evans）的杂工的款项。对于卡明而言，公私之分总是那么不明晰——也许不是很妥当——这些收据和款项大概和他在伯斯尔登建造的房屋有关，而与秘密情报局无涉。

如果问卡明，在他最后年月中，工作中最主要的议题是什么。卡明大概会说是钱和陆军部，钱太少了，而陆军部的存在感太多了。和秘密情报局早期战前岁月一样，这些议题不仅反映在卡明日记里，而且还保存在留存到今天的白厅通信中。卡明一定觉得，他挚爱的秘密情报局就要回到起点了，面临着回到原处的严峻危险。他似乎是在无望地挣脱陆军部的控制。许多因素造成了秘密情报局最终延续下来。很早以来对德国重整军备的怀疑、苏俄的诞生、国际政治的动荡局势、政治领导人和外交部态度的改变——但要不是秘密情报局在战时表现如此出色，这些因素加起来也不够。它要不是在政治上展现出潜力，秘密情报局是无法度过和平时期的刺骨寒

1　常装于房屋大门，钥匙呈扁平锯齿状。

风的。

在一系列斗争之后，秘密情报局才获得了生存和独立。这些斗争的根源可以追溯到1909年建立之时固有的、模糊的领导机制。1916年，陆军部在一封信中——大概是法朗奇上校所写——说道，1909年决定让两个情报机构负责人由退休军官担任，是为了确保“行政管理的延续性，负责人了解之前的环境和程序”。法朗奇在这封信中建议设立一个机构同时控制这两个情报机构，并“负责和外交部进行一切协商”。

如前所述，1916年，特勤局在越来越多的场合被称为军情一处（C）。卡明在写给外交部的信中谈到了法朗奇的这封信，他抱怨道：“法朗奇上校要求控制陆军部的下属部门——就是我的部门——但没有提到这个部门的负责人。”他继续直言不讳地说道，自1909年起，他就不断被陆军部所削弱：“机构当前的最大缺陷就是军方对其负责人缺乏支持。”不过，他强调，他与法朗奇和麦克唐纳的关系“都是最友好的，我对他们感到深深感激”。

虽然我们手里只有白厅的信件，但麦克唐纳确实如此。比如，麦克唐纳在1917年2月给卡明写了一封亲笔信（有关驻外武官行动的争论），他说他“从未承认你属于外交部。我总是认为，在所有陆军情报事务上，你直接属于我……我不允许外交部的控制横插在你我之间”。他的命令必须得到执行，其他部门都没有资格控制。否则，他会告诉外交部，“C的部分”对他而言没有用处，将会解雇C的所有陆军军官，陆军部在未来将会“在国外运行自己的秘密情报机构、战争贸易、反间谍工作和身份识别业务”。他补充道，他一直保护C的组织免受各方攻击。他最后希望卡明“理解这封信的出发点是友好的”。

在秘密情报局的早年，麦克唐纳不公正的要求与限制展现了官僚的僵硬和缺乏想象力。我们并不知道卡明的回答。但是在当时，解雇工作人员的威胁算得上十分严重。因为卡明后来抱怨道，《兵役法》[1]（Military Service Act）的通过让他只能雇用海军部或陆军部下属人员：“我手下的高级官员威胁我”，他在1919年1月写道，“除非我屈服，不然，他们就会想办法让我的机构完全瘫痪，我被迫让步。”事实上，他在这封信中完

1　1916年1月通过。

全展露了他对麦克唐纳的信的感受。

> 战争期间，陆军部在一个国家又一个国家摧毁我的组织……如果在更为严峻的和平时期想要建立一个有效的情报机构，那么它必须免受陆军部的干涉……看看战争期间（以及战前）签发给我的命令就能发现，它们都是约束性的命令……没有一点帮助……一直在抢走我的工作人员。

在一个月后写给罗纳德·坎贝尔的信中，卡明又一次抱怨陆军部

> 不断破坏我的机构。自获得任命之时起，我就遭到了不光彩的对待。我的权威被有意削弱，而我甚至在我自己手下中的影响力都因为不断的怠慢和羞辱而受到破坏……他们做出了许多承诺，以确保我服从他们的抢劫方案，但他们从未信守过其中任何一条。在我这个独一无二的奇特组织中，我要和怪人们打交道，但没有哪个比得上这位提案者［合并提案］那么彻底地不择手段、不可信赖了。

“提案者”大概指的是法朗奇，但也有可能指的是斯维茨。但这封信在寄给坎贝尔之前还是缓和了语调。自特勤局建立以来，卡明还没有写过这么富有感情色彩的信。

麦克唐纳此前已经被提升为副官长。尽管他们俩存在不和，但麦克唐纳和卡明在亲笔信之后看上去还维持着良好关系，甚至有可能更密切了。卡明最后几年的日记虽然零散，但还是表现出他们经常在一起吃午饭——一般只有他们俩——而且至少在一次场合中，卡明在日记里记录道，麦克唐纳以副官长的身份，非官方地赞同卡明和陆军部在官僚层面上的争斗。

卡明的请求在外交部中得到同情。如前所述，哈丁勋爵在 1917 年重组中支持卡明，尤其支持他在自己部门拥有绝对领导权。在 1918 年有关合并的小冲突中，哈丁依然坚定支持卡明，他要求在和会结束之后再进行进一步讨论，并在 1918 年 11 月 28 日写信给斯维茨：“当前体系拥有任何共管组织所具有的一切缺陷。但它确实发挥作用了，经受住了四年战争的

考验，并取得了一定成功。”

卡明也从一封未署名打字稿信件获得重要——也许是决定性的——支持。这封信日期为1918年11月15日，题为“有关‘C’个人”。这是一封有趣的信件，它清晰、具有权威和自信，折射出写信人是一个目光透彻和拥有丰富经验的官僚。这封信说，面对人们提出的改革方案（和军情五处合并，接受陆军部的控制），他有两个反对理由：第一，两个机构的方法、人员与活动地点不同；第二，“在我看来，军情五处很难继续作为一个严格的陆军组织而存在。”（我们之前提到过，军情五处一开始就纯然是陆军部的创造物。）作者接着写道，在和平时期，军情五处的工作将属于警察工作，而内政部将会变得更强势并反抗陆军部，“一定会坚持”接手军情五处至少75%的工作。但是至于和秘密情报局合并，“显然，内政部不会碰情报工作”。

显然，只有外交部才能承担得起这一工作的重任：“它包括海外行动。尽管外交部永远也不会承认海外行动，但正因为如此（虽然看上去是个悖论），它才需要完全知情，并有监督海外行动的权力，所以外交部至少知道他们需要否认什么。”

这些论点直到今天依然适用。虽然作者用第三人称表示外交部，但他也许是外交部一位好心的高级官员。但是这封信却让人感觉写信人是一位居于部门间争端之上，具有至高无上权威的要员。而且没有署名说明，不像大多数参与争论的外交部官员，他需要表现出不偏不倚的姿态。这不禁让人怀疑他是莫里斯·汉基。

与此同时，寇松勋爵主持的情报工作委员会也为推迟进一步讨论提供了借口。不过，在进行财政预算时，该委员会也引发了问题。如前所述，委员会虽然支持秘密情报机构，但卡明在一处记载道，据说寇松将国外情报视为不必要之物。然而，1919年1月和2月，当时正在巴黎的哈丁勋爵了解到，内阁正在讨论“国外情报机构”的未来。他两次写信给寇松，强调外交部进行控制重要性，而且称秘密情报机构的中心组织“应当要小，与其他政府部门不同，而且不受国会控制”。否则，最先损失的就是秘密性。哈丁还希望，任何人员变更都要向外交大臣贝尔福[1]请示。尤其是未来的秘

1 贝尔福于1916至1919年任英国外交大臣。

密情报工作更多涉及政治和商业，而不是陆军和海军。海军部和陆军部“都很乐意保持现任的秘密情报机构负责人，我强烈反对有任何变化”。卡明由于经验丰富，比起“任何新手”更有望以更经济的手段运行机构，而且他现在已经在负责一个经过改革、适用于和平时期的组织了：“我十分相信，他的留任将会大大节省开支。”

大概寇松在质疑卡明的态度。为了防止误解的存在，哈丁又给寇松写了一封打字稿信件（1919 年 2 月 7 日）：“多亏了麦克唐纳将军和霍尔将军的大力合作，秘密情报机构在战时的行动取得了令人十分满意的结果。这不仅仅是我的观点，贝尔福先生也是这么认为……能够获得现在的秘密情报机构，外交部已经十分幸运了。”

卡明不能期望更多了，他也不需要期望更多。外交部的支持——先后三任次长都表示支持——打败了陆军部三次（按照卡明的计算）对他的独立性发起的进攻。

同时，财政收紧的压力也在无情地发挥作用。截至 1919 年 3 月，卡明不得不解雇总部 58 名工作人员。他告诉外交部，预算削减意味着总部回到过去按照地区划分部门的结构。卡明在同一个月向德罗赫达（Drogheda）勋爵陈述将预算削减到每年 6.9 万英镑的后果。他引用陆军部一份文件的说法：他的情报是陆军部唯一有关俄国的情报来源；他又引用了另一则来自巴黎的讯息（大概是外交部的）：他的俄国情报“是无价的”。他指出，仅仅他在俄国的组织就要花费每月 5000 英镑。他最近将荷兰工作的预算从每月 2 万英镑削减到 6000 英镑。此外，

> 汤姆利·吉布森（Thomley Gibson）中尉这种间谍从德国发来的报告，其价值不可估量（我点出他的名字是因为巴黎当局已经公布了他的名字）。据我了解，最高战争委员会[1]（Supreme War Council）的政策就受到他最后报告的影响……他所属的瑞士机构要支出每月 6000 英镑。

在写给布兰德一封没有标注日期的信中，卡明注意到，秘密情报机

1　一战后期，协约国为协调陆军战略而组成的中央指挥部，建于 1917 年。

构的秘密性是“效率的必需品”。乍一看，这句话不过是个肤浅的评论，轻率地将两个没什么共同点甚至在实践中还是相对立的概念强行联系到一起。但它揭示出一个深刻的真相：对于任何一个情报机构而言，一旦秘密性被破坏，首当其冲的就是声誉和行动效率。恢复声誉和效率都需要数年时间。在另一篇没标明日期、反对合并的文件中，卡明称秘密性是“一个秘密情报机构首要、也是最重要的必需品”。

另一篇没有标明日期的文件提到了战争以来，两次削减已经超过了50%，其中第二次是在1920年3月。尽管如此，反布尔什维克的工作一直在增加，而在1920至1921年之间，“调查”增多了三倍。秘密情报机构在1919年有三个需要情报的“顾客”，但是在写作这篇文件之时，“顾客”数量已经增加到了八个。比起其他国家，英国有关国外情报的开支要少得多。文件提到了最近一份报告称，截至1920年10月30日，德国在国外情报上要花费每年40万英镑。

当然，财政调整是官僚的日常。大多数财政上的决策到后来都变成了临时措施。不过，要是问自何时起，秘密情报机构算得上自保乃至获得高枕无忧的未来，那就是首相的情报委员会（Prime Minister's Committee on Intelligence）在1921年7月27日的报告。这不是寇松的委员会，这个委员会要更小，也更不出名，由三位官员——莫里斯·汉基爵士、艾尔·克罗爵士和财政部的沃伦·费舍尔（Warren Fisher）爵士组成，内维尔·布兰德担任秘书。

至于情报，白厅内有三门巨炮。没有它们的支持，独立的情报机构是不可能存活下去的。而一旦拥有它们的支持，就有了生存的保障。委员会最初的主要目的似乎是考虑情报角色和报告工作中是否存在重叠。它的结论是存在重叠。而它简洁又全面的报告建议，巴兹尔·汤普森情报主任（本质上是负责反颠覆工作的职位）的职位和大都会警察合并［最终形成了现代警察的政治保安处（Special Branch）］。它审视了财政预算，以及秘密和公开拨款之间的转移。它初步提出了有关情报工作的单一拨款（最终在20世纪最后十年被采用）。他建议国外情报的预算是每年12.7万英镑（大概包括卡明有关护照管制官员以及信号情报的预算）、反间谍工作的预算是每年3.1万英镑（军情五处当时是个小得多的组织），而杂项——比如外交部自己的秘密情报工作拨款依然存在——是每年2.8万英镑。至于秘密情报机构，委员会认为它的军事情报“十分重要”，巴兹尔·汤普森的组织主要依靠它，而且它还与印度政府合作。

委员会每个成员都知道——不用说——特勤局在战前和战时的海军情报、白夫人对西线战术情报的贡献、世界范围内的商业与经济情报以帮助封锁德国、鼓励美国参战、来自革命与后革命时代俄国的核心情报，毫无疑问还有很多很多。自此之后，秘密情报机构的生存就此不成问题。但是卡明的人生正在发生改变，夜幕即将降临。

第二十章 胜利

卡明兜兜转转，又回到了起点。他在最后几年的绝大多数时光一定是在他挚爱的伯斯尔登度过的，或者至少与伯斯尔登有关。正如我们在本书开头看到的那样，他放弃了海上生涯，住在了他自己建造的房子里。他在那里可以俯视汉布尔河和盐沼。人们回忆起这段时光的他、他的飞机、他的船和他在草坪上的船。有关梅的回忆也是来自这个时期。梅在伯斯尔登，他们俩显然在一起。

我们猜测，他因心绞痛而长时间远离工作，在伯斯尔登生活会方便些。当然，方便不是他的风格。他不仅设计并建造了伯斯尔登小屋，而且他的船、坦克与其他“玩具”、他的小车间和他的书房也足以让他繁忙。他生活得井井有条。这种不断的推力不仅带给他死亡，也带给了他生命。换成别人也许是单调或沮丧，但他在这种推力下却活得富有生机。在他的最后十年，他疾走、蹦跳的木腿，与其说是他的残疾，不如说是他的性格特征。

多亏了凯瑟琳·穆雷的信件（我在第二章提到了），我们现在知道，这些猜测大体符合实际。我们还了解到卡明社会生活的更多细节，了解梅和他们的家庭生活安排，我们还更深地了解了卡明的个性。我们之前引用了三页凯瑟琳的回忆。除此之外，还有 23 封卡明写给凯瑟琳的信，1 封是写给她的父亲，2 封是卡明秘书多萝西·亨斯洛（Dorothy Henslowe）在卡明去世后写给凯瑟琳的。除了一封信外，其他信都标明了月份和日子，但没写年份。但是信件内容很明显地表现出这都是写于卡明人生的最后三四年。

如前所述，这些信风趣、充满感情，有时淘气，往往温柔，总是体贴。凯瑟琳当时在泽西上学。这些信有时会附上书籍和巧克力，大部分内容都是关于她假期在这里的安排——要么住在梅尔伯里路，要么住在伯斯尔登。卡明一开始喊她“亲爱的凯瑟琳（Kathleen）”［后来大概是按照她自己的心愿，改成了凯瑟琳（Kathlyn）］，署名是“你的老朋友曼斯菲尔德·卡明”，后来喊她“我亲爱的小外甥女”，而他自己的署名是“爱你的老舅”。年龄在他脑海里挥之不去。他经常提到年龄，称自己是一个老古董或者活化石。他担心凯瑟琳会觉得他和梅很无趣。

当然，一个六旬老人给一个青春期女孩写充满感情的信逃脱不了人们的猜疑。如前所述，信中不仅有风趣，还有表现喜爱的直白内容，比如，“很高兴收到你美妙的信件。尤其是结尾大大的吻。我将这个吻给了我破碎的放大镜，可是它太冷了。不像真实的吻那么美妙，所以你得再给我一个吻。我把这封信放进了我的支票簿。等到圣诞节你来的时候，我得拿出来让它得到兑现……我多么希望你就在这里，用你亲爱的小手环绕着我的脖子……”可悲的是，当有人指责这些信有着弦外之音时，我们没什么可以辩解的。

一切皆有可能，我们无法完全反驳这些指责。不过，我们可以认为，没有证据，这些指责就站不住脚——当然没有证据。而我们引用过凯瑟琳的回应、她在晚年一直和卡明家族其他成员有联系，还有她的判断——“我偶尔在那里度假，妈妈、爸爸从来不担心我，在我的童年，人们都是很靠谱的”——也许暗示了她的天真。这些信是一位老人所写，他失去了自己的独子，也许后悔没再生过其他小孩。如果我们很难理解另一个时代的人，那么问题更多出在我们身上。

其他回忆中也表现了卡明的另一面，不过我们在这里没有提及。写给凯瑟琳的信也说明他和梅依然扮演夫妻的角色。卡明经常提到梅，不仅仅是送去梅对凯瑟琳的问候，还写信给凯瑟琳的父亲谈论即将到来的拜访——至少有一次——还有梅短暂地回了一趟苏格兰，去法国见一位需要帮助的朋友，以及患上战后致命的流感——“我可怜的妻子得了很严重的流感，卧床四个星期，医院派了个护士一直照顾。她离开伯斯尔登有一个月了，已经好得差不多了。我星期六就去把她接回来……”——让她的丈夫等候——“我没几分钟写信的时间，我正在等梅出来。她还在去别的地方做客。除了给你写信，我不知道该在这段不同寻常的闲暇做什么。”

卡明在信中也经常提到他们招待或留下来的其他人。不仅仅包括其他孩子，例如当地的奥尼尔（O' Neill）姐妹——被叫作“海盗们”，凯瑟琳显然和她们一起玩耍；还包括留宿在船屋的其他人，一对来自法国的夫妻，未指明姓名的朋友以及来自伦敦的朋友和同事。后者包括卡明后来的秘书科里（Cory）小姐。她结婚了（大概就离职了），然后是多萝西·亨斯洛小姐，她绝大多数假期都和卡明夫妇在一起。还有大卫（David）：“我的妻子买了一条可爱的小狗——很有趣。它是一头贝林登梗（Bedlington Terrier）。原来的主人是威尔士一名矿工。我觉得他的主人对他不是很好，因为大卫［他的名字来源于劳合·乔治，而非歌利亚（Goliath）[1]］很胆怯。第一次来到我家之时，他很紧张……”

总而言之，他们和绝大多数身边人一样，过着忙碌、丰富的社交生活。他们是吉尔伯特与沙利文[2]（Gilbert and Sullivan）的粉丝：“我们今晚前往吉尔伯特与沙利文表演季的最后一场。直到帘幕拉起之前，没人知道演的是什么剧。人们是如此想要观看，现场有许多人——人行道上蹲着 20 多组人，他们通宵等待，只是为了在晚上开门之时能够第一个进去！”

伯斯尔登小屋的建造工作要比计划得更慢，部分是因为战后缺乏有技能的劳工。到了 1922 年——完工之后没多久——他们就已经在改造了：“我们在这里待了一个星期，但房子现在属于砖瓦匠之手了。一切都覆盖上一层白灰，厨房没法生火，也没有热水！因此，我们得露天吃饭，很不舒服。”他们正在扩建一间备用室，在仆人卧室旁边增加一间浴室，还有“一间不错的仆人房，与厨房联通。仆人房有一扇俯视索伦特河的美妙窗户”。他还“为年轻女士”建了一个网球场，“我希望有时候她们会来看我们”，“用一圈巨大的弯曲波纹铁皮”在水泥地上建了一个荷花池。他还种了约 100 棵树、150 朵玫瑰和超过 1000 个花球，他希望这间房子将是“我住过的最舒适的房子之一”，但愿朋友经常过来。然而，除了显而易见地希望陪伴，他们的话语还伴随着大限已近的暗示：“我希望，”他写道，“我能够在这里安度一段时间……”

1　劳合·乔治全名大卫·劳合·乔治，而大卫与歌利亚是《圣经》里面的典故。

2　维多利亚时代一对创作喜歌剧（Comic Opera）的组合，吉尔伯特创作剧本，沙利文作曲。

他们的仆人是厨娘玛丽（Mary）——看上去丰腴得恰到好处——和客厅侍女安（Ann），他们似乎跟随的是他的职位。而他的继任者则像继承“C”一样继承了这些仆人（包括司机恩斯特·贝利）。而卡明和梅雇了一对已婚夫妇照顾他们。然而，安·汉南（Ann Hannan）随后回来为梅而工作。她是一个红发爱尔兰人。当梅于1938年去世时，她依然在梅的身旁。梅的遗嘱给她留下了可观的500英镑。

在他的“玩具”之中，卡明向凯瑟琳提供玩耍机会的就是“白德纳姆溪（Badnam Creek）的大船仓——里面是各式各样的船——还有巨大的桅杆，你可以在里面爬”！（大概是“苏丹”号的桅杆。）在这封日期为3月8日的信——大概是1920年——中，卡明说他刚刚在伯斯尔登待了两天——“四个月来的第一个假期”——但是在其他时候，当他提到工作时，他总是说忙或者说快退休了。在另一封日期为1920年4月2日的信中，他估计自己会在伯斯尔登待一周——“六年来最长的一个假期”——该年或次年10月，他因为自己回信不够快而解释：“我一般每天写30封和公务有关的信，很难有时间写第31封信。”

凯瑟琳的父亲去世之时，卡明立刻写了一封感情真挚的信——“得知这个消息，我感到十分抱歉，我知道，这对你而言将是一个多么沉重的打击。你将会多么孤独、悲惨”——卡明承诺会写信给她的母亲（当时住在利物浦），“确保她会带你回去”。他补充道，“现在不是与你谈论未来规划和人生的好时机，我只想向你重申我们对你的爱和对你的关心。只要我还活着，你就永远不会感到孤独或凄凉……”

卡明的最后两封信揭示了最多的信息，两封信的日期写的都是3月。其中一封多半是1923年所写，另一份信可能是那一年或早一年。第一封信开头，卡明解释为什么在她上一封信到达之前，他没有回她前一封信：“圣诞节之前，我去伯斯尔登我们的新屋。但是在我到达的那天晚上，我犯了严重的心绞痛，得在半夜去找医生。我第二天回到了伦敦，当天晚上又犯了一次，情况更严重。三个医生加护士才能架得起我。在此之后，我就像个残疾人了——不允许接触任何美妙的食物或饮品！也不能做任何欢乐或有趣的事情！很长时间以来，我不被允许写信，我收到的信堆积如山……”卡明接着说道，每当他尝试给她回信时，就有些“可恶的公务信件”冒出来，他现在是在办公时间写信，“太不听话了，我不会允许我手下的工作人员这么做的”。他说他现在好多了，腿脚也很麻利，“但是我突然就变成了一个老头，还没法适应这一点”。他还传达了梅、安和大卫的问候（梅依然在伯斯尔登疗养，从流感中康复），并询问凯瑟琳的生日，“所以我可以把它记在我记录生日的本子上”。

因此，卡明在退休之前显然规划过未来生活，但从未实现过。第二封信日期是 3 月 24 日，大概是 1923 年所写。开头是为了他长时间没有写信而道歉。这封信写于卧床期间——笔迹更加散漫，没那么认真——但他说：“现在真的好多了，已经度过了危险期，不过我总是觉得自己是个残疾人，得在床上待好多天。我完全放弃了工作，打算在这里安静地生活。我到了 8 月底才离开伦敦，因为接替我的人到那时才有空。但我只被允许在上午办公，其他时间得躺在沙发上。继任者每周过来一次，帮助处理工作。”

当然，大多数人早就会因病退休。但对于卡明而言，情报工作具有绝对地位。他接着写道，“两个月来我的身体都不是特别好，医生们都觉得我撑不到 8 月，但我现在好多了。他们告诉我，要是休养得好，我可以多活好几年——所以我现在十分小心！”他对“海盗们”——奥尼尔姐妹——搬家感到很可惜，“她们再也不能像我喜欢的那样跑来跑去了”。亨斯洛小姐会来度假，而梅的“好朋友”德·克雷皮尼（de Crespigny）夫人会过来休息一段时间。

按照秘密情报局一直以来的说法，当卡明的心脏在 1923 年 6 月 23 日的梅尔伯里路最终停止跳动时，他正坐在沙发上，刚刚参加过欢送某人前往海外执行任务的告别酒宴。我们现在知道为什么这个说法是正确的了。死亡并不会按照他所想象的方式降临。他的继任者是时任海军情报部主任、海军上将辛克莱。卡明又再次返回了起点：十四年前，海军上将比塞尔邀请他掌管新生的秘密情报机构；而十四年后，卡明又把这个职位交还给了比塞尔的继任者。虽然后者在理论上是卡明的上级，但他十分适合这个岗位，对卡明的提议心存感激。

在卡明为退休进行准备时，哈丁勋爵和寇松勋爵之间在 1919 年传递了一系列备忘录。双方同意，由于秘密情报机构负责人没有养老金，他们将会从俄国的反布尔什维克活动经费中拨出等同于皇家海军上校级别的养老金。当然，他们没有请示财政部——它不涉及个人所得税的问题——要是请示，财政部也不会批准。

至于卡明留下的秘密情报机构——一个50岁已退休海军中校稀奇古怪的创造物——它的独立性和生存算得上卡明的成就。他为他的创造物赋予了个人特质，其程度哪怕是世间最神秘的官僚机构都赶不上，也许只有契卡的创建者费利克斯·捷尔任斯基（Felix Dzerzhinsky）可与其比。这也许是这两家机构唯一的共同点了，它们具有本质上的不同，无论是国家还是国家的政治特性。无论如何，这些特征通常反映在一国情报机构最纯粹的形式中。

无论大大小小的差异是什么，卡明的继任者们所继承的这个机构依然镌刻着卡明的印记。除了神圣的小把戏，比如，主要使用绿色墨水和字母“C”，还有他的头衔——秘密情报机构负责人（CSS）。继任者们还继承了机构的架构，更重要的是机构的态度，最显著的是坚持工作为先以及工作关系的非正式性。

卡明时代的幽默感和气质有的也流传了下来。在道德上继承了忠诚、得体和目的感，以及走廊中的笑声。20世纪20年代初，秘密情报局对推荐的情报官员有过一番刻画。就算用语和态度出现变化，我们现在也能看到一丝踪迹。

> 他应该是一位有能力的绅士，足够老练但绝对诚实，同时具有人格力量……经验显示，一个人再怎么聪明，再怎么狡猾，也弥补不了审慎诚实的缺乏。从长远来看，只有诚实的人才能打败无赖。

这位维多利亚时代的独腿单镜片绅士，下巴尖得像船首。他看见这段话，也许会敲敲他的手杖剑，随后笑了起来，握住你的手补充道，他还要有一点点狡猾和两点点有趣，再加上一点点其他特质，他将会在一场十分漫长的午宴中告诉你一切。

结　语

他来过，他走了，该结识的人都见过了。一个月前，卡明退出了皇家汽车俱乐部——大概还退出了其他俱乐部：海军与陆军俱乐部、加里克俱乐部（Garrick）、皇家快艇俱乐部和皇家游艇舰队（Royal Yacht Squadron）。而《泰晤士报》在他去世两天后发布了讣告，看上去没有进行验尸。

卡明被埋在了伯斯尔登教堂的墓地，距离刻有阿拉斯泰尔名字的战争纪念碑不远。墓碑上有一个凯尔特十字[1]，墓碑上写着“曼斯菲尔德·G.史密斯-卡明，皇家海军上校[2]，圣米迦勒及圣乔治爵士勋章（KCMG），巴斯勋章”，还引用了《圣经·诗篇》第21章中的文字：“他向你求寿，你便赐给他，就是日子长久，直到永远。”[3]当地的两份主要报纸都没有记载卡明的葬礼。

他的墓很宽，四四方方，不是很大。墓地地图上明确标出了他的墓，但是在一个多雨寒冷的7月清晨，还是不容易找到它的。战争纪念碑则很显眼，周围的坟墓除了他的墓，都和纪念碑有关。看上去卡明的墓都不该放在这里。我在潮湿的草丛中花了好一段时间寻找他褪色的墓碑。我站在墓碑应该在的地方，面向战争纪念碑，看着一位谢顶的老人献上皇家海军协会的花环。几排之外，是一位女性跪在墓前。雨水淅淅沥沥落到潮湿的地上。看上去，卡明最终还是让人难以捉摸。

有什么绊到我的脚了。我面对月桂、杜鹃、灌木和野草的阻挡，几乎

1　垂直线比水平线长，中间有圆环。

2　根据卡明墓碑的最新照片，没有“海军”一词，应该是作者访问之后重新整修的结果。

3　此处译文引自《圣经》和合本。

寸步难行。它们在墓地中央蔓延着。在缠绕的草丛和矮树丛中，我发现我的靴子碰到了一个看不见的石质墓碑的边缘。我用两手将湿淋淋的杜鹃花拨开，幽静绿荫中是一块墓碑的顶部。在一番摸索和窥视之后，“曼斯菲尔德”前几个字母蹦了出来。他的墓完全隐藏了起来。旁边是卡明在伯斯尔登邻居的墓碑：皇家第 85 轻步兵团斯宾塞・史密斯上尉。卡明租用白厅大厦时用的是斯宾塞上校的名字，也许就是从这里借用。

卡明的遗嘱明确表示，他和梅结婚时有过一份财产协议，其中他是受益人。和梅一样，卡明任命他的侄子和前雇员查尔斯・莫利纽克斯・史密斯（当时姓卡林顿）为执行人（他的另一位遗嘱执行人是克拉伦斯・弗兰克・莱顿，一位既为他也为秘密情报机构服务的律师）。他留下了 39276 英镑 19 先令，还有各种遗物，由于他比梅先去世，他把这些主要留给了家里人。梅去世时，她也留给了同样的一批人。

收到遗物的人包括恩斯特・贝利，卡明称他是“我多年来的司机和仆人”，他的地址是梅尔伯里路。贝利又跟了海军上将辛克莱好多年。贝利在梅的遗嘱中的地址和海军上将一样。我们当然可以发现梅后续生活的更多细节，但我们现在所知的最好的研究就是伊芙琳・巴特所写的杂志文章，只是不知道出处和日期（前文提及过）。

我们从凯瑟琳・穆雷最后的两份信中得知，1923 年 8 月，梅待在南安普顿的一家疗养院，她之前在手术中切除了脓疡，正在复原。她在这儿已经有段时间，而且很虚弱。这些简洁、友好的信件是多萝西所写。她说她也被海军上将辛克莱雇用了。第二封信的日期是第一封信的一周后，因为凯瑟琳迅速回复了第一封信。这封信的结尾是：“你很想念曼斯菲尔德爵士——我们都充满挚爱地想念他，我想你也是。他是一位我们再也见不到的朋友。”

苏珊娜・里奇回忆，从疗养院出来后，梅带着安・汉娜[1]（Hanna）在佛罗伦萨过冬。梅当然搬出了梅尔伯里路。回到伦敦后，她在菲茨詹姆斯大道 22 号租了一间公寓。伊芙琳・巴特说，梅在这里信上了招魂术，相信她可以与她死去的儿子和丈夫交流。她和戈登斯敦学校后来的创建者科特・哈恩关系变得很密切。她在 20 世纪 20 年代期间经常去拜访他在德国

1　前文是安・汉南（Hannan）。

塞勒姆（Salem）的学校，她很佩服他的理性主义。巴特相信梅把他当成了自己失去的儿子，但是他说，“虽然科特和梅年龄差距很大，但他们之间很多谈话带有男女之情”。不过，卡明家族认为他们的关系“很纯洁，就是一对理想主义的干妈和儿子之间的互相敬佩”。

1929 年，梅将德国的土地抵押之后借给了哈恩 4 万金马克。当哈恩在 20 世纪 30 年代离洛基不远的地方建立了戈登斯敦之时，梅建立了其中的卡明楼（Cumming House），余生都住在了学校。学校很鼓励户外活动，尤其是帆船。［早期的学生乔瑟琳·温斯洛普·杨（Jocelin Winthrop Young）说：“紧张的海员生活。”］有两艘小快艇分别被命名为“曼斯菲尔德·卡明”号和“梅·卡明”号。温斯洛普·杨说，除了哈恩，学校里没人知道梅的丈夫去哪里了。

梅在 1938 年 3 月 3 日去世于戈登斯敦。她把自己的家具、画作和书籍留给了哈恩，除了一本题为《最后阶段》（*The Last Phase*）的书。书上面有拿破仑的签名和她的“其他有关拿破仑的遗物”，包括拿破仑的一对手枪。这些东西都被卖了。她把肯辛顿一座租赁土地上的房子留给了维奥雷特·汤普森（Violet Thompson），大概是她的一个侄女或外甥女。她还留下了 41980 英镑 10 先令。卡明家族的日子过得还算不错。她还留下了一本《黑森林》（*Blackwoods*）杂志，上面有关于“老头”的故事。“老头”从来不会留下任何漏洞。

致　谢

许多人为这本书做出了贡献，但有些人的名字我却不能提及。尽管不能公开致谢，但我希望，当见证他们的帮助和鼓励取得成果之时，他们将会感到一丝欣慰。我尤其感谢激发本书灵感并给予我支持的两位历史学家。

如果没有卡明家族的慷慨支持，我是无法写就本书的——尤其是艾利森·沃特金斯（Alison Watkins）及其丈夫托尼（Tony）、安·哈里斯（Ann Harries）和皮帕·坦普（Pippa Temple）。多琳·韦切尔（Doreen Vetcher）慷慨提供了她母亲朱迪斯·布福特（Judith Buford）的书信。她与来自伯斯尔登（Bursledon）的历史学家苏珊娜·里奇（Susannah Ritchie）让人们意识到卡明鲜为人知的伯斯尔登岁月。卡明所建住宅的主人约翰·司尼尊（John Sneezum）先生及夫人见闻广博、热情好客。帕特里夏·奥德里斯科（Patricia O' Driscoll）分享了她有关卡明海军生涯的知识。感谢在剑桥的斯图尔特·朗（Stewart Lang）与比·朗（Bee Lang）能够耐心忍受我的存在。默尔西子爵及其夫人（Viscount and Viscountess Mersey）阻止我在错误中越陷越深，以一顿让人印象深刻的午餐让我重获新生。帝国战争博物馆的马克·希曼（Mark Seaman）不仅谦逊有礼，更重要的是提供建议与帮助。克里斯托弗·安德鲁（Christopher Andrew）教授的智慧，对我而言，既是激励，也是恩惠。

我深深感激负责出版的编辑斯图尔特·普罗菲特（Stuart Proffitt）、阿拉贝拉·派克（Arabella Pike）和迈克尔·费什维克（Michael Fishwick）。我的经纪人安东尼·高夫（Anthony Goff）忠诚可靠。当我急需空间之时，艾莉·辛奇（Ellie Hinchey）仁慈地为我找到了地方。尼科拉·麦吉尔（Nicola Magill）既有永不疲倦的效率，也有宽宏大量的好脾气。红酒带来的微醺并未冲淡我记忆里戴维·科瑞恩（David Crane）的洞察力与乐观的现实主义。在同样的氛围下——加上雪茄烟笼罩——还有理查德·霍姆斯（Richard Holmes）浓厚的智慧与善意。在出版平装本时，我同样感谢戴维·韦德、史蒂夫·伍兹（Steve Woods）和约翰·丹西（John Dancy）教授所建议的补充与改进。最后，每本书都有受苦的人（除了作者本人之外），我谨此感谢我的妻子朱迪（Judy）、女儿凯蒂（Katie），感谢她们的宽容。

附录一

赫克特·查尔斯·拜沃特（1884—1940）

外部证据

1990年，拜沃特的传记作者威廉·H.霍南（William H. Honan）基于拜沃特著作《奇怪的情报：海军秘密情报工作回忆录》（*Strange Intelligence: Memoirs of Naval Secret Service*）提出，拜沃特在一战之前是卡明在德国的间谍。

为了支持自己的猜想，霍南还引用了拜沃特之子、一位牧师的回忆。他说他的父亲曾经说过，他那本书提到了一位匿名“第三方”的间谍活动，事实上指的就是他本人。

霍南还提到了1911年第一海务大臣约翰·费舍尔和海军大臣温斯顿·丘吉尔之间的通信，用“我们在德国的卓越间谍”代指拜沃特。通信中提到的情报，和拜沃特1910年发表在《海军协会年鉴》（*Navy League Annual*）的一些文章存在相似性，霍南因此得出结论。拜沃特当时住在德累斯顿，是《纽约先驱报》（*New York Herald*）报道欧洲海军的通讯记者。《奇怪的情报》主要涉及“第三方”的部分，指的是1912年考察一系列德国海军基地和造船厂，包括但泽、基尔和汉堡。霍南相信拜沃特自1909年起就在给卡明工作。

内部证据

1910 年 3 月 2 日，按照日记的记载（第 1 卷第 49 页），卡明和雷格尔纳特拜访了鲁兹（海军情报局局长、海军上将比塞尔）。后者允许他“跟进一下在德的英国小伙子”。拜沃特当时 25 岁，自 1907 年起就生活在德国。

1910 年 6 月 28 日，卡明在日记里记录了（第 1 卷第 163 页）在伦敦和 HC 的一次会面。让卡明生气的是，陪同他的还有 FK［弗雷德·奈特（Fred Knight）？］，后者前来见他。卡明向 HC 介绍了情况，并讨论了“工资标准和其他要点”。卡明写道，“HC 对这份工作而言，有点年轻（25 岁），十分安静和害羞。他也许可以做好。由于我们主要按照结果付钱，计划应该可以照常进行。未来的结果是，他要么在一次行动中失败了，要么是他发现不了值得报告的内容。”卡明和雷格尔纳特讨论了会面的安排，卡明拒绝了后者的一个建议，说“我无意因公穿越德国边界”。拜沃特名字首字母是 HC[1]，25 岁，而且住在德国。

卡明在 1911 年 1 月 19 日（第 240 页）到 1912 年 1 月份（页码同样是第 240 页）之间没有日记记录。第 243 页用铅笔写了 1912 年 3 月 8 日的日期。第 247 页是打字机写的 1912 年 3 月 9 日。第 252 页用铅笔写了 1912 年 12 月 10 日。自第 253 页起，换了一台打字机。1912 年夏天没有日记记录，拜沃特此时大概在进行自己“第三方”参观德国海军基地的活动。也有可能是费舍尔与丘吉尔 1911 年通信所指的那个时间。

1913 年 1 月 2 日（第 255 页），卡明日记里记录了麦克唐纳的一则询问。“对应金额几乎和 H_2O 的薪酬一样，所以我打电话询问他们是不是搞错了。我仔细查阅了一下，确实是如此。H_2O 一个季度被付了两份薪酬——这是因为他只会亲自不定期来拿自己的薪酬。”卡明也提交了一份来自 H_2O 的报告。

当然，H_2O 是水的化学式，也许是玩弄了一下拜沃特的名字进行伪装[2]，尤其是他成为一个产出很好的情报源之后。在德国之外领取薪酬当然要更安全一点。麦克唐纳的询问一定指的是特勤局在 1912 年 12 月记录两

1 赫克特（Hector）·查尔斯（Charles）。

2 拜沃特（Bywater）名字中“water”是水的意思。

次给 H_2O 支付了 125 英镑，其中一个后面加了个括号，内写“11 月”。卡明的话暗示 H_2O 的薪酬是按季度发放的（如同当时的工资）。一个季度付 125 英镑，那么一年薪酬就是 500 英镑，跟卡明一样多。那么 H_2O 就是一个薪酬很高的间谍。我们知道，给卡明发钱的人以吝啬而著称，不太可能为一个没什么成果的间谍批准这么一笔资金。我们假设此后季度发放 125 英镑都是发给 H_2O（都带有代号“64”）：1912 年 6 月，1913 年 9 月，1913 年 12 月，1914 年 3 月，1914 年 6 月。最后一笔旁边用铅笔写了个“22/10/10”。如果这是 H_2O 开始出现在工资名册上的日期，而 1914 年 6 月是他结束的时间，那么这个间谍就工作了 44 个月。拜沃特的书暗示了一次在德国长达 42 个月的考察行动。

1913 年 2 月 18 日（第 279 页），卡明提交给“McJ［海军情报局局长杰克逊上校］H_2O 的最新报告，还有昨天《每日镜报》（*Daily Mirror*）头版，上面是德国新型‘装备有火炮的战舰’的插图”。第 299 份（1913 年 4 月 29 日）显示，H_2O 就海军事务递交报告。“我把 H_2O 的报告交给了 R，R 说他非常好，并评论道，H_2O 寄来了许多好东西。我们在未来的报告上不再标数字编号，而且在法制单位（French measurements）[1] 旁都标上相应的英制单位。”换言之，H_2O 至少需要报告欧洲大陆的海军情况。

1913 年 5 月 7 日（第 305 页），卡明再次描述了他和杰克逊之间的一次谈话，并称，“他告诉我，两位上校都批评 H_2O 有关博尔库姆的报告，里面存在误导性陈述……我告诉他，博尔库姆是个难点——几乎是个不可能接触的地方——获得有关它的可靠情报实在是太困难了。”

拜沃特记录了一个“第三方”侦察了博尔库姆的行动（《奇怪的情报》第 154 页起），没写准确年份但显然是在夏天：“附近有几个哨兵，但他们并不注意来自埃姆登河在海风中叫卖全新夏装——价钱是 50 马克！——的普通市民。”

卡明（第 328 页）记录了他在 1913 年 12 月 19 日“拜访罗兰，提交了 H_2O 的报告”。1914 年 1 月 1 日（第 332 页）“拜访了坦普尔……我看到了一些人对 H_2O 报告的批评，但是不见到他，和他讨论各方面情况，我就无法对这些批评做出评论”。

1　法制单位即法国和中国大陆通用的公制单位。

卡明日记里提到了“英国小伙子”、“HC”和“H_2O”，还有拜沃特的履历。它们之间的高度相似性，加上叙述在时间上的吻合，让我们相信，赫克特·拜沃特很有可能就是卡明的间谍H_2O。这一点很有趣。拜沃特是一位海军事务专家，后来更是成为权威。这里的记载和他的薪酬说明他的报告产量很高。此外，拜沃特自己的文字也是宝贵的资源，证明卡明对德国海军目标的早期渗透要比历史学家所承认的还要成功。他在1914年获得的“巴斯勋章”也变得顺理成章。

附录二

本书写到了舒尔茨一案，进一步的信息可以参见伊恩·萨姆纳（Ian Sumner）的研究。

1999 年，人们在汉堡发现了舒尔茨在狱中制作的一艘模型船，藏在烟囱的下面。舒尔茨还夹了一张纸条，解释他的身份和他在这里是做什么的。萨姆纳先生查阅了舒尔茨的监狱记录，发现了迄今为止无人知晓的一份叙述。这份叙述由舒尔茨本人所写，描绘了他的被捕和囚禁。

这份叙述很简短，显示舒尔茨生于赫尔（Hull），他的父亲是一位来自东普鲁士的鞋匠移民。舒尔茨入赘于当地一个显赫渔商家庭——希尔顿（Hilton）。他在南安普顿向欧洲大陆买卖游艇。在为卡明工作之前，他至少在地中海游历过一次。他的回忆不仅提供了被捕和间谍网络其他人的更多细节，还暗示他的家庭在战时就一直收到卡明的圣诞礼物。而舒尔茨本人是和伦敦的一位"康斯坦"先生联系。舒尔茨去世于 1924 年，以马克斯·希尔顿的名字下葬。

萨姆纳先生打算详尽地发表他的研究，但是很乐意有人能够提供更多信息。

译后记

“007”系列家喻户晓，肖恩·康纳利、皮尔斯·布鲁斯南、丹尼尔·克雷格……历代詹姆斯·邦德为我们呈现了一幅幅惊心动魄而又引人入胜的画面：香车、美女、枪战、爆炸，等等。译者还记得中二时期，回家骑着自行车飞驰而去，甩掉幻想中的跟踪者，提前做出拿枪的手势，小心谨慎地打开门，然后迅速闪进门去，用手对着房间四周比画一番，最后假装按着蓝牙耳麦大声吼道:“All clear！”（没人！）于是乎，不仅仅是詹姆斯·邦德火了，他背后的神秘组织军情六处也火得一塌糊涂。军情六处的组织架构、行事风格、负责人喜欢用绿色墨水签名“C”，这些都可以追溯到其创始人——曼斯菲尔德·卡明爵士。可以说，卡明算得上是邦德的祖师爷，那么这本书就是邦德的祖师爷创建军情六处的历史。

可是故事是故事，现实是现实。猎奇的读者读着就会发现，这本书里的卡明，潇洒是潇洒，有趣是有趣，但不是邦德的那种潇洒，更不爱喝不要搅拌的马提尼。卡明在历史当中浮沉，抓住机遇发展出秘密情报机构，这种别样的魅力，既打破了长久以来我们对情报工作的离奇幻想，也让我们感受到一种不一样的现实感。

说来有趣，按照书里的说法，军情六处的起源和20世纪初英国全国上下的恐德症脱不了干系。著名间谍小说家勒卡雷、勒鸠都把德国入侵的故事写得活灵活现——“德国的雄鹰会在伦敦上空盘旋。赫尔、纽卡斯尔和伯明翰会被毁灭。曼彻斯特成为德国的一个城市。诺福克、埃塞克斯和苏福克变成德国的殖民地……”（勒鸠：《入侵》）议员们质问陆军大臣知不知道德国在伦敦城附近驻扎着几万士兵，就等着德皇掷杯为号，杀去白金汉宫，夺了大不列颠帝国的“鸟位”？更别提当时杂志上还有各种发现德国间谍的小道消息和传言。当然，舆论是一方面，真正促成英国特勤局建立的还是英德博弈中对德情报战的需求，于是乎，1909 年，在陆军部、海军部和外交部的一致促成下，特勤局建立，早已退居二线，在乡下负责栅栏防御工事的海军军官卡明，突然被任命负责特勤局海外情报工作。军情六处的历史就此展开。

那么卡明究竟有着什么特质呢？书里的各种记载倒是能让我们小窥一二。他对新鲜事物从来都不拒绝，他是狂热的汽车迷，早早就考了飞行执照，更是最早提出了空中侦察的手段。书中引用的回忆也表明，卡明用人不疑，并不排斥年轻人的离经叛道之举，相反还会多次保护他们。卡明善于在各部门间闪展腾挪，他是海军，机构主要和陆军部打交道，但是最终的经费又是来自外交部，各部门都曾对他的机构有过限制，但他依靠着强大的太极能力，拉一派打一派，先是扛住了陆军部想要吞并的野心，然后成功获得外交部的庇护，最后更是得到高层背书，确定了自身组织的独立性。而他的活动领域也从一开始的区区数国，到了后来的“世界性”组织，情报范围从普通的军事情报，一直到商业情报、外交情报、政治情报。而卡明最令人印象深刻的特质，就是“工作狂”。卡明日记里，基本没有个人生活和社交生活，有的只是工作、工作、工作，甚至在圣诞节或元旦夜，他还会在日记里抱怨办公室太冷清，因为大家都回家了。

本书通过卡明日记、凯尔日记和大量其他史料，为我们勾勒出卡明创办和发展英国秘密情报局的过程，尤其详细地描写了他的日常工作，破除了影视剧给我们灌输的很多迷思。比如，卡明一开始绝大多数时间都是在“面试”间谍，或者出差国外去见情报源。他的旅程从来都不是顺风顺水的，他会遭遇误点、车祸，在咖啡馆傻乎乎地等了一下午；好不容易获得德国最新枪支样品，还要接受对方临时加价的“敲诈”；他没事就去陆军部和海军部混脸熟，看看能不能寻找到一些资源；利用他在汽车上的人脉和优势，给高层官员派车、送车；有一天，就在总部门口，他的车被人偷了，还要可怜巴巴地找警察帮忙。总部里的能人和著名酒店有关系，就在总部里修了个小食堂，平常还能举办舞会什么的……总而言之，詹姆斯·邦德代表的是令人惊羡的谍战剧，而曼斯菲尔德·卡明则在书中为我们呈现了情报工作的日常情景剧。

然而，卡明及秘密情报局所取得的成果一点都不容小觑。一战爆发之后，卡明在海上和陆上的战术情报方面都取得了极为可观的突破。本书各自单独拿出一章的“TR/16”和“白夫人”都是秘密情报局国外间谍的佼佼者，他们为协约国的胜利立下了汗马功劳。而卡明在战后的努力更是彻底确立了秘密情报局——后来的军情六处——不可撼动的地位，让我们今天得以见证他的历史。

区区几行字是概述不了本书的详细内容的，关于秘密情报局的更多历史和细节，关于邦德祖师爷卡明筚路蓝缕的历程和日常生活，有待读者在本书中挖掘，这既是一场充满趣味的智识之旅，也是体悟生活与命运的绝佳例证。

这本书的翻译是一项殊为不易的工作，它获得了许多人的帮助，恕我在这里就不一一列举了。

首先，感谢我的经纪人、女神读书会及其读书会翻译组创始人夏小贵妹妹。这是我们自《美国全球权力的兴衰》[1]《乔治·凯南与美国东亚政策》[2]之后合作的第三本书。作为翻译组的灵魂，夏小贵妹妹殚精竭虑为翻译组争取资源和机会，可以说，没有夏小贵妹妹，就没有翻译组的成果，也没有走到今天的我们。难以忘记，我们不知有多少次互相安慰和劝勉，度过了多少艰难时光；难以忘记，夏小贵妹妹对我的文字的批评和润饰。汗水、泪水、挣扎、绝望，一天天、一页页、一年年，从当初的困惑和无奈到今天，我们依然会困惑，依然会无奈，但是在前进的道路上，并不孤单。

感谢女神读书会及读书会翻译组。这本书既是我的译作，也是女神读书会及读书会翻译组的成果。《美国外交政策及其智囊》[3]作者、英国著名历史学家佩里·安德森教授曾经称赞过我们读书会翻译组是“勇敢”而又充满“热情”的，而翻译组不负重托，一直以来“努力工作”，“无私奉献”，致力于引入世界历史与国际政治类作品以飨读者。而作为读书会翻译组的

1　[美]阿尔弗雷德·W. 麦考伊著、小毛线译：《美国全球权力的兴衰》，金城出版社，2019年。

2　[美]保罗·希尔著、小毛线译：《乔治·凯南与美国东亚政策》，金城出版社，2020年。

3　[英]佩里·安德森著、李岩译：《美国外交政策及其智囊》，金城出版社，2017年。

一分子，我很荣幸已经翻译了包括这本书在内的三本书，未来也希望翻译组能够取得更多成果。

感谢金城出版社的大力支持和全面协助。自从《美国全球权力的兴衰》《乔治·凯南与美国东亚政策》出版以来，责任编辑李涛老师就付出了很多辛劳，最终使得这本书也得以面世。我对此万分感激。

感谢作者艾伦·贾德的授权和支持。我诚挚地希望每位读者从这本书中都能有所受益，这将是对作者、对译者的最高褒奖。

最后，每本书的翻译都是译者自我学习和提高的过程，在这一漫长过程中，需要无数鼓励和陪伴，最重要的是精神的寄托和智识的相逢，尤其感谢格奥尔格·卢卡奇、路易·阿尔都塞和罗莎·卢森堡，是他们的文字和背后蕴含的力量激励着我继续向前，微笑着、坚定着迎接新的征程。

译者水平尚浅，错漏之处在所难免，敬请读者朋友批评指正。

小毛线

2019 年 6 月 27 日